中咨研究系列丛书

U0827796

中国工程咨询专业指南

第三卷

# 企业管理咨询专业指南

主编　李开孟

副主编　武威　周劲松

中国电力出版社
CHINA ELECTRIC POWER PRESS

## 内 容 提 要

本书系统阐述了在全球范围内广泛使用并得到业界普遍认可的各种企业管理咨询方法和工具，内容涉及管理咨询特征及其实施过程、咨询机构管理及其能力建设、战略与组织咨询、市场营销及业务流程管理咨询、财务及风险管理咨询、供应链及知识管理咨询、企业文化及客户关系咨询等领域，提供了以图形、表格等形式表达的各类实用工具，并阐述了管理咨询的基本特征、实施过程、业务管理、能力建设等内容。对于企业管理咨询顾问、高层管理人员、战略管理者提升工作技能具有切实帮助，可用于企业诊断及管理咨询相关领域专业人员继续教育及培训用书，也可作为高等院校相关专业教材用书。

**图书在版编目（CIP）数据**

中国工程咨询专业指南．第三卷，企业管理咨询专业指南/李开孟主编．—北京：中国电力出版社，2022.12

（中咨研究系列丛书）

ISBN 978-7-5198-5558-1

Ⅰ.①中…　Ⅱ.①李…　Ⅲ.①投资-咨询服务-中国-指南　②企业管理-咨询-中国-指南　Ⅳ.①F832.48-62　②F279.23-62

中国版本图书馆 CIP 数据核字（2021）第 068221 号

出版发行：中国电力出版社
地　　址：北京市东城区北京站西街 19 号（邮政编码 100005）
网　　址：http：//www.cepp.sgcc.com.cn
责任编辑：孙建英（010-63412369）　赵云红
责任校对：黄　蓓　王小鹏
装帧设计：赵丽媛
责任印制：吴　迪

印　　刷：三河市万龙印装有限公司
版　　次：2022 年 12 月第一版
印　　次：2022 年 12 月北京第一次印刷
开　　本：710 毫米×1000 毫米　16 开本
印　　张：27
字　　数：409 千字
定　　价：120.00 元

# 本书编委会

**主　　编**　李开孟
**副 主 编**　武　威　周劲松
**参编人员**　（按姓氏拼音排序）
曹　玫　高　洁　韩相月　贺　静
李　东　李　燕　刘义成　牛耘诗
申海燕　唐淮安　伍　迪　向　涛
熊　朝　徐成彬　杨凯越　张　蓉
赵　婕　赵　戎

# 总 序

现代咨询企业怎样才能不断提高核心竞争力？我们认为，关键在于不断提高研究水平。咨询就是参谋，如果没有对事物的深入研究、深层剖析和深刻见解，就当不好参谋，做不好咨询。

我国的工程咨询业起步较晚。以 1982 年中国国际工程咨询公司（简称中咨公司）的成立为标志，我国的工程咨询业从无到有，已经发展成具有较大影响的行业，见证了改革开放的历史进程，并且通过自我学习、国际合作、兼容并蓄、博采众长，为国家的社会经济高质量发展做出了重要贡献，同时也促进了自身的成长与发展壮大。

但应该清醒地看到，我国工程咨询业与发达国家相比还有不小差距。西方工程咨询业已经有一百多年的发展历史，其咨询理念、理论方法、工具手段，以及咨询机构的管理等各方面已经成熟，特别是在专业研究方面有着深厚基础。而我国的工程咨询业尚处于成长期，尤其在基础研究方面显得薄弱，因而总体上国际竞争力还不强。当前，我国正处于社会经济发生深刻变革的关键时期，不断出现各种新情况、新问题，很多都是我国特定的发展阶段和转轨时期所特有的，在国外没有现成的经验可供借鉴，需要我们进行艰辛的理论探索。立足新发展阶段，完整、准确、全面贯彻落实新发展理念，构建新发展格局，对标世界一流专业咨询机构，建设中国特色新型高端智库，促进高质量发展，对工程咨询提出了新的更高要求，同时也指明了发展方向，提供了巨大发展空间。这更需要我们研究经济建设特别是投资建设领域的各种难点和热点问题，创新咨询理论方法，以指导和推动咨询工作，提高咨询业整体素质，造就一支既熟悉国际规则，又了解国情的专家型人才队伍。

中咨公司历来非常重视知识资产的创造和积累，每年都投入相当的资金和人力开展研究工作，向有关机构提供各类咨询研究报告，很多都具有一定的学术价值和应用价值。《中咨研究系列丛书》的出版，就是为了充分发挥这些宝贵的智力财富应有的效益，同时向社会展示我们的研究实力，为提高我国工程咨询业的核心竞争力和促进高质量发展做出贡献。

立言，诚如司马迁所讲“成一家之言”，“藏诸名山，传之其人”。一个人如此，一个单位也是如此。既要努力在社会上树立良好形象，争取为社会做出更大贡献，同时还应当让社会倾听其声音，了解其理念，分享其思想精华。中咨公司会向着这个方向不断努力，不断将自己的研究成果献诸社会。我们更希望把《中咨研究系列丛书》这项名山事业坚持下去，让中咨的贡献持久恒长。

《中咨研究系列丛书》编委会

2022 年 9 月

# 前言

中咨公司是顺应我国投资体制改革，贯彻投资决策科学化、民主化而成立的国内规模最大、涉及行业最多的综合性工程咨询机构，在我国工程咨询理论方法研究领域一直发挥着行业引领作用。公司自 1982 年成立以来，一直接受国家发展和改革委员会等有关部门的委托，并结合自开课题研究等形式，对工程咨询理论方法进行持续创新研究，取得了非常丰富的研究成果。部分成果以国家有关部委文件的方式在全国印发实施，部分成果以学术专著、论文、研究报告等方式在社会上推广应用，大部分成果则是以中咨公司内部咨询业务作业指导书、业务管理制度及业务操作规范等形式，用于规范和指导公司各部门及所属企业承担的各类工程咨询业务。中咨公司开展的各类咨询理论方法研究工作，为促进我国工程咨询行业健康发展发挥着重要作用。

自 1982 年成立以来，中咨公司为中央政府在国家重大建设项目的决策和实施中发挥了重要参谋作用，并为地方政府、企业、银行等各类客户提供大量咨询服务。参与了西气东输、西电东送、南水北调、退耕还林、青藏铁路、京沪高铁、港珠澳大桥、首钢搬迁、奥运场馆、百万吨级乙烯、千万吨级炼油、百万千瓦级超超临界电站、大飞机工程、载人航天、探月工程以及京津冀协调发展、长江经济带、粤港澳大湾区建设、海南自贸区、“一带一路”、生态文明建设、战略性新兴产业、西部大开发、东北振兴、新疆和藏区发展、三峡工程后续工作、汶川和玉树地震灾后重建规划等一大批关系国计民生、体现综合国力的建设项目和发展规划，积累了工程咨询业务实施的丰富经验，具有重要的总结提炼和推广应用价值。

中咨公司作为我国规模最大的综合性工程咨询机构，在推动我国工程咨询理论方法研究方面一直发挥着引领带动作用，始终坚持通过理论方法的研究创新，促进公司各项咨询业务的创新开展。工程咨询理论方法体系建设及创新研究，是中咨公司立足新发展阶段，完整、准确、全面贯彻新发展理念，构建新发展格局，对标世界一流专业咨询机构，建设中国特色新型高端智库，促进高质量发展的重要举措，在中咨公司发展战略布局中占有重要地位。

创新是引领发展的第一动力，创新驱动是经济增长动力由资源、投资等要素向知识、创新、人力资本等要素转换的动力源泉。新时代高质量发展对工程咨询理论方法创新提出更高要求，需要在把握投资建设客观规律、服务高质量发展总体目标、体现新发展理念的原则要求、强调可行性研究的核心地位、推动全过程工程咨询服务健康发展、融入“一带一路”建设的国际合作体系、扎实推进工程咨询行业标准规范体系建设、加强培育理论方法创新研究应用人才队伍等方面进行深入研究和实践探索。

工程咨询是一项专业性要求很强的工作，工程咨询业务受到多种不确定性因素的影响，需要对特定领域的咨询对象进行全面系统的分析论证，往往难度很大。这就需要综合运用现代工程学、经济学、管理学等多学科理论知识，借助先进的科技手段、调查预测方法、信息处理技术，在掌握大量信息资料的基础上对未来可能发生的情况进行分析论证，因此对工程咨询从业人员的基本素质、知识积累，尤其是对其所采用的分析评价专业方法提出了很高的要求。

研究工程咨询专业分析评价关键技术方法，要在继承的基础上，通过方法创新，建立一套与国际接轨，并符合我国国情的工程咨询创新研究专业指南，力求在项目评价及工程管理的关键路径和方法层面进行创新。所提出的关键技术方法路径，应能满足工程咨询业务操作的实际需要，体现工程咨询理念创新的鲜明特征，与国际工程咨询所采用的业务导则接轨，并能对各领域不同环节开展工程咨询实践活动起到规范引导的作用。

本次结集出版的《中国工程咨询专业指南》丛书，是《中咨研究系列丛书》中的一个系列，是针对工程咨询业务实施及高端智库研究方法的创新研究专业成果。中咨公司出版《中咨研究系列丛书》的目的，一是与国内外工程咨询业界同行交流中咨公司在工程咨询及高端智库理论方法研究方面取得的成果，搭建学术交流的平台；二是推动工程咨询及高端智库理论方法的创新研究，探索构建我国专业咨询及高端智库研究知识体系的基础架构；三是针对我国专业咨询及高端智库发展的新趋势及新经验，出版公司重大课题研究成果，为推动我国专业咨询及高端智库创新发展做出中咨公司的特殊贡献。

丛书的编写出版工作，由中咨公司研究中心具体负责。研究中心是中咨公司专门从事工程咨询基础性、专业性理论方法及行业标准制定相关研究工作的内设机构。其中，开展专业咨询及高端智库理论方法研究，编写出版《中咨研究系列丛书》，是中咨公司研究中心的一项核心任务。

发展是人类社会面临的永恒主题，创新是人类社会进步的不懈追求。我国工程咨询理论方法体系，从中华人民共和国成立以来学习借鉴前苏联东欧经验阶段，到改革开放以来学习借鉴西方市场经济国家及相关国际组织经验阶段，目前已经进入按照高质量发展的要求进行全面创新的新时代。工程咨询行业的高质量发展，呼唤着咨询理念及理论方法体系进行全面创新，并具体指导各类专业咨询实践活动。我们希望，《中国工程咨询专业指南》丛书的出版，能够对推动我国咨询业务实施及专业方法创新，推动我国专业咨询及高端智库研究事业健康发展，推动中国特色新型高端智库及世界一流专业咨询机构建设发挥积极的引领和带动作用。

作者

2022 年 9 月

# 目录

# 第一章

# 管理咨询特征及其实施过程

## 第一节　管理咨询及其行业特征

### 一、管理咨询行业特点

（一）管理咨询概述

1. 管理咨询的含义

管理咨询是咨询服务的重要领域。国际劳工局在其出版的《管理咨询专业指南》中给出的定义是：管理咨询是帮助管理者和组织，通过解决管理和经营的问题，鉴别和抓住新机会，强化学习和实施变革以实现组织目的和目标的一种独立的、专业性咨询服务。可见，管理咨询是掌握扎实的管理知识基础和丰富的实际管理经验的人所从事的专业咨询服务，服务对象主要是企业以及面临管理问题的各类组织。

管理咨询顾问在企业提出要求的基础上深入企业，并且和企业管理人员密切结合，应用科学的方法，找出企业存在的主要问题，进行定量或确有论据的定性分析，查出存在问题的原因，提出切实可行的改善方案，进而协助实施，使企业的运行机制得到改善，最终提高企业的管理水平和经济效益。我们可以从四个方面来加深理解：

（1）管理咨询顾问必须具备三个条件，缺一不可，即：具有管理的理论知识，具有管理的实践经验，熟练掌握咨询的程序和工作方法。

（2）管理咨询是一项由咨询顾问与企业管理人员共同完成的工作。管理咨询的成功很大程度上取决于被服务者，没有企业的充分配合，咨询顾问不可能做好咨询工作。

（3）管理咨询直接的成果是无形的，更多体现在诸如给企业员工灌输新的管理理念和管理知识等方面，以无形价值的形式体现。

（4）管理咨询最终的效果体现为企业经济效益的提高。只有最后证明能提高企业价值的管理咨询才是有效的。

2. 管理咨询的业务特征

（1）管理咨询是一项专业服务。管理咨询是由经过专业训练的人员提供的以智力成果为主要内容的服务产品，一般包括确定和考察相关的问题或机会，推荐合适的行动方案，并且为所提出的建议提供帮助。国际上习惯将管理咨询与财务咨询、法律咨询、工程咨询以及医疗服务并列归入专业服务（professional service）领域。正因如此，在其他专业服务领域的竞争规则和管理经验，例如“智力资源是第一资源”“经验曲线”效应等，在管理咨询行业同样适用。

（2）管理咨询的服务对象是管理者和组织机构。按照接受委托单位方式不同，管理咨询可以分为第二方咨询和第三方咨询。其中，第二方咨询是指由接受咨询服务者直接进行采购，而第三方咨询则是由接受咨询服务者以外的机构向提供咨询服务的机构支付费用。但是不论采用哪一种付费方式，管理咨询服务的对象都是具有管理活动的组织或组织中负责管理工作的人员。传统的管理咨询主要面向企业组织和经营者提供服务，但是越来越多的非营利性组织，甚至政府机构也对改进管理质量、提高管理效率提出了咨询需求，事实上，很多经典的管理咨询工具，如“胜任素质模型”等最初恰恰是从面向政府机构的咨询工作中衍生出来的。

（3）管理咨询主要面向管理活动。管理咨询解决管理和经营中出现的问题，识别问题产生的原因及深层次的归因，加强客户企业的全员学习及自我审视，积极组织和推进变革，从而帮助其客户提高效率，实现既定咨询目标。公认的管理活动包括计划、组织、指挥、协调、控制、领导，管理咨询就是围绕企业或其他组织的这些活动展开的。管理活动是复杂的权变过程，因此要求管理咨询从业人员具有综合性、多样性和环境适应性，对不同的客户、不同的时间、不同的管理问题，没有统一的方法、标准，也没有唯一正确的答案。

（4）管理咨询活动兼具技术和人际两个层面。虽然管理咨询工作没有唯一标准，但是在技术层面上仍然需要服从科学性、客观性、可靠性的准则，这是管理咨询业者与“点子公司”根本区别。所谓科学性是指，所提供咨询服务的理论基础、工作方法、思维逻辑必须符合基本科学准则；客观性是指咨询机构应当独立于被咨询单位，其视野应当超越被咨询单位的现状和思维定式，而且在工作中不宜代行管理者的职能，更不应与管理者不良目的串谋；最后，管理咨询成果应当具有一定的实证基础，实施风险应当处于可控状态。由于被咨询单位的管理活动对象是人，咨询成果也最终需要由人来执行，因此管理咨询活动也必须始终坚持以人为本，关注内、外部利益相关者的利益、动机、情感和发展需要，这样才能避免咨询工作沦为纸上谈兵。

### （二）管理咨询需求及服务类型

#### 1. 管理咨询需求

企业对管理咨询服务有着强烈需求，任何企业在经营管理过程中，都会出现各种不同的问题，这就需要管理咨询的相关服务。管理咨询的目的在于管理咨询公司以客观的态度，了解状况，判别病情，探求病理，促使企业活力恢复、促进发展，并提出各种可行的改善建议[1]。

（1）解决管理和经营问题。帮助管理者和其他决策者解决问题是最常提到的咨询理由[2]。企业在运营活动中面临内外环境的变化，会存在许多深层次的危机，如果不进行诊断，加以治疗预防，将陷入危险的境地。咨询顾问需要为企业提供识别、诊断、解决管理和经营中各领域、各方面有关问题的专业援助。

（2）实现组织的战略和目标。各组织都有自己的发展战略和目标，这些战略可以从不同侧面加以定义：行业领导地位、竞争优势、顾客满意度、全面质量和生产管理、公司卓越、好的业绩、盈利能力、改善经营效果、效率、增长等。而咨询可以使客户机构增值，这种增值是咨询顾问对实现客户的主要目标做出有形的、可量化可计算的贡献[3]。

（3）识别并抓住机遇。咨询服务被视为一种有价值的信息和思维方式，这些信息和思维可以转化为各个领域中的各种动力、创新和改进管理，这些领域包括：开发新市场和新产品、评估和使用最新技术、改进质量、使消费者更满意、开发和激励员工、优化生产要素、寻找新的商业关系（和合同）等[4]。公司能够在咨询顾问的帮助下发现并抓住新的重大机遇，以新的方式来经营业务。

（4）建立学习型组织。许多客户委托咨询顾问，不仅是寻求具体问题的解决方案，更多的是学习咨询顾问的专门技术知识（如环境分析，企业重构或质量管理）和评估组织、识别问题与机会、设计改进方案以及实施变革所采用的方法（面谈、诊断、交流、说服、反馈、评价以及类似的技巧）。咨询任务因此变成了学习任务和机会，帮助管理者及员工从咨询项目中学习思维和知识，从而增强客户组织整体学习能力[5]。

（5）实施变革。环境变革的复杂性和速度，要求组织必须适应变革的速度并且不断提高组织成员适应变革的灵活性和能力。机构的变革可能充满困难和陷阱，而咨询服务能帮助客户机构有效计划并实施变革。

2. 管理咨询服务业务类型

针对管理咨询的分类，业界存在不同意见。一种观点认为，企业管理咨询包括企业战略管理咨询、企业生产管理咨询、企业文化管理咨询、企业客户关系管理咨询、企业供应链管理咨询。还有学者认为管理咨询业是咨询产业的核心层，管理咨询层次要按照企业管理的各个层面划分为专业业务领域，包括投融资咨询、财务会计咨询、税收咨询、市场营销咨询、人力资源咨询、生产管理咨询、创业咨询、工程技术咨询、业务流程重组与管理信息化咨询等。实践中，管理咨询通常包括战略管理咨询、人力资源管理咨询、市场营销咨询、财务管理咨询、企业信息化咨询（IT 咨询）、组织流程咨询、风险管理咨询、集团管控咨询、知识管理咨询、企业文化咨询等在内的全流程咨询内容。

（1）战略管理咨询。随着市场主体地位的确立和新常态下经济结构、利益关系深度调整，越来越多的企业面临发展“方向”问题。战略咨询帮助企业明确未来的发展方向，指导企业做“效力”最大的事情而非“效率”最高的事情。目前我国企业面临的战略问题主要有：多元化还是专业化发展问题、多元化投资方向的选择、如何在竞争中赢过对手等。战略咨询包括战略分析、战略制定与战略选择、战略规划、战略实施辅导等流程。

（2）组织流程咨询。战略、组织与文化构成了企业发展的三个基石。好的组织结构能将组织的资源分配到最需要的地方，最大限度地提高组织运行的效率。组织设计包括部门设置、职权及职能设置、纵向管理程序的设计、横向业务流程的设计、岗位的设计等。组织设计咨询由于其结果会对组织中每一个人的权力、位置产生影响，因而比较容易受干扰。在这个过程中，咨询顾问最大的挑战来自如何设计一个符合企业法人意志的组织结构。

（3）企业文化咨询。企业文化是无形与有形的结合，有形在于企业文化通过企业的各种规章制度、行为方式、标识等方面表现出来；无形在于企业文化能够起到规章制度、物质激励等有形的管理起不到的作用。企业文化咨询内容包括观察分析企业现有的价值观，确定符合企业未来发展的价值观，并将其灌输到规章制度、行为规范、标识当中去。

（4）财务管理咨询。一些企业不重视财务工作，尤其是企业领导人没有从财务角度考虑管理工作。目前的财务咨询主要帮助企业建立基本的财务体系，包括预算管理、资金管理、财务分析等。

（5）市场营销咨询。市场营销咨询是中国最早进入实践阶段的管理咨询工作，由于历史上大量“点子”大王的出现，使得很多人将市场营销咨询等同于市场营销策划。两者有很多的相关工作，如市场调查、广告策划、公共关系等。但是真正的市场营销咨询主要帮助企业解决以下问题：产品线的筛选、目标市场的定位、价格/渠道/销售管理政策等。

（6）人力资源咨询。人的管理受政治、社会、历史、文化等因素影响较大，因而西方的人力资源管理理论与技术应用于我国企业需要大幅调整。目前我国绝大多数企业还没有建立完善的人力资源管理职能体系。人力资源管理咨询主要集中在帮助企业建立完善的职能体系方面，包括培训、招聘任用、薪酬、绩效考核、职业生涯规划等。人力资源咨询的管理理论和方法涉及管理学、心理学、组织行为学、系统工程学及信息管理学等多学科知识，要求咨询顾问具有以上相关学科的知识。

（7）信息化（IT）咨询。信息技术的发展为企业管理的变革提供了技术手段，组织扁平化、工作丰富化等管理变革都要通过信息技术来实现。信息化咨询的内容包括依据企业战略的需要，确定信息化的目的及内容；根据管理的需要，选择合适的软件产品；帮助调整现有的管理架构和流程或修改软件产品使信息技术能够更好地服务于管理的需要。信息化咨询涉及组织的每一个人和每一项工作，周期长，风险大。

从发展情况看，目前战略咨询、IT 咨询、组织与流程咨询、人力资源咨询、营销咨询五个领域咨询业务发展较快，但这些领域基本都被国外咨询公司所主导。具体来看，一是战略管理咨询领域。战略咨询是国际咨询公司的传统领地，也是占据绝对优势的领域。这些公司包括：麦肯锡咨询公司、波士顿咨询公司、罗兰贝格咨询公司、贝恩咨询公司、博斯咨询、威特咨询等。本土公司只是在战略落地方面凭着熟悉中国市场、管理和文化上的优势，占据了一席之地；二是 IT 咨询领域，国外咨询公司仍然占据主导地位，如 IBM、惠普、埃森哲、毕博和甲骨文等公司；三是在“人力资源咨询”“绩效管理”领域，本土咨询起决定性作用；四是在营销咨询领域，营销战略层面以国际咨询公司居多，操作层面则本土公司众多。总体来看，本土咨询公司在专业能力、人才队伍、品牌建设、综合实力等方面与国际咨询公司相比仍有差距，特别是战略咨询层面差距依然较大。

另外，管理咨询还可以从范围、人员、性质、应用和系统的角度进行分类[6]，见表 1-1。

**表 1-1　　咨询分类**

| 角度 | 分　类 |
|---|---|
| 范围 | 全局性咨询：对企业的总体情况进行咨询，这种咨询是宏观性质的<br>单元性咨询：对企业的某一职能方面进行具体咨询，是微观性咨询 |
| 人员 | 企业内部人员咨询：<br>优点：咨询费用低、咨询时间自由、介绍情况的时间短等；<br>缺点：不易发现问题 |
| | 企业外部人员咨询：<br>优点：客观公正、冷眼观察，易于发现问题；<br>缺点：费用昂贵，咨询时间需协商，介绍情况耗时长 |

续表

| 角度 | 分　类 |
|---|---|
| 性质 | 企业管理咨询：从定性的角度出发，运用专家的综合知识，分析、研究并解决企业经营管理中存在的问题<br>企业经营分析：通过对管理数据、财务数据的分析，判断企业的经营现状以及找出企业存在的问题 |
| 应用 | 经营战略咨询、组织结构咨询、制度体系咨询、管理流程咨询、营销工具与营销形式咨询、生产管理咨询、质量管理咨询、业务流程咨询、薪酬绩效管理咨询、人力资源管理与开发咨询、企业文化咨询 |
| 系统 | 基础咨询：立足于咨询的服务对象，包括领导咨询、企业咨询、财务咨询、战略咨询、均衡性咨询、生产性咨询 |
| | 功能咨询：立足于企业的功能结构，包括生产、采购、销售、促销体系、资金、财务、人事、服务、地域咨询 |
| | 产业咨询：立足于企业的行业性质，包括工业咨询、商业咨询、金融咨询、农业咨询、服务业咨询等 |

### （三）管理咨询规范

#### 1. 管理咨询五大特性

管理咨询具有五种特性（见图 1-1）：中立性、局外性、综合评价性、建议性、指导性。

（1）中立性。管理咨询的第一个特性就是中立性，该特性在外部人员咨询上表现得尤为突出。利用企业外部的咨询机构或咨询师对企业存在的问题进行实地调查分析，这样受诊企业易于得到更加客观公正的建议，一些企业内部解决不了的问题，通常站在中立的立场上的咨询人员就易于解决[7]。

（2）局外性。管理咨询公司属于外部力量，在针对企业内部管理提出的意见中，相较于公司内部，更加公正和客观[8]。企业聘请的外部咨询机构或咨询师通常与企业没有利害关系，他们能站在局外人的立场上对企业运营过程中存在的问题做出客观分析，进而提出问题的解决方案。局外性有利于保证管理咨

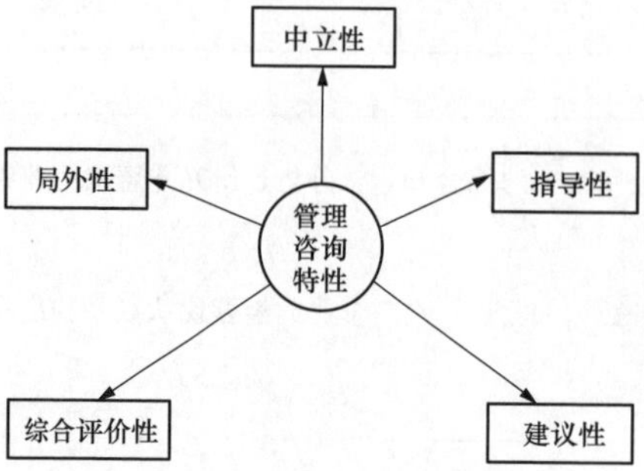


图 1-1 管理咨询的特性

询结果的科学性和准确性。

(3) 综合评价性。管理咨询是一个系统工程。既要对企业外部经营环境进行分析，又要对企业内部经营条件有系统、全面的了解，在此基础之上进行综合评价，找出存在的问题，提供并帮助实施解决方案[9]。因此，管理咨询的结果都是综合评价的结果。

(4) 建议性。咨询师只是充当一个参谋的角色，为企业提出建议性的而非强制实施的改进方案。如果企业觉得此方案的实施效果不会很大，完全可以否决该方案，实施与否的决定权在企业手中。

(5) 指导性。管理咨询并不停留在仅仅为受诊企业提供建议的层面上，更重要的是，咨询机构或咨询师会对受诊企业的相关人员进行培训，帮助指导实施改进方案，教会他们如何改善企业的经营管理[10]。

2. 管理咨询执业道德规范

任何行业都有本行业的职业道德，管理咨询业也不应例外。咨询行为体现着咨询业的道德理念，这种理念应该贯穿于咨询工作的全过程[11]。管理行业在咨询过程中的道德规范如下。

(1) 公正和客观。保持咨询工作的独立性并客观、公正地从事咨询业务，这是咨询业的职业化目标[12]。咨询专家能提供客观公正的建议或评价是客户选聘咨询专家的主要理由之一，因为咨询专家与客户的发展利益是一致的，它与客户是项目关系，没有利益上的冲突，也不介入客户内部的利益和事务矛盾中去，咨询专家的建议或评价应该没有偏见，应从客户业务发展的角度考虑问题。

(2) 保守商业秘密。不能泄露客户的任何业务资料信息，也不能利用客户的资源和机密信息牟利，这是咨询业界普遍遵守的一条行为准则[13]。咨询专家在实际工作中要约束自己，在咨询工作中既不能泄露客户没有授权公开的信息，也不能利用客户的任何有商业价值和潜在商业价值的信息为其公司和其他客户谋取利益或优势，只有这样，客户才能相信咨询专家。

（3）公正合理收费。管理咨询公司在确定咨询费用时，要实事求是，不能漫天要价，尤其是在我国管理咨询业相关规章制度尚不健全的情况下，更应该注重合理的价值目标，遵循合理收费的原则[14]。在咨询服务的过程中，除了事先约定好的费用外，不应向客户再收取额外的报酬，咨询专家更不能接受和索要佣金，因为这样会造成咨询建议或判断的不公正性。

（4）保证客户利益最大化。客户满意就是实实在在为客户创造价值[15]。在咨询项目中，咨询专家的全身心的投入，协助客户在经营业绩上取得积极的、持久的重大改进，在不违背公众利益的前提下以达到客户最大利益可能实现为目的，这是管理咨询的一条“金科玉律”。

（5）坚持说真话。咨询公司在咨询工作中坚持说真话，是咨询工作基本的职业道德。比如对一些方案的可行性研究，在研究其可行性时要说真话，同时还要从不可行性角度作研究并同样坚持说真话[16]。对于一个方案的可行性研究给出不可行性的结论或预见，这本身就是说真话的表现。

（6）兼顾社会关注和客户道德。在咨询任务中经常碰到一些客户利益与更广泛的社会利益产生现实或潜在矛盾的道德难题[17]。最佳处理方式是咨询顾问和客户都朝着业务与道德兼顾的方向决策。例如咨询顾问向客户建议如何减少经营决策的潜在不利后果，如何增强客户的社会责任感，或者如何从财务和社会效益方面，为将受到影响的各个利益群体提出最佳决策建议。

3. 管理咨询师的品质要求

管理咨询顾问必须具备很高的道德修养、丰富的管理知识和经验[18]。在咨询工作中，恪尽职守，保守客户公司机密。同样，客户公司对管理咨询公司也应有一定的信任感，切实支持他们的工作。咨询师所需的品质主要包括九个方面。

（1）行为合法。受理咨询的前提是对象的经营范围和经营行为要合法，咨询师对受诊企业的违法行为要给予建议和指导。同时，咨询公司最后提出的咨询意见也要合法[19]。

（2）量力而行。咨询师对受诊企业所处的规模、行业和咨询目的要有清楚的了解，进而判断自己是否有足够的能力接受委托，咨询师不能承诺超出自己能力的咨询要求，这也是对客户企业负责的一种表现。

(3) 自主公正。咨询师在整个咨询过程中都要保持咨询的自主性、公正性，不能屈从于受诊企业的压力，不能迎合不合理的要求。

(4) 尊重隐私。咨询人员为客户严格保密，不仅是因客户为此付出了高昂的代价，而且客户为其提供的所有资料都是工商业秘密，具有极大的经济价值、政治价值，如咨询人员不能为此保密，就不仅仅是一个信誉的问题，还需为此负法律责任。

(5) 不谋私利。管理咨询虽然是盈利性的，但一定要保证其利润来源合法，咨询机构或咨询师不能利用咨询的机会为自己谋求合理报酬以外的好处和方便[20]。

(6) 结果有效。咨询的最后结果应对企业的工作改进有明确的指导作用，不能模棱两可、似是而非[21]。

(7) 诚实守信。通过诚信建设提高核心竞争力，赢得被咨询企业的信赖，获得良好的社会声誉是咨询机构可持续发展的前提。

(8) 尊重同业。咨询机构一定要遵守商业道德规范，对同行业企业的评论做到客观公正，不妄加评论。

(9) 善于学习。为提供高质量的管理咨询服务，咨询机构必须具备相应的资质，咨询顾问必须有职业资格[22]。同时管理咨询对于咨询机构来讲，还是一个自我学习的过程。通过为越来越多的客户提供咨询服务，咨询机构可以不断地积累经验，学习更先进、更科学的咨询方法，反省曾经出现的错误，吸取教训，最终达到提升自身咨询水平和美誉度的目的。

(10) 咨询中立。咨询机构应该注意避免同时咨询具有竞争关系的多家企业，这也是遵守执业道德的表现，有利于管理咨询机构避免出现招致法律诉讼等不必要的麻烦。

## 二、管理咨询功能定位

### (一) 管理问题

管理咨询顾问在进行企业管理问题的诊治时，要遵循有限参与、辅助决策、推动实施三大原则（见图 1-2）。

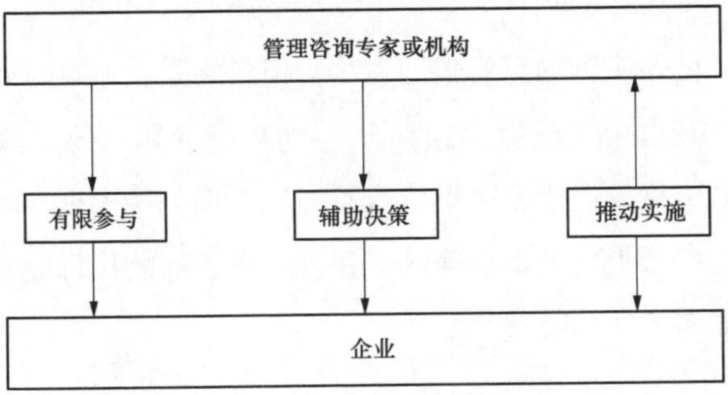


图 1-2 管理咨询诊治原则

1. 有限参与

咨询顾问对企业管理问题的诊治，要遵循有限参与的基本原则，体现在对重点问题的识别（起点）、与客户保持距离（过程）及对效益的合理期望（结果）三个方面。

（1）对重点问题的识别。一般地讲，企业存在的问题难以分清轻重缓急。咨询公司及顾问要根据经营目标与现状对比，进行企业经营诊断，找出存在问题，以便采取措施，对症下药，并最终解决这些问题[23]。

（2）与客户保持适当距离。咨询顾问与客户保持距离是企业内部开展工作的指导原则[24]。这种基本的职业准则对于咨询公司了解不同的企业和行业，迅速积累咨询经验而言是非常重要的，同时给咨询行业带来的好处也是显而易见的。首先，顾问把方案实施和决策的风险留给了企业，这样不论实施的效果如何，咨询公司都可以从企业全身而退；其次，顾问可以把精力更多地投入单纯的管理研究和分析之中，把方案制订得更加严谨和科学，而不用考虑内部纷杂的不同意见；最后，这种实施准则确保了顾问不会在企业内部陷得太深，确保咨询项目按期结束和完成[25]。

（3）对效益的合理预期。在合作双方都比较满意的咨询项目中，根据客户状况带给客户正确的期望值是咨询成功的关键[26]。企业对咨询结果不满的情况，很大程度上是对于咨询的期望值过高，咨询公司没有尽力将客户期望维持在适当的水平上。因此，咨询公司必须帮助企业明确什么是咨询顾问做不了的，什么是咨询顾问可以做的[27]。

2. 辅助决策

管理咨询是公司决策的重要辅助工具，但最终是企业自身要根据具体情况权衡利弊后对方案是否实施做出选择[28]。如果把问题的决策权力托付给咨询顾问，那么如果决策失误或者决策执行不力，咨询公司未来在品牌方面都会面临严重的冲击，而如果决策是正确的，并且取得了好的执行效果，咨询公司也不会从中得到太多额外的收益[29]。

3. 推动实施

如果仅仅把咨询简单地理解为参谋或提供建议这个角色就过于片面和局限。在管理咨询的项目中，咨询公司往往强调和企业共同组建项目团队，共同来完成咨询方案[30]。这样做的目的也是确保在未来项目方案的实施和落实过程中，企业方面可以将方案落实并加以推动。

（二）管理方法

作为管理咨询顾问，不光交给企业一个方案，更重要的是教会企业管理的方法[31]。这有助于企业再遇到类似问题时，可以运用这些方法分析企业问题的症结，进而提出可操作性强的方案解决问题。

1. 问题分析

管理咨询最重要的作用是可以帮助企业对关键的管理问题进行全面梳理和逐项分析[32]。

（1）调查比较。咨询顾问在分析企业的管理问题时，会通过大量的调研和访谈，对过去的成绩、客户自己的目标、计划和标准、其他企业的做法和经验、行业标准与企业现状进行比较，全面地分析和梳理企业的关键管理问题，并对问题产生的原因进行分析和论证[33]。

（2）外部介入。管理咨询顾问在开展咨询项目时往往会提出自己的观点和建议[34]。企业的高层管理人员可以从中吸取合理的观点，并对方案提出完善的意见。此外，通过顾问在企业内部的广泛沟通，企业的高层管理人员也可以全面了解内部的不同意见，并通过顾问的沟通来尽可能地达成共识，为方案的最终落实和执行奠定基础[35]。

（3）主动思考。管理咨询的目的不仅在于解决企业现实存在的重要管理问题，更在于通过管理咨询的实践培育企业管理者去主动发现问题、认识问题并有效地解决问题的能力[36]。

2. 理论工具

由于咨询顾问往往通过项目方式来解决企业的具体管理问题，而要在既定的时间内完成对这些复杂管理问题的分析，并提出解决方案，顾问必须具备一些实用有效的管理工具和分析方法[37]，如在市场信息、知识管理、协同网络等领域利用不同的工具加强管理创新[38]（管理理论工具和分析方法类型见图1-3）。

| | |
|---|---|
| 市场信息 | 市场调研和标杆分析、3C模型、SWOT、波士顿矩阵法、PEST分析等 |
| 知识管理 | 知识共享、知识审计、知识产权管理、客户关系管理、企业文化管理等 |
| 协同网络 | 跨部门工作团队(CFTs)、团队建设、供应链管理供应链管理等 |

图1-3　管理理论工具和分析方法类型

各个企业要根据自身情况进行创新工具的选择或工具的调整和创新[39]。同时需要强调的是，这些工具的使用只是企业整个创新战略和体系中的组成部分，需要与企业的组织、制度和流程相结合才可能发挥出相应的作用。

3. 决策实施

客户与咨询专家在决策实施时，需要注意客户参与、寻求共识、企业文化三个方面。

（1）客户参与。方法培育是一个双向互动的过程，需要咨询机构和企业双方都投入到其中[40]。一方面，咨询机构要向企业传授管理之道，包括基本的管理理论、方法，以及这些理论方法在现实企业中的应用情况；另一方面，企业也要主动地学习这些理论方法，进行理解、消化和创新。

（2）寻求共识。企业与咨询公司在决策时，必须达成共识，若在价值问题上缺乏有效沟通，往往会使管理咨询看不到实效[41]。

（3）企业文化。企业文化的形成是复杂和漫长的，对企业的影响产生在多个层面[42]。许多企业的管理问题更多地集中在文化和机制层面，咨询公司不能仅仅盯住策略、流程等表层的东西，必须站在企业的视角去理解企业面对的问题和思维框架，重视对具有中国特色企业文化的熟悉和变革，只有这样咨询方案才有可能对症。

（三）管理境界

管理境界是指管理水平所达到的程度和层次[43]。管理咨询能够提升企业管理者的管理层次与管理品质，从而达到更高的管理境界。

1. 管理层次

企业管理划分为三个层次（见图 1-4）：制度管理、科学管理和文化管理。

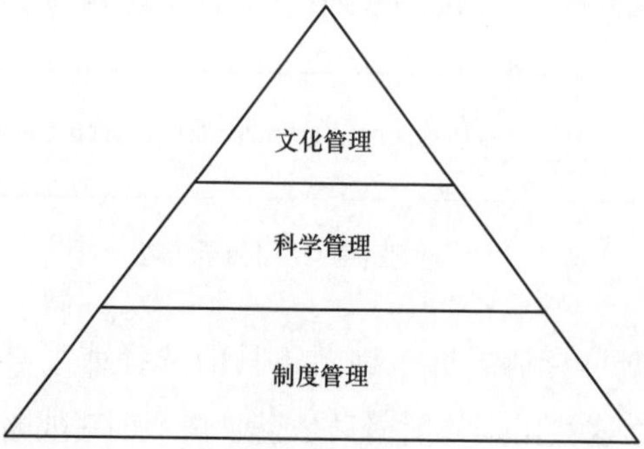


图 1-4 企业管理层次

（1）制度管理。制度管理又称约束管理层次，以防弊查错、资产保全和督促生产为主。制度管理是企业管理的根本，是管理工作要求达到的最低标准[44]。

（2）科学管理。科学管理又称绩效管理，主要表现为建立企业激励机制，实现企业的责、权、利相结合。科学管理的重点在于影响、激发员工产生对企业有利的生产经营行为[45]。企业水平若能够上升到科学管理这一层次，则说明企业管理水平已经能够满足一个企业正常经营发展的需求。

（3）文化管理。文化管理又称协作主动管理，是一种自发管理。自发管理是管理中的最高层次，这一管理层次需要企业形成良好的精神面貌，培养企业具有创造力的环境，滋生企业全员参与创造、开发的欲望和信心[46]。

2. 管理原则

咨询管理原则包括以下三点。

（1）方法是管理咨询的“资本”，所以要求做到：①方法要持续平衡地发展，并要有适应能力；②要不断开发新的方法，并使之适合时代经济和技术的发展；③方法必须面向实践，而不是纯理论；④要提出切实可行的咨询建议，而不是做鉴定（审定）；⑤决定性的成果应能为企业带来良好的盈利和较低的成本[47]。

（2）咨询过程可以是一样的，但具体实施不一定是一样的，要从企业实际出发。

（3）咨询过程自始至终要与企业思想一致，密切合作[48]。要求：①企业要派人员参加咨询工作；②要与企业的发展方向和业务、市场专长联系起来；③咨询方法和建议要与领导人员的能力相适应，要有现实性、可行性；④实施建议要与企业中层协调一致，自下而上合作进行。

3. 管理促进

企业的管理层次是不断提升的，管理咨询对企业的促进作用主要体现在三个方面。

（1）方向牵引。有序方向性牵引是针对事业发展的动因来源而言的，是事物正确发展的动力，是人脑力正确判断的结果[49]。只有正确的判断，才不会产生误导和恶果。

在企业管理中，有序方向性牵引处处可见，如顾客对商品性能质量上的要求，或竞争的需求，促使企业改进生产工艺，提高生产技术。企业在围绕着获利、发展成长努力，就必须研究新的事业产生的动因，寻找有序方向性牵引动因来源，使事业组合能达到预期的效果[50]。

(2) 走向融弃。融弃指意识形态上成长而引起意识形态控制下事物的成长，并因此而获取新的事物特征的过程。企业管理因受限于市场的竞争规模的限制和产品周期的制约等，必须要从企业管理走向管理企业，使劳资关系发生质的变化，前者是就业雇用的观念，后者则是委托经营的观念。

(3) 优势复制。优势复制是打破思维局限常用的办法，它是将最好的技术、经营思想、管理方法通过强化培训及标准化贯彻，以达到迅速提高整体水平和质量的目的。咨询顾问能够通过最佳案例的总结和分析，迅速了解这个行业的一些共性的管理和业务问题，对寻求帮助的企业制订出合理有效的咨询方案。同时咨询公司为企业提供向最佳实践案例学习的平台，使得企业可以全面了解、学习其他优秀企业的管理和业务模式。

## 三、管理咨询产业

### (一) 管理咨询产业发展基本情况

咨询业是对第三产业中以咨询服务为特点的各种行业的总称，因其特点为智力型服务，也被人们称为“头脑产业”[51]。主要在财务、人力资源、营销、供应链等运营领域为职业经理阶层提供先进经验学习、效率优化和组织变革，辅之以信息技术工具等实现手段，最终达到提升企业业绩的目的[52]。

1. 咨询产业的演变过程

(1) 谋士咨询。管理咨询的行为，历史上可以追溯至中国古代的谋士和门客行为，他们就是一个特定的集团，提供真知灼见，通过“士”们的谋略，影响决策者的选择和行为模式。其中，最有代表性的是：诸葛亮未出茅庐，提出了“三分天下”的战略设计，为刘备的日常经营和关键时刻的选择提供了具有愿景意义的指导目标。

(2) 企业咨询。现代企业的管理咨询，可以追溯至泰勒从事的搬运试验分析和作业方式优化等，其所进行的内部改进行为就属于典型的内部咨询的范畴。企业咨询作为一种来自企业外部的专业服务，在麦肯锡公司成立之初就得以确定，主要是为经理层提供发现和解决管理问题的工作，这种开拓性的理念产生和促进了咨询职业与行业的发展[53]。企业咨询更多的是从企业未来发展角度出发，对企业提高管理能力、改善经营管理体系的基本策略提出建议。

(3) 咨询产业。随着企业规模的不断扩大、专业分工的细化，管理咨询作为一种专门职业逐渐从一般管理职能中分离出来。管理咨询已形成了一种社会性的服务行业，也是20世纪90年代以来世界上迅速发展的知识密集型产业。咨询业提供的是一种以知识来体现价值的服务产品。

2. 管理咨询业务重点的演进

随着时代的发展，管理咨询服务作为一种专业性服务，越来越受到各类企业的重视，不同时期管理咨询的业务重点发生着较大的变化[54]。

(1) 科学管理。早在1886年，麻省理工学院的教授阿瑟·德洪·利特尔（Arthur Dehon Little）就创建了第一个现代意义的阿瑟·利特尔管理咨询公司。他们当时的重点在于科学、工程和创新。此后，在泰勒（FrelrickW. Taylor）等人的推动下，科学管理迅猛发展。泰勒本人也携自创的科学管理理论，运用时间研究等方法为许多企业提供咨询服务，其咨询重点在于如何运用科学管理提高企业生产效率。

(2) 战略管理。20世纪初，管理科学在大学里开始自成一家，会计和审计行业开始职业化。纽约大学于1900年开设了商务、会计和金融学院。哈佛大学在1908年建立了哈佛商学院，对职业管理教育进行"精心"的尝试。著名的会计师事务所像安达信、永道、毕马威等先后成立。

第二次世界大战以后，随着技术的发展和企业组织的日益扩大，企业管理变得日趋复杂，同时也增加了对咨询服务的要求。著名会计师事务所普华在1946年成立了独立的咨询业务部门。

20世纪70年代，许多咨询公司在海外开设办事处。为提高竞争力，许多企业对信息系统要求剧增，带来了对软硬件和信息系统咨询的巨大要求。1973年，贝恩（William W. Bain）创立了贝恩咨询，贝恩以客户为重点，重视与客户关系的模式使他们一度得以高速发展。

(3) 信息管理。如果说传统的管理咨询业是知识密集型产业，那么，现代管理咨询业就是知识与技术双密集型产业，需要在传统管理咨询的基础上与现代发展紧密结合[55]。这种与IT技术的结合应该体现在以下两个方面。

一方面，从管理咨询企业自身的角度出发，将 IT 技术与自身的管理结合起来，建立完善的信息系统，将数据库网络化，从而使企业内部经验的分享、信息流的传递畅通无阻，在复杂多变的形势中实现企业整体的快速反应。

另一方面，从整个管理咨询行业的角度出发，积极发展信息化咨询（I-Consulting）。这里的“I”包含了五层含义：面向“电子商务”、面向信息管理、面向信息系统实施应用、面向管理绩效持续改善、面向企业国际化发展。

3. 管理咨询产业的发展逻辑

现代管理咨询的发展依托理论发展、实践需求与知识信息三大因素，构成管理咨询的发展逻辑（见图 1-5）。

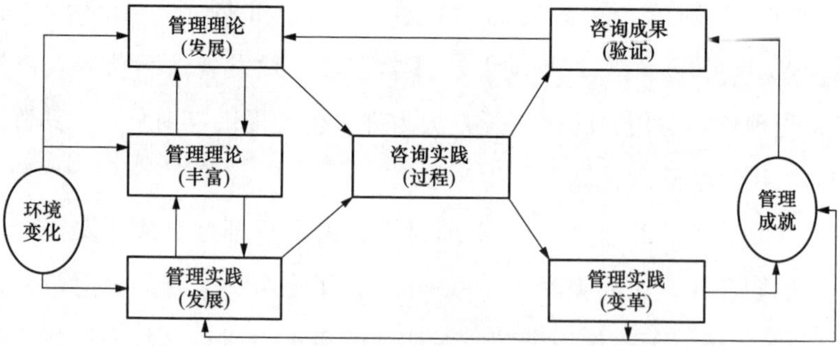


图 1-5 管理咨询的发展逻辑

（1）理论发展。管理理论的发展大大推动了管理咨询业的发展。现代管理咨询业不再像传统的管理咨询业那样，将业务范围局限在对企业单个管理环节的局部管理改善上，而是扩展为对企业业务处理流程的整体改善，并且将 IT 技术全面融合到企业的管理中去。

（2）实践需求。管理咨询以成功的企业实践经验和失败的企业教训为依托，企业日益复杂、多样的需要也深化了管理咨询的发展。管理咨询业随着整个商业环境的繁荣，随着各产业管理水平的提高、管理意识的增强而开始进入新的发展阶段。与此同时，管理咨询也面临巨大挑战。要迎接挑战，要把握机遇，就必须充分认识到传统管理咨询业向现代管理咨询业的转型，就必须对管理咨询业未来的发展趋势了然于胸。

（3）知识信息。传统的管理咨询高度依赖知识管理，尤其是本咨询公司的隐性知识（以行业经验、专门咨询技术为主要内涵）管理，日益便利的网络与信息条件正在推动现代管理咨询业的新的发展。

4. 现代管理咨询业的发展阶段

管理咨询业务最早出现于20世纪20年代，目前已成为全球发展最为迅速的产业之一，市场规模超千亿美元。现代管理咨询业的发展大体经历了六个阶段。

（1）第二次世界大战前，主要是面向生产过程组织的管理咨询，主要侧重生产、现场管理、能耗、物耗、成本与财务等方面的活动。

（2）第二次世界大战后到20世纪50年代末，咨询的重点侧重于经营管理方式的改进以及现代科学管理方法的推广应用上。

（3）进入20世纪60年代后，管理咨询的重点已经超出了企业内部管理的范畴，发展到企业经营战略等方面，如市场营销、企业策划、生产管理、目标管理、经营战略等。

（4）20世纪80年代以后，针对全球经济一体化，企业的咨询需求调整为企业重组、再造、联盟、并购、企业组织架构、人力资源管理、企业文化等方面，在这一阶段的一个显著特点是投资咨询和管理咨询的结合成为一种趋势。

（5）20世纪90年代中期，电子商务的出现对企业管理咨询提出了新的要求，企业整体经营理念发生突破性变化，企业领导层预测到这一重大变化带给企业的重大转变。企业管理咨询重点是流程管理、供应链管理、物流管理。这一阶段的鲜明特点体现在这么一种提法上："未来的竞争不是企业和企业之间的竞争，而是供应链和供应链之间的竞争。"

（6）21世纪以后，出现这样的趋势：信息技术注入企业的核心业务中，企业e化要求管理咨询与信息技术的全面融合。同时，全球经济一体化的浪潮席卷一切，管理咨询从传统的管理咨询公司和以IBM等为代表的IT公司融合。

当前，随着全球咨询产业化、多元化、网络化、智能化的发展，咨询业已成为举足轻重的行业部门，全世界咨询与信息服务业的营业额已达数千亿美元。美国咨询占全球咨询业务需求的比重达到55%。同时，随着各国公民咨询意识的增强，咨询普及程度提高，呈现出大众化和多样化发展趋势。每年有大量的企业委托外部咨询服务机构为其进行战略、组织、生产、管理、信息技术等方面的咨询服务。管理咨询已成为企业实现管理创新、提高竞争力的重要助推力量。50%以上的世界500强企业拥有自己长期合作的著名咨询机构。其中，信息技术和系统的咨询是迄今为止咨询业中最具活力的部分，其次是培训、战略规划、变革管理以及人力资源管理等领域。

（二）主要国家管理咨询产业特点

1. 美国咨询

管理咨询起源于美国。美国是世界上管理咨询业发展最快、行业体系最健全的国家之一。从美国国际性咨询公司的情况来看，有以下共同特点。

（1）领域拓展大。管理咨询起源于美国。美国早在19世纪30年代就开始了管理咨询服务。美国管理咨询公司提供管理咨询的触角，已由管理领域延伸到法律、金融、工程、技术等相关领域。很多公司原来是以会计、审计、税收为其主要咨询领域，逐步转向同时提供技术、工程和管理等专业领域相互融合的咨询服务。

（2）公司规模大。美国咨询业的最大特点就是拥有一批实力雄厚的大型公司，如以政府、企业、团体为服务对象的斯坦格国际咨询研究所；以经济、外交政策和政府活动为主的布鲁金斯研究所等。这些咨询公司机构庞大、研究人才集中、经费充裕，有能力承担全局性、综合性的研究课题，具有较强国际竞争力。

（3）人才众多。人才队伍素质高，人才结构合理、类型广泛、复合型人才较多。在美国兰德公司2012年720名专业研究人员中，61%拥有博士学位（其中1%法学博士、2%医学博士）、28%拥有硕士学位、10%拥有本科学历。

（4）产品营销。美国的管理咨询公司已由单一地为个别企业提供咨询服务，扩展为主动推销自己定型的高智力产品，产生更大的效益。在这些公司中，有的已形成自己的研究、开发、生产、销售、服务一条龙体系。

2. 欧洲咨询

欧洲各发达国家是最先引进美国的管理咨询的。许多国家成立了地区和行业的咨询协会以及国际性的联合会，如国际咨询工程师联合会（Fédération Internationale Des Ingénieurs Conseils，FIDIC）、英国咨询工程师协会（Association of Consultancy and Engineering，ACE）、欧洲管理咨询协会联盟（the European Federation of Management Consultancies Associations，FEACO）和国际管理咨询协会理事会（International Council of Management Consulting Institutes，ICMCI）等。这些协会和联合会大都对会员资格、职业标准、伦理准则、诊断程序以及诊断师的义务等做出具体规定，同时也对成员提供建议和帮助。

（1）规模大。在英国，利用咨询业务促进企业发展已非常普遍。英国的管理咨询，不但专业公司做，各高等经济管理院校也普遍实行“教学、研究、服务”三结合的方针，既做教学又做诊断。法国各种专业诊断公司已有2000多家，从业人员近3万人。德国咨询产业呈现稳定、快速发展势头，年增长率远远高于德国国民经济年增长率，是德国经济中发展最快、最稳定的现代产业部门，成为德国社会经济体系中的有机组成部分。

（2）行业规范。法国咨询业有着严格的资格审查制度，咨询人员的执业资格由专门的政府机构来认定。行业协会组织在德国咨询行业中具有很高的威望和信誉，对德国咨询业的发展起着积极的促进作用。德国咨询协会（BDU）于1954年成立，该协会帮助会员单位改善咨询行业的经济环境，通过定期出版刊物、资料，不断宣传协会和咨询企业，为会员单位提供咨询经验与信息的交流，进行咨询人员培训等，这些工作内容和工作目标吸引了许多咨询公司加入协会，使协会成为指导德国咨询业健康快速发展的重要组织。

（3）人才竞争。在德国，对从事咨询活动的人员和机构并没有任何限制性条款，个人可按规定注册登记，挂起招牌就可以营业。然而这种自由、开放式的管理，实际上给从事咨询活动的人员和机构提出了更高的要求。要想开展工作并得到发展，获得较好的收益，就必须具有较强的竞争优势，树立自己良好的信誉，在激烈的竞争中立于不败之地。对从事咨询的个人来说，应当具有较高的综合素质；对咨询企业来说，则应当具有自己的服务特点。

3. 日本咨询

日本将企业咨询称为企业诊断，日本的企业诊断是从欧美引进来的，经过20世纪60年代的激烈竞争和行业规范，20世纪70年代开始步入稳定发展阶段。

(1) 公共咨询。日本的各类咨询机构，包括综合性机构在内，在接受政府或财团委托项目的同时，还面向社会，特别是企业，承接企业所需的各专业领域内的咨询研究课题，使得日本企业的技术水平、产品开发能力、市场开拓能力等方面具有较强实力。

(2) 政府扶持。尽管日本的咨询业起步较晚，但在该国政府积极扶持和引导下，咨询业发展迅速。如政府通过综合研究开发机构以及其他途径，为地方脑库的发展在人力、财力方面给予支持；政府为加强对咨询业的引导，建立了专门的管理机构；制订倾斜政策，大力扶持咨询业，同时加强相应的法规建设，保证咨询业的健康发展。

(3) 重视人才培养。日本除向大学宣传培养管理咨询人才的迫切性之外，还鼓励企业举办业务研究班，以吸收新的知识技术，加强企业之间的人才流动。为了使咨询人员积累丰富的经验，还向国外派遣咨询项目的研究生，使他们接受实地训练，或通过外国教育来培养。

(4) 组织依赖。日本一些专业性的咨询机构由于受特定因素影响较深，与FIDIC（国际咨询工程师协会）等要求的咨询机构绝对独立的原则不一致，颇近似于由政府或政府机关控制的法国咨询机构。日本大型的咨询机构一般都设有理事会掌握大政方针，如三菱综合研究所设有相应机构，理事会成员由政界、财界和学术界的名人组成，管理上实行高度分权和尊重研究人员个人创造性的体制，管理部门只负责企业专题研究，实行“课题小组负责制”，定期商讨工作。

(5) 以中小企业为主。由于日本咨询业较年轻、知名度和信用度较低、海外咨询竞争力较弱，日本除少数大型脑库拥有庞大的研究队伍外，大多数咨询机构规模不大，有的甚至只有2～3名成员。虽然咨询机构内专业人员不多，但都很精干。如日本综合研究所共25名成员，其中研究员有16名，并且专业各不相同，每年可进行10多个项目的研究。

4. 主要管理咨询机构情况

全球职业发展机构Vault结合一万多名咨询顾问的问卷调查，根据公司声望、公司文化、福利、工作生活平衡度、公司前景以及总体满意度等各类指标的综合分析，形成了2019年的全球咨询公司排名，位居榜单前十名的管理咨询公司分别为以下公司。

(1) 麦肯锡 (McKinsey)：全球最著名的管理咨询公司，1926年创建，开创了现代管理咨询的新纪元。公司在全球44个国家和地区开设84间分公司或办事处，拥有9000多名咨询人员，分别来自78个国家，均具有世界著名学府的高等学位。其业务主要是提供战略方面的咨询，同时还涉足企业金融、商业技术和运营等一系列咨询领域。麦肯锡中国公司曾被评为“中国最受尊敬企业”之一。

(2) 波士顿咨询公司 (BCG)：是一家世界领先的商业战略咨询机构，客户遍及所有行业和地区。创立于1963年，在全球45个国家设有81家办公室。公司与客户密切合作，帮助其辨别最具价值的发展机会，应对至关重要的挑战并协助他们进行业务转型，超越竞争对手。其主要业务涉及消费品及零售业、工业品、能源与公用事业、医疗保健、高新科技、金融服务等领域。

(3) 贝恩公司 (Bain & Company)：是一家全球领先的管理咨询公司，创立于1973年，总部位于波士顿。主要业务领域包括：战略决策、电子商务战略、客户关系、企业成长、企业运作管理优化、供应链管理、组织与变革管理、兼并重组。贝恩公司基于“咨询顾问为客户提供的是结果，而非报告”的理念，把企业看作完整、密切相关的整体，帮助企业寻找投资机会，为客户提供战略、运营、技术、组织以及兼并购方面的专业咨询，帮助企业实现更高收益和可持续成长。公司在全球拥有超过2200人的专业咨询团队。

(4) 德勤 (Deloitte Consulting LLP)：是全球顶级的咨询公司之一，其下拥有战略与运营、人力资源咨询、技术咨询等业务板块。财务也是其专业咨询方向，为客户提供一系列包括审计和咨询、财务咨询、学习进研、风险管理及税务等服务。2013 年，德勤收购了国际知名战略咨询公司摩立特集团，咨询服务范围得以进一步拓展。

（5）普华永道（Pricewaterhouse Coopers LLP）：普华永道会计师事务所是国际四大会计师事务所之一，与其并列的其他三大所分别是毕马威、德勤和安永。1998 年，其两个前身——普华会计师事务所和永道会计师事务所在英国伦敦合并成为如今的普华永道。普华永道雇员超过 146 000 人，遍布 150 个国家或地区。在福布斯全球排行榜上，普华永道位列全球私人企业的第三名。

（6）博思艾伦咨询公司（Booz Allen Hamilton）：全球最大的管理咨询机构之一。1914 年成立于芝加哥，首次提出“管理咨询”的概念，并创立了许多对全球商业、管理等领域带来巨大贡献的学术理论如“产品生命周期”等。全球拥有 18 000 名专业管理及技术咨询顾问，并在六大洲 70 多个国家设有 200 多处分支机构。年销售额超过 30 亿美元。

（7）安永集团（Ernst & Young LLP）：是国际四大会计师事务所之一，已有一百多年历史。1989 年，原八大会计事务所之中的阿瑟·杨格（Arthur Young）及恩斯特·惠尼（Ernst & Whinney）的兼并造就了现在的安永集团。主要业务包括：审计与鉴证、税务咨询与筹划、财务咨询。

（8）埃森哲（Accenture）：全球领先的管理及信息技术咨询机构，为各行各业的客户提供专业服务和业务解决方案，业务范围包括管理咨询、信息技术、经营外包、企业联盟和风险投资。

（9）毕马威（KPMG）：成立于 1897 年，是国际四大会计师事务所之一，也是世界最大的管理咨询公司和系统集成商之一。公司致力于服务中小型企业、政府机构和其他组织，是美国政府主要的系统集成服务提供商，拥有着极高的客户合作保持率。在 2018 世界品牌 500 强排行榜中，排名第 163 位。

（10）奥纬咨询公司（Oliver Wyman）：是全球领先的专注金融行业策略和风险管理的咨询公司。成立于 2003 年，由原奥纬咨询（Oliver Wyman &

Company）和美世咨询（Mercer Inc.）的金融服务战略与精算部门合并组成，是威达信（Marsh & Mclennan Companies）集团旗下的一家公司。有员工650名，分布于12个国家的25个分支机构。作为金融服务行业发展的重要参与者与观察者，帮助客户解决日益复杂的经营挑战，客户涵盖全球100家最大金融机构的80%。

（三）我国管理咨询业发展现状

1. 我国咨询市场情况

我国的管理咨询业经过了二十几年的发展历程。2000年至2007年，我国管理咨询市场客户比例呈现出稳中有升的发展趋势[56]。然而，在2008年客户比例大幅下降，这种下降可能源于2008年下半年席卷全球的经济衰退，绝大多数企业为了在严寒的经济环境中求得生存不得不严格控制预算，导致采购咨询服务的支出减少[57]。但总体来说，我国咨询市场在不断成长。截至2020年7月，据天眼查统计分析，咨询市场企业成员数量超过253，420家，管理咨询企业超过50%，很多工程咨询企业也逐渐进入该领域，主要特点体现在三个方面。

（1）客户稳定。目前，中国的管理咨询业已经形成了日渐稳定的特征客户群，包括成熟客户群、核心客户群、萌芽客户群、潜力客户群四类[58]。

1）成熟客户群：主要集中在造纸印刷、电子制造、交通仓储、纺织服装皮毛以及建筑行业。其主要特征是市场渗透率高，但行业相对规模小，采购管理咨询的市场需求相对饱和，这些行业对管理咨询服务的认可度比较高，对企业自身的问题认识比较清楚，对管理咨询的消费比较理性。针对这些行业，咨询公司的服务必须专业化。

2）核心客户群：主要集中在智能制造、医药生物这两类行业。其主要特征是行业市场渗透率较高，行业规模比较大，可挖掘的市场也比较大。同时核心客户群的市场渗透率差异不大，其中工业自动化及机械仪表设备智能制造规模最大，是典型的核心客户。

3）萌芽客户群：主要集中在房地产、采掘、社会服务、农林牧渔、食品饮料、电力煤气水等行业。其主要特征是行业市场渗透率较低，行业相对规模小。随着这些行业的发展和对管理咨询重要性认识的加深，这些行业会逐步发展成为管理咨询的重点客户。

4）潜力客户群：主要集中在石油化塑、金属非金属、批发零售、信息技术这四大行业。其主要特征是市场渗透率低，但行业规模大，可挖掘市场空间非常大。

（2）定位鲜明。在中国企业的管理咨询中，人力资源和战略管理咨询市场份额最大。随着企业的发展和成熟，战略规划咨询和人力资源管理咨询在中国管理咨询市场中的比例仍会不断增加[59]。

（3）区域差别。在中国企业的管理咨询中，客户接受管理咨询的地域差别大。沿海地区仍是管理咨询的主要市场区域。以 2018 年为例，东部、南部和北部沿海地区的客户数量占到管理咨询市场客户总体的 64%，其中以东部沿海地区客户比例最高，是管理咨询市场的热点地区。

2. 产业现状

我国管理咨询行业起步于 20 世纪 80 年代，相较欧美发达的管理咨询业，仍处于较为初级的阶段。虽然我国咨询行业发展较晚，但我国企业发展迅速，加之政府部门给年轻的中国管理咨询业未来的发展指明了方向，我国的管理咨询行业无论在业务规模上，还是在技术层面上，都已经取得了可喜的进步[60]。据统计，截至 2020 年 7 月，我国咨询机构达到约 25 万家，营业收入增长至千万亿元。但目前中国管理咨询业（无论是咨询策划业还是其他智力顾问型企业）普遍存在着在对管理咨询工作的范围、作用、自身定位及与周边行业的相互关系方面的认识上的误区，这可能导致管理咨询业及管理咨询业人士在行为和工作上的畸形发展，并产生了许多令人不安的问题[61]。其具体表现在以下方面。

（1）整体服务水平低。咨询服务是一种高价值的智力型商品，而管理咨询服务是专业人才利用系统工程学、数理科学、决策学的科学方法解决多样化、复杂化的社会经济问题的过程，因而管理咨询提供者应以提供优质、高效的智力成果来求生存、求发展。与国外的大型咨询公司相比，我国的管理咨询公司还有不少差距，主要表现为没有成型的咨询体系，没有咨询案例数据库，咨询队伍整体素质不高，缺乏咨询和企业管理经验[62]。

（2）人才素质参差不齐。咨询人员的素质是咨询企业能否成功的关键要素[63]。伴随着中国企业的成长，中国管理咨询业对人才的需求将会快速增长，而我国的许多管理咨询机构现有人才的素质参差不齐，定量咨询分析模型掌握不到位，实际咨询能力不足，理论知识同管理咨询实践的结合不紧密。

（3）行业规范不完善。对于中国来说，由于管理咨询的概念和方法基本上是“舶来品”，更由于其“舶来”的渠道、源头、引进者自身素质等方面的不同，目前在全行业尚未形成一种公认的理论方法，更未形成一种科学而标准的行业量化标准。整个社会对其认知度和行业规范尚不完全清晰，缺乏对管理咨询业的监督考察机制[64]。因此，除行业从业者自身应加强职业道德修养，规范自己的从业行为外，社会及舆论界也应加强对管理咨询业的监督与正面引导，以使本行业的发展能有一个良好的外部环境和运作界面。

3. 咨询品质现状

从总体上看，我国的管理咨询业还处于成长发展期，管理咨询品质明显落后于发达国家，但西方管理咨询业的发展经历了数百年的时间，而中国却只用了近三十年就完成了这样的飞跃[65]。从人才技术、市场观念等方面综合考虑，本土管理咨询企业与国际水平有着近 10 年的差距，而这种差距同时也是发展的空间所在[66]。目前中国管理咨询品质现状主要集中在三个方面：经验缺乏、文字报告、数据有限。

（1）经验缺乏。活跃在中国管理咨询市场的本土公司不少是学院派咨询，它们由学校教授、行业专家、MBA 人士等组成，其优势在于理论和思想的沉淀。尽管其咨询方案很系统，但缺乏有效的操作性，这与管理咨询让企业能够有效地实施的最终目的是背道而驰的[67]。尽管学院派在西方国家也非常盛行，但国外的教授很多是具有行业实践经验的，或是从业多年的管理者，或是有许多行业的履历；中国的学院派教授从事咨询很多是为了赚钱而衍生出的副业，并且不少还是留校的博士生、硕士生，缺乏商战经验是他们的致命伤。这样的咨询显然只能停留在现状阐述和练习上，不可能有实际操作的技巧。中国的学院派主要以价格作为手段进行竞争。但国外的咨询企业更多把重点放在解决问题上。不少一流咨询公司的分析报告除了详尽的市场分析过程展示外，更多的是在说明该分析的结果，并把自己积淀的模型和分析结果与具体的公司相结合，提出解决的方向和做法，整个过程非常清晰，能让读者产生如梦初醒的感觉[68]。

（2）文字报告。国内行业的分析和咨询报告文字众多、理论详尽而缺乏感性，报告大都以文字说明的形式展现，无非是“前言、现状、原因、展望”等单调的逻辑框架，偶尔有几张简单的图表[69]。而国外管理咨询机构的分析报告更多的以 PPT 的形式展现给顾客。根据项目的内容，用紧凑的图形、表格组成，文字更多的是以小标题或纲要的形式体现，显得更加人性化，更具有顾客导向。

（3）数据有限。咨询报告的价值除了个性化的分析方案外，还包括精确的数据。拥有强大的数据库、强大的信息资源是做好咨询工作的前提[70]。由于中国没有良好的信息披露机制、缺乏权威的统计机构，这使得国外咨询公司不得不花费更高的成本于尽职调查。从某种意义上说，愿意在信息收集上投入的公司才具有更强的竞争力。

除以上三个方面，中外企业在所拥有的人才队伍和人才架构、运作程序、核心能力等方面也存在着很大差距，这就对中国管理咨询业的发展构成了很大的挑战，赶超国外咨询公司还有很长的路要走。

## 第二节　管理咨询实施过程

管理咨询的本质是管理实践研究，即针对咨询单位的管理实践展开调研、分析和论证，工作可大致分为查找问题、对目前存在的问题进行验证并提出解决方案、借助外力实施管理变革这三个阶段[71]。

### 一、问题界定及咨询调查

#### （一）认识咨询问题

认识问题的质量对咨询方案的质量具有决定性。在开展正式咨询工作之前，咨询师应对企业可能面临的问题有初步的认识。企业作为一个典型的系统，企业问题反映在系统的各个层级、功能及时期内，对企业系统的认识将有助于咨询问题的定义[72]。

企业具有三大系统轴，即层次轴、功能轴和时间轴（见图 1-6）；企业内部根据其经营的需要分为高、中、低三个层次。这里根据企业的三大系统轴，对管理咨询的问题进行界定分析。

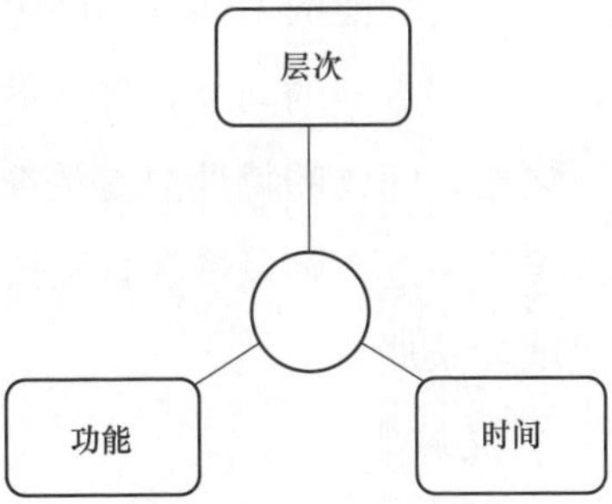


图 1-6　企业三大系统轴

准确地理解企业管理的问题，需要建立在企业是个有机体的认知基础上。要想成功运营一个企业，需要将如图 1-7 所示的三大方面协调好。

这三大方面分别是上层结构、五大支柱、底层基础[73]。

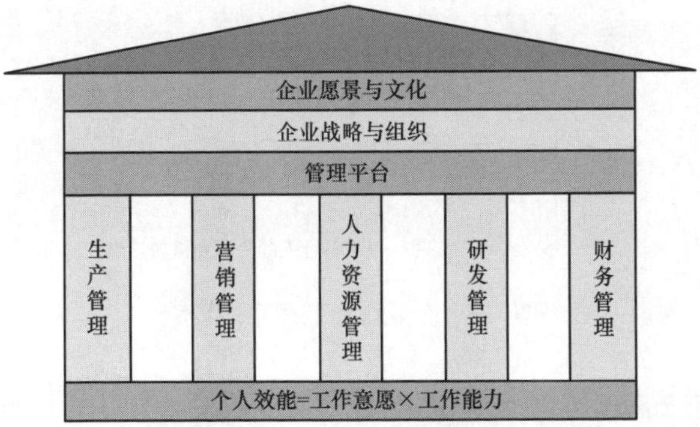


图 1-7　企业运营结构

1. 上层结构

图 1-7 中房子的“上层结构”是企业愿景与文化、企业战略与组织、管理平台。企业的高层经营者必须确定企业未来发展的愿景，也就是企业发展的方向。当战略和企业架构明确之后，企业必须建立一个高效率运作的管理平台，才能使企业的愿景与文化变成现实。在实践中，反映在企业上层的问题主要有战略制约、制度约束、竞争优势等类型。

2. 五大支柱

当上层的架构已经建立起来之后，就要树立企业的五大支柱，即生产、营销、人力资源、研发和财务五大管理部门，构成企业成功运营的中层部分。可以根据问题功能的不同，将问题定义为生产问题、营销问题、人力资源问题等方面。不同方面的问题，将有不同的问题解决思路及工具。

同时，问题的特性总是受到一些因素的影响，问题也可能反映在多个方面，可以通过头脑风暴等方法找出这些因素，按相互关联性整理而成，做到层次分明、条理清楚。

3. 底层基础

房子的“底层基础”是个人效能。企业最具行动力的要素还是企业的底层基础，也就是企业的员工，工作意愿乘以工作能力就等于工作效能。依据PAEI（Practice，Angenda，Elasticity，Integration）模型，即可形成对企业组织的生命力的认识，如图1-8所示。

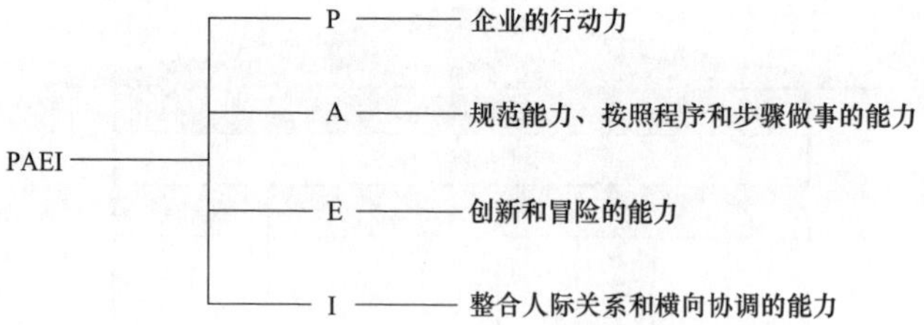


图1-8 企业组织的生命力要素

随着企业的发展，企业组织的生命力将不断发生变化，由此形成生命周期的不同发展阶段。企业的生命周期分为成长（向上）和老化（向下）两个时期，成长时期包括婴儿期、学步期、青春期、壮年期四个阶段，老化时期则包括稳定期、贵族期、官僚期三个阶段。各阶段特点见表1-2～表1-4。

**表1-2　　项目婴儿期情况**

| | 正常现象 | 非正常现象 | 管理重点 |
|---|---|---|---|
| 企业婴儿期 | 不打退堂鼓；<br>现金不足；<br>辛勤工作；<br>缺乏管理深度、制度与授权；<br>允许犯错 | 遇难而退；<br>长期现金不足；<br>丧失目标与意愿；<br>过早授权与制度化；<br>创办人失控；<br>不许犯错 | 必须集中焦点去突破一个市场；<br>企业要讲求行动力，要聘用吃苦耐劳的人；<br>要以周为单位来控制现金流量，并且要连续16周控制现金的流量；<br>要多方面争取支持的力量 |

续表

| | 正常现象 | 非正常现象 | 管理重点 |
|---|---|---|---|
| 企业婴儿期 | 创业团队的冲突<br>暂时丧失远景<br>奖惩制度不完善<br>权力时放时收<br>政策无法落实 | 退回到学步期<br>创业者离散<br>陷入创业者陷阱<br>例行事务瘫痪<br>失去互相信任 | 要避免因为“内斗”失去互相信任而使创办人分裂<br>规范化管理<br>调和冲突<br>系统化培训<br>建立好职业化的队伍 |

**表 1-3　　项目壮年期情况**

| 项目壮年期 | |
|---|---|
| 特征 | 制度与企业功能运作非常好，团队做事严谨，有制度化创新力远景构架，创新能力强；<br>客户满意度很高；<br>事前计划且计划均能实现；<br>掌控能力强且表现卓越；<br>销售量跟利润能够同步增长；<br>逐渐衍生新事业、子公司 |
| 正常现象 | 人员的素质、训练与企业业务领域扩张速度等不相称 |
| 非正常现象 | 企业过度的自满自大，或因为有了一些钱就开始过度享受 |
| 管理重点 | 做好战略重整，改造整个流程，快速提高竞争力；<br>激发危机意识，以防老化；<br>最好能建设自己的培训大学，全面化地培养一批拥有企业自己独特文化的干部和员工；<br>要把自己的企业文化扎根，以此来弥补管理的空缺；<br>要快速积累核心竞争力，避免让竞争对手进入或侵扰自己的领域 |

在企业的每一阶段，组织的行为模式都要通过某种努力克服环境变化导致的不适应性而逐渐成长[76]。要在全面了解企业的生命周期及其不同阶段企业会出现的正常和非正常情况，掌握了应该怎样抓住要点来管理企业之后，研究学习怎样进行管理咨询，怎样有效地使用对策。简而言之，咨询师要学会正确应用企业的生命周期理论为管理咨询服务。图 1-9 就是整个企业诊断和制定解决方案的流程图。

**表 1-4　　项目老化期情况**

| | 企业老化期的不同阶段 | | | |
|---|---|---|---|---|
| | 第一阶段：稳定期 | 第二阶段：贵族期 | 第三阶段：官僚前期 | 第四阶段：官僚期 |
| 行业特征 | • 企业注重人际关系，不敢冒险，不思变革，喜欢奖励听话的人<br>• 忽视开发新市场，推出新产品<br>• 依靠老市场、老产品维持生命，热衷于回顾过往而不是构筑愿景 | • 投资于控制力和福利<br>• 重视形式和传统<br>• 害怕变化，缺乏内部创新资金 | • 互相推卸责任，争吵不断<br>• 偏激、隐藏自我<br>• 不关心客户<br>• 内斗严重 | • 企业与外部环境脱节<br>• 制度齐备，然而做事效果不佳<br>• 对结果缺乏把握<br>• 客户需要自己打通关卡 |
| 管理重点 | • 要不断地强化危机意识，提醒目前存在的忧患<br>• 要不断地重新激发创新能力，可以建立创新奖励机制<br>• 避免整个企业出现老态龙钟的现象<br>• 容许犯错，避免保守 | • 要强化行动力，尤其要重视领导者的以身示范作用<br>• 重树创业精神，订立创新指标，加强开发新事业<br>• 避免浪费，扭转企业内部的奢侈之风 | • 要建立改革小组，寻找解决矛盾的突破口<br>• 突破口要小而精，焦点集中<br>• 在取得一小部分的成绩后再进行全面改造 | • 进行病情专题诊断<br>• 若诊断就减员增效，必须是一步到位的减员增效<br>• 诊断无果就破产重组 |

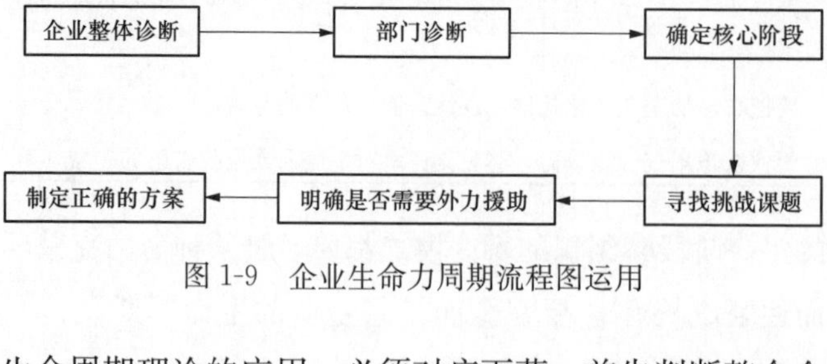


图 1-9　企业生命力周期流程图运用

对企业生命周期理论的应用，必须对症下药，首先判断整个企业是在成长还是在老化，然后界定其属于具体的哪一个阶段，最后才能制定咨询方案。

（二）咨询调查

同样问题在不同企业有不同的处理方法，因此，必须调查清楚与课题有关的历史、现状、标准、管理模式、内部审计和外部环境等各方面的资料，咨询公司需善用工具（通过公司内部的资料库或网络搜索引擎等）收集资料，并利用资料为解决问题的假设提供佐证，才能为下一阶段分析提供足够的有价值的资料[77]。

1. 资料类型

数据收集类型的抉择不仅会受到客户组织商业诉求的影响，而且还会受到组织内各种文化和政治因素的影响。项目的性质将决定所需要收集的数据类型，管理咨询时应明确所要调查的资料类型，以及如何收集这些资料。数据往往包括内部数据和外部数据，如表 1-5 所示。

**表 1-5　　管理咨询数据类型**

| 类型 | 管理咨询数据 | |
|---|---|---|
| 内部数据 | 销售业绩 | 可通过公司账目和报告、业务计划和预算、技术记录和销售记录及个人记录等获取，尤其是有关关键供应商和顾客的记录。这些记录应该使咨询师能够做出有关组织销售和财务业绩的评价 |
| | 财务健康性 | 可以通过各种比率来进行判断，如权益比例、长期负债比例、库存销售比例、资本回报率、权益回报率、回款利润率以及营业利润。从这些比例中所推演出来的信息可用来进一步做出对组织的评价 |
| | IT 信息 | IT 是组织活动的一个重要方面，应收集 IT 系统是如何运作的、IT 的目标是什么、用户对系统的认识如何等。应将所收集的数据和书面信息及以访谈为基础的信息结合起来进行判断 |
| | 人力资源 | 有些项目可能需要人力资源方面的数据，如在职人员数量、职务、人员流动率、薪酬、雇员态度、公司文化等。这种信息可以通过问卷调查、访谈和公司记录等形式来获得 |
| 外部数据 | 股东数据 | 用于确定主要的股东、股东的持股比例、股东对公司的影响程度、金融界的评价等级等 |
| | 供应商数据 | 用于确定组织的主要供应商、供应商的产品质量水平、服务水平、与公司的合作关系、供应商产品的替代性、供应商所在行业的集中度、供应商对公司的影响程度等问题 |
| | 顾客数据 | 分析组织主要的顾客、顾客的忠诚度、顾客的转换成本，以及将来的潜在客户 |
| | 市场数据 | 分析组织的市场大小、这个市场的成长速度、其发展模式及面临的威胁 |
| | 竞争力数据 | 确定组织在各个市场上的竞争地位、产品/服务价格、质量、技术等影响企业市场竞争力的数据 |
| | 竞争对手 | 分析对手在市场上的地位、竞争对手的战略和核心竞争力、竞争对手与本企业相比的优势、劣势。本行业与竞争对手横向比较的数据可以通过行业协会、客户调查及业内相关咨询与市场调研机构获取 |

以上这些信息的来源除了一手资料，如实地调研和企业访谈等外，也包括各种出版物及专业市场研究报告等。

2. 调查方法

每个企业均有其独特的管理方式和企业文化，同样问题在不同企业有不同的处理方法。表 1-6 列出几种常用的调查方法，咨询公司需依据问题类型、企业特点及方法适用性，选择合适的调查方法[78]。

**表 1-6　　调查方法**

| 方法类型 | 内容简述 |
| --- | --- |
| 资料调查 | 利用企业的各种现有资料，如有关生产、材料、销售、劳务等方面的资料进行综合研究，并且分析企业的健康状况。重点在于统计调查。可以为数据的进一步收集奠定基础 |
| 访谈调查 | 通过咨询顾问与任职人员面对面的谈话来收集工作信息数据的方法。它以较深入的讨论来了解他们做什么工作、为什么要做这些工作以及如何来做这些工作 |
| 问卷调查 | 由任职人员填写经过特别设计的调查问卷来获取工作信息的方法，是收集一手资料最常用的办法。比访谈更加易于了解和分析员工的看法 |
| 实地观察 | 咨询顾问在工作现场运用感觉器官或其他工具观察特定对象的实际工作动作和工作方式，并以文字或图表、图像等形式记录下来的收集工作信息的方法，易于捕捉企业工作真实细节 |
| 在线调查 | 普通网站调查利用网络简单编程的方式将问卷生成页面，用户在浏览页面时，对问卷进行回答，生成简单的调查结果。专业的在线调查是将传统的调查过程完全在线化、智能化，并做出深度分析，最终形成专业调查报告。在线调查既经济又实惠，快速，但不够准确 |

对于调研资料质量的评价，在市场信息系统成分固有质量得到一定保证的情况下，其效能取决于所生产信息的数量、种类和适用性。对质量的评价，既与来源相关，又与解释程序有关。在实际工作中，可依据准确性、时效性和可靠性等指标来进行评价。

资料收集完成后，需对调研结果进行汇集整理，制作成调研报告，目的是方便后续的分析研究工作[79]。整理资料撰写调研报告需要运用科学的方法，对调研所获取的资料进行初步加工，使之系统化和条理化，并以集中、简明的方式反映调研对象的总体情况。

3. 数据分析

数据分析是组织有目的地收集数据、分析数据，使之成为信息的过程，是指通过建立分析模型对数据进行核对、检查、复算、判断等操作，目的是找出所研究对象的内在规律，以求最大化地开发数据资料的功能，发挥数据的作用[80]，为咨询问题的原因分析做准备。表 1-7 总结了数据分析需要坚持的原则。

**表 1-7　　数据分析原则**

| 大原则 | 小原则 | 简　述 |
|---|---|---|
| 问题分析 | 独立分析 | 客户的分析诊断往往存在偏见，咨询人员应该从收集到的数据出发，采用更科学的分析工具，独立对客户公司存在的问题进行多方面的原因分析 |
| | 防止早判 | 终止早期对问题或解决方案进行判断。特别地，咨询师可以在一定程度上超脱客户的问题以便保持自己判断的客观性 |
| | 去伪求真 | 分析之前必须对所占有的资料性质、来源、可靠性进行核对，去粗取精、去伪存真地筛选，剔除不真实的数据 |
| 关联分析 | 逻辑分析 | 将问题的所有子问题分层罗列，从最高层开始，并逐步向下扩展，帮助理清自己的思路，不进行重复和无关的思考 |
| | 内部匹配 | 在回答前一个问题时，咨询人员应该了解各使用者（市场部门、销售部门、产品及市场负责人、促销负责人等）对信息优劣的评价 |
| | 外部匹配 | 咨询中应判明系统与建立的初衷是否一致，考虑为保证系统高效运作所必需的人员素质水平。应该将企业信息系统与成绩卓著的竞争对手的系统相比较，并与外部标准相比做出评价 |
| | 相互依赖 | 通过强调收集历史数据、进行纵向数据比较，了解管理和组织行为中的问题，并找出解决问题的方案 |
| 原因分析 | 鉴别病因 | 在问题分析阶段，要深刻理解相应的问题，不要被表面现象所迷惑，要由表及里地分析隐藏在现象背后的深层次原因 |
| | 多因原则 | 分析一个问题产生的原因，要坚持多因原则，既要分析表层原因，又要分析深层次的原因，还要发散性地分析更广范围的原因 |
| | 原因关联 | 找到产生某一结果的原因之后，要分析各原因之间的相互联系，理清原因间的相互作用 |

（三）重点问题确定方法

通常情况下，诊断分析往往会发现一堆的问题点。这些出现的问题点表明组织方方面面存在的问题，分析目的就是要在众多的问题之中确定问题点，把握咨询问题的关键，有定性与定量两类分析方法。

1. 定性分析法

（1）分析原则——帕累托定律。帕累托定律用于分析企业的重点问题，剔除大量的琐碎问题。大意是在任何特定的群体中，重要的因素通常只占少数，而不重要的因素则占多数，因此只要能控制关键性的少数因素即能控制全局。这个原理经过多年的演化，已变成管理学界所熟知的“二八原则”，即80%的价值是来自20%的因素。依据此原则，问题诊断时应关注那20%的主要因素[81]。

（2）配对比较。配对比较将所有要进行评价的职务列在一起，两两配对比较，其价值较高者可得1分，最后将各职务所得分数相加，按分数高低顺序将职务进行排列，即可划定职务等级[82]。

（3）关键事件。关键事件技术强调通过集中关注关键的事件来解释深层次的基本问题。关键事件法要求管理人员和本岗位人员将工作过程中的“关键事件”详细地加以记录，并在大量收集信息后，对岗位的特征和要求进行分析研究。

（4）信息整合——KJ法。KJ法是从复杂的现象中整理出思路，抓住实质，找出解决问题途径的一种方法。KJ法的思路是将未知的问题、未曾接触过领域的问题的相关事实、意见或设想之类的语言文字资料收集起来，并利用其内在的相互关系做成归类合并图，进行创造性思维，从而采取协同行动，求得问题的解决方案。

2. 定量分析法

（1）统计分析。统计分析是基于数据建立统计模型来分析问题重点的方法。咨询人员可以使用的统计软件主要是SPSS、SAS等专业统计软件，可以采用加权分析、频数、交叉分析、均值分析、相关分析、时间序列分析、马尔可夫（Markov）链预测分析、联立方程组分析、数据挖掘、结构方程模型、多层线性模型等。

（2）效用分析——趋势线法。趋势线分析用于近似咨询项目效用分析。这种方法是依据过去业绩数据作出一条业绩发展趋势线，从而对未来可能的业绩状况进行推测。在咨询项目实施后，把实际业绩状况与趋势线所反映的推测值相比较，如果实际值高于推测值，就有理由把业绩的改善归因于咨询项目的采用。

(3) 预测分析。预测分析事先考虑了对业绩状况造成影响诸因素可能的变动，可用来解决在咨询项目实施过程中新影响因素进入系统的问题。预测分析在全面考察影响因素变化的前提下对业绩状况进行预测，并将预测值与实际发生值相比较，其差值则反映了咨询项目的效用。

## 二、研究制定咨询方案

在经过大量的资料收集及深入分析之后，对企业进行管理诊断，根据项目要求的内容为企业制定管理改进方案，方案的制定过程是咨询人员与企业互动的过程，双方共同参与，共同制定管理改善方案。

### （一）方案创造

咨询建议可能是一对一地用口头的形式提供，也可能通过演示或报告的形式提供。咨询师都必须权衡客户所面临的种种选择，清楚客户对建议方案可能存在的抵制，清晰地说明相应方案对客户所面临的情形的影响。

管理咨询机构采用以事实为基础、以假设为导向的解决程序，其第一个步骤就是界定问题，将其细分为各个子题，以便很快找出可能成为解决方案的假设。接下来进行分析设计、资料收集与解释，以验证假设"是否获得事实的支持"。假设验证咨询内容如图 1-10 所示。

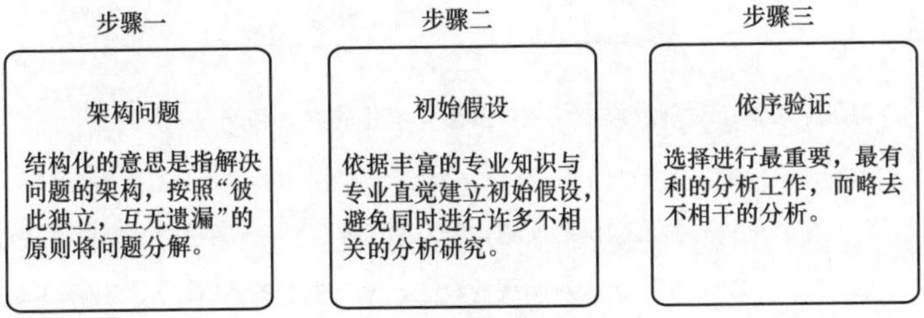


图 1-10　假设验证咨询内容

#### 1. 方案清单

列举出客户所面临的各种方案选择，让客户知道他们面临一系列备择方案各自的优点、代价甚至风险。

方案清单的要点如表 1-8 所示。

**表 1-8　　成长策略的要点**

| 要点 | 内容简述 | 关注重点 |
|---|---|---|
| 问题回顾 | 通过梳理问题，分析客户特质，斟酌问题细节 | 该客户的核心问题或问题点<br>客户所面临的所有问题中最关键的问题<br>问题解决的优先序列 |
| 考虑角色 | 考虑咨询师在与客户关系中所扮演的四种不同角色的效果，以影响客户形成推荐建议的方式 | 分析客户（或主管）的真实意愿<br>尊重客户（或自己服务的企业）本身可能有某些能力上的限制 |
| 权衡方案 | 通过考虑方案的一致性、现实性、实践性及趋势性，来说明建议的备择方案 | 建议行动方案本身的内在一致性<br>所提出的行动方案要满足客户的真正需求<br>建议方案要完全可行 |

2. 最终方案

在列出备选方案的基础之上，采用适当的方法找出最终推荐的方案，如聚合专家智慧、让客户参与制订方案或者举行备择方案研讨会等方法。

（1）聚合专家智慧。聚合专家智慧（见表 1-9）就是采用特定的方法，把专家聚集起来，收集专家建议并进行分析，最后找到最佳解决方案的方法。聚合专家智慧可以采用德尔菲法、头脑风暴法、质疑头脑风暴法[83]。

**表 1-9　　聚合专家智慧的方法**

| 方法 | 作用及内容 |
|---|---|
| 德尔菲法 | 德尔菲法适于对事情作出预测，提出系统化的方案和设想。<br>步骤：<br>（1）将咨询内容写成明确的问题，分发给专家。<br>（2）专家们独自阐述个人对问题的看法，做出书面的回答，送交组织者。<br>（3）把回收的专家意见进行定量的统计归纳。<br>（4）将统计归纳的结果反馈给专家们，每个专家根据结果修订自己的意见，再送交给组织者 |

续表

| 方法 | 作用及内容 |
| --- | --- |
| 头脑风暴法 | 头脑风暴法是一种通过小型会议的组织形式，诱发集体智慧，相互启发灵感，最终产生创造性思维的方法。会议组织形式的选择应能保证群体决策的创造性，提高决策质量。<br>步骤：<br>（1）准备阶段，弄清问题的实质，找到问题的关键，设定解决问题所要达到的目标。<br>（2）热身阶段，营造轻松的氛围，以便沟通。<br>（3）明确问题，介绍时需简洁、明确，不可过分周全。<br>（4）重新表述问题，通过记录的整理和归纳，找出富有创意的见解以及具有启发性的表述，供下一步畅谈时参考。<br>（5）畅谈阶段，激发参会者发表创造性意见。<br>（6）筛选阶段，制定筛选标准，经过多次反复比较和优中择优，最后确定最佳方案 |
| 质疑头脑风暴法 | 质疑头脑风暴法可对提出的方案和设想进行质疑和完善。<br>步骤：<br>（1）要求参加者对每一个提出的设想提出质疑，并进行全面评论。<br>（2）对每一组或每一个设想进行汇总，编制评论意见一览表，以及可行设想一览表。<br>（3）对质疑过程中抽出的评价意见进行评估，形成对解决所讨论问题实际可行的最终设想一览表 |

（2）客户参与。客户在这个过程中扮演一个积极的角色，将有助于提高推荐建议的有效性和权威性。客户应该参与进来，对咨询师草拟的备择方案提出批评意见。

从实施的流程来看，一个可行的咨询方案需要评估者、实施者和制定者三方共同的努力，也只有从这三个角度出发而出台的战略方案，在执行的过程中，才能保证将推行的阻力降到最低，方案的成功概率也就相对较高。图 1-11 展现了咨询方案从制定到实施的整体流程，管理咨询可以基于方案制定实施流程，从每一个阶段中寻找存在的问题。

在最终推荐方案形成之前，可组织一次备择方案创意评价会，寻找大量需要进一步考察和分析的创意，并对被选择的观点，进一步从更加实际的角度进行考察，以形成报告撰写的基础。

（二）方案报告

一般来讲，咨询报告有三种类型：期间报告、讨论报告、终期报告[84]。

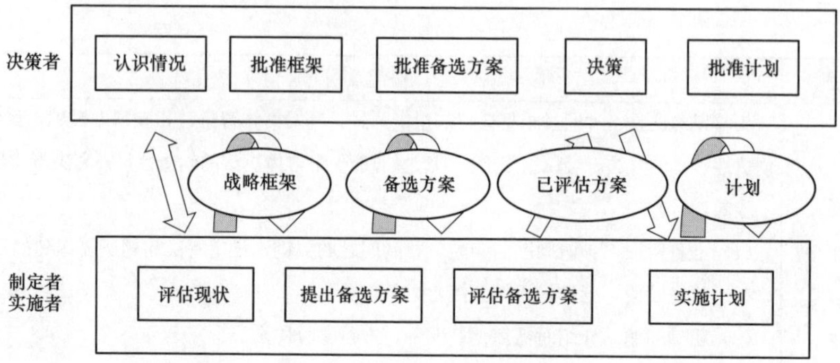


图 1-11 评估者、实施者和制定者三方共同进行方案的制定和评估

这里讨论的重点是终期报告，其中包括咨询公司的结论和推荐方案。

1. 报告形式

报告可以分为两种形式：文字报告与口头报告。只有在需要文字报告的情况下，才进行报告撰写；其他情况下，更多的是进行口头报告。

一般认为，在如下情况下往往需要撰写文字报告：有需要报告的事情；咨询师想宣布项目中取得的进展；为了激发对某个问题更多的思考和讨论；项目将近尾声；只有在报告有重要意义的情况下才撰写文字报告。

2. 报告的要点（见表 1-10）

**表 1-10　　报告的要点**

| 要点 | 内容简述 |
|---|---|
| 报告结构及内容 | 一篇良好的报告需包括开篇做执行小结；大致描述最初的参考术语和条款；总结所收集的数据；陈述研究结果；清晰陈述推荐建议；证明其中的意义；结尾列出附录，并构建良好的结构和逻辑缜密的观点陈述 |
| 报告的语言 | 简洁地把核心观点表达出来，但是又不能过分简单。研究报告采用简单易懂的口语陈述的语言风格，以演示文件（PowerPoint）的形式向人们展示研究结果。善用图形、表格使报告直观易懂，报告正文要错落有致 |
| 报告文化 | 要站在客户的立场上，考虑客户的组织文化，以客户能接受的方式把对组织而言比较新的思维方式和观念写进报告，并同客户就最后版本达成一致意见 |
| 报告评价 | 制定评价机制，确定一份合格的咨询报告需要包含哪些方面，提高咨询机构的服务质量，进而提升竞争力 |

3. 报告的评价

表 1-11 是一套具有操作性的咨询报告评价模型，该度量可分为五个层级，评价模型的打分将需全部由客户企业来完成，以做到客观公正[85]。

**表 1-11　　度量表结构**

| 指标标度 | 指标描述 | 标度值（0～10） |
|---|---|---|
| 很好 | 完全符合甚至超越客户要求 | 10 |
| 好 | 比较符合客户要求 | 6 |
| 一般 | 基本符合客户要求 | 4 |
| 差 | 没有符合客户要求 | 2 |
| 极差 | 内容缺失 | 0 |

（三）方案演示

这里集中论述项目结束时所做的演示说明，包括投影制作、演示控制及演示准备三部分内容，如表 1-12 所示。

**表 1-12　　方案演示内容**

<table>
<tr><th colspan="2">内容</th><th>要　求</th></tr>
<tr><td rowspan="3">投影制作</td><td>内容简明</td><td>每一页 PPT 的内容不宜过多，最好用概括性的语言把此页内容叙述出来，然后由报告者就该点展开讲解</td></tr>
<tr><td>投影设计</td><td>每页的主题文字用黑体，正文文字用宋体，突出内容可以采用黑体、楷体、加粗或变换颜色来表示；尽可能用直观的图形来阐释观点</td></tr>
<tr><td>可视辅助</td><td>可视辅助材料所传达的信息必须清晰、直观，不致杂乱无章</td></tr>
<tr><td rowspan="3">演示控制</td><td>演示说明</td><td>内容应该清晰明了，设计缜密。考虑听众的构成，确定需要的专业观点和优先序列</td></tr>
<tr><td>时间分配</td><td>依据具体情况确定分析、研究结果和推荐方案的时间分配。通常要把大部分时间分配给推荐方案的介绍</td></tr>
<tr><td>听众讨论</td><td>听众的数量越少，可以留出更多的时间来回答问题和公开讨论。听众的数量越多，演示说明就越需要比较高的结构化程度</td></tr>
<tr><td rowspan="3">演示准备</td><td>地点选择</td><td>尽可能选择一个对听众是中性的地点，尽量不在客户组织所在的地点</td></tr>
<tr><td>演示排练</td><td>咨询师应该在演讲之前统揽一遍演示说明文稿/文件，进行排演，依据排演对文稿进行调整</td></tr>
<tr><td>准备道具</td><td>在进行演示说明开始前，应该确保所有的必需设备都已到位，并且能够取得满意的效果</td></tr>
</table>

## 三、管理咨询方案实施

管理咨询公司不仅要产生高质量的问题解决方案，更要高效地辅助客户实施变革方案，实施过程就是完成这项工作的过程。项目（干预）成功的两个基本条件是：①有效的项目设计。即如果项目干预方案得到完全实施，那么项目的目标就能实现，项目所要解决的问题就能解决；②项目实施。即项目的方案得以按质、按量地实施、完成。为了咨询项目的成功，有效的项目设计与项目实施二者缺一不可。否则，就会失败，如图 1-12 所示。

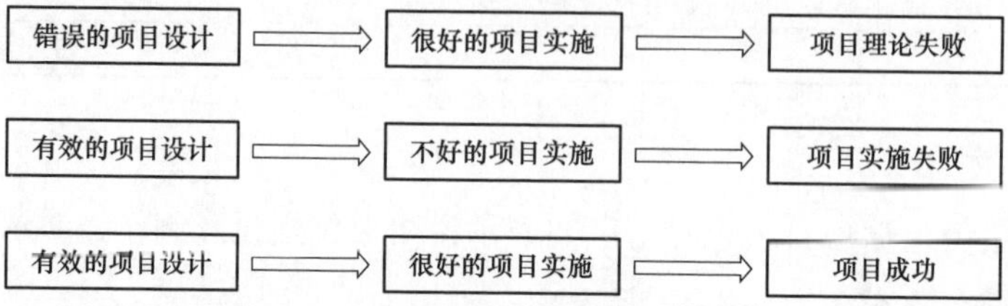


图 1-12　咨询项目实施效果

### （一）实施领导

咨询方案实施的失败可能有很多原因，减少失败的首要措施，是进行正确的领导。在实施领导时，需考虑以下几方面因素。

#### 1. 方案检测

咨询方案形成过程的质量将在一定程度上影响实施过程的质量。以下四个因素将影响方案质量。一是分析质量，应该避免观点考虑到的相关者范围太窄或主观性太强，问题界定的质量很差等。二是咨询方案的重点不是放在客户的愿望上，而应放在客户的需求上。三是方案实施前，应制定详细的、可灵活调整的计划并考虑相应的后果。四是要确保在实施开始之前设定说服力强大且清晰的愿景，即能够吸引那些将参与变革的人的情绪，不但包括实施所带来的利益，而且包括不实施所招致的痛苦。完成这项工作的一个方式就是填写所谓的利益/痛苦矩阵，如图 1-13 所示。

#### 2. 文化性格

每一个组织都有自己独特的文化，变革必须充分考虑文化方面的因素，采

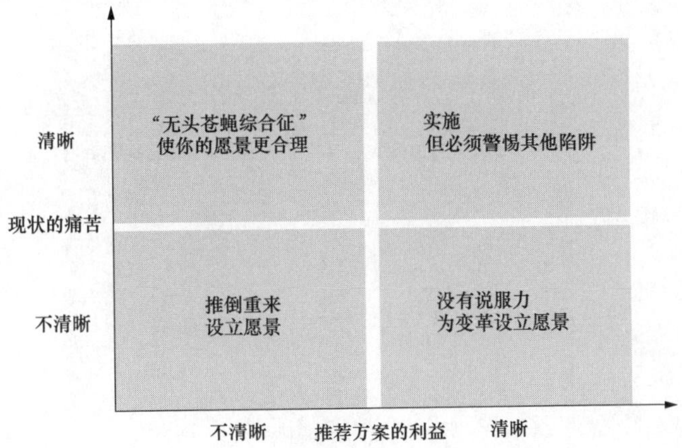


图 1-13 痛苦/利益矩阵

取渐变的方式。有很多不同的方式来界定和描述文化及个人性格，这些工具和技术能够深入地洞察一些问题，从而更加清楚地认识到组织中通常被人们所忽略却又对成功至关重要的各种微妙之处。

（1）主体意识。主人翁责任和归属承诺是实施成功和可持续性的关键，要允许那些必须"拥有"咨询方案及实施方案的人亲自参与部分环节的设计。

（2）变更反应。控制变革反应的重点是让它发生，而不是否认它。确保推行咨询方案的人对那些他们认为是不合理的情绪（如否认和愤怒）能做出自然的反应。

（3）情感信仰。"为什么"和"怎么办"方面的工作做得越到位、越彻底，赢得信仰的机会就越大，这种信仰必须具有情感性，必须是建立在理性的和逻辑的理解框架之上[86]，如图 1-14 所示。

（4）政治格局。解决这种问题的起点是初步估测一下，谁将成为"赢者"，谁将成为"败者"，同时采取具体的计划来确保他们自己认识到的损失得到有效的管理和控制，使其朝积极的方向发展。

3. 领导策略

如果实施过程不能按照计划（而且绝大多数情形都会是这样），那么就有四种领导策略选择来推动事态的进展，见表 1-13。

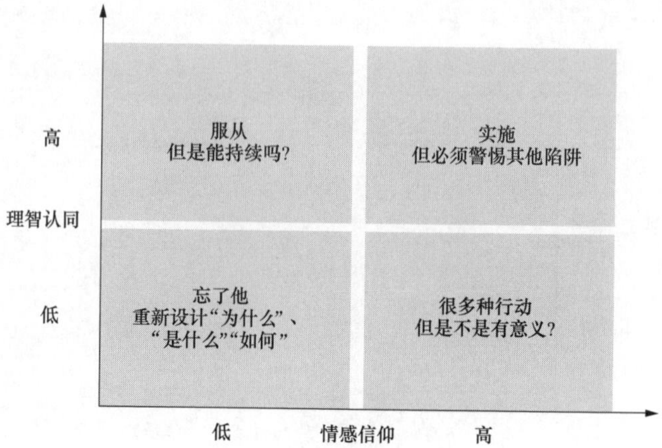


图 1-14　信仰和归属的平衡

表 1-13　领导决策类型

| 策略 | 内容简述 |
|---|---|
| 无为而治 | 如果问题并不大，而问题处理起来容易顾此失彼，则可以用时间和金钱来解决可能出现的更大的问题 |
| 调整期望 | 在评价各种选择之前，最好应该首先去理解，然后才去判断，确定现在正实施的是不是实际真正所需要的 |
| 改变方式 | 可以从三个方面评价：时间、成本、质量，依据帕累托最优原则，考虑是否需要另外80%的努力来解决剩下20%的问题 |
| 控制失败 | 在失败发生的早期进行积极的控制，把它作为一种学习、调整和提高的机会，从而提高实施行动的灵活性 |

（二）实施管理

实施管理关注于如何避免掉入管理咨询方案实施的陷阱，如图 1-15 所示，一个有效的变革管理计划应包括以下内容。

1. 组织建设

（1）组建变革小组。变革小组被用来协助管理公司内各种行动方案/项目的执行和运作，全面负责方案的实施工作。实施小组负责人的选择至关重要，是带领小组成员共同推动方案实施的关键。建立实施小组时要考虑成员能力的互补性，应该以客户为主，以咨询公司的人员为辅。

（2）实施计划。实施小组成员共同编制实施计划，通常包括行动日程安排；实施计划要达到的总体目标和总目标分解后的分阶段目标；每个成员担任的角色、工作范围、个人需要达到的目标；明确每个成员的责任、权利和义务；相关部门应该协助的事项；出现紧急情况时的应急措施；实施计划制定完成后，应该向全体成员正式公布。

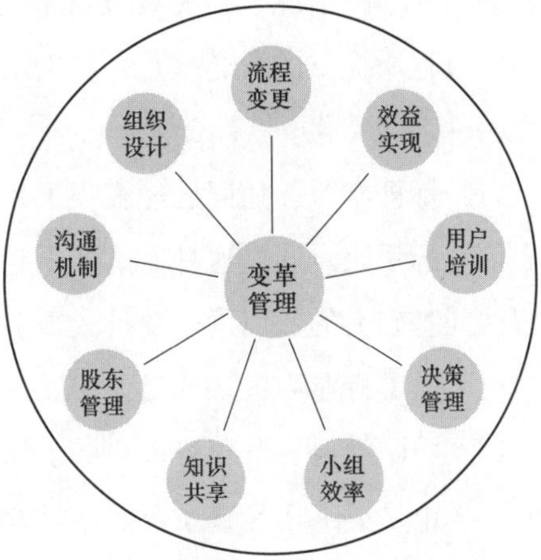


图 1-15　变革管理：任务和结构

（3）项目管理。每一个项目都应该任命一个项目经理，负责项目的操作，管理/协调项目小组。一个项目应该有非常清晰的内容界定，包括具体的目标、成本与利益、完成产品、成功的验证标准、基本的假设。为了监控各项任务完成所必需的不同行动，往往有必要采用甘特图或 PERT 图[87]。在每一天工作结束时，每个项目都要进行时间、成本（包括资源）和质量的分析评价。

2. 沟通培训

成功的实施计划应该包括一个双向沟通战略。这种战略应该包括各种各样的沟通方法、手段，见表 1-14。

**表 1-14**　　　　**沟通方法**

| 策略 | 内容简述 |
|---|---|
| 举办座谈会 | 举办座谈会是分享咨询方案的一个非常有用的方式，而且可以通过让参加人员详细地讨论有关细节以及相应的后果来赢得人们的理解 |
| 领导培训 | 重点向企业领导者做好宣传工作，使他们了解咨询方案的目的、流程和预期结果，以及将给企业带来的好处，以得到企业领导者的大力支持和协助，从而推动方案顺利实施 |
| 咨询培训 | 将咨询的技术与某些运作程序与培训结合，以解决问题为导向，通过诊断、培训、牵引、发掘与实践辅导等步骤，全面发展内升力并实践问题解决和业务开发培训的方法 |

3. 学习策略

将实施过程同学习过程联系起来，失败就会得到快速确认，而不是让它产生破坏。在这种情况下，失败被当作一个学习、提高和调整的机会。咨询方案的实施过程所提供的机会就是：帮助培育一种学习的文化、一种探索（学习的必要条件）的文化。

（1）标杆学习。访问已经实现了相似咨询方案的公司，将其作为帮助客户树立信心的手段。通过这种方式建立起来的归属承诺往往比建立在对咨询师的理智认同基础上的归属承诺要持久得多。选择的标杆既可以是行业内的标杆企业，也可以是行业内公认的最佳实践。

（2）团队学习。管理咨询业属于知识密集型行业，知识型员工占据很高的比例。无论是员工还是整个企业，对知识的需求比一般企业更为迫切[88]。实施项目小组里的成员通常来自组织的各个不同部门，这样，他们就获得一种向组织其他领域学习的机会。这种情形有助于提高学习成效，在实施过程完成之后，组织就可以获得在评价小组所得到的学识。

（3）重视理念。价值观的确认或确定将有助于参与实施过程的人员分析咨询方案的匹配性。如果咨询方案同当前的价值观不匹配，但是同组织所渴望的价值观相匹配，那么就应该在实施咨询方案的同时导入相应的价值观，这样将有助于把咨询方案与价值观体系在更加具体的层次上联系起来。

（三）实施评价

咨询实施评价研究的目的是检验新的做法能否被实施；如果被实施，效果如何；目标人群能否受益；项目的效果能否可持续；如何进一步改进和完善。

评价思路如图 1-16 所示。

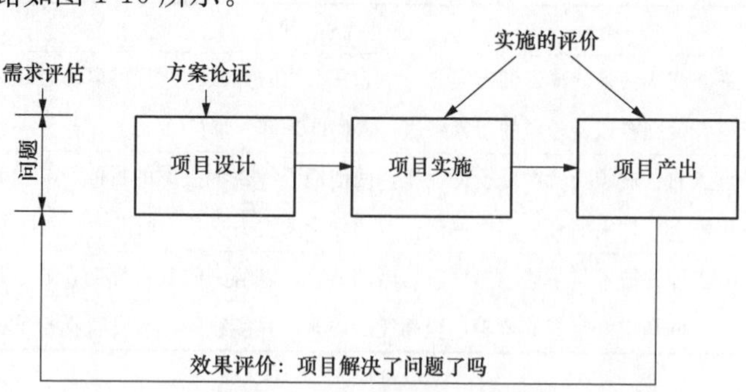


图 1-16　咨询效果评价思路

1. 评价类型

(1) 过程评价。企业过程评价是指从经济性、技术性、进度以及实施环境等方面对实施过程中的活动以及实施整体情况进行评估，其主要评估指标，如图 1-17 所示。

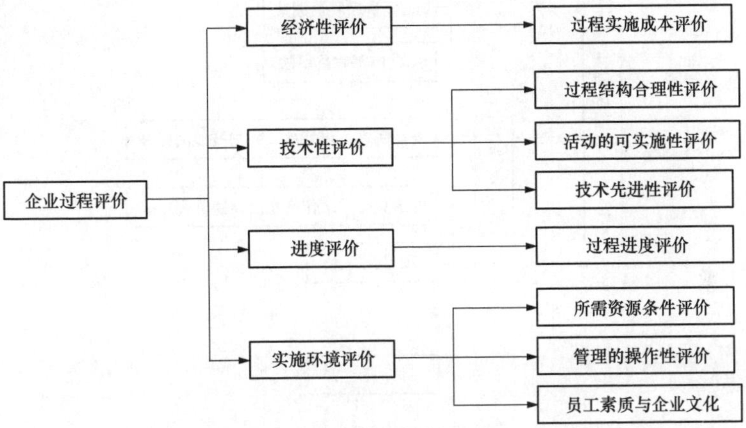


图 1-17 企业过程评价指标

(2) 效果评价。企业效果评价是指企业经过咨询后的一段时间内，由咨询组对被咨询企业进行回访，考察企业管理水平、经济效益的变化，同时调查分析新产生的问题等，以评价咨询问题的准确性，检查咨询对策的针对性，分析咨询结果的有效性。企业效果评价采用定性分析和定量分析相结合的方法，将企业咨询前后实际经济效果通过计算加以对比，分析产生背离的原因，反馈评价结果，不断提高企业管理咨询的有效性。

2. 评价方法

咨询绩效评估方法体系构建最为关心的是关键成功因素。这些关键成功因素具体表现在评价指标上，有财务方面的，也有非财务方面的。因此，衡量咨询绩效的指标也有财务指标和非财务指标，进而评估方法则包括定量评估法、定性评估法以及定性与定量相结合的方法[89]，如图 1-18 所示。

一个相对完整的评估方法体系是由一系列指标而非单一指标组成的。系列指标能够全方位地显示咨询产品的质量，使咨询结果提出的改进方案更加科学合理，可信度和执行力更高，执行效果更好。

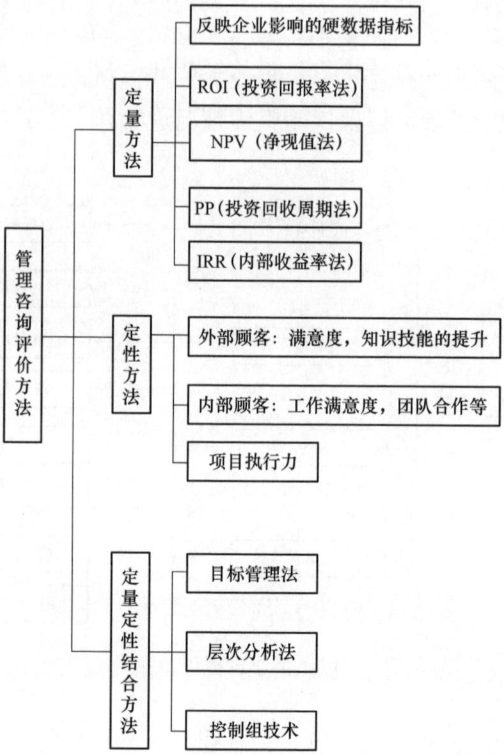


图 1-18　管理咨询绩效评价方法体系

（1）定量方法。咨询绩效的定量评估方法主要有以下几种，见表 1-15。

**表 1-15　定量分析方法**

| 方法 | 简　述 |
| --- | --- |
| 硬数据指标 | 硬数据指标是反映企业进展的重要指标，易于转化为货币，因此易于量化和度量，十分客观，可信度也很高。积极影响的效果大，则说明咨询效果好 |
| 投资回报率 | 投资回报率通常是用项目净收益除以成本，进行咨询活动的收益和成本比较。投资回报率越高，说明项目产生的效果越大 |
| 净现值 | 净现值法（NPV）是通过计算一个投资项目的年现金流的净现值，决定是否应该采用这个投资项目。项目产生的现金流的净现值越大，说明咨询项目的绩效越高 |
| 投资回收期 | 投资回收期（PP）就是收回期初投资所需要的时间。如果项目的投资回收期长，则说明企业需要花费很长时间来收回期初投资，那么这个咨询项目的收效就不大 |
| 内部收益率 | 使净现值为零的折现率是内部收益率。一般来说，如果内部收益率大于资本成本，则接受该项目；如果内部收益率小于资本成本，则拒绝该项目 |

（2）定性方法。有一些方面，如顾客和员工的满意度以及项目本身可行性方面就不能采用量化的方法衡量，而要适当地采用观察法、调查问卷法或行为列表等定性的方法来衡量。非财务指标主要涵盖三大方面的测量：外部顾客、内部顾客和项目执行力，如表 1-16 所示。

**表 1-16　　定性分析对象**

| 对象 | 简　述 |
| --- | --- |
| 外部顾客 | 对外部顾客，即受诊企业要用顾客满意度、顾客保留程度、顾客获利能力以及顾客受诊后的知识技能的提升情况来衡量 |
| 内部顾客 | 内部顾客即项目小组的成员。企业对员工的评价指标包括员工满意度、挽留率、培训与技能、团队合作与沟通能力等。咨询机构要十分重视其所拥有的人力资本，通过采用适当的激励方式对人力资本所有者进行激励，提升他们的满意度能提高产品和服务的质量，最终提升顾客的满意度 |
| 项目执行力 | 咨询项目执行力也就是咨询项目的应用与实施的能力。项目执行力强，说明咨询方案的可行性高。通常，可以通过事中衡量方法和事后衡量方法衡量项目执行力 |

（3）定量定性结合方法。为了弥补单一方法的缺陷，定性定量结合法应运而生。它充分考虑了咨询成果的复杂性和人类思维模式的模糊性，因而受到咨询界的重视。在此，将主要介绍目标管理法、绩效评估的层次分析评判法及控制组技术。

1）目标管理法。目标管理法是设定目标并进行比较的有效方法，是指在咨询活动中指定总体的咨询目标。围绕这个整体目标，咨询团队将认领相应的涉及业务部分的具体目标，并将目标细化给团队成员，从而形成咨询目标的层级细化。在目标的分配和制定过程中，会对相应的权利和职责进行划分，并通过相应的考核机制评判咨询总目标的最终实现效果[90]。

目标管理的过程包括三个阶段：组织总目标的设定、组织总目标的分解以及绩效评价。

2）绩效评估的层次分析评判法。绩效评估的层次分析评判法的主要特点是将咨询评价过程中的因素复杂、牵涉面广、边界模糊的系统问题通过比较而进行量化，让难以评判的咨询绩效具体化。用层次分析的方法评价咨询绩效可以采用以下六个步骤：①建立层次结构；②建立判断矩阵；③层次单排序；④归一化处理；⑤层次总排序；⑥一致性检验。

3）控制组技术。在对咨询项目效用进行剥离的所有评价方法中，最为精确的方法应该是所谓的控制组技术，这是一个经过特别设计的实验过程。在整个实验中包含一个控制组和另一个与之相对照的实验组。对实验组采用咨询介入项目，而对控制组不施加同样的影响。两个小组的人员构成情况尽可能相似并随机选取，这样做的目的是确保两个小组的绩效受到相同因素的影响。在此情况下，当环境条件基本相似时，两个小组工作绩效的差异可以视为是咨询介入项目效用的体现。

如图 1-19 所示，在咨询介入项目采用之前不需要对控制组和实验组的绩效进行测量，这种测量可以放到咨询项目采用之后再进行。两个小组工作绩效之间的差异反映了因实施咨询项目而使企业绩效改善的程度，而这种改善的幅度与咨询介入项目直接相关。

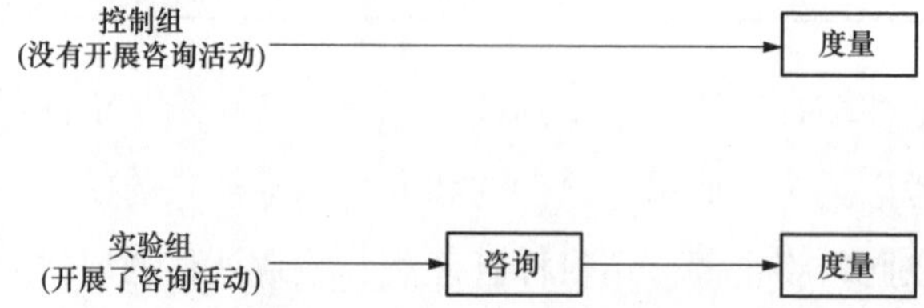


图 1-19　咨询项目的控制技术

3. 新经济法

新经济的发展本身也为管理创新和采用更先进的管理方法提供了条件和运行基础。这里介绍企业界成功使用的两种新的评价方法。

（1）价值链成本核算法。运用信息网络为技术手段使得价值链成本核算法得以实现，从而为建立新的绩效评价体系提供了技术上的可能性。

通过对价值链上各项价值活动进行成本动因的分析，将资源投入、成本费用分配到相应的价值活动中，以核算价值链成本，从成本耗费的角度来评价咨询的效果[91]。

（2）平衡计分法。信息共享使平衡计分法建立信息组织成为可能。平衡计分法是以公司的战略目标和竞争需要为基础，将财务测评指标和顾客满意度、内部程序及公司的提高学习能力结合起来，在咨询项目实施后，从财务角度说明公司是如何满足股东要求的；从顾客角度说明公司是如何满足顾客的价值主张的；从内部业务角度说明公司的产出提升效益；从创新与学习角度说明公司成员素质、技术、技能的提升效果，从而综合评价咨询效果[92]。

# 第二章

# 咨询机构管理及其能力建设

## 第一节　咨询机构的管理

### 一、咨询业务开展

（一）业务内容及目标诉求

1. 业务内容

管理咨询是由具有丰富经营理论知识和实践经验的专家，与企业有关人员密切配合，应用科学的方法对企业进行调研、诊断，找出存在的问题，分析产生问题的原因，并提出解决方案，指导方案的推行实施，以达到解决问题、达成企业的经营目标、推动企业健康稳健发展的目的[93]。提升管理咨询的品质，不仅需要良好的理论、方法与技术，还需要良好的管理。管理咨询公司也是企业，同样面临着所处的经营环境和企业资源的限制和影响，像其他企业一样，也同样面临着自身创业、生存、发展、再创业过程中的各种问题，公司在明确自身的发展战略后，都会把所有的公司资源都围绕着战略远景去服务。另外，管理咨询公司具有自己的企业特殊性，在管理上有着特殊的要求[94]，应结合自身的业务特点做好公司管理工作。

2. 目标诉求

管理咨询业务的重心应该以满足客户需求为关注焦点，而不是以自身利益为中心。按此思路，管理咨询公司的咨询业务管理应当以客户为导向，对委托咨询企业进行持续优化，通过完成管理咨询任务来实现咨询企业自身的经营目标。因此，应通过管理咨询顾问提出的咨询建议，实现客户需求，并将其作为管理咨询公司经营管理的目标诉求。

（二）业务流程

咨询管理即结合咨询公司的业务流程进行有针对性的管理，而通常的咨询公司一般具有以下业务流程。

1. 业务洽谈

企业因内部管理问题有管理咨询需求，会向外释放信息。市场开拓人员从网络、电话、朋友介绍等各种渠道获取有咨询需求的客户，并初步了解客户的咨询需求。咨询行业起源于为客户提供关于信息、管理和战略等方面的服务，客户会依赖于咨询公司的重要原因是客户缺少专业性的人才。可以说，正是咨询行业的专业性吸引了客户。因此，咨询公司业务洽谈过程中需要体现专业能力。

2. 客户调研

项目团队根据项目不同向客户提交调研资料清单，请客户代表整理清单上的资料，并交付项目团队。该阶段内涉及的管理内容主要包括咨询团队管理项目和咨询知识管理，要求团队根据收集到的客户资料，结合项目和客户情况，初步分析，确定用何种方法进行调研。按照计划，由项目团队主导，客户配合，进行调研实施。

3. 分析诊断

该阶段的分析诊断过程涉及较多专业知识和技能，主要由咨询师独立完成，客户基本不参与，在汇报时主要是客户听取项目经理以 PPT 方式汇报，提出问题，咨询团队给予解答。

4. 方案设计

管理咨询方案设计是管理咨询最核心的一步。在诊断报告得到客户认可后，项目团队针对诊断出的问题编写管理改善方案，由咨询团队发挥自己的专业知识和能力，并由项目团队通过分工与合作完成[95]。

5. 实施与总结

在项目按约定结束时，咨询公司与客户企业分别对该管理咨询项目效果进行评价，总结成功的经验和失败的教训，该阶段主要涉及咨询服务管理。

## 二、咨询团队管理

### （一）咨询人员素质

在管理咨询实践中，咨询人员的素质（包括知识、认知、能力、智力等）对咨询成果具有决定性的影响。咨询师就是运用专业知识、技能和经验，通过一定的管理咨询方法帮助个人或者组织解决问题或提供方案的专业人员。咨询顾问处于一种被人信任的地位；客户可能认为某些行为规范根本不必提及咨询顾问就会遵守。许多客户认为咨询顾问从不用假证明，一些客户甚至不能准确评价咨询顾问的技术能力。咨询顾问可能处于技术优势地位，拥有客户无法知悉的知识和信息。

1. 技能条件

咨询师具有确定的知识体系，并且可以通过系统的职业教育和培训来获得。必需的专业技能水平除了完成高等教育以外，还需具备一定年限的实践经验才能达到，并且最好在该职业的资深专家的指导下完成。同时，在项目的不同阶段必要的技能也是不同的，所以要选择各种擅长不同技能的成员加入项目组。咨询师的技能条件概述见表 2-1。

**表 2-1　　咨询师技能条件**

| 技能要求 | 特点简述 |
|---|---|
| 归纳技能 | 形成、制定技能使咨询师能够很快地理解一种情势：存在什么样的备选方案、哪个备选方案最好 |
| 沟通技能 | 这些技能包括促进推动座谈会的进行（小型座谈会或大型座谈会）、项目管理、管理一个大型规划中的具体项目、大型规划的整个过程 |
| 教育技能 | 开展培训需要大量的教育技能。这些技能包括确认培训需求、设计培训课程、投入培训教程等 |
| 心理技能 | 包括深入理解心理学以及各种心理测量方法、团队建立技术工具以及解决冲突的能力 |
| 领导技能 | 领导重点关注两大事项：完成任务和协调关系 |

管理咨询活动的具体角色，如图 2-1 所示。

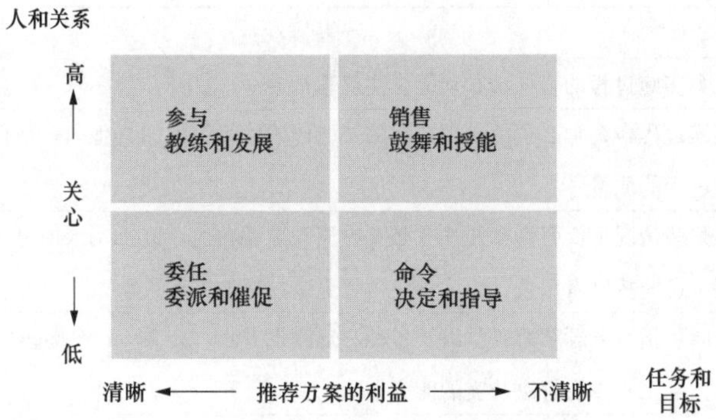


图 2-1　情势领导风格矩阵

实施过程必须寻求人际关系和任务之间的平衡，管理咨询师的角色就是确保这两方面处于平衡状态，根据实际情况他们还必须在必要时调整自己的行为方式。图 2-2 中的两个轴描述了各种不同的技能[96]。

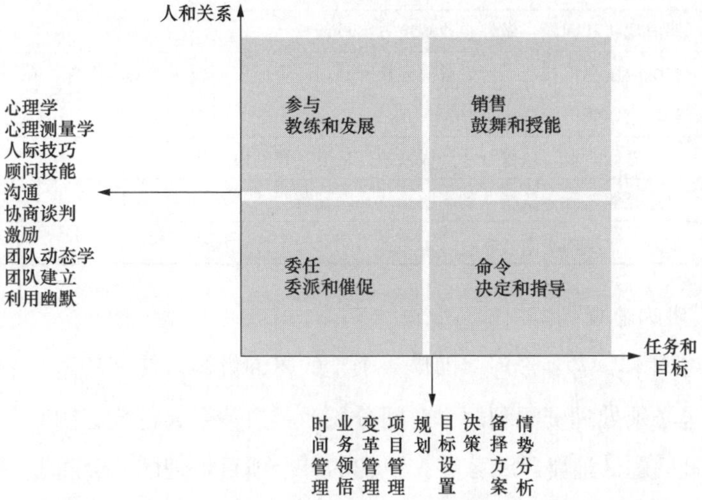


图 2-2　实施过程的领导：必需的基本技能

2. 角色扮演

一个参与实施过程的咨询师所扮演的角色同一个只参与形成过程的咨询师所扮演的角色是不一样的[97]，见表 2-2。

表 2-2　　角色扮演特点简述

| 主要角色 | 特点简述 |
| --- | --- |
| 顾问 | 一个实施过程的咨询师必须提供建议和指导 |
| 教育者 | 实施过程咨询师必须能够把自己的技能传输给组织中的其他人，从而使他们能够提高实施过程的质量 |
| 教练 | 在某些情况下，咨询师往往有必要扮演领导者角色，鼓励别人前进。扮演领导者角色不同于扮演控制者角色，因为领导角色更多的是鼓舞和激励 |
| 领导者 | 技能包括深入理解心理学以及各种心理测量方法（如 Myers-Briggs，Belbin 等）、团队建立技术工具以及解决冲突的能力 |
| 领导技能 | 领导重点关注两大事项：完成任务和协调关系 |

3. 咨询能力导向（见表 2-3）

表 2-3　　咨询能力导向

| 主要导向 | 特点简述 |
| --- | --- |
| 问题导向 | 面对问题、关注问题、明确解决问题的基本功能 |
| 思路清晰 | 厘清现状和问题，做好企业解决方案设计 |
| 分析方法 | 熟练应用思维技巧，努力解决客户问题，是管理咨询公司的基本修炼，在一定程度上应该是看家本领 |
| 看懂企业 | 学会看懂企业，从懂行业到懂系统，从懂系统到懂运作 |
| 卓越境界 | 打造经营基础，从精明到高明，从高明到英明 |
| 管理升级 | 致力于管理的不断升级，从亲力亲为到有为不为，从有为不为到无为而治 |

（二）团队治理

管理咨询本身需要管理，即使一个小的咨询机构，甚至只是一个单独的从业人员，也必须处理资源利用、时间分配、客户关系、行政支持、专业发展等方面的管理问题。通常，一家咨询机构的各个项目管理团队会随着不同的工程地点而分散到不同的地方，形成多点布局，也就造成了项目团队与公司之间的地理隔阂，因此对团队的治理就显得尤为重要[98]。

1. 团队结构

智力成员是咨询公司重要的智力资本，决定着管理咨询公司的经营成败和声誉。知识管理的“奠基之父”卡尔·爱立克·斯威（Karl-Erik Sveiby）博士提出了一个概念模型，可以用来研究构成咨询公司或其他知识型公司的人员类型，图 2-3 所表明的是两种类型的能力。纵轴表明专业诀窍，是管理咨询公司的核心技能，是服务理念和取得经营业绩的基础。横轴表明管理诀窍，体现管理部门、战略领导与业务管理的能力。

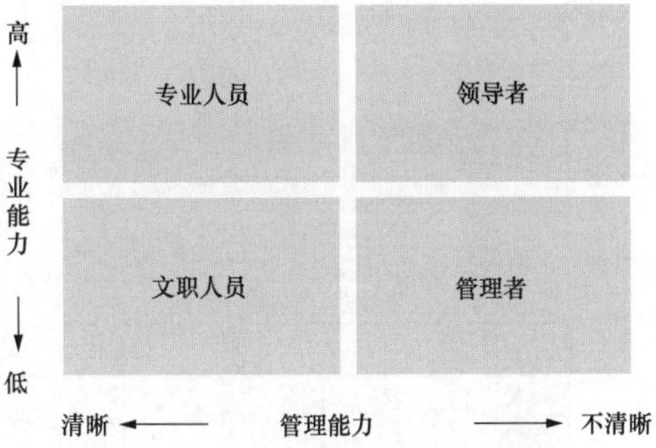


图 2-3　知识型公司的人员结构

2. 咨询任职

咨询公司不仅要为客户提供优化方案提升客户企业的管理水平，更要重视自身的管理，特别是自身的人力资本管理[99]，以充分利用所拥有的异质性人力资本增加价值，其主要职能见表 2-4、图 2-4 所示。

**表 2-4　　咨询管理的主要职能**

| 主要职能 | 特点简述 |
|---|---|
| 招聘管理 | 知识型企业最大的特点就是需要严格地控制自己的生产资源，这个资源就是人力资源 |
| 项目小组 | 咨询师的大多数时间可能都是直接为项目经理（这一角色的含义在不同公司中是不同的）服务。一旦项目完成，咨询师就可能转到另一个项目经理的门下 |
| 智力开发 | 与任何其他类型的组织相比，咨询公司更适应成为学习型组织，并运用各种持续提高的原则。学习型组织充分利用可以利用的一切智力、知识和经验，以实现股东利益的持续提高 |
| 离职管理 | 离职现象可能是项目操作任务失败、退休、冗员或辞职等原因引起，咨询公司应该制定相应的政策来处理这些可能出现的情形 |
| 知识流失 | 根据知识流终端的对象类型和知识流动的过程，管理咨询公司的知识流失大致有外部流失和内部流失两条路径 |
| 知识外部流失管理 | 知识的外部流失是组织中的知识转移到了组织外部，从而造成企业外部的知识存量的增加。知识的外部流失一般是由于知识员工的离职造成的，所以这部分的知识管理应该围绕着知识员工而进行 |
| 知识内部流失管理 | 主要策略：应对“记忆衰退”、防止“无法捕获”、学会“忘却学习” |

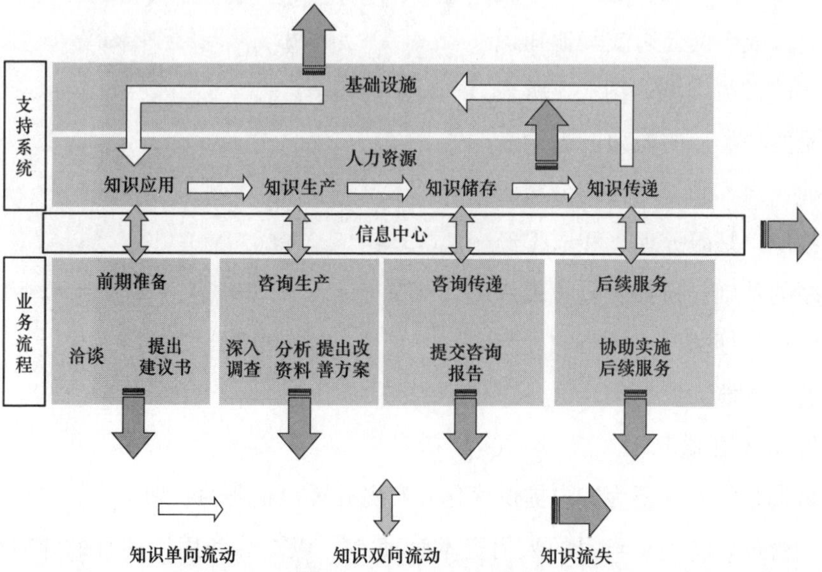


图 2-4　管理咨询公司基于知识流失的知识管理

3. 咨询激励

激励机制在现代企业管理中发挥着重要的作用。一方面，科学合理的激励机制设计，可以有效调动员工的工作热情，激发员工的劳动效率，满足员工社会关系、生活保障及尊重的多重需求，实现自我价值。另一方面，激励机制可以实现薪酬的合理规划，不仅可以提升企业的劳动效率，还可以通过生产资料与劳动力的融合，从而为企业创造生产价值，提升盈利空间。

咨询公司的人员激励与一般公司的人力资源管理策略一样有共性，但由于其人员素质、人员构成和组织结构与一般公司有区别[100]，因此又有其自身的特点，主要内容见表 2-5。

（三）虚拟组织

虚拟组织是一种灵活高效的人力资源管理模式和组织方式，由分散在不同区域的成员借助现代信息技术和通信系统，为达成一定期限内的特定目标而构成，成员多具有极高专业知识水平并能相互协作解决工作中的问题。

表 2-5　　咨询激励主要特点

| 激励要点 | 特点简述 |
| --- | --- |
| 业务导向 | 一个决策型公司必须在业务观念和人事观念之间有一个紧密的联系，否则就不能运转。如果不能以业务导向模式管理人力资源，就可能会给所有的业务带来相当不利的影响 |
| 业绩管理 | 咨询公司中业绩管理的基本程序同一般性的业绩管理程序没有区别，评价过程也要考虑：咨询师在被评价期间在不同人员领导下的工作情形 |
| 生涯管理 | 生涯管理是咨询公司提高其雇员保留率的一个重要武器。事实上，只要每个层次的人都可以为公司取得恰当的经济收益，咨询公司都能为其比其他公司提供更多的升职机会 |

1. 组织特征

虚拟团队是基于动态联盟和虚拟企业来执行特定任务的网络型团队。因此，咨询虚拟团队不具有固定的组织层次和内部命令系统。同时虚拟团队尽可能地减少了组织的决策层和操作层之间的中间管理层次，将“金字塔”式的组织结构逐渐扁平化，在相当程度上实现了咨询管理的“无组织”。其特点包括网络连接、独立成员、共同目标、互信关系及目标导向五个方面[101]。

（1）网络连接。虚拟项目小组和传统小组不同之处，在于使用网络加强联系，跨越时空及组织共事。虚拟项目小组的模型图，如图 2-5 所示。

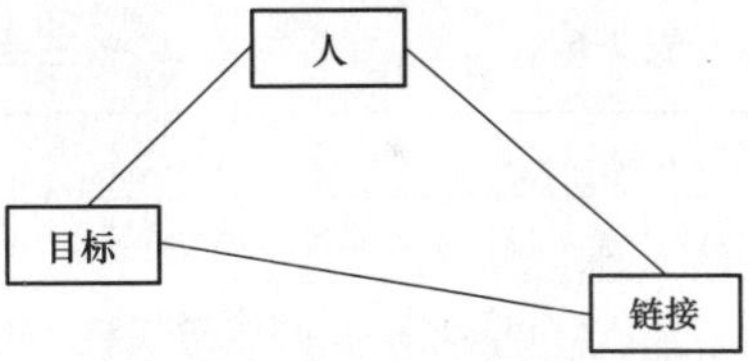

图 2-5　虚拟项目小组模型图

（2）独立成员。在小组中，领导权的共享与分担则是常事。人是小组中的基本元素，由人所组成的系统至少包含两个层次——成员个体层次以及组织整体层级，小组内部与外部（其他同事和大团体）密切联系。

（3）共同目标。虚拟项目小组的目标是让小组拥有共同奋斗的理由。

（4）互信关系。虚拟项目小组的特别之处在于联系方式的不同。首先是实物的连接，电缆、电话、计算机之类的硬件设备是互动的前提，多重媒介的技术是信息时代的主流，同样使得跨界限互动成为可能[102]。

（5）目标导向。研究虚拟化咨询公司的核心企业的功能，应该首先从虚拟企业的特点入手。虚拟企业间的合作形式与其他合作形式的最大区别在于：它是一种“紧密”的合作，“企业间的界限变得模糊不清”。

2. 运行平台

鉴于虚拟化咨询公司的研究仍处于初始阶段，因此，就其本身的运作特点加以研究，比如何对企业功能、过程、活动和行为等进行仿真、优化更有必要。基于此，需要针对咨询公司本身所具有的特点和虚拟化咨询公司的运作流程，进行虚拟化咨询公司基于运作模式的企业模型分析，具体如图 2-6、表 2-6 所示。

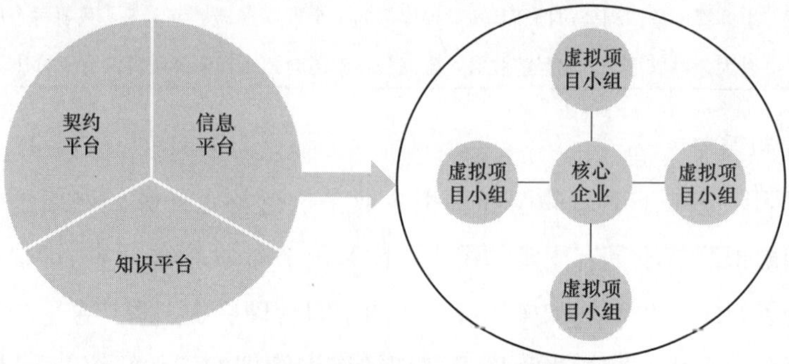


图 2-6 虚拟化咨询公司企业模型

**表 2-6 主要平台及主要功能**

| 主要平台 | 主要功能 |
| --- | --- |
| 信息网络 | 虚拟企业是准市场性企业，通过大量的双边规制（间续式）与其他企业发生联系 |
| 知识网络 | 信息时代或知识经济社会，知识是重要的生产要素。就知识获得方式而言，知识的扩散和知识的创新同等重要 |
| 契约网络 | 没有契约网络，知识就会处于分散、独立状态，企业之间无法在知识结构上相互补充 |

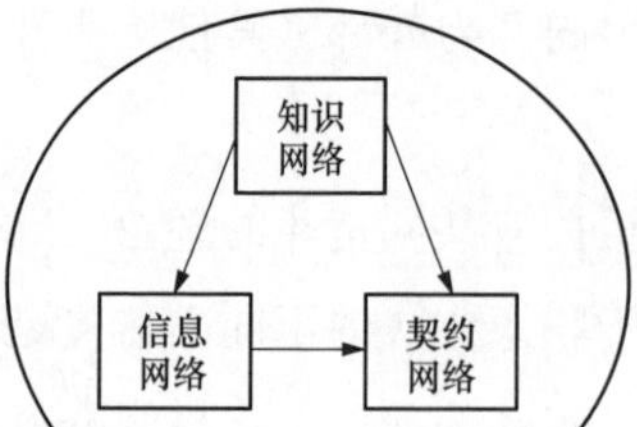


图 2-7 虚拟化咨询公司三大平台之间的关系图

图 2-7 表示虚拟化咨询公司运作的整体平台（箭头表示支持关系）。

对虚拟化咨询公司而言，其运行环境首先是一个整体。因此，上述三大平台之间必然存在密切的相互关系。

3. 咨询特征

咨询业从本质上来讲是一种知识服务行业，即利用咨询机构专家的知识、技术、能力和经验通过调查研究，运用先进的科学方法和技术手段向用户提供所需建议和解决方案的一种有偿智力服务[103]，主要咨询特征见表 2-7。

表 2-7　　咨询服务的主要特征

| 特征类型 | 内容简述 |
| --- | --- |
| 团队灵活 | 传统咨询组织的专家依靠一种紧密的契约关系被团结在公司中，参与公司的各项业务，每个人的职位相对固定，即使那些采用了矩阵式组织形式的咨询公司也是如此 |
| 培训便利 | 虚拟咨询组织可以通过互联网，在网上建立虚拟的个性化学习空间，为客户定制其所需要的培训内容，以丰富的表现形式传递相关知识 |
| 开放交流 | 以互联网为基础的平台为虚拟组织提供了开放的信息交流空间，但是这种复杂的协调机制的实现却远非技术能够解决，要涉及虚拟组织的整体运行机制、管理办法、绩效评定方法等诸多管理因素 |
| 知识管理 | 虚拟咨询组织面对的是更加广阔的资源空间，不仅包括以用灵活的方式组织起来的专家资源，也包括参与咨询业务的客户组织与个人，它们是咨询组织的服务对象，同时也是组织创新的源泉与动力 |

## 三、咨询知识管理

知识管理是一种管理思想与方法，企业通过构建知识管理系统，支持和强化组织中知识创造、存储、转移和应用过程，促进知识高效利用，提升企业的学习创新能力，实现业务的持续增值。

企业在市场竞争中的地位，尤其是在高度工业化国家的市场经济环境中，已经或者将要取决于其通过知识创造价值的能力。这种组织结构上的变化反映在内部增长理论上，这个理论强调实际技能的发展和科学技术的进步是持续增长背后的驱动力。知识提高了企业的收益，也能促进投资的有效性，并与投资存在着良性循环关系。知识已经成为企业获取持续竞争力的重要源泉。因此，对于企业特别是那些以知识为核心资产的企业来讲，构建知识管理系统，提高知识管理水平已经成为其首要任务。

咨询行业是项目驱动型行业，所有工作围绕项目进行，管理模式主要基于过程和质量管理，对管理咨询企业的技术、经验与决策能力有着极高的要求。而想要在咨询行业中取得竞争优势，就需要咨询企业充分挖掘组织内的知识资产，提升知识留存、集成和再利用效率，实现知识创新，形成学习型文化。而这一切都离不开知识管理[104]。

### （一）知识学习

知识学习包括知识的获取、整理、保存、更新、应用、测评、传递、分享和创新等环节，并通过知识的生成、积累、交流和应用管理，复合作用于组织的多个领域，以实现知识的资本化和产品化。

#### 1. 知识分类

（1）知识特质。讨论管理咨询公司的隐性知识，必须了解什么是知识和隐性知识，而较好的方法是对知识进行分类。

（2）知识价值。管理咨询公司的知识价值主要体现在隐性知识的价值方面，主要包括：①隐性知识实际蕴藏着多种竞争力；②隐性知识是一种持续的竞争资源。

（3）知识识别。隐性知识管理是知识管理的关键。要对管理咨询公司的隐性知识进行管理，必须首先对隐性知识进行识别。识别的最直接方法是对隐性知识进行分类。一般可做以下分类：①按隐性知识的依附对象划分，管理咨询公司的隐性知识可分为个体的隐性知识和集体的隐性知识；②以隐性知识自身的特征划分，可分为技术方面的隐性知识和认识方面的隐性知识；③隐性知识的层次划分，可分为个体拥有的隐性知识、团队拥有的隐性知识、部门拥有的隐性知识和企业拥有的隐性知识[105]。

#### 2. 知识积累

从知识管理的形式来看，知识管理包括对显性知识的管理和对隐性知识的管理。

（1）隐性知识积累。对于企业而言，集体隐性知识积累得越深厚，竞争对手就越难以模仿，企业的核心竞争力就越强。

（2）知识转移。个人隐性知识转化为企业隐性知识存在于知识转移中。知识转化模型见表 2-8。

（3）螺旋上升。人们获取知识应该是一个螺旋式上升的过程，也就是从外界了解一个东西开始，首先把它进行内化，之后通过自己的思考与贯通将其社

表 2-8 知识转化模式

| 转化过程 | 知识变化 | 知识类型 | 管理空间 |
| --- | --- | --- | --- |
| 社会化 | 隐性知识→隐性知识 | 交感型 | 源发场 |
| 外在化 | 隐性知识→显性知识 | 概念型 | 互动场 |
| 组织化 | 显性知识→显性知识 | 运作型 | 网络场 |
| 内在化 | 显性知识→隐性知识 | 系统型 | 练习场 |

会化，在实际运用中得到体现也就是外化，再通过联系以前所有的显性知识加以整合，创造出新的显性知识。

3. 知识组织

(1) 学习组织。学习组织是一个不断创新、进步的组织，在其中，大家得以不断突破自己的能力上限，创造真心向往的境界，培养全新、前瞻、开阔的思考方式，全力实现共同抱负，以及不断学习如何共同学习。企业建设学习型组织就要培养整个企业的学习气氛，充分发挥员工的创造性思维能力，从而建立一个有机的、高度柔性的、扁平的、符合人性的、持续发展的企业[106]。

(2) 教导组织。教导就是帮助他人明确自己的目标，并引导其达到目标。教导的内容主要在于提高个人的技能，包括帮助设定目标、交流管理经验，以做出决策和解决问题等。

(3) 共享组织。共享组织的特殊性决定了其管理的特殊性，很多知识共享组织的管理者本身就具备完成组织任务所需的专业技能，且技能水平较高。

(二) 知识共享

咨询公司知识管理的关键在于隐性知识管理，而隐性知识管理的关键在于知识转化、交流和共享。因此，咨询公司隐性知识管理问题，最终体现为如何建立一种促进知识的转化、交流和分享的机制。

1. 共享机制

知识共享机制主要由直接交流、员工心得及知识追踪三大模块构成，其主要内容见表 2-9。

表 2-9　　知识共享机制主要内容

| 主要领域 | 内容概述 |
| --- | --- |
| 直接交流 | 鉴于隐性知识是存在于人脑之中的难以编码的知识，实现隐性知识共享的最好方式就是人与人之间的直接交流、沟通，如演示方式 |
| 员工心得 | 鼓励所有完成项目的员工写出心得体会，把他们的经验变成知识系统地储存起来，当再有别的员工遇到同样的问题时，可以查找这些储存起来的知识并加以使用 |
| 知识追踪 | 知识全程追踪是另一项促进知识共享的有效制度 |

2. 组织共享

知识导向型组织文化是将知识视为组织最重要的资源，能够支持有效地获取、创造、交流和利用知识的组织文化。其关键因素是对新知识持一种欢迎态度，并且在一个不断学习和尝试被高度评价、重视和支持的环境中创造一种信任和开放的气氛，主要包括：

（1）知识社群。利用管理咨询公司特殊的扁平的矩阵式结构和临时性项目小组有利于隐性知识交流的优势，构建隐性知识交流平台[107]。

（2）奖励机制。隐性知识是由人力资本所有者所拥有的，是难以模仿的。虽然在很多情况下需要鼓励知识共享，但必须建立相应的激励机制。

（3）组织文化。建立知识导向型组织文化是知识管理的最终目标。营造良好的组织文化，树立互惠观和依赖于组织的归属感，即组织内人们之间的亲密关系和交流程度。

（三）知识产品

在一个组织内，个人隐性知识和集体隐性知识并不是简单的叠加关系，先进的隐性知识管理体系，是对个人隐性知识的开发、引导和激励，使其最大限度地转化和融入集体隐性知识当中。

1. 知识库

知识库是根据一定的目标，从数据库中提取有用知识，对它进行清理、去冗、整序、组织和结构化处理，将相关知识相互联系起来，形成具有一定结构和功能的知识集合，以及保存这一知识集合的场所。

知识数据库的构建程序见表 2-10。

表 2-10　　　　知识数据库的构建

| 主要程序 | 核心内容 |
| --- | --- |
| 筛选 | 保证进入数据库的文献质量 |
| 储存 | 标明文献涉及的问题，便于需要的人各取所需；分类储存，便于查找到所需领域的所有资源 |
| 检索 | 当公司里别的人需要对某个问题寻求帮助时，检索数据库寻找答案 |
| 使用 | 可以使用这个数据库里已有的知识，解决自己遇到的问题 |
| 找到作者 | 如果组织团队需要这方面的专家，作者无疑是最好的选择 |
| 评价 | 使用者评价数据库里用到的知识，奖励当时创造这个知识的人，这是很好的激励方法 |

2. 知识地图

知识地图是利用现代技术制作的组织知识资源总目录以及知识次目录之间关系的综合体。知识地图能清楚地揭示组织内部或外部相关知识资源的类型、特征以及各种知识的相互关系，还可以揭示组织的结构及业务流程，评估组织的知识存量。

3. 共享网络

内部信息网的建设能够为员工提供自由交流和沟通的软硬件平台，有利于员工之间进行知识交流[108]。

（四）知识应用

在咨询服务生产中，管理咨询公司一方面通过提供新的服务将知识扩散和转移给顾客，从而获取利润，另一方面管理咨询公司的知识资本也得到了增值。

1. 知识服务

管理咨询公司的知识可以粗略分为内部管理知识和外部服务知识。由于管理咨询公司的宗旨是为外部客户提供服务，所以讨论的主要对象是外部服务知识，即在为客户提供服务时管理咨询公司所运用的知识，又可以分为专业知识、客户知识等。就结构和作用而言，对外知识是主体和核心，内部知识是保障，知识服务主要特点见表 2-11。

表 2-11 知识服务主要特点

| 主要方面 | 特点简述 |
| --- | --- |
| 知识咨询 | 管理咨询公司属于专业服务组织，主要依靠知识提供服务。从专业社会学的角度，看咨询业是一个知识含量极高的特殊职业，而管理咨询公司属于知识密集型的专业服务组织，主要依靠知识为客户提供服务 |
| 个体依赖 | 管理咨询公司产品具有特殊性。由于其知识的密集性，管理咨询公司产品不具备一般工业品标准化、批量生产和对机器高度依赖等特点，咨询顾问必须根据不同的具体问题创造性地运用专业知识和技能去解决客户的复杂问题 |
| 知识依赖 | 通常情况下，除了产品和服务依赖于个体外，整个客户关系也依赖于个体。在管理咨询界经常能看到这样的情况：当公司的某个咨询顾问离开公司后，相应的客户也被其带走 |

2. 知识创新

(1) 团队创新。集体隐性知识的创造和捕捉并非无迹可寻。一个企业对隐性知识的挖掘，不比挖金矿，金矿是客观存在那里的，而前者更接近于一种虚拟状态，其背后的价值理念是：没有客观的现实，所体验的环境不是等待在那里的一种固态，而是通过观察行动共同创造的结果。

(2) 企业创新。西方管理科学之所以发达，是因为他们不断地在企业中进行研究，总结企业的创新成果，而不是在办公室里用大脑进行研究。

(3) 人才创新。咨询公司最有价值的资产就是其所聚集的人力资本。咨询组织里面的人力资本决定着这个组织的能量。如果企业想做大，必须能够把人培养好，对于管理咨询公司而言尤其重要。

## 四、咨询营销管理

改革开放以来，我国市场经济体制运行逐渐成熟。随着管理咨询机构的增多，市场的竞争也日益激烈，其中外资机构，由于其起步较早，并且在西方国家中积累了很多成功的经验，因此在竞争中处于绝对的优势地位，使国内很多管理咨询机构的生存压力倍增。咨询行业中，营销管理的重要程度与日俱增[109]。

对于企业而言，所谓市场营销，就是根据竞争者现有产品在市场上所处的位置，针对消费者对该产品某种特征或属性的重要程度，强有力地塑造出本企业产品与众不同的、给人印象鲜明的个性或形象，并把这种形象生动地传递给消费者，从而使该产品在市场上占有适当的位置。

（一）竞争战略

在过去，大多数咨询公司缺乏专门的竞争战略，只是尽量对潜在客户的各种机会和利益做出反应。

为了对咨询公司进行排名，需要通过对咨询顾问进行调查。受访者被要求以 1～10 的分数对被调查的咨询公司的声望做出评价，10 代表享有最高声望。每个咨询顾问不能够评估他们自己的公司，他们只能评估自己熟悉的咨询公司。2020 年各标杆企业排名结果见表 2-12。

**表 2-12　　2020 年标杆企业排名**

| 排名 | 管理咨询公司名称 | 得分 |
|---|---|---|
| 1 | 麦肯锡公司（McKinsey & Company） | 9.273 |
| 2 | 波士顿咨询公司（The Boston Consulting Group，Inc.） | 9.190 |
| 3 | 贝恩公司（Bain & Company） | 9.158 |
| 4 | 德勤（Deloitte Consulting LLP） | 7.930 |
| 5 | 奥纬（Oliver Wyman） | 7.855 |

关于标杆学习，麦肯锡公司在咨询理论上提出了比较著名的三层面理论和 7S 模型，分别如图 2-8 和图 2-9 所示。

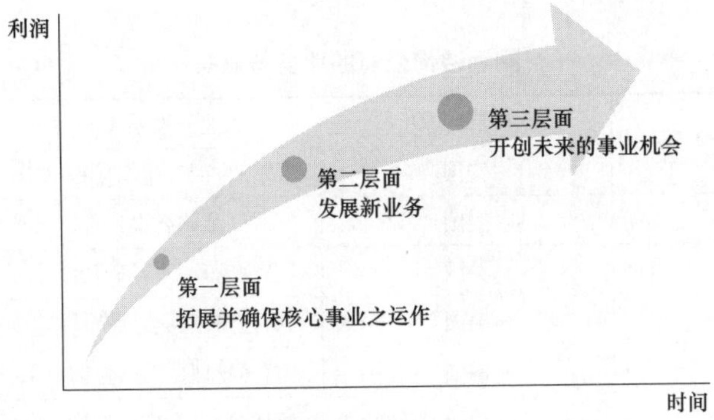


图 2-8　三层面理论

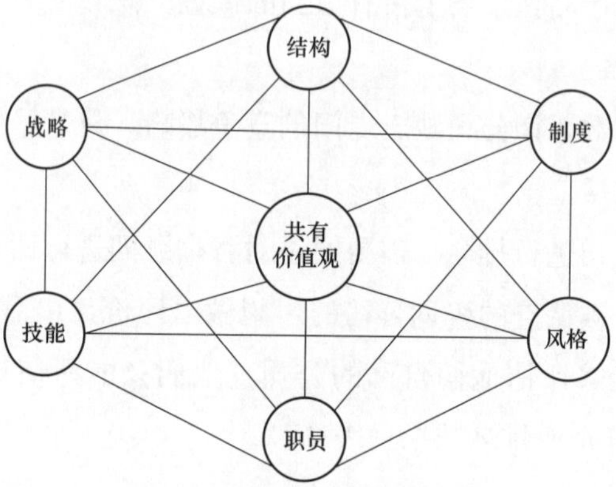


图 2-9 麦肯锡 7S 模型图

三层面理论的核心是在确保核心业务的基础上，选择第二层面业务，使其迅速发展为第一层面，同时为未来长远发展选择第三层面业务。

7S 模型指出了企业在发展过程中必须全面考虑各方面的情况，包括结构、制度、风格、职员、技能、战略、共有价值观。在模型中，战略、结构和系统被认为是企业成功的“硬件”，风格、职员、技能和共有价值观被认为是企业成功经营的“软件”[110]。

（二）定位策略

1. 行业结构

国际咨询公司的业务与服务见表 2-13。

**表 2-13** 国际咨询公司的业务与服务

| 公司名称 | 所属国家 | 业务强项 | 服务典型客户 |
|---|---|---|---|
| 麦肯锡 | 美国 | 战略发展、组织结构 | 康佳、乐百氏 |
| 安达信 | 美国 | 战略咨询 | 丽珠集团 |
| 尼尔逊 | 美国 | 营销管理、市场研究 | 今日集团 |
| 普华永道 | 美国 | 财务管理、会计审计 | 拜耳，强生 |
| 罗兰贝格 | 德国 | 营销管理、战略咨询 | 科龙 |
| SPA | 德国 | ERP 软件及实施咨询 | 乐百氏、黑妹美晨 |

2. 竞争优势和劣势

竞争优势：①本土化优势。每个国家都有其独特的文化习俗，有不同的国情；②灵活性优势。咨询业也和任何行业一样，既可以根据咨询内容细分，也可以按客户对象细分；③价格优势。

竞争劣势：①企业数量虽多，但规模偏小；②缺少核心竞争力，没有知名品牌；③管理咨询人才匮乏；④咨询服务的质量和层次不高。

3. 市场定位

咨询公司的规模再大，其资源仍然是有限的，其业务范围也不可能覆盖整个市场，必然有其发展的侧重点[111]。

4. 成长策略

成长策略分析的一般步骤见表 2-14。

**表 2-14　成长策略分析步骤**

| 分析步骤 | 内容简述 |
|---|---|
| 业务模式 | 业务模式是一个公司首要考虑的战略 |
| 深度开发 | 新创咨询公司往往重视新客户开发，忽视老客户挖潜 |
| 品牌建设 | 管理咨询服务的选择需要从某咨询公司在业界的口碑和从其他企业那里得到的反馈信息这两个角度去选择 |
| 规模扩展 | 创始人或管理伙伴的洞察力和企业家精神以及在营销和提交服务方面的良好业绩，再加上优越的商业环境，是促进增长的主要驱动力 |
| 联盟战略 | 联盟战略一般包括：①非正式网络；②结构化网络；③公司间协定；④项目的联合 |

（三）咨询定价

随着服务经济在现代社会的日趋成熟，传统有形产品领域的定价策略已不能适用咨询行业的发展需要。从现有服务收费体系可以看出，由于服务产品的差异性和无形性特征，各种服务定价策略参差不齐，特别是管理咨询类的服务定价更是千差万别。而最为常用的两种定价方法就是成本定价法与价值定价法。

1. 定价方法

（1）成本定价。所谓成本定价，就是按照咨询公司花费在咨询项目上的各项成本累加，主要是咨询顾问人力投入成本及其他费用。按人力成本的一定比率，一般为 10%～15%计算，也有在项目组内进行实报实销，再确定一个适当的利润率，得到咨询项目的总报价。这是最典型的咨询定价方式[112]，有以下主要特点。

1）对于咨询客户来说，明码标价。双方对具体定价具有相当的信息对称性。对于特定的咨询公司来说，其特定层次的咨询人员的单价是由市场确定的，其中包含了供求、声誉等诸多因素的共同影响。

2）对于咨询公司来说，收入确定。这个方法对于咨询公司来说是风险很小的，因为无论项目实施的具体情况如何，咨询公司的收益在理论上是固定的。

（2）价值定价。价值定价，就是按照咨询项目实施后给客户带来的实际收益来支付报酬的定价方式，也叫结果挂钩法。咨询公司所认定的成本其本质上就是市场对它们咨询活动所带来价值的反馈。价值定价是真正以客户为主导的基于咨询价值的定价。

2. 定价策略

不同的定价方法有不同的适用条件，在确定定价策略时，应当结合实际情况，做出效益最大化的选择。一般定价策略如表 2-15 所示。

**表 2-15　　　　一般定价策略**

| 定价策略 | 一般条件 | 简　述 |
|---|---|---|
| 高价策略 | （1）市场有足够的购买者，他们的需求缺乏弹性，即使把价格定得很高，市场需求也不会大量减少<br>（2）高价使需求减少，但不致抵消高价所带来的利益<br>（3）在高价情况下，仍然独家经营，别无竞争者。高价使人们产生这种产品是高档产品的印象 | 高价策略的好处有两方面：一方面，可以奠定企业在某领域内的绝对优势地位；另一方面，高价策略可以保证收益的最大化，毕竟垄断才是最赚钱的手段 |
| 低价策略 | （1）市场需求对价格极为敏感，低价会刺激市场需求迅速增长<br>（2）企业的生产成本和经营费用会随着生产经营规模和经验的增加而下降<br>（3）低价不会引起实际和潜在的竞争 | 对于管理咨询公司而言，采用低价策略，应当谨慎 |

续表

| 定价策略 | 一般条件 | 简　述 |
| --- | --- | --- |
| 满意价格 | 有时又被称为“君子价格”或“温和价格” | 其所定的价格比撇脂价格低，而比渗透价格要高，是一种中间价格。这种定价策略由于能使生产者和顾客都比较满意而得名 |
| 试销定价 | 试销定价是指企业在某一限定的时间内把新产品的价格维持在较低的水平，以赢得消费者对该产品的认可和接受，降低消费者的购买风险 | 试销定价有利于鼓励消费者试用新产品，而企业则希望消费者通过试用而成为企业的忠实顾客，并建立起企业良好的口碑 |
| 灵活定价 | 灵活定价是针对不同的客户采取不同的定价策略。要采用这种策略的前提是咨询公司能为不同目标市场（尤指同类行业的高、中、低端市场）的客户提供满意的服务 | 采用这种策略的咨询公司可以更大程度上增加市场份额和获得更大程度上的利润 |
| 组合定价 | 在充分考虑不同产品之间的关系，以及个别产品定价高低对企业总利润的影响等因素基础上，系统地调整产品组合中相关产品的价格 | 这种策略适用于大型企业，因为这些企业提供的服务类型全面 |

### （四）营销模式

咨询公司的营销原理与其他企业相同，但是其提供的产品与其他企业截然不同[113]，是特殊的产品——智力服务，而其营销方法也大为不同。

#### 1. 营销原则

营销主要原则见表 2-16。

**表 2-16　　营销主要原则**

| 主要原则 | 内容简述 |
| --- | --- |
| 客户为本 | 把客户的需要和要求视为营销活动的核心 |
| 客户特质 | 要了解新客户的唯一性。告诉客户你会提出新颖的解决方案，而不是盲目模仿为其他条件而设计的模型 |
| 自知之明 | 营销能力涉及你能否真实地评价你自己的能力 |
| 宣传有度 | 宣传过度可能会产生公司无法满足的期望，这样做可能会产生负效用甚至违背职业道德 |
| 尊重同行 | 提供歪曲的或带有偏见的信息，以及对竞争对手做诋毁的评价借以影响你的客户的做法是违背职业道德的 |

续表

| 主要原则 | 内容简述 |
| --- | --- |
| 专业服务 | 管理咨询师要有事业心，有创新精神，有时在营销方面还要有闯劲。他们可能从其他部门的营销中获得大量知识 |
| 表现履约 | 营销是一个过程，并不以合同签署为约束，树立这种观念是有益的。任务的履行，完美的服务，是营销的重要方面 |

2. 营销内容

（1）咨询价值。客户坚信（或只是感觉）得到咨询师的帮助或许有用。

（2）咨询人员。咨询服务营销绝不能忽视咨询公司和该公司雇用的个别专业人员之间的细微差别。

（3）咨询承诺。明确和建立企业的经营理念，不仅有助于对企业的发展方向进行定位，也有助于客户更好地认识企业、了解企业。

3. 营销途径

管理咨询公司有一些非常有效的促销方式可供选择，见表 2-17。

**表 2-17　　管理咨询公司营销的主要途径**

| 营销途径 | 特点简述 |
| --- | --- |
| 专项研究 | 咨询公司的角色是帮助客户获得并维持竞争优势，至少在咨询公司的专长领域应能实现这一目标。咨询公司必须了解相应的行业、全球趋势以及全球趋势将对咨询公司的专长领域产生什么样的影响 |
| 座谈交流 | 参加座谈会的人应交纳一定的费用，可以迫使咨询公司在座谈会中为与会者提供价值，并且获得相应的收入来弥补销售成本 |
| 会议演讲 | 咨询师的会议演讲目的应该是向听众中的一两个正准备使用其服务的人进行演说，咨询师所真正期望的是他们在会后与自己联系，并询问相应服务的情况 |
| 主办杂志 | 出版一本杂志可以使咨询公司能够经常撰写文章向特定人群施加影响 |
| 宴会沙龙 | 组织晚宴俱乐部的一个有效途径是选择一个讨论主题，邀请一位专家做演讲者，让俱乐部活跃起来 |
| 公共关系 | 咨询公司可考虑参加有奖征文，公共关系公司可帮助咨询公司同杂志接触，使咨询公司发现他们所需要的文章，或者请求阅读以前曾经获奖的作品 |
| 直接邮寄 | 咨询公司应该同市场上的个人建立连续的关系，而直接邮寄则具有定期性 |
| 电话咨询 | 咨询公司可以利用电话来收集有关现实客户与潜在客户的数据 |

续表

| 营销途径 | 特点简述 |
|---|---|
| 网络平台 | ①通过网络寻找客户；②更多地利用计算机网络检索信息，即利用网络信息资源；③更多地通过网络与用户进行信息交流，实现在线与离线的整合；④更多地利用各类信息技术、设备进行信息的加工、处理；⑤通过网络对信息项目、系统、人员进行组织和管理，使机构实现资源的共享和咨询人员的协同工作 |
| 公司招待 | ①选择合适的地点；②选择合适的人员参加公司招待事件；③明确向顾客介绍本咨询公司的经营战略；④在招待事件过程中，咨询公司要注意向客户汇报自身情况的时间选择问题 |
| 免费工作 | 免费工作服务可以提高其他企业关注 |
| 社会工作 | 重大问题往往令人大伤脑筋，咨询公司应该努力做一些有意义的社会工作，除了从中所获得的满足之外，还可以获得宝贵的社会曝光度 |
| 广告宣传 | 如果咨询公司在广告中所提供的信息若足够丰富，则可以成为一个比较廉价的建立数据库的途径 |
| 公司手册 | 小册子应该给人留下深刻的印象，其所产生的效果应该可以通过所赢得的收入来进行衡量 |
| 交叉销售 | 通过在某一服务领域内（审计、财务咨询）建立的客户联系和业务，用于向该客户销售另外领域的服务（战略咨询、工程法律顾问等） |

## 五、咨询服务管理

项目管理是咨询公司或咨询项目负责人为达到咨询项目约定的目标，运用专门的知识和方法，对咨询项目运行所进行的计划、组织、实施和控制等有组织、有目的的活动。咨询企业如何在市场竞争中保持快速、稳定增长是企业发展的难点[114]。通过高质量服务留住优质客户，应将客户对服务的评价作为公司经营的重要目标。因此，咨询服务管理是咨询管理的重要组成部分。

### （一）服务特质

管理咨询服务是一种专业服务与知识服务，具有自身的服务特点，可以归纳为三个方面，见表 2-18。

### （二）服务质量

专业服务的不可感知性和前述其他特征，决定了咨询师评估和确保服务质量方法的特殊性。在业内，甚至只在一个公司内，运用独立并完全客观的标准

表 2-18　　　　管理咨询服务的特点

| 主要表现 | 解决方法 | 内容简述 |
| --- | --- | --- |
| 难以衡量 | 专业承诺 | 咨询师在推销他（或她）的服务时，他们所交易的对象，实质上是一种承诺——帮助满足客户需求的承诺 |
| | 非标准化 | 如果一套标准系统和方法得以灵活而变通地应用，这将有助于咨询师和客户双方提高质量和降低成本 |
| | 组织文化 | 专业人员讨厌对其为客户的工作有任何的控制和干预，而另外的一些人则会予以接受，其前提是这些干预来自他所尊敬的人 |
| 难以控制 | 寿命短暂 | 在知识经济时代，知识的寿命极为短暂，极易被新的知识所替代，如何将这种知识迅速转化或延长其寿命是知识服务业面临的艰巨任务 |
| | 柔性服务 | 对知识服务业而言，其营销的理想模式，是一种在客户满意基础上建立起来的弹性工作体系和柔性服务机制，即提供系统、高智能、方便、个性化、适时的一种服务 |
| | 服务异质 | 同其他类型的服务一样，知识服务也具有异质性，尤其当咨询公司将一部分服务转包出去，这种异质性就会更加明显 |
| 难以收回 | 无形服务 | 由于咨询服务存在差异性的特点，被咨询企业在发现咨询服务效果不理想之后，并不能通过让咨询公司再提供所购买的咨询服务以实现所支付的服务价值 |

去测定和评估咨询服务的质量几乎是不可能的。咨询服务质量控制，是实现行业健康、持续发展的重要战略选择，对其本身价值创造有着非凡的现实意义。作为一项相对庞杂的系统化工作组织，首先必须依托高素质人才队伍保障，并基于此灌入到项目全生命周期中，才能真正提升咨询服务质量。

1. 经验管理

管理咨询企业最重要的竞争力是其在多大程度上积累了互补性的知识。

(1) 公司内化。将自己的独有技术和信息公司化，是公司保持其资源不致流失的重要手段。许多公司将其合同文本看得很重，而其完成的方法、流程设计手段、实施过程中的风格、纪律，却没有得到很好的重视。

(2) 自检程序。在提供咨询服务的过程中，有一个自检的程序。作为一般的咨询公司，自检还是没有得到应有的重视。自检、互检、抽检应贯穿于咨询服务的全过程，并以此严格控制每一个环节的质量。这样，项目小组的每一个行为都处于监督控制之中，质量才有可能得到切实的保障[115]。

（3）公共关系。公共关系是指某一组织为改善与社会公众的关系，促进公众对组织的认识，理解及支持，达到树立良好组织形象、促进商品销售目的等一系列公共活动。

2. 流程管理

（1）管理系统。咨询公司需要对市场信息、合同进行跟踪处理。咨询企业应形成信息系统总结、信息台账到有效的信息台账、有效的信息处理到合同台账、项目台账、项目实施到服务台账的信息管理系统构建。

（2）信息系统。咨询公司核心竞争力的重要支柱就是专家系统和信息系统。专家系统分为企业内部专家系统和外部专家系统。通过不断完善信息系统，对自己的产品进行分类、掌握，就会使自己的资源得到充分的利用。

（3）财务系统。所有决策及咨询市场工作都应充分听取财务人员的意见。发展中国家一些咨询公司与其他企业一样，对财务工作的意见并不重视。财务工作人员的工作意见不被企业认可。因此，造成与国外公司越来越大的差距，所有的企业活动引起的财务后果，都没有人去承担责任，对财务反馈的分析更是薄弱，这种状况不利于企业健康发展。

3. 利润计划

像其他经营活动一样，专业咨询公司可以并且应该创造利润。利润将受许多变量的影响，其中一些是公司所不能控制的（如对专业服务的总需求），而另一些（如所提供服务的特性和质量、市场营销技能、经营的效率）则是可控的。

（1）利润模型。管理咨询公司的经济绩效问题，可以在利润模型中得到反映。该模型由梅斯特提出，由管理咨询公司协会（ACME）应用于行业经济状况的年度分析报告之中。该模型是针对工业公司的传统杜邦公式的改进，其基本思路仍是将汇总数据分解成分析性比率，但“权益回报”被“每位股东的利润”所取代，基本公式为：

利润/股东（获利能力）＝利润/服务收入（毛利率）×服务收入/咨询师（生产率）×咨询师/股东（杠杆系数）。

（2）杠杆系数。大多数情况下，高级专业人员都是公司的股权拥有者（合伙人），而低级人员均为公司拿薪水的雇员。杠杆系数由咨询师与合伙人的比率确定，目的在于确定合理而有效的任务划分：高级人员主要负责寻找和管理业务，而低级人员主要是在高级人员的指导和监督之下，负责执行客户的任务。

（3）生产率。生产率表示每位咨询师平均可实现的咨询服务收入。提高生产率意味着每位受雇的咨询师赚取更多的报酬。达到此目的的一种方法是增加劳动时间——这是所有咨询公司的主要手段，但基于法律的约束、人类自身的极限，以及简单而又重要的事实——不合理地延长劳动时间会导致质量低下和效率下降，这种方法不能毫无节制地使用。第二种方法是提高为客户工作的单位时间收费标准。

（4）毛利率。毛利率为咨询机构利润占咨询服务收入的比率。咨询公司取得的毛利率首先反映生产率和杠杆系数水平。咨询师较高的生产率和较高的杠杆系数会产生较高的毛利率。然而，还有某些附加费用，如一般行政管理费用、采购信息资料的费用、培训和开发费用，这些费用的降低可以改善毛利率。

（三）服务评价

管理咨询公司的目标是提高客户的业绩，根本利益取决于为客户服务的成效，希望客户能够成功。因此，管理咨询公司总是站在幕后，客户才是真正要站在前台的市场主体。咨询专业的战略家们一定会集中极大的注意力去留住现有的客户，并向现有的客户营销和制定相应的战略方案建议。这已由重复业务的统计数据所证实，即在某些管理咨询公司，重复业务已占到总收益的75%～85%。

1. 客户需求

咨询项目的产出成果是知识服务，其质量的优劣是咨询企业核心价值的体现，也是客户评判咨询项目服务质量的重要标准。不符合客户需求的服务，不论其质量优劣，都不能使客户得到满意的结果。因此，咨询师和客户之间的关系是专业咨询的核心[116]。当咨询公司评估和制定战略时，客户充当着特殊的角色：向客户学习往往成为其重大的战略选择，并要努力满足客户的三类需求：现实需求、潜在需求与真实需求。

2. 目标定制

所谓目标定制是根据客户所要实现的具体目标提供定制化咨询服务，包括定制化服务结果、多样化服务过程和个性化服务行为。

对于知识服务业而言，这种目标定制化应以“4V”营销组合为理念，通过了解客户，服务定制化适应客户的不同需要，同时做到经常预测新的服务需要，建立牢固的客户关系。所谓“4V”是指差异化（variation）、功能化（versatility）、附加价值（value）、共鸣（vibration）的营销组合理论。“4V”营销的核心内涵，正是知识服务企业达成目标定制化的具体途径。

3. 客户满意

随着管理咨询业竞争的加剧，管理咨询公司争取到一家新客户要比留住一家老客户需要付出更大的努力。良好的客户关系管理成为提升企业核心竞争力的基础，通过改善企业与客户间的关系、深入分析客户需求、为客户提供更快捷、周到的服务，从而提高客户满意度，吸引更多优质客户以实现企业良好发展。

研究客户满意度有助于公司管理者了解公司提供的产品类型以及服务的质量，明确客户不满的原因，站在客户的角度来考虑产品及服务有待提高的方面。研究客户满意度，强调公司整个经营活动都围绕客户满意度来进行，优先考虑客户利益，而并非只考虑企业本身的利益，站在客户的立场，从客户的需求和利益出发，做到让客户满意。通过提高客户满意度来增强企业的核心竞争力。

基于客户的服务，由传统的一对一转变为多对多。由于信息系统和职能部门划分，使得多对多成为可能，这样做的好处是一方面由不同的部门对同一客户服务，更加专业化、系统化，长期化；另一方面也可大大提高管理咨询公司利用知识的效率。

（1）满意模型。根据科罗思·费耐尔思（Clase Fornell）的客户满意度理论，影响客户满意度的因素主要有以下几点：客户期望、客户对质量的感知、客户对价值的感知，如图 2-10 所示。

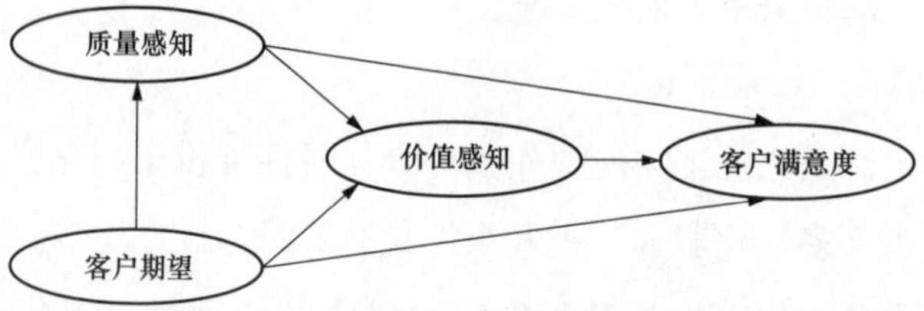


图 2-10　经典的客户满意度模型

1）期望值影响客户的满意度。一般来说，期望值的高低影响客户对产品与服务的评价。在没有接受服务之前，较高期望值会使客户更满意。所以无怪乎客户会去选择听起来、看上去不错的产品。

2）质量感知影响客户的满意度。这个变量就涉及实际产品和服务的质量。在其他条件（如价格、使用环境等）相同的情况下，质量更好的产品和服务必然会让客户更满意。

3）价值感知影响客户的满意度。简单来说，价值感知就是客户在获得（得到利益的感觉）及付出（在消费时的牺牲）之间的满意程度。感知到的价值越高，客户就越容易满意。价值感知和客户期望与质量感知是有直接联系的，其相互关系可以由等式（感知价值=实际质量感知-客户期望）来表示。假若客户觉得在接受产品和服务时，得到的实际感受超过他的预期，他便会感到物超所值，十分满意。但有时客户的期望值提升了，会影响到他们的满意程度[117]。

在厘清了咨询行业客户质量感知和客户期望的来源之后，经过修正，可以得出图 2-11 所示的顾客满意度模型。

这里的客户满意度模型一共分为七个台阶，即影响顾客满意有七个具体因素，分别是：

1）遵守职业操守。咨询过程无不利影响。管理咨询是一个靠知识赚钱的产业，得到较高的社会尊重。在这个行业中，由于信息的无形性和可复制性，更由于其巨大的商业价值，所以容易引起被咨询公司的机密泄露等情况。咨询公司无论是在咨询时还是咨询后，都应该遵守职业操守，为客户保住商业秘密。

2）按预算、按时完成咨询任务。在咨询计划里，一般会明确表示这次咨

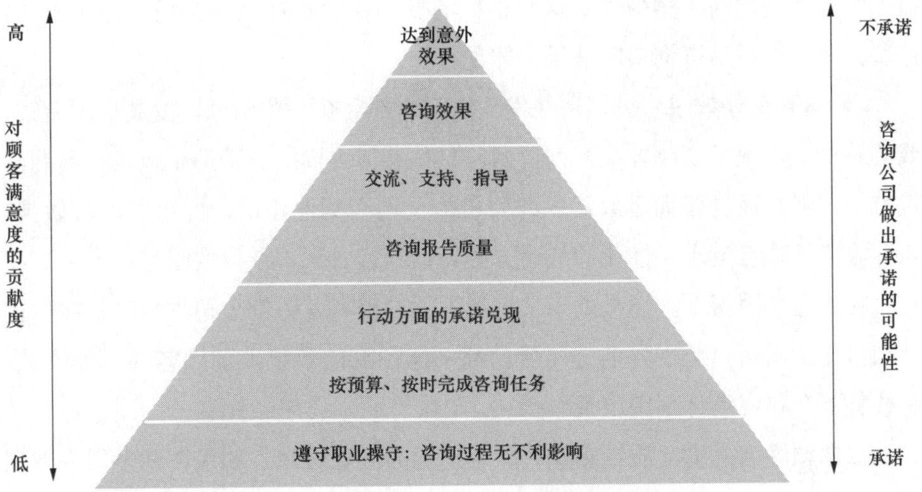


图 2-11 顾客满意度模型

询需要的时间和预算。顾客心中也应明确大致需要承担的费用，在什么时候可以看到结果。如果咨询项目没有按时完成，或者实际费用大大超出预算规模，顾客会感到意外和不满意。

3）行动方面的承诺兑现。同样，在咨询活动开始前双方会有沟通，就如何进行咨询达成一定的共识。如果咨询公司说过要进行公司各方面的访谈、把上层召集起来开会等行为，但是在实际的咨询过程中，被咨询的顾客却无法看到、感受到这些曾经说过的咨询手段，那么顾客就会感觉到服务内容打了折扣，引发客户不满。

4）咨询报告质量。在咨询过程告一段落之后，咨询公司会向顾客出具咨询报告。咨询报告的质量主要体现在内容和可操作性上。

5）交流、支持、指导。这是咨询公司在咨询过程中与客户互动的过程。咨询是由人来进行的，如果咨询双方有很好的交流互动，尤其在中国这样一个崇尚关系的文化中，印象分就会高很多。

6）咨询效果。咨询效果是一个中长期之后才能观察到结果。实施咨询服务之后到底为企业带来了多大的收获，如一段时间内市场占有率提高了多少，成本降低了多少，品牌知名度提高了多少，客户忠诚度提高了多少，内部企业员工的忠诚度提高了多少等，这些指标的变动在中长期之后会慢慢体现出来，这些方面恰恰正是咨询实际效果的体现。

7）达到意外效果。公司往往发现自己内部存在一些问题，发展出现瓶颈，或者是市场出现了变化才找咨询公司，只是希望咨询能够帮助企业找到问题渡过难关。但是通过咨询之后，咨询公司给了顾客其他建议，提出了做大做强、兼并收购，或者实现一体化的战略方案，让顾客有了不一样的眼光。

在这七个因素中，越是处于三角形下方的因素，咨询公司越是容易在咨询计划里作出承诺；至于咨询公司自己都不能预见的效果，如顾客的意外收获，往往就不会在咨询计划中出现。

根据顾客满意度＝质量感知－顾客期望的假设可知，如果咨询公司都做到了以上各条情况的话，顾客期望越高的三角形下面的因素对于满意度的贡献就越小。即如果咨询公司做到遵守职业操守，咨询过程无不利影响，顾客认为这是应该的；而如果咨询公司让顾客有了意外的收获，顾客就会非常容易满意。

（2）满意评估。应用上述七个因素量化判定顾客满意程度应按以下步骤进行。

首先要按照每个因素对顾客满意度的贡献给出一定的权重。正如先前提到的，越是处于三角形上方的因素对顾客满意度的贡献度越大[118]。为了方便处理，假设其权重由低到高是类似等差数列排列的，见表 2-19。

**表 2-19　　客户满意度七因素权重分布**

| 序号 | 项　目 | 权重（%） |
|---|---|---|
| 1 | 遵守职业操守：咨询过程无不利影响 | 8 |
| 2 | 按预算、按时完成咨询任务 | 10 |
| 3 | 行动方面的承诺兑现 | 12 |
| 4 | 咨询报告质量 | 15 |
| 5 | 交流、支持、指导 | 16 |
| 6 | 咨询效果 | 19 |
| 7 | 达到意外效果 | 20 |
| 合计 | | 100 |

再按照每个项目满分 10 分来进行评比，运用权重计算之后，最后就能得

到一个数字化的客户满意度量化值。例如，顾客对于各项的打分分别为 10、10、10、8、8、7、5，则最终结果见表 2-20。

从表 2-20 可以看到，顾客对此次咨询满意度的总评为 7.81 分。通过这种方法得出的分数，其含义为：越是接近满分 10 分，这次咨询在顾客的心中越是满意；得分越低，顾客越是不满意。

**表 2-20　客户满意度模型的应用举例**

| 序号 | 项目 | 单项得分 | 权重（%） | 加权得分 |
|---|---|---|---|---|
| 1 | 遵守职业操守：咨询过程无不利影响 | 10 | 8 | 0.8 |
| 2 | 按预算、按时完成咨询任务 | 10 | 10 | 1 |
| 3 | 行动方面的承诺兑现 | 10 | 12 | 1.2 |
| 4 | 咨询报告质量 | 8 | 15 | 1.2 |
| 5 | 交流、支持、指导 | 8 | 16 | 1.28 |
| 6 | 咨询效果 | 7 | 19 | 1.33 |
| 7 | 达到意外效果 | 5 | 20 | 1 |
| 总分 | | | | 7.81 |

## 第二节　管理咨询能力建设

管理咨询由具有丰富的管理知识和经验，并且训练有素和资质合格的咨询人员在企业提出要求的基础上深入企业，并且和企业管理人员密切结合，应用科学的方法，帮助客户组织辨识管理问题、进行定量和确有论据的定性分析，为解决这些问题推荐切实可行的改善方案，进而指导实施方案，使企业的运行机制得到改善，提高企业的管理水平和经济效益的过程[119]。在管理咨询过程中，咨询师使用专业知识（包括技术、工具、技能、方法）解决与管理工作有关的问题[120]，提供咨询意见及问题解决方案。具备如同企业家一般的系统性思考能力与结构化思维是一个合格咨询师的必要条件。

### 一、思维能力及方法

#### （一）管理咨询思维能力

1. 逻辑思维能力

逻辑思维是指对事物进行观察、比较、分析、综合、抽象、概括、判断、推理的思维。通常评价一个咨询师，其一项非常核心指标就是具备逻辑性思维能力，善于分析问题[121]。咨询师通过对问题的深入分析，找出产生问题的原因，实质上都是帮助企业家看清问题的本源、重要程度及产生的背景，从而解决问题。即使有些问题不能马上解决，咨询师也会帮助企业家以一种全新的视角来认识企业存在的问题，并提出解决问题的步骤与系统思路。逻辑思维基础方法是演绎和归纳，麦肯锡简化总结为金字塔原理，层层推理，层层迭代，直到找出最终原因，这就是著名的 MECE 原则，即 mutually exclusive collectively exhaustive，中文意思是“相互独立，完全穷尽”，是管理咨询领域普遍接受的重要理念。

2. 产业思维能力

产业思维是从社会发展的角度来分析整个产业的演进趋势。社会发展主要包括人口结构的变化、人口迁移的变化、技术的进步、经济的发展以及政策等因素，从中寻找适合企业实际的最佳战略选择。产业发展大势研判是产业思维和产业认知的核心，涵盖产业规模、产业结构、盈利能力并涉及政商环境、营商环境、创新环境、人文地理、地缘政治、国际安全、军事实力等诸多方面。简单落实产业思维的办法就是紧盯《产业结构调整目录》和政府规划报告，如五年规划报告，从中寻找未来发展的“产业偏好”[122]。

3. 资本思维能力

资本思维是指咨询师从资本运作的角度[123]去看一个产业或一家企业，其中相关的指标就是市盈率、市值，具体包括 IPO 上市发行股票，企业的 PE 投资、并购、重组。资本思维的精髓是结构重组，将资源进行调整、重组，从而产生增值效果，通过资本市场实现企业价值最大化。

4. 互联网思维能力

互联网思维是指在移动互联网、大数据、云计算等不断发展的背景下，咨询师对市场、用户、产品、企业价值链乃至对整个商业生态进行重新审视的思考方式[124]。

咨询师的四大思维能力体系如图 2-12 所示。

（二）管理咨询思维方法

管理咨询的主要思维方法包括系统性思维、结构性思维[125]、演绎思维、

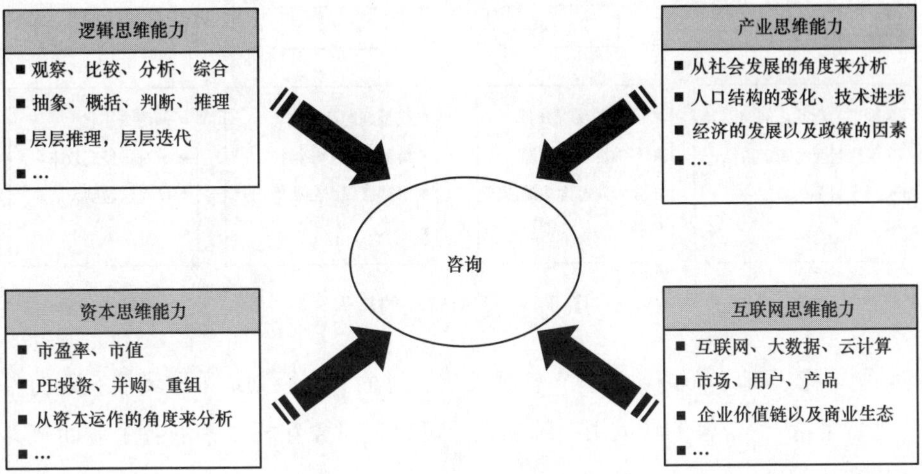


图 2-12 咨询师的四大思维能力

归纳思维、类比式思维、零基准思考、逻辑思考、议题思考和假设思考，如图 2-13 所示。

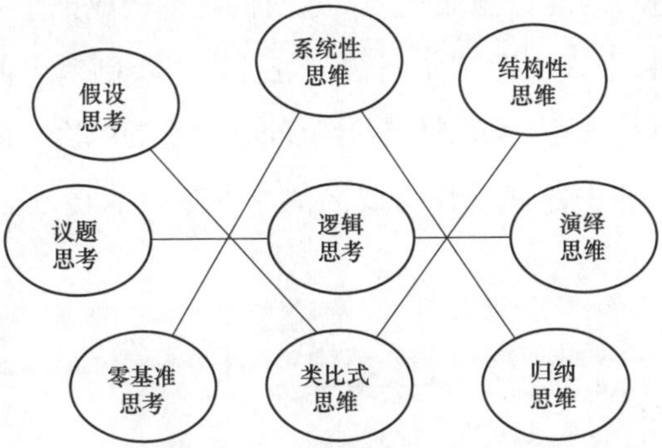


图 2-13 咨询师九大思维方法

1. 系统性思维

咨询师每天面临多个问题，每一次咨询合同或项目的执行过程，都是在帮助企业解决问题的过程，问题解决的一般流程一般为发现问题——分析问题——改善问题——管理问题[126]，如图 2-14 所示。如何掌握运用系统性思维方法解决问题是咨询师在工作中需要掌握的核心技巧。

系统性思维是原则性与灵活性有机结合的基本思维方式。通过系统性的思

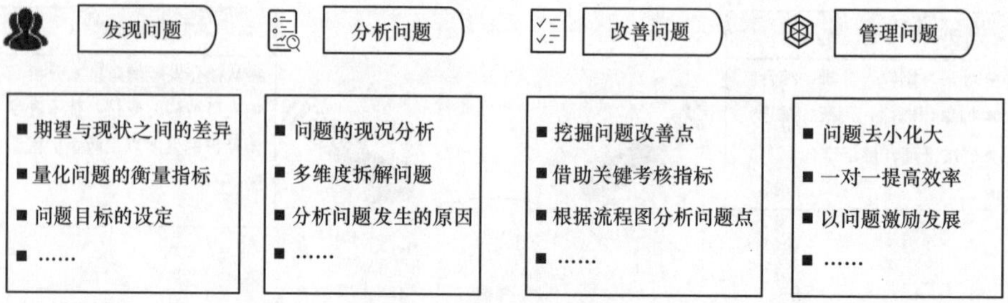


图 2-14　问题解决的流程

考，才能较好地了解事物整体，抓住要害，进而不失原则地采取灵活有效的方法处置事情[127]。咨询师运用系统观点，可以把对象互相联系的各个方面及其结构和功能进行系统性的认识。

2. 结构性思维

结构性思维是以事物的结构为思考对象，来引导思维、表达和解决问题的一种思考方法。咨询师在面对工作任务或者问题时[128]，对问题的构成维度预先进行判断，并进行现况数据的收集，透过问题的构成把"大问题"分解为不同的"子问题"，接下来再对"子问题"进行进一步剖析，以此穷尽，逻辑串联，从多个侧面进行思考，深刻分析导致问题出现的原因，制定出系统性行动方案，并采取恰当的手段使工作得以高效率开展，取得理想绩效，如图 2-15 所示。

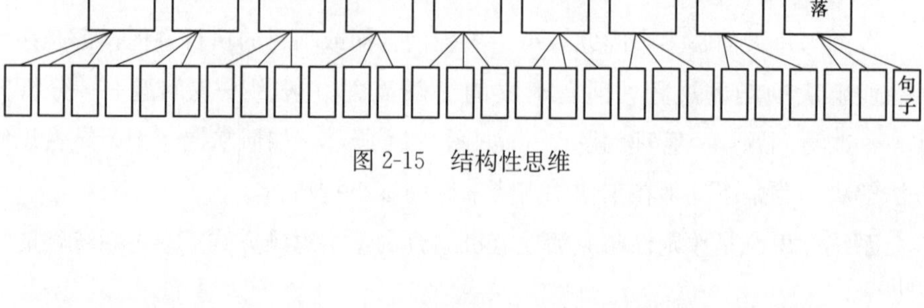


图 2-15　结构性思维

3. 演绎思维

演绎思维指的是咨询师在项目中先接触到个别事物，而后推及一般，是由一般到特殊的推理方法。演绎推理的形式有三段论、假言推理和选言推理等。运用此法分析问题，首先要正确掌握作为指导思想或依据的一般原理、原则；其次要全面了解所要研究的问题的实际情况和特殊性；然后才能推导出一般原理用于特定事物的结论[129]，如图 2-16 所示。

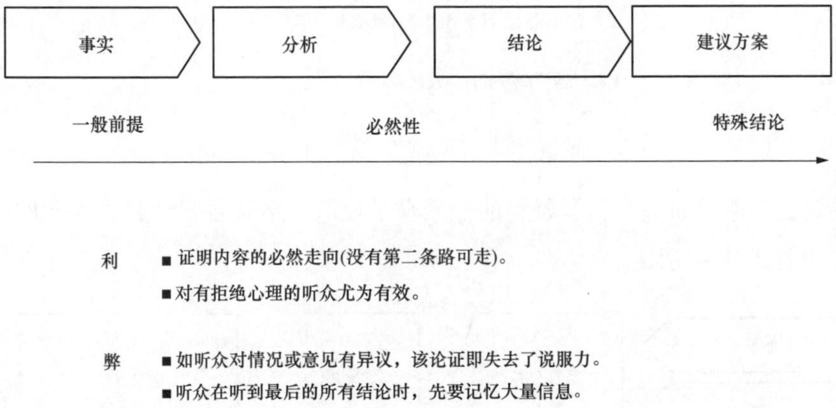


图 2-16 演绎思维

4. 归纳思维

归纳思维是指咨询师从某一问题的具体事例的研究中，寻找存在于这些具体事例中的适用于该问题的一般规律的思维过程，是以个别事物为前提，推导出一般知识结论的思维方式[130]，即用概然性推断出某个事物的应有性。由一定程度的关于个别事物的观点过渡到范围较大的观点，由特殊具体的事例推导出一般原理、原则的解释方法，如图 2-17 所示。

5. 类比式思维

类比式思维指的是咨询师可以根据两个具有相同或相似特征的事物进行对比[131]，从某一事物的某些已知特征去推测另一事物的相应特征存在的思维活动。类比思维是在两个特殊事物之间进行分析比较，它不需要建立在对大量特殊事物分析研究、并发现它们的一般规律的基础上。因此，它可以在归纳与演绎无能为力的一些领域中发挥独特的作用，尤其是在那些被研究的事物个案太

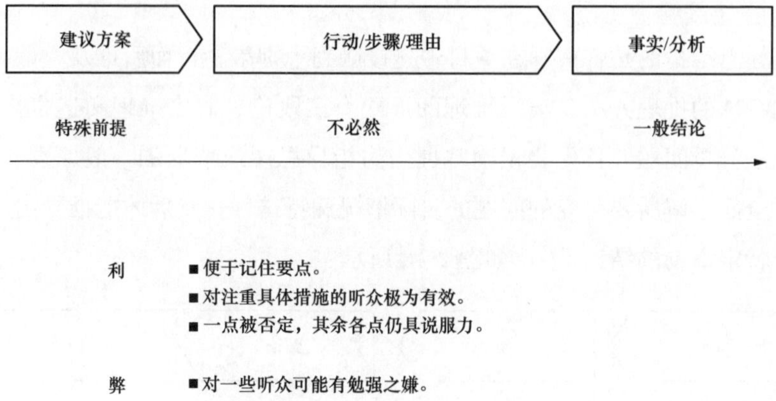


图 2-17　归纳思维

少或缺乏足够的研究、科学资料的积累水平较低、不具备归纳和演绎条件的领域，如图 2-18 所示。

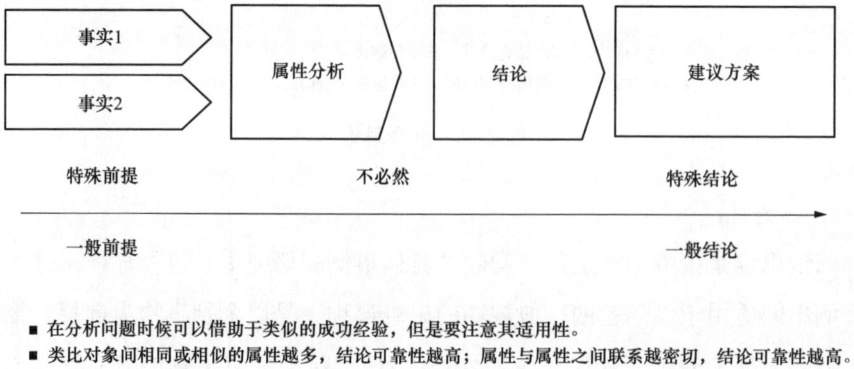


图 2-18　类比式思维

6. 零基准思考

以零基准来思考事物，拆掉所有的框架[132]。在解决问题的时候，咨询师如果能打破束缚思想的边框，将会发现事物更多的可能性，能够尽可能地拓展自己的思考范围。此外，每个人都有属于自己的思维“边框”，所以在思考问题的时候不但要考虑到自己的“边框”，而且要搞清楚对方的“边框”，如图 2-19 所示。

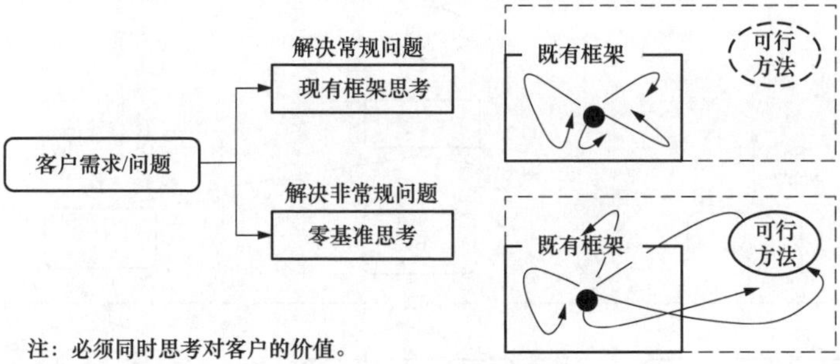


图 2-19 零基准思考

（三）逻辑思考方式

管理咨询师在工作中具有高效的逻辑思维能力无比重要，它能立刻让你找到问题的关键，让问题迎刃而解。逻辑思考的过程，主要是化繁为简，目的是找到解决方法。进行逻辑性思考需要关注 3 个重点：结论、理由、将结论和理由联系起来。因此，所有和“寻求解决方法”无关的信息，都是无用信息，都需要剔除，下面介绍四种逻辑思考方式。

1. 金字塔原理

金字塔原理[133]是一种重点突出、逻辑清晰、层次分明、简单易懂的思考和沟通方式。金字塔原理的基本结构是：结论先行，以上统下，归类分组，逻辑递进。先重要后次要，先总结后具体，先框架后细节，先结论后原因，先结果后过程，先论点后论据。

咨询师通过金字塔原理，挖掘出受众的意图、需求点、利益点、关注点和兴趣点，掌握沟通的标准结构。搭建金字塔结构的具体做法是：自上而下表达，自下而上思考，纵向总结概括，横向归类分组，序言讲故事，标题提炼思想精华，如图 2-20 所示。

2. “并列型”与“解说型”

“并列型”逻辑思考方式指的是并列几个不同的事实，从事实中找共同点，从而得出结论。“解说型”是将某个事实和与其相对应的某个规律（决定、一般常识、法规等）进行组合，从而得出结论的方法，如图 2-21 所示。

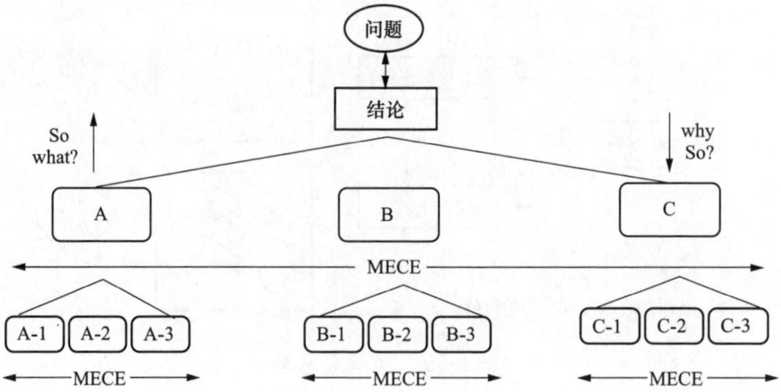


图 2-20 金字塔原理

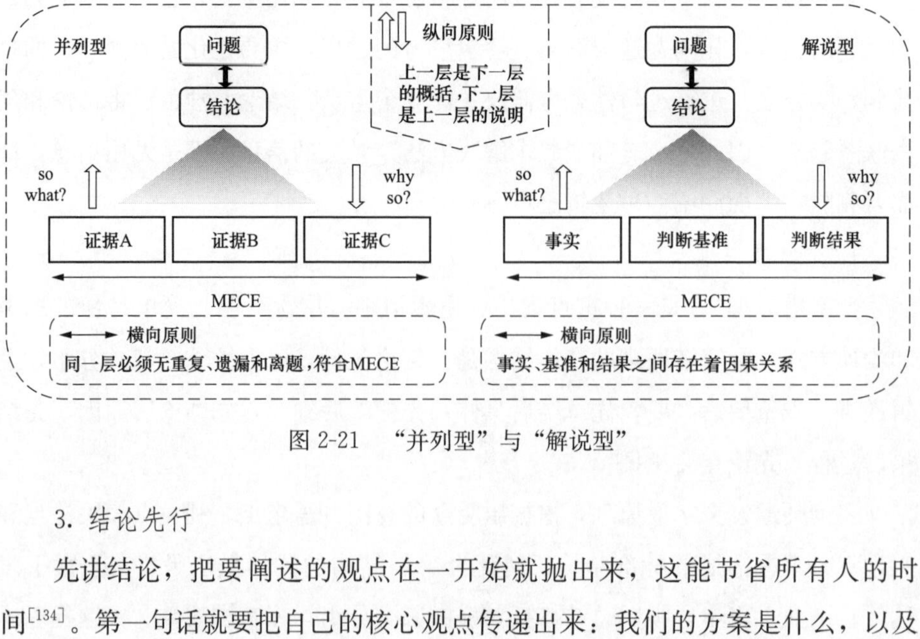


图 2-21 “并列型”与“解说型”

3. 结论先行

先讲结论，把要阐述的观点在一开始就抛出来，这能节省所有人的时间[134]。第一句话就要把自己的核心观点传递出来：我们的方案是什么，以及它为什么是最佳的选择。记住按照总分总的原则，首先抛出核心观点，即“我们应该做什么”。这可能是几句话，但是这几句话凝聚了大量的思考，花费了大量的时间去考证和分析。当阐述完核心观点之后，接下来需要进行解释，即“为什么这么做”。就像写论文一样，首先是核心论点，接下来是支持核心论点的分论点，然后是二级分论点，依次向下排列，如图 2-22 所示。

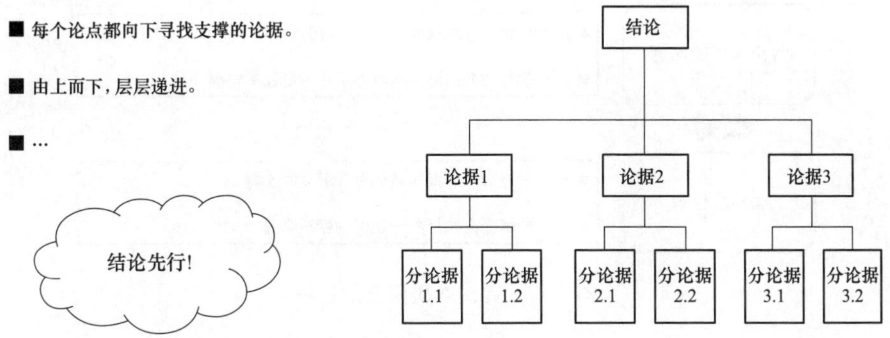


图 2-22　结论先行

4. 洞察能力

“花半秒钟就看透事物本质的人，和花一辈子都看不清事物本质的人，注定是截然不同的命运。”咨询师在工作中需要多方面的观察事物，从多种问题中把握其核心的能力，抓住问题的实质，而不只是看到表象。缺乏洞察力的咨询师，会浪费宝贵的资金和人力，因为他无法抓住问题的根本，因此无法制定有效的方案。

咨询师面临的项目不同、所处的行业不同，需要洞察的事物就不同[135]。这个时候需要咨询师脑洞大开，不要给自己设限制，发散去想：①事物的现状是怎样的？②为什么会这样，造成这样的原因有哪些？③有哪些原因是客观因素，哪些是主观因素？④如果改变其中一个因素，事物会怎样发展？⑤如果改变其中两个因素，又会怎样发展？

（四）议题及假设思考

1. 寻找本质问题

值得找出答案、能提出解答，才是真正有意义的问题，遇到问题别急着找答案，先判断问题本身，找出真正的问题。

例：执行力有问题→执行力不足是一种症状而不是症结→寻找症结。

用假说将简单的提问转化为有意义的议题。

例：如何提高执行力→执行力不足是不是因为大家目标不明确？

如图 2-23 所示。

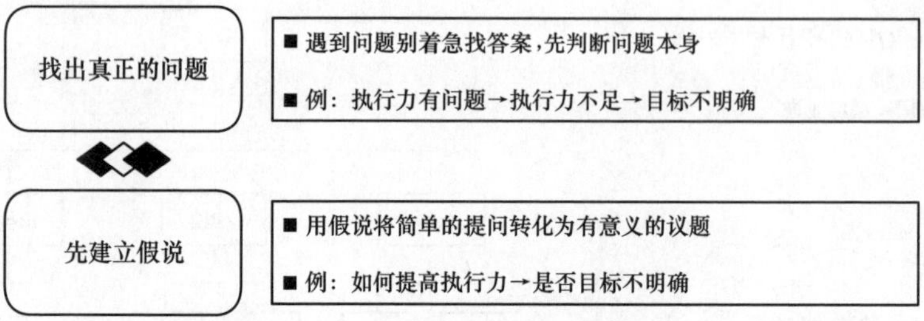


图 2-23　寻找本质问题的过程

2. 好议题三要素

属于本质性的问题：一旦找出答案，就会对其后讨论的方向性具有重大的影响力。

具有深入的假说：具有颠覆常识的洞察，或以新的结构来解释面临的问题。

找到答案的概率高：现阶段，以自己的能力、技术和资源等能够找出答案是个大概率事件。

如图 2-24 所示。

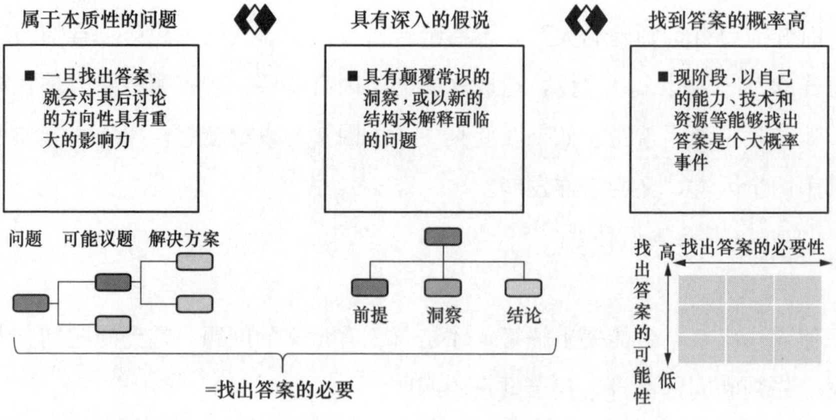


图 2-24　好议题的三要素

3. 假设思考

假设思考也是换位思考，即通过假设后的反思，看出问题所在，用假设法思考可以发现很多问题，并能快速找到问题的答案[136]。根据事实快速假设、犯错快改，不要最后一刻提出错误解答。假设思考流程如图 2-25 所示。

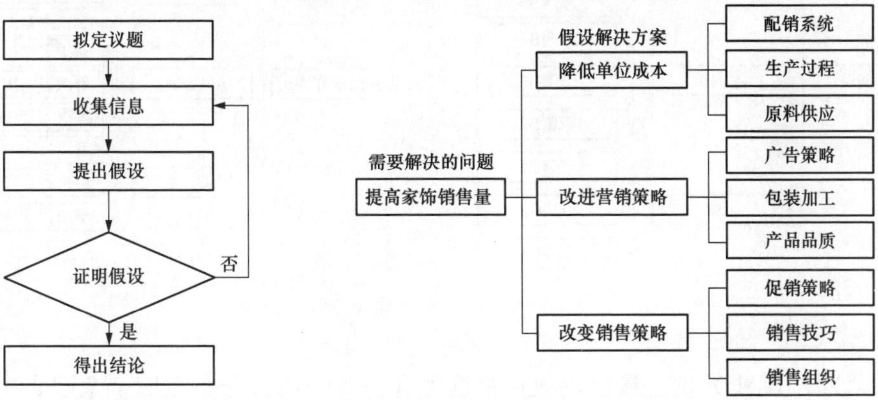


图 2-25 假设思考流程

（五）咨询师的四大思维模型

1. 分类思维

分类思维是根据事物属性的相同点和不同点，将研究对象或者研究问题分为不同种类的一种思维方式。

例如，在市场营销中，有一个非常重要的概念，叫顾客分层（customer segmentation），其实就是分类思维。由于年龄、收入与性别等因素的不同，人与人之间存在着不一样的生理需求与心理需求。需求不一样的消费者组成了不同的细分市场。针对不同的细分市场，产品会有不同的定位[137]。所以，分类是精准营销的前提。咨询师通过分类思维可以把复杂混乱的事情梳理出脉络，并逐个击破，如图 2-26 所示。

2. 矩阵思维

矩阵思维是分类思维的一个延伸。根据统计学相关知识，数据类型能分成两种：定性变量与定量变量，后者有一个特点，能够被量化。咨询师通过对问题进行量化分析，将复杂问题简单可视化展现，快速做出相应的决策。

例如，咨询师首先通过对每个项目的“可行性”与“商业价值”进行评分，或者对商品市场占有率、市场增长率进行评分。然后，再把这两个维度分

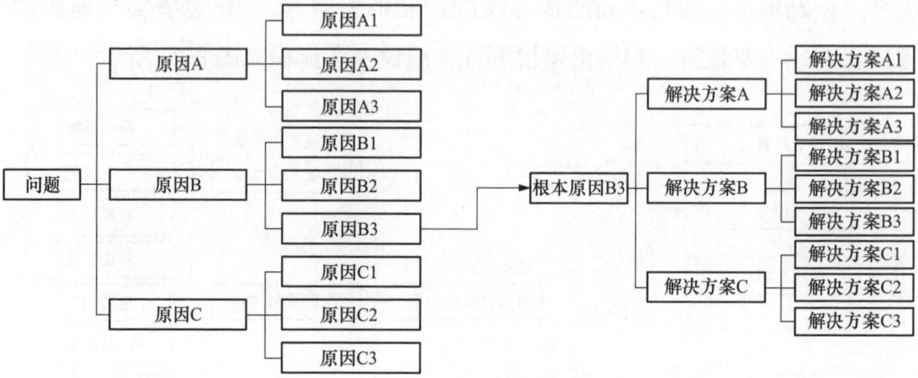


图 2-26　分类思维

别设为 $X$ 轴和 $Y$ 轴。最后，项目根据评分将各个项目分布在四个象限之中，如图 2 27 所示。

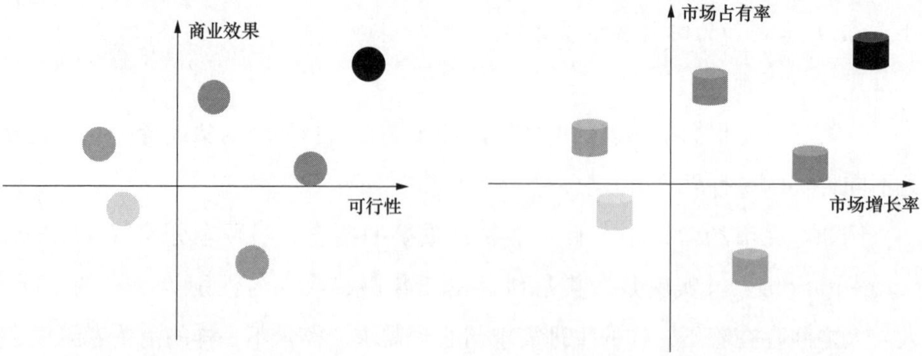


图 2-27　矩阵思维

3. 漏斗思维

漏斗形思维指的是在叙述一个“问题”时，几个句子所述内容像漏斗一样，从“概括”到“具体”再到“细节”的逐渐细化，直至把“问题”完全解释清楚明白的一个过程。几个句子中，第一个句子往往包含一个特别概括、抽象的词或者是特别“大”的概念，第二个句子是这个概括性词进行解释，或者把概念变“小”，第三个句子继续对第二个句子进行细化说明，或者提到具体的例子。几个句子中文字的概括程度从“大”到“小”，像一个漏斗一样。作为一名咨询师要学会用数据去判断，哪个环节的容量太小，或转化率太低，然后再去制订方案进行针对性提高。漏斗思维如图 2-28 所示。

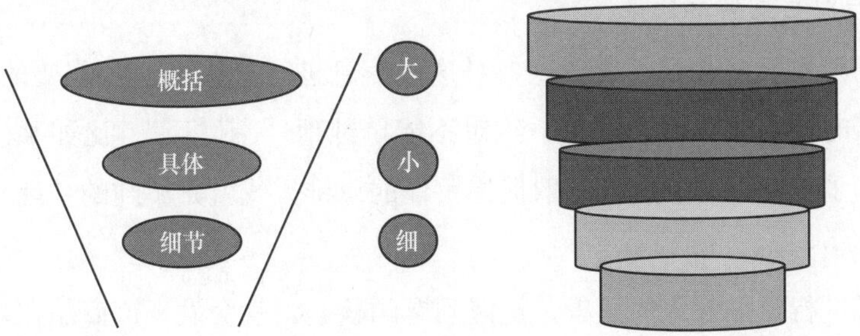


图 2-28　漏斗思维

4. 相关思维

相关联想法就是咨询师需要对事物或现象之间存在的某种相关关系进行联想，从而得到启发找到创新的途径。

虽然事物有千千万万，但事物之间常见的相关关系不外乎以下四种：①正相关：$X$ 数量越多，$Y$ 数量越多；②负相关：$X$ 数量越多，$Y$ 数量越少；③不相关：$X$ 数量与 $Y$ 数量无关；④非线性相关：某一范围内，$X$ 数量越多，$Y$ 数量越多；超过某一个拐点后，$X$ 数量越多，$Y$ 数量越少，如图 2-29 所示。

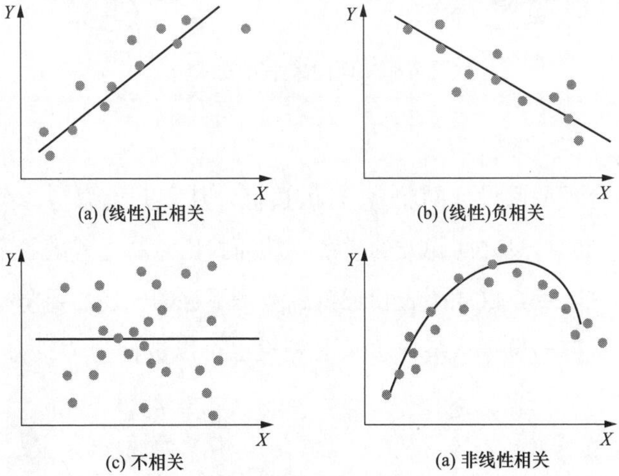


图 2-29　相关思维

## 二、问题解决能力

### （一）提高解决问题能力的路径

1. 面向未来解决问题

咨询师每天接收到大量信息，对这些信息进行分析是非常重要的[138]。在进行分析时需要注意的一点是，绝对不能单纯地“翻硬币”。比如某商品销量不佳，为了解决这个问题而采取促销手段的思维方式就是单纯的“翻硬币”式思考。

如果进行更加深入的思考，把握问题的核心，就会发现该商品在市场上的影响力已经越来越小，应该将经营资源转投到其他有成长空间的商品上。也就是说，不能只看眼前解决问题，还要有长远的打算，面向未来解决问题，如图 2-30 所示。

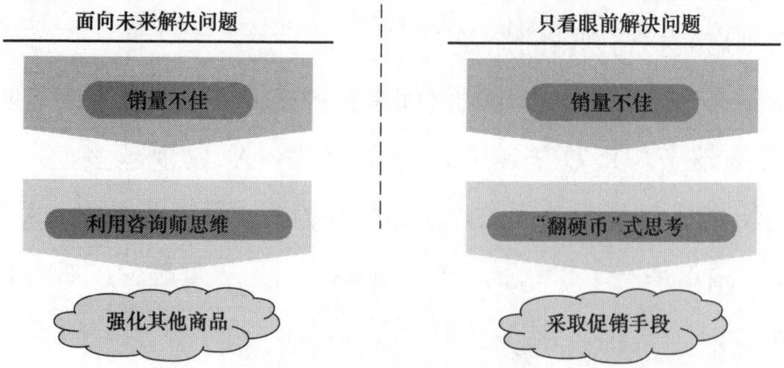


图 2-30　面向未来转变思路

2. 永不放弃的“毅力”

通过建立合理的假设（问题），打破边框，从零开始思考，可能会发现平时看似毫不相干的信息之间隐藏的联系，从而找出意料之外的答案。

要想做到这一点，仅凭图表和逻辑思考是不够的，还需要坚持不懈、永不放弃的思考。这样的思考从某种意义上来说也可以被称为“毅力”，如图 2-31 所示。

3. 磨炼第五感觉

不管在什么环境之中，咨询师可以自己想办法激发灵感，磨炼五感是激发

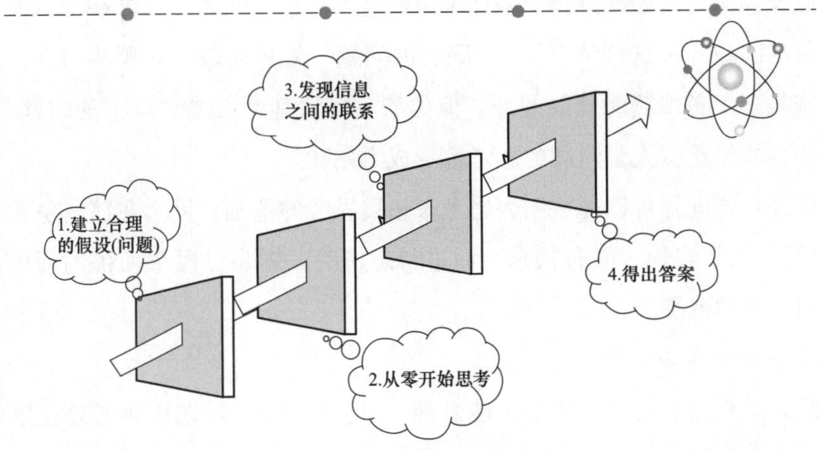


图 2-31　永不放弃的“毅力”

灵感的办法之一。对于认为自己每天都难以集中精神进行思考的人来说，最好的解决办法就是早睡早起。尝试每天晚上 10 点之前上床睡觉，只要坚持三天就会发现自己的精神变得清爽。

如果在每天凌晨 3 点或 4 点的时候自然地醒来，不妨试着从这个时间开始自己的工作、学习或者思考。可能会产生有些不一样的感觉，这正是五感变得更加敏锐的证明。尽量不要让自己产生疲惫的感觉，早睡早起，这对思考有极大的帮助。

4. 劳逸结合

要想提高思考及其成果的质量，关键在于不要疲于思考。越是忙碌的时候，越要保证思考的质量。要想做到这一点，放松尤为重要。事实上，通过消除疲劳，放松身心，人们可以自然而然地进入到精神集中的状态。

可以通过休息来消除疲劳，然后通过畅快的运动来放空大脑。放空大脑后再集中精神，就相当于引导进入边放松边集中的状态，在这种状态下，人们就能够长时间地保持高品质的思考。

5. 图表思考法

消除“思考的无用功”是提高工作质量的关键。图表是消除思考无用功的有效工具。“图表思考”本身有许多优点[139]。在开始思考之前，首先要确定目标。假设你面对“如何进行资格证考试的复习”这一问题。关键在于不能只关注眼前的问题。在这种情况下，“眼前的问题”就是应该学习哪些内容。虽然这确实是一个必须搞清楚的问题，但如果不搞清楚什么是“真正的问题”，那么可能会导致花费大量时间的思考都变成无用功。

此外，咨询师可以通过图表思考来拓展思考的范围。因为在搞清楚“真正的问题”，为了实现“应有状态”而进行思考时，图表可以帮助咨询师更进一步拓展思考的范围。

6. 区分意见与事实

区分“意见”与“事实”才能发现“真正的问题”，在从他人处获取信息时，有一点必须特别注意，那就是一定要将对方所说的“意见”和“事实”区分开来。

比如对方说“我公司的会议很无聊而且时间太长”，那么首先要在自己的意识里将对方这句话归类为“意见”。然后通过询问了解对方为什么说出这样的话。于是就会发现，实际情况是会议上充斥着空泛的讨论和毫无意义的说明，缺乏有建设性的提议，这才是“真正的问题”。

这就像是“思考的同声传译”一样，或许一开始可能会不太适应，但随着经验的不断积累，逐渐地，就能在听对方说话的同时进行“意见”与“事实”的区分。

7. 抓问题核心

咨询师在提出问题的时候，需要简洁有力，如果将问题总结成一句过于冗长的问题，会让对方不明白什么是最重要的内容。而且还会使思考变得分散，导致难以做出回答，且难以落实到具体的行动上。问题过于复杂且不得要领，说明并没有抓住问题的本质。一个真正好的问题，必须做到简洁有力。

如果提出的问题不能一句话说完，那就应该再仔细地思考一下，搞清楚什么才是“最重要的问题”。

8. 抓问题本质

要判断什么是抓住本质的问题和没抓住本质的问题。假设你的朋友问你：“我最近变胖了，打算减肥，A 和 B 两个健身中心，应该去哪一个才好”。在这种情况下，问题是“A和B两个健身中心应该去哪个才好”。但真正的问题却是“对体重增加比较在意”。

如果在健康上还有其他令人在意的变化，那么“应该去哪个健身中心”就是伪问题，本质的问题应该是“是否应该接受全面的健康检查”。搞清楚真正的问题（假设）非常重要[140]。在工作现场，一定要养成遇到问题时首先判断其是否抓住问题本质的习惯。

9. 提出核心问题

在不同的状况下，“好问题”的定义也各不相同，“能够解决问题的好问题”，就是放下判断的姿态以学习的姿态提出的问题。以学习的姿态向对方请教自己不知道的情况和自己没想到的办法，对方也会因此而想起连他自己都没有想到的可能性与关键词。

此外，如果你的提问使对方想到了之前被他忽略的内容，那么你就很容易获得对方的信赖。这样一来，对方就会成为你工作上和解决问题时的伙伴，愿意再告诉你一些信息，这将非常有助于你把握问题的核心。提出核心问题的示例见表2-21。

**表2-21　　提出核心问题的示例**

| 提问方式 | 示　例 |
|---|---|
| 改变视角的问题 | 如果您是顾客，希望得到怎样的服务 |
| | 如果你没做现在这份工作，你觉得自己会做什么 |
| | 从整个人生的角度来看，这件事情的重要性有多高 |
| 探寻原因的问题 | 在整个流程中，这件事情的重要性有多大 |
| | 你对自己现在身处的环境哪部分感到抗拒 |
| | 你有没有想要做却没办法做的事情 |
| 把握对方价值观的问题 | 你在什么时候感到满足 |
| | 对你来说什么是不可代替的 |
| | 如果要在一天之内花光100万元，你会怎么做 |

10. 开拓视野

不从大的范围对事物进行观察就容易出现错误[127]。例如，如果你在新闻里听到关于汽车销量下降的报道，或许会产生“现在人们都重视环境保护，再加上油价高昂，买车的人越来越少了”之类的想法。但是，从汽车市场整体来看，即便在买车的人越来越少的大环境下，仍然有一些种类的汽车销量在逐年递增。

如果仅凭“买车的人越来越少”这个关键词就做出判断，很容易出现错误。只有开拓视野，从更大的范围对事物进行观察，才能做出正确的判断，这也是一位咨询师必备的能力之一。

（二）管理咨询沟通能力

1. 提高说服力

商业交流与普通对话的结构完全不同，咨询师通过逻辑思考将信息通俗易懂地传达给对方，就像是让自己想要传达的内容搭乘上名为“说服力”的货车，如图 2-32 所示。

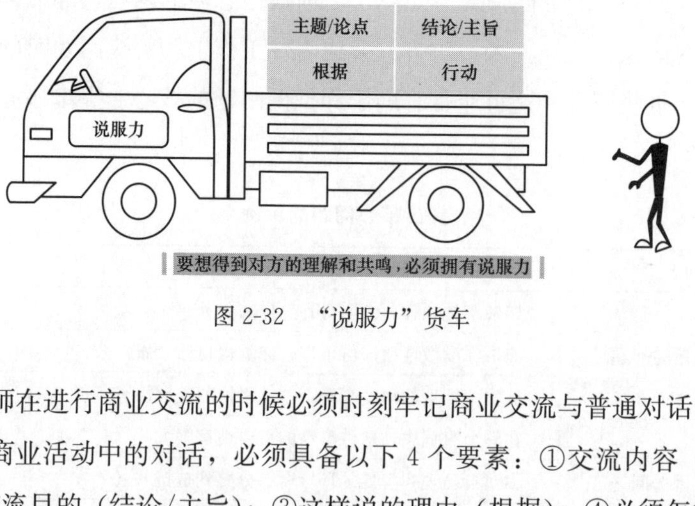


图 2-32 “说服力”货车

咨询师在进行商业交流的时候必须时刻牢记商业交流与普通对话的结构完全不同。商业活动中的对话，必须具备以下 4 个要素：①交流内容（主题/论点）；②交流目的（结论/主旨）；③这样说的理由（根据）；④必须怎样做（行动）。在开始交流之前必须明确上述所有要素，并且保证能够将其准确地传达给对方。

2. 逻辑展开的三个关键

逻辑展开有三点需要注意：

（1）逻辑有没有漏洞（广度）。作为根据的“事实和信息”是否存在重复和遗漏，是否只选取了对自己有利的部分[127]。

(2) 逻辑有没有深入挖掘(深度)。是否通过“so what(所以呢)?”“why so(为什么)?”,对作为课题的主题、作为结论的关键信息、作为根据的事实和信息进行了深入的思考。

(3) 逻辑是否合理(偏差)。即便逻辑经过了深入的思考,仍然需要对逻辑的整体进行检查。通过重复“so what(所以呢?)”“why so(为什么?)”,来确认逻辑是否合理。如图2-33所示。

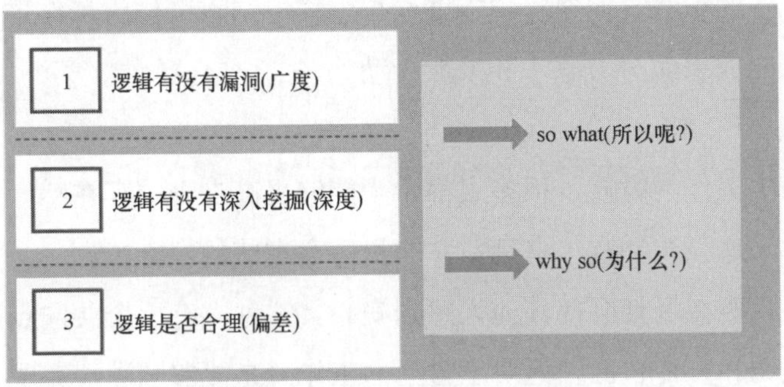


图2-33 逻辑展开的三个关键

3. 金字塔图表使用方法

在向他人传达自己想做什么,想怎么做的信息时,如果思考的内容过多,可能会出现连自己都搞不清楚自己现在想说什么的情况。在这种时候,最好的办法就是将自己大脑中思考的全部内容整体地浏览一遍。而要做到这一点,金字塔图表就是最好的工具。

金字塔图表有两个优点。一是能够将自己拥有哪些事实和信息,想要传达什么信息等逻辑结构可视化。也就是说,将自己在大脑中思考的内容变成“砖块”,然后将这些砖块堆积成金字塔,使得整个过程都清晰可见;二是可以向对方解释这种想法是从何而来的,更容易得到对方的理解和接受。因为双方都实现了可视化,所以交流起来自然更加顺畅。通过金字塔图表,有利于明确课题主题,使作为结论的关键信息和导出结论的思考与根据一目了然[141]。

(三) 在项目中取得成果的能力

1. 在限定时间内取得成果

咨询师应该做到不被环境影响,将个人的力量发挥到极限。每次项目组的成员可能不一样，所以每个人都要做到不被环境影响，将个人的力量发挥到极限，这是当今时代必不可少的工作能力。即便没有人事无巨细地进行指导或者给出指示，也必须取得圆满的成果。

在工作的过程中难免会遇到困难和问题，这个时候需要自己寻找解决办法，建立假设，进行验证，找出正确的答案。只要拥有顽强的意志，能够发挥出主观能动性，那么不管在任何环境下都能够完成工作。在工作中不能将人际关系作为工作的重心，而要将“能够取得怎样的结果”作为工作重心，为了取得令人满意的成果而努力思考和采取行动。

2. 提高存在感

在团队中工作的时候，很多人都希望能够提高自身的存在感，发挥自己的能力，但一味地强调和宣传自己，并非提高存在感的好方法。

有的人只要在场就会使其他人感到安心，这种人有一个共同点，那就是从不过分地强调和宣传自己，但对于自己的工作总是能够圆满地完成。

3. 不要受束缚于领导能力

身为领导也不能迷失自我，似乎有不少人都因为“领导的责任”而感到非常苦恼，认为自己既然身为领导就“必须做到…”。但如果过于拘泥于“领导的责任”，就会忽视自己真正应该做的事情，甚至迷失自我。

如果问“什么是领导能力”，具体说来包括以下三个要素：一是做出决定的判断力；二是团结所有相关人员的凝聚力；三是落实到具体行动上的执行力。将领导能力分解成具体的要素之后，就会发现，要想发挥领导能力，需要做的事情和提高自己的工作能力与存在感的方法是完全一样的。

4. 多请教

遇到不懂的内容多向其他人请教。如果咨询师在工作上遇到困难或者烦恼，可以随时向周围的人请教或者寻求帮助。而且，在他人的帮助下，工作往往能够取得更好的成果。

在解决问题的时候，向别人请教自己不懂的内容并不是什么丢人的事情，明明不懂却不想办法搞清楚才是丢人的事情。

对不懂的内容置之不理，被别人问起时只能回答“不知道”，不但很丢人，而且对自己和他人都没有任何好处[127]。

遇到不懂的内容应该敢于向他人请教，这种求知好学的态度是取得好成果的关键。

5. 设计工作

利用“思考的 4P”和甘特图来把握关键要素，一旦项目开始，首先要明确自己的责任、需要解决的问题以及时间期限，然后与上司就这些内容达成共识。为了达到这一目的，首先要制作一份名为“甘特图”的项目管理表，将在什么期限内完成什么工作都整理出来。

咨询师检查自己是否准确把握项目要素的时候，最常用的图表就是“思考的 4P”。只要按照“思考的 4P”来整理和制作甘特图，就可以对自己的工作项目进行合理的安排。同时还能够保证项目的关键要素不重复、不遗漏，如图 2-34 所示。

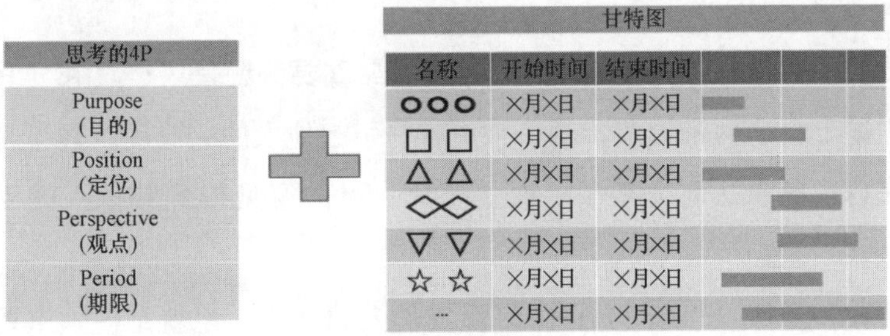


图 2-34　思考的 4P

6. 坚持刨根问底

通过“刨根问底”拓展思考的广度。在项目组成员迟迟无法取得成果的时候，不妨提出“最在意的内容是什么”“最根本的目的是什么”之类的问题，对于打破僵局很有帮助。

通过“刨根问题”的思考方法，可以拓展思考的广度，从而发现之前没有发现的新想法和新创意。在计划进展不顺利的时候，也可以自问“这项计划是不是我真正想要做的”。进展不顺利可能是因为存在着“被别人要求所以才做”“自己其实并不想做”之类的不情愿因素。

人们对于自己认为真正有必要的事情，肯定会毫不犹豫地去做，并且能够顺利完成。所以在总是出现失败，进展不顺利的时候，不妨试着自问“这究竟是不是我真正想做的事情”[127]。只要将这种思考方式变成习惯，就能够将精力都集中在真正想做和能做的事情上。减少工作中的烦恼，让工作变得更加轻松。

7. 设计会议

要想顺利地取得工作成果，就必须在事前对会议进行“设计”，控制会议内容与进程。会议的目的是保证项目朝着目标方向顺利前进。那么在会议上，就必须把握当前的状况，这样才能保证项目顺利进行。

会议也是有成本的。如果按照参加者的“时薪×会议时间×人数×场地成本”来进行计算，就会发现举办会议要消耗大量的资金。所以每次会议都要取得相应的成果才行。

8. 增强凝聚力

用“我们”增强凝聚力，“我认为当前最重要课题是……”和“我们面对的重要问题上，这两种说法，哪一种更容易引起他人的共鸣呢？并不是每个参与者说完自己的想法就完事了，而是要让自己的意见得到其他人的支持和接受[142]”。

与“我”相比，“我们”更容易激发他人的共鸣。也就是说，重要的并不是自己主张什么，而是通过自己提出的意见和疑问，刺激大家积极思考如何取得更好成果的态度。然后让所有参与者都持有“大家一起努力取得成果”。有时候，换一种说法，就可以极大地改变最终的结果。

## 三、麦肯锡经验借鉴

自 1926 年创办到现在，麦肯锡管理咨询公司已成为全球最优秀、最成功的战略咨询公司之一。从某种意义上讲，麦肯锡公司的创业史就是管理咨询业的发展史，其管理咨询经验值得借鉴。

### （一）麦肯锡的咨询流程

1. 如何认识并解决问题

经过多年实践，麦肯锡公司形成了一套如何看待和解决商业问题的方法。

通常解决问题的步骤是：界定问题—设计分析流程—收集资料—解读分析结果。

首先要界定问题，先定义问题的范围，将问题分解成较小的要素；然后是设计分析流程，确认进行哪些分析作业才能证实假设；接下来要收集分析资料；最后则是解读分析的结果，为客户发展提出一系列解决问题的行动指南。

麦肯锡解决问题的程序中有三个重要的方法，并体现出与之对应的三个特征，即以事实为基础，严格的结构化，以假设为导向。在解决问题之前，他们首先要了解与问题相关的背景信息。当然，这些信息都是以事实为基础的，必须从现实中去收集。有了这些信息，麦肯锡人就做出假设，为了证明或驳斥假设，他们同样需要收集足够的事实证据。收集的信息要直接和问题相关，而不只是一些背景信息；严格的结构化就体现在他们对“相互独立，完全穷尽”的运用。一旦把一个问题的相关资料都做到“相互独立、完全穷尽”的处理，其结构脉络就会十分清晰。这也是他们分析问题的关键环节，问题处理的好坏，与运用“相互独立、完全穷尽”原理的好坏密切相关；以假设为导向是麦肯锡解决问题的第三个支柱。麦肯锡认为有了假设，就有了旅途中的指导“地图”，沿着这个地图就能找到解决问题的方向，不管其假设最后证明对错与否。

简单地说，麦肯锡解决问题的程序是：首先收集与所要解决问题相关的背景信息，然后根据自己的经验作出假设，接下来是收集足够的事实资料，采用“相互独立、完全穷尽”的方法进行分析，以此证明或驳斥原来作出的假设。这样一个流程就让我们找到了解决问题的钥匙，当然在这个过程中会同时运用其他的工作方法，以保证工作的高效开展。

2. 如何科学恰当构造项目

当客户带着问题来麦肯锡时，他们恨不得问题马上就能得到解决。很多时候，麦肯锡不得不面临在最短时间给出最优结果的压力。

作为一个组织，麦肯锡特别擅长于计算在一项特定的研究中一个团队经过一段时间可以做多少事情。项目经理会同客户坐下来，把问题细分下去，计算需要多少时间和资源才能达到目标，并要从客户那里得到获得这些资源的保证。麦肯锡相信，从一开始就恰当地构造好项目不一定能保证成功，但至少可以保证有一个正确的开始。

3. 如何灵活高效组建团队

每一个咨询项目都要组建一个团队，麦肯锡实行小团队管理单元模式。项目明确后，迅速组建由项目经理牵头，将市场部门、职能部门、后勤部门，甚至包括公司最高领导都囊括在一个小团队作战单元中，根据市场或者客户的需求进行资源的统一配置。在这一模式中，项目经理是关键，他是整个任务团队的核心，既要随时关注客户需求，又要准确指引带领团队明确研究方向，解决咨询问题。

麦肯锡根据项目情况，采用两种团队选择理论。第一种理论是：挑最聪明的人，而不管他们的经验和个人习惯。第二种理论是：真正要紧的是特殊的经验和技能。比如项目期间要制定很多敏感的决策，具有经验和良好沟通能力的咨询师就更适合团队。但重要的经验是：在吸收团队成员进来之前，要重视与候选人员进行面谈，因为一些东西是书面记录无法完全反映的。

4. 如何开展深入调研研究

在麦肯锡的每一个项目中，团队成员都要进行大量的走访。走访是麦肯锡顾问填补知识结构缺陷并增加其关于客户的经验和知识的一种办法。走访之前，麦肯锡的顾问们都要列出走访提纲，并写下自己最想问的 3 个问题。麦肯锡对咨询顾问的走访有一条规则：从一般问题入手，再转向特殊性问题。这样有助于培养一种和谐气氛。如果时间不多了，咨询顾问就会放开提纲，问受访者有没有什么要告诉的。受访者一旦有什么，那么咨询顾问就有可能挖到一座“富矿”。

5. 如何形成项目咨询方案

头脑风暴是进行战略咨询的必要条件。在头脑风暴会之前，咨询顾问们聚在一起，对基本研究之上的“事实材料”进行分类。而项目经理和项目主管，则负责提出团队随后将进行破坏性检验的最初假设。头脑风暴的关键是产生新想法，所以应该从白板开始。参与者把所有的预想、等级观和面子思想都留在门外，只把了解的事实带进去，找到看待这些事实的新方法。成功的头脑风暴有几条准则：没有一个主意是坏主意，大胆发表看法；没有不值得回答的问题；随时准备好扼杀自己的婴儿；知道什么时候说什么话，控制好会议的时间；好记性不如烂笔头，记录下新想法。

6. 如何向客户推介方案

麦肯锡认为，如何向客户推销解决方案至关重要。再好的解决方法，如果客户不愿购买，就毫无价值可言。一名成功的咨询专家或企业诊断专家最重要的原则是：不仅要提出“恰当”的解决方案，还要把解决方案推销给客户。一次好的商业解决方案介绍会不应当包含听众一无所知的事物，在把客户的所有相关人员召集进会议室之前，麦肯锡的咨询顾问引入了“预先打招呼”的方法，将项目小组的发现私下传达给客户企业的所有相关人员，从而保障情况介绍会顺利开展。

要想使情况介绍获得成功，还必须设法让观众沿着一个清晰、易懂的逻辑步骤问下去。麦肯锡靠表格和图形展现信息，并且把它作为与客户进行沟通的一种基本手段。近百年来，麦肯锡通过强化核心价值观和公司的独特文化，借助稳健的、注重长期关系的市场营销定位，采取独到的问题解决之道，牢牢占据着全球管理咨询业的霸主地位。

（二）麦肯锡的咨询保障

1. 共同的价值观指引

企业的长期发展依赖于专业的价值观。专业的价值观是一种思维定式，能够为确定企业目标，以及参与竞争和服务客户的方法提供限定条件，指引人们去制定决策和采取行动。麦肯锡的价值观包括：①将客户的利益置于首位，把自我与工作相分离；②始终如一而又思想开放；③以事实为根据，从一线出发来解决问题；④从全局背景的角度和后续行动的角度来看待问题和决定；⑤激励并要求所有人拿出自己的最佳状态；⑥反复宣讲公司的价值观，确保每一个人都能理解、接受这些价值观并落实到行动上。

2. 持续优化人才结构

（1）人员结构的不断完善。原先麦肯锡公司都是通才型问题解决者，他们缺乏深厚的行业知识以及客户所要求的基本专业技术，随后公司将重点放在T型咨询顾问上，即招聘各个产业的专家，以弥补深度行业或产业知识匮乏的不足，最后麦肯锡又引入某个领域的纵深化职业发展，如财务专家、营销专家等，培养信息化咨询化司顾问，让公司的人员结构不断完善。

(2) 以培育一流精英人才为己任。麦肯锡的招聘过程十分严格，员工招聘有很高的起点，同时，进入公司的新员工会接受一系列培训。为了保证培训效果，麦肯锡还挑选德高望重之人担任训练领导。麦肯锡团队管理有四大要素：内部沟通、联系活动、个人发展、知识学习。合伙制的公司运作方式体现了麦肯锡公司的管理实质，即对知识资本的增值和运作。

(3) 发展多重职业通道。麦肯锡为客户服务支持人员与管理人员规划两种不同的职业道路，坚持以人为本，达到知识网络的整合效果。为了鼓励新近入员工贡献自己的知识资本，避免老员工躺在功劳簿上吃老本，麦肯锡不断成立新的部门，让年轻一代担任领导，使公司与时俱进，保持其在知识发展中的领头羊地位。

3. 不断积累咨询资源

麦肯锡解决问题的过程始于研究。在一个团队构造其最初假定之前，在团队把一个问题分解为要素并发现关键驱动要素之前，必须充分掌握相关信息。麦肯锡的咨询顾问们不会去重新发明轮子，因为同样的工作在某个地方的某个人已经做过了，关键是弄清他们是谁，与他们建立联系。这样可以节约宝贵的时间。麦肯锡有一个被称为 DP 网的知识数据库，里面保存着近期的项目和内部研究。此外，还有一个商业图书馆以及一个由资深专家组成的骨干队伍。这些都能帮助其咨询顾问们能够精明而不是艰辛的工作。

4. 总结提炼方法工具

实践中，麦肯锡总结形成了丰富的咨询方法工具体系，有的成为行业通用的咨询工具，在不断提升自身咨询质量，加快咨询科学化、标准化的同时，也提升了行业影响力，推动管理咨询行业健康发展。这些理论及工具有如下内容。

(1) MECE 原则。即前述“相互独立，完全穷尽”原则。在解决问题的过程中，MECE 意味着将问题细分为明确的、没有重叠的子问题，同时确保所有相关的问题都已考虑在内。

(2) 二八定律。二八定律又名80/20定律、帕累托法则、关键少数法则、不重要多数法则、最省力的法则、不平衡原则等，被广泛应用于社会学及企业管理学等领域。80/20原则在工作中的运用：80%的时间用于解决项目关键问题，20%的时间用于解决项目其他问题。

(3) 金字塔原理。麦肯锡要求，陈述报告必须清晰的、令人信服的向客户传达观点和理念。为了达到这一目标，麦肯锡强调结构清晰、简单明了的金字塔结构。麦肯锡有以下建议：从结论开始可以避免听众的疑问；采用“归纳推理”而非“演绎推理”，可以迅速得到结论，花更少的时间理解结论；从结论开始便于驾驭陈述报告的深度。即如果客户已认同你的观点，那么其详细的数据事实可以不用细述等。

(4) 逻辑树。也叫问题树，是一个概念性的框架，它能保证解决问题过程的完整性，它是一个系统性的分解问题的过程，它能够将工作细分为一些利于操作的部分，确定各部分的优先顺序，明确地把责任落实到个人。逻辑树可以分为三种类型：议题树、假设树和是否树。

(5) 问题构建。这是麦肯锡解决问题的基础，也是其连接所有方法的整体框架：以事实为基础、利用结构化的框架建立初始假设。一是以事实为基础：当你要阐述你的观点时，你必须要有足够的事实依据作支撑，说服力更强。二是严格的结构化：首先界定问题，然后将问题细分。对MECE泰然处之；不要重新发明轮子；每一位客户都是独一无二的。三是以假设为导向：假设就可以为你和你的团队提供一张解决问题的路线图，它将指引你提出正确的问题，进行正确的分析，从而得到问题的答案。

(6) 三层面理论。麦肯锡认为，所有不断保持增长的大公司的共同特点是：保持三层面业务的平衡发展。第一层面是拓展和守卫核心业务，第二层面是建立新兴业务，第三层面是创造有生命力的候选业务。他们能够源源不断地建立新业务，它们能够从内部革新其核心业务，而又同时开创新业务，一旦出现减退势头便不失时机地以新替旧。

(7) 7S模型。在企业发展过程中，必须全面考虑各方面因素，如结构、制度、风格、员工、技能、战略、共同的价值观等，结构和制度是企业成功的硬件，风格、人员、技能和价值观是软件。

5. 以知识管理为核心

麦肯锡公司把知识的学习和积累作为获得和保持竞争优势的一项重要工作。在公司内营造一种平等竞争、增长智慧的环境。一个核心理念就是：知识的积累和提高必须成为公司的中心任务，知识的学习过程必须是持续不断的，而不是与特定咨询项目相联系的暂时性工作。不断学习过程必须由完善、严格的制度来保证和规范。公司将持续的全员学习任务作为制度固定下来以后，逐渐深入人心，成为麦肯锡公司的一项优良传统。为加强公司的知识储备，提升公司的核心竞争力打下了坚实的基础。

(1) 学习制度与环境的建立。麦肯锡致力于营造一种公平的刺激智力竞争的环境。公司认为知识发展是核心，并非公司的边缘活动；知识发展这一过程需要长期化和制度化，而不仅仅是暂时的和以项目为导向的；同时这也是每一个人的责任，而不是少数人的责任。在制度建设上，麦肯锡创建了多个能力中心，并由这些中心的领导发起包括核心小组以及业务网络成员的活动。能力中心也尽自己的最大努力帮助公司的研究专员从事自己的研究活动。为了进一步促进知识和信息在组织内的充分流通，麦肯锡公司还打破了以往建立在客户规模和重要性基础上的内部科层组织体系，取而代之的是以知识贡献率为衡量标准的评价体系。这样组织内的每一个部门和每一个成员都受到知识贡献的压力，而不是仅仅将工作重点放在发展客户方面。

(2) 利用非正式人际关系的知识传递方式。这一非正式人际网络的知识传递方式是对正式学习机制的有益补充。麦肯锡公司十分注重知识管理之中的网络效用，其认为人际关系网、办公室之间的交流、强烈的公司整体概念是知识管理中不可或缺的一环。

(3) 让个人与团队参与到知识管理的过程之中。原先麦肯锡的知识发展模式是“发现-成文-传播”，但公司发现这一模式不利于知识的应用与分享，也不能够积极动员员工参与到知识管理的过程之中。于是，麦肯锡便将这一模式向“从事-研究-应用-分享”转变，由此知识发展的重心便由知识拓展转移至个人与团队能力的建立。除此之外，客户影响委员会也重新审视公司的主要咨询单位，推动公司的执行团队向客户服务团队转变，以客户长期服务代替短期任务，将多次执行团队的核心人物连接起来服务客户。这种做法有效防止了个人拥有太多的客户关系，而将客户关系集中在团队手中，加强客户对公司的黏性。同时，客户服务团队也被要求发挥在智力资本延续中的作用。

(4) 重视隐性知识的挖掘、发展、传播以及利用。尽管麦肯锡创造的很多知识发表在报纸、杂志和刊物上，例如《哈佛商业评论》等，但组织中形成的知识仍然有一大部分没有被挖掘，同时这种公开发表耗时过久，于是公司便创办了内部刊物，并引入“业务公告牌”的做法。所谓“业务公告牌”，就是公司顾问及其观点的广告牌，用来展示顾问的观点，以期建立他们的自身声誉。这些观点遵循自动筛选的机制，让公司人员自己判定观点质量的高低。这些措施都加强了内部知识的交流与共享。

(5) 建立储备经验与知识的数据库。数据库的内容主要源自客户工作的积累以及业务领域的总结；同时为了让知识库得到充分利用，公司为每一个业务领域都配备一个全职的协调人员，负责监测数据的质量，帮助顾问更好地使用相关信息。为了鼓励顾问们积极上传高品质的资料，麦肯锡还依照阅读次数对文章进行排行，设立“最佳文章排行榜”，让职员建立个人声誉，塑造在公司的专业形象。

6. 不同寻常的营销策略

麦肯锡公司有非常明确的营销目标、优秀的营销手段和非常有效的具体操作方法。

(1) 明确清晰的定位。麦肯锡公司从来不通过广告或向潜在客户打电话推销自己。他们认为，只要做到“在恰当的时间，确保有恰当的人知道你是谁”就足够了。公司对于客户采取高标准高定位，只面向企业总裁、高级主管、大公司高层管理人员，非营利性机构以及政府的高层执政领导，就客户所关心的各种问题提供解决方案。

(2) 适合市场特点的推广策略。市场营销活动的根本是以满足消费者需求为中心，而要达成这一目标，咨询公司必须通过提供某种产品或服务来实现。麦肯锡出版自己的学术杂志《麦肯锡高层管理论丛》(季刊)，免费寄送给自己的客户，确保自己在客户中的影响。

（3）产品策略。产品策略是营销组合策略的根本，产品是组合因素中最重要的因素。麦肯锡推出了别具特色的咨询工具，即著名的三层面理论和7S模型。在模型中，战略、结构和制度被认为是企业成功的“硬件”，风格、人员、技能和共同的价值观被认为是企业成功经营的“软件”。

（4）品牌策略。打造知名品牌和信誉的营销战略让麦肯锡成为管理咨询行业的代名词。公司鼓励合伙人参加一些“业余活动”担任职务，鼓励咨询顾问在行业会议上发表演讲等，以确保客户遇到问题时，首先联系的是麦肯锡办事处。同时，通过对企业内部的人力资源和其他能够产生价值的不同组织进行重新组合，打造麦肯锡的信誉，提高品牌的影响力。

（5）关系营销策略。麦肯锡咨询公司以顾客为主体，重视与顾客的随时来往，跟顾客保持适当的联络，充分了解顾客需要，并强调咨询师与客户一起处理问题，实现企业与顾客的共同发展。同时，在价值选择上实现客户价值至上，客户利益高于公司利益。如果没有帮助客户采取必要且经济有效的步骤，确保实现真正的变革和影响，则认为公司的工作并没有完成。

# 第三章

# 战略与组织咨询

## 第一节　战略管理咨询

### 一、战略管理咨询框架

战略管理咨询是运用各种战略管理理论和战略管理咨询工具，在客观地分析企业外部环境和内部条件的基础上，提供完整系统的战略解决方案以供高层管理者决策的一种高级智力服务，是咨询产业中的最高层，其主要是为企业提供战略设计、竞争策略、业务领域分析与规划设计等专业咨询服务。其内容如图3-1所示[143]。

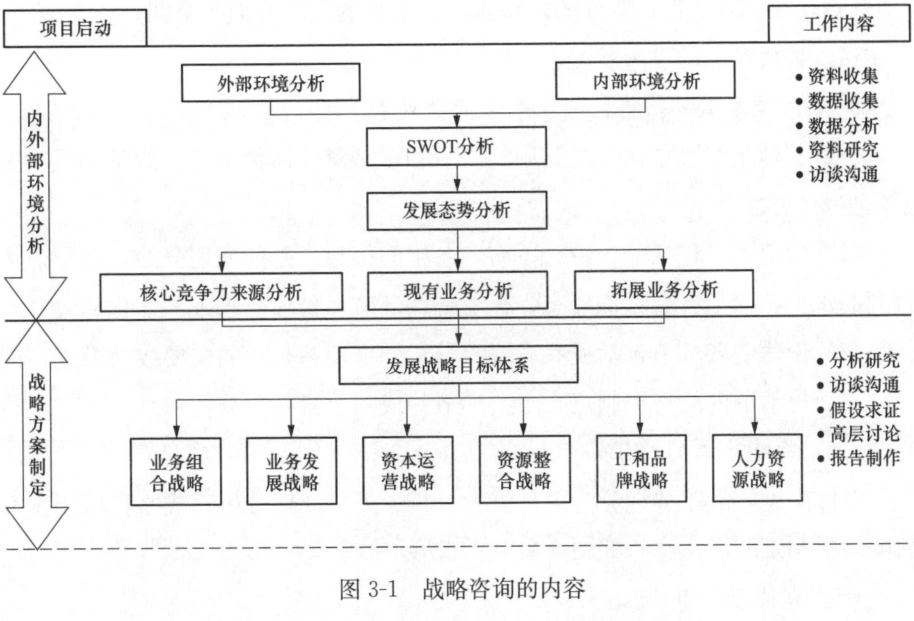


图 3-1　战略咨询的内容

（一）战略咨询的准备

1. 初步理解行业/产业的背景知识

良好的准备将帮助企业日后节省大量的时间。假设某企业准备进入某一行业，首先需要研究清楚行业基本情况——初步理解行业/产品的背景知识，主要包含：

（1）全面了解产品/服务的具体种类及用途；

（2）产品/服务所覆盖的市场，总体及细分市场规模，市场份额状况；

（3）产品/服务的基本技术/原理知识，技术及应用的发展方向；

（4）了解行业的发展历程及变化；

（5）大致了解行业的研发、生产、营销、销售和服务的运作方法；

（6）了解行业主要参与者的运作实例。

2. 初步了解宏观环境与市场发展

主要内容包括：

（1）影响整个行业的宏观环境的发展趋势；

（2）消费方/需求方的发展趋势及其需求变化；

（3）产品/服务现在所处的发展阶段，未来的发展方向与空间；

（4）替代产品的发展状况。

3. 初步理解整体价值链、竞争与成功要素

了解其他组织是如何参与其中的——初步理解整体价值链、竞争和成功要素，主要包含：

（1）价值链（包括上、中、下游，各中间渠道）是如何切分的，各环节大致利润水平，参与者有哪些形态，覆盖哪些环节，价值链未来的变化趋势；

（2）价值链各环节包括哪些主要参与者，成功参与者的主要成功模式；

（3）价值链的战略控制点，主要环节的成功要素初步分析。

（二）战略咨询的过程

总体来说，战略咨询分为内部能力分析、外部环境分析、战略目标制定和战略方案制定四大步骤，如图 3-2[144~146]所示。

1. 内部能力分析

内部能力分析将把各竞争要素按重要程度以及企业拥有程度进行综合分

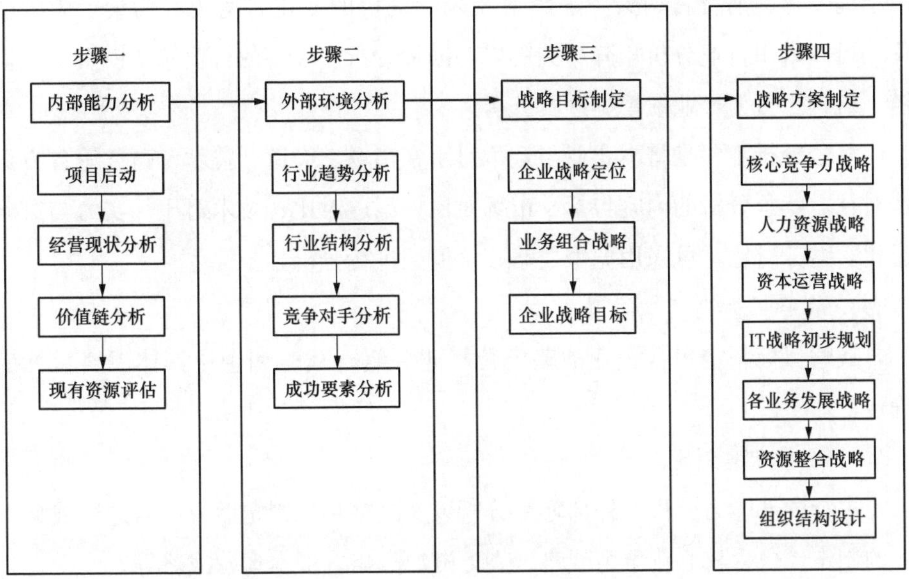


图 3-2　战略咨询的过程

析，以此揭示出企业真正的竞争实力。内容包括：行业重要性分析、企业拥有程度分析、行业重要性——企业拥有程度综合分析、各项资源与能力优劣势分析。可采用三层面理论、战略分析及评价矩阵、逻辑树、七步分析法、“战略钟”模型、麦肯锡 7S 模型以及利益相关者分析等工具进行企业资源与能力分析。

2. 外部环境分析

外部环境分析包括宏观环境分析、行业发展环境分析、竞争对手分析等[182]。

宏观环境分析主要对企业所处的经济、政策、法律等方面的变化对行业所造成的影响进行研究。分析重点是与行业相关的某一特定因素变化所带来的机会与威胁，具体分析可采用 PEST 分析模型及战略分析及评价矩阵。

行业发展环境分析的目的是识别市场总量以及各细分市场的变化情况，以便揭示出在变化中所蕴含的机会与威胁。行业市场分析的内容包括：市场总量变化、各产品的容量及结构变化、各地区的容量及结构变化、各消费群的容量及结构变化、消费者购买考虑因素及采购动机的变化、消费者购买行为的变化，可以采用行业分析矩阵、关键成功因素分析、波特的行业结构模型及价值链、机构—行为—业绩模型进行分析。

竞争分析主要是将本企业与竞争对手在市场、渠道、技术、财务等各方面作对比。竞争分析的内容包括：市场对比、渠道对比、技术对比、实力与策略对比、财务对比，可采用竞争战略三角模型进行分析。

3. 战略目标制定

战略目标制定包含企业战略定位、业务组合战略和企业具体战略目标的确定。

4. 战略方案制定

进行内部能力分析、外部环境分析以及战略目标制定后，可以进行战略方案的制定，包含核心竞争力战略、人力资源战略、资本运营战略等。

## 二、行业战略分析工具

### （一）行业分析矩阵

1. 波士顿矩阵

波士顿矩阵又称市场增长率—相对市场份额矩阵、波士顿咨询集团法、四象限分析法、产品系列结构管理法等，主要用来分析产品战略，帮助多种经营的公司确定哪些产品宜于投资，哪些产品宜于获取利润，哪些产品应该从业务组合中剔除，从而使业务组合达到最佳经营成效，如图 3-3 所示。

波士顿矩阵的横轴为市场相对份额，反映企业实力；纵轴为市场增长率，反映市场吸引力。通过两种因素相互作用，分出四种不同性质的产品类型，从而形成不同的产品发展前景。

（1）明星产品。高增长、高相对份额，处于产品生命周期的成长阶段。尽管现金流动性强，却可能难以满足市场迅速扩张的需要。对待此类型产品需采取扩张战略，进行必要的投资。

（2）金牛产品。在成熟市场阶段占主导地位的产品能提供大量现金，可用于投资明星产品和问题产品。对待此类型产品需采取稳定发展型战略。

（3）问题产品。高增长，但市场相对份额低，意味着现金流动较差，需相

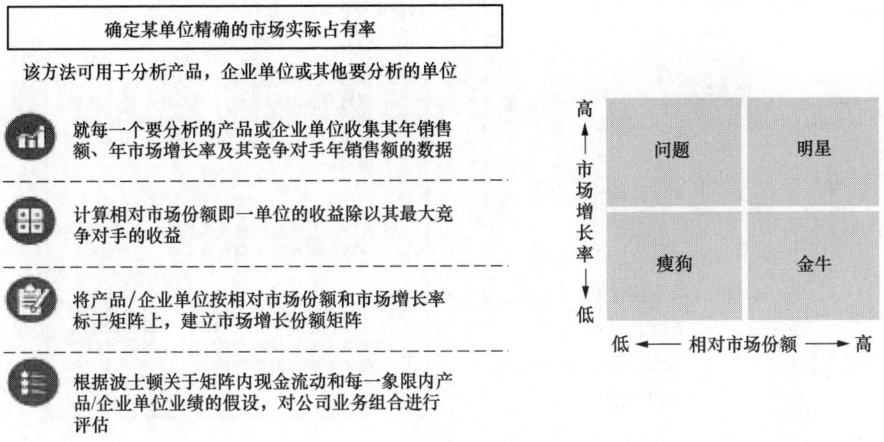


图 3-3 波士顿矩阵

当数量的现金以维持份额。在问题产品上投资可能增加相对市场份额。对待此类型产品可采取扩张战略，使其成长为明星产品；或者采用放弃战略。

（4）瘦狗产品。在缓慢成长的市场上的低相对市场份额产品。由于竞争地位差，其现金流动慢，还常常出现负数。可以考虑放弃该产品，把资金转而投向问题产品和明星产品。

2. 通用电气矩阵

通用电气矩阵是一种投资组合分析方法，是一个变形的定位矩阵分析模型，是在波士顿矩阵的基础上创立的，又称行业吸引力矩阵[147]。

影响行业（市场）吸引力的因素主要有：行业增长率、市场价格、市场规模、获利能力、市场结构、竞争结构、技术因素、社会因素、政治因素等；影响竞争地位（竞争力）的因素主要有：相对市场份额、市场增长率、买方增长率、产品差别化、生产技术、生产能力、管理水平等。行业竞争能力分为强中弱；行业吸引力分为高中低。这样，通用电气矩阵变成了九宫格。

通用电气矩阵的适用范围更加广泛，9 个区域的划分能更加详细说明企业处于不同地位的经营业务的状态，帮助企业更为有效地分配资源，如图 3-4 所示[172]。

这里依据通用电气矩阵，将某企业目前业务分为三类，如图 3-5 所示。

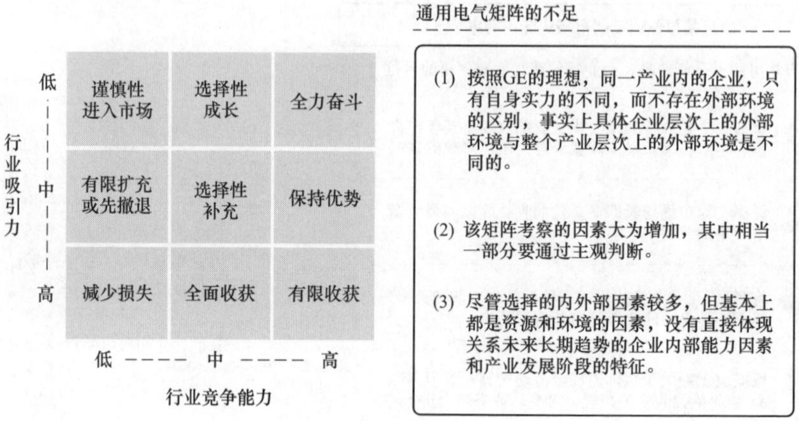


图 3-4 通用电气矩阵

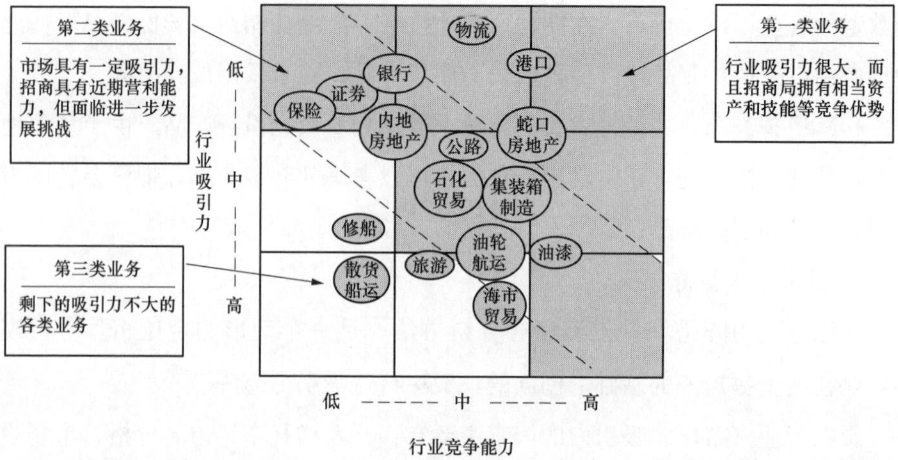


注：1. 蛇口房地产作为招商地产的核心可逐步由深圳向外发展，内地房地产业绩不佳，应与蛇口地产整合以改善业绩。
2.石化贸易可与物流业务结合起来。
3.银行、证券和保险可以在低资本投入模式下形成个人金融服务的核心业务。
4.交通基建经整合获取管理权可以与港口合成基础行业。
5.国家能源船队的形成将使这一业务的重要性明显提高，但有一定的未来不确定性。

图 3-5 通用电气矩阵运用实例

3. 市场吸引力矩阵

市场吸引力矩阵又称果园矩阵，是以销售增长率（或者市场增长率）作为纵轴，以市场集中度作为横轴，用以分析市场竞争状况的一种分析工具。同时，也可以在运用通用电气矩阵工具时，用于其中的行业吸引力维度分析。

市场吸引力矩阵用来对行业进行分析，尽管许多因素可以反映出某类市场是否具有吸引力，但在战略分析中，通常采用以下因素作为衡量和评价市场对企业吸引力的标准，如市场规模、市场增长、市场活动在产品生命周期中的位置、环境的稳定性等。市场吸引力矩阵如图 3-6 所示，矩阵的四个象限显示了相应的相对吸引力[161]。

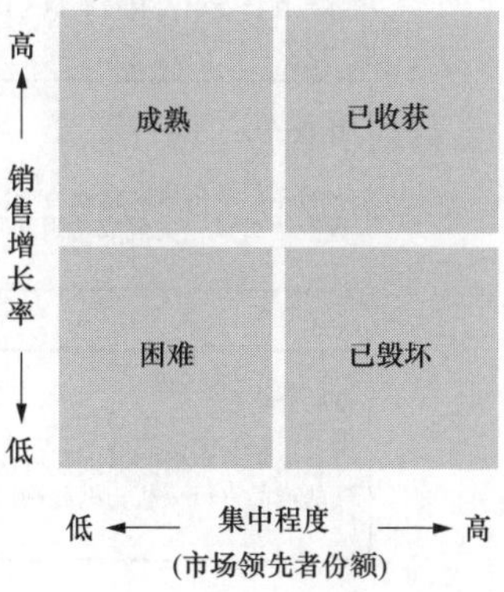


图 3-6 市场吸引力矩阵

(1) 成熟。一个增长率高而并不存在强大主导公司的市场，显然是可以摘取的成熟果实。

(2) 困难。增长率低而集中程度也低的市场可能易于进入，但要获利却会显得困难。

(3) 已收获。增长率高但已存在强大行业领导公司的市场将难以渗透，因为已经有公司在那里收获了。

(4) 已毁坏。增长率低且存在强大主导公司的市场是四种市场中吸引力最小的类型—已经被现有竞争者毁坏了。

使用市场吸引力矩阵进行行业分析，一般分为以下几个步骤：①估测每一市场的销售增长率；②估测每一市场的集中程度；③将各市场标于矩阵上；④做出诠释。

（二）关键成功因素分析

关键成功因素分析法是信息系统开发规划方法之一，此工具是为了探讨产业特性与企业战略之间的关系，意在指导如何在同样的环境中找出影响成功的一些关键因素，来匹配系统自身的能力，以实现最佳的绩效结果[148]。

确定影响行业及企业成功的关键因素的分析方法主要有比较法和市场分析法，如图 3-7 所示。

关键成功因素分析法运用到行业中，就是找到对行业成功起关键作用的因

**关键成功因素**

**指那些在行业中占有重要地位、对企业竞争力有重大影响的条件、变量或能力等特定因素**

**比较法：**

**将本行业内成功企业与失败企业进行比较，分析差距及造成差距的原因，差别之处就是关键成功因素**

**市场分析法：**

**运用细分市场的原则分析整个行业市场，找出关键性的市场和具有战略意义的产品进行分析，据此确定关键成功因素**

图 3-7　关键成功因素分析

素。通过分析找到影响行业经营和管理成功的关键因素，来构建行业的战略方向和具体实施目标。

关键成功因素分析方法在港口行业的运用示例如图 3-8 所示。

**1.行业结构**

- 行业分散程度降低，可以保持高回报
- 香港港口业供不应求带来了高回报(1999年HIT投资资本回报率为16%)

**2.规模经济**

- 固定成本高，要求大的规模
- 作为一个真正的港口枢纽必须具备足够大的规模

**3.腹地连接**

- 客户服务需求
- 供应链总成本降低

**4.营运效率**

- 客户需求，专业服务
- 一体化的营运效率保证价值的获取

图 3-8　港口行业的关键成功因素分析

关键成功因素因不同行业、产业的特征和结构而不同。即使是同一产业，个别企业也会因为不同的历史沿革和经营特性，而存在不同的关键成功因素。企业所在的地理位置，所采用的竞争策略，以及它在行业中的地位，都决定了其关键成功因素的不同。企业市场外部环境的变化也会影响其关键成功因素的变化[152]。

某储运公司的关键成功因素分析示例如图 3-9 所示。

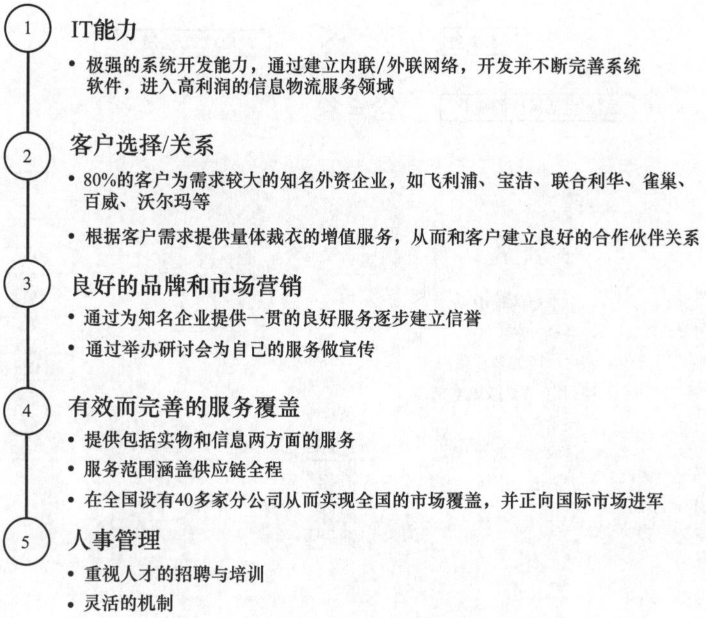


图 3-9　某储运公司的关键成功因素分析

（三）结构—行为—业绩模型

结构—行为—业绩模型提供了一个既能深入具体环节，又有系统逻辑体系的市场结构—企业行为—经营业绩的产业分析框架[181]。SCP（structure Conduct Performance）框架的基本含义是，市场结构决定企业在市场中的行为，而企业行为又决定市场运行在各个方面的经营业绩[166]。

结构—行为—业绩模型是战略咨询中常用的咨询工具，主要用来分析行业的现状与未来，如图 3-10 和图 3-11 所示。

SCP 模型从对特定行业结构、企业行为和经营业绩三个角度来分析外部冲击的影响。

外部冲击：主要是指企业外部经济环境、政治、技术、文化变迁、消费习惯等因素的变化。

行业结构：主要是指外部各种环境的变化对企业所在行业可能的影响，包括行业竞争的变化、产品需求的变化、细分市场的变化、营销模式的变化等。

企业行为：主要是指企业针对外部的冲击和行业结构的变化，有可能采取

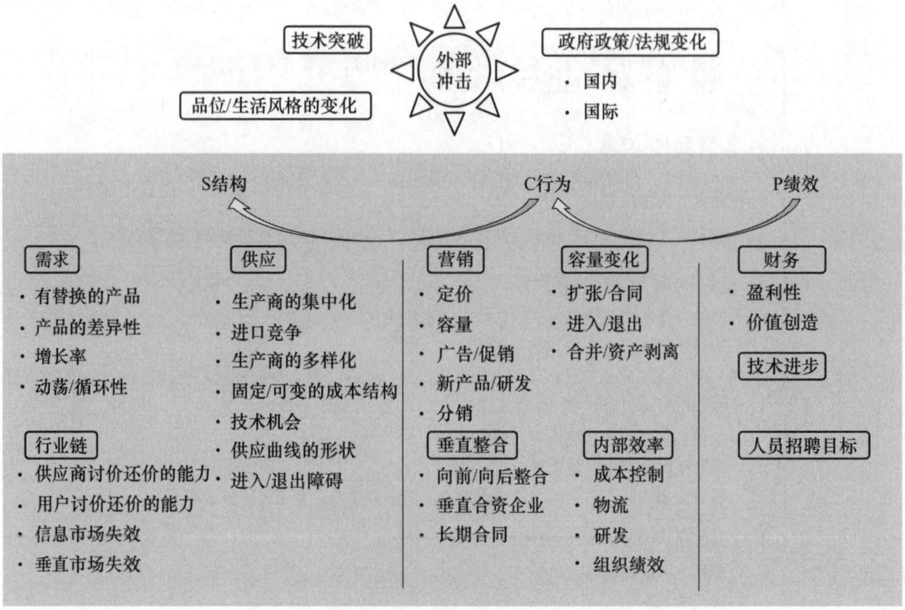


图 3-10　运用 SCP 模型进行行业分析

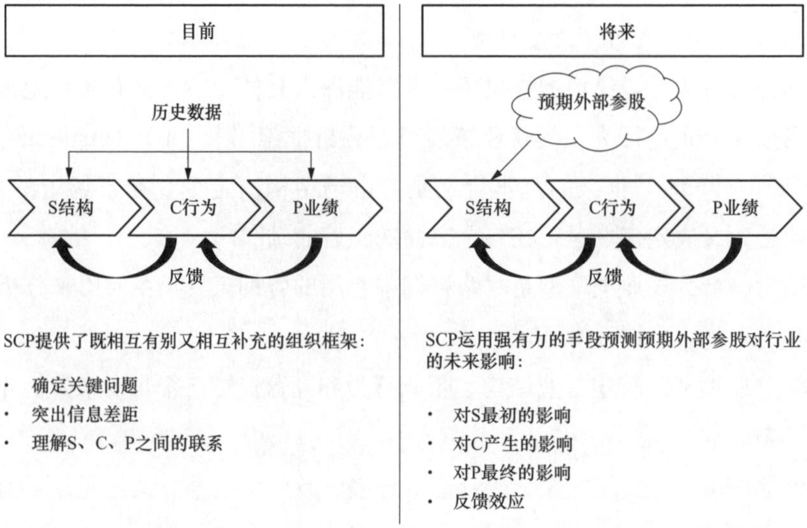


图 3-11　运用 SCP 模型进行现状及未来分析

的应对措施，包括企业方面对相关业务单元的整合、业务的扩张与收缩、营运方式的转变、管理的变革等一系列变动。

经营业绩：主要是指在外部环境方面发生变化的情况下，企业在经营利润、产品成本、市场份额等方面的变化趋势。

（四）三层面理论的应用

所有不断保持增长的大公司的共同特点是保持三层面业务的平衡发展：第一层面是拓展和守卫核心业务；第二层面是建立新兴业务；第三层面是创造有生命力的候选业务[162]。它们能够从内部革新其核心业务，而又同时开创新业务，它们所掌握的技巧在于保持新旧更替的管道畅通，一旦出现减退势头便不失时机地以新替旧。三层面理论（见图 3-12）常常用于指导企业战略的制定[151]。

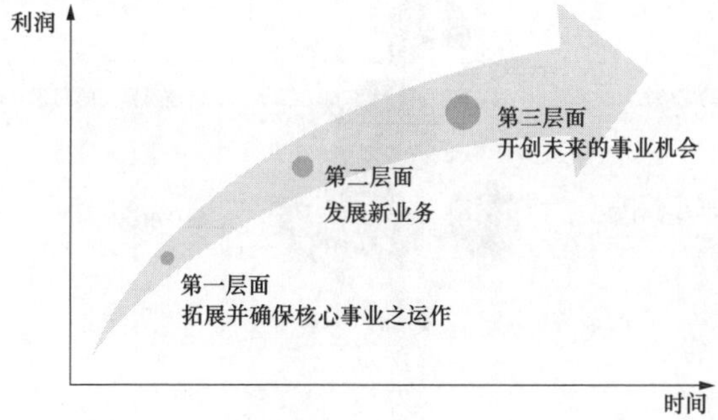


注：1.企业必须不断地开展能使业务增长的各种活动。

2.必须以对现有业务的同等专注来关心企业未来的发展方向。

3.需要在当前业务、新建业务和未来可选业务之间保持协调平衡的方法。

图 3-12　三层面理论的应用

图 3-13 列出了与三层面增长有关的主要因素。

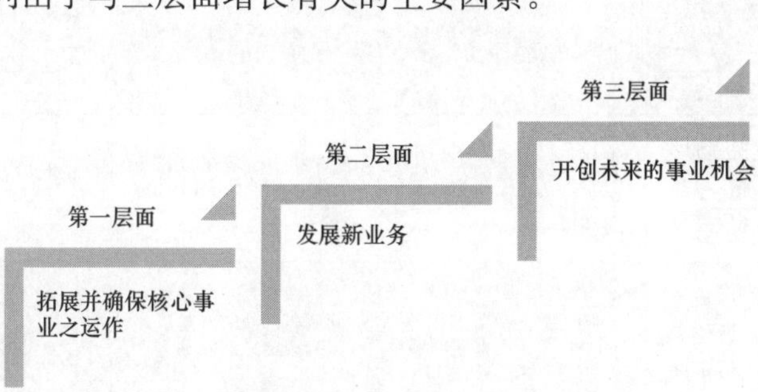


图 3-13　影响三层面增长的因素

（五）逻辑树

逻辑树又称问题树、演绎树或分解树等，是将问题的所有子问题分层罗列，从最高层开始，并逐步向下扩展[174]。

逻辑树用比率或者绝对数值或者图形表格等逻辑形式来展示营运和财务数据，能够使这些数据的各部分和它们之间的关系清晰。其优势在于在数量上可以完备地分析，同时能精确和连贯地显示数据，能帮助提出问题和通过找出平衡点设立优先次序。在小组内或同客户沟通时，是用于交流发展趋势和相互比较的有效途径和工具，如图 3-14 所示。

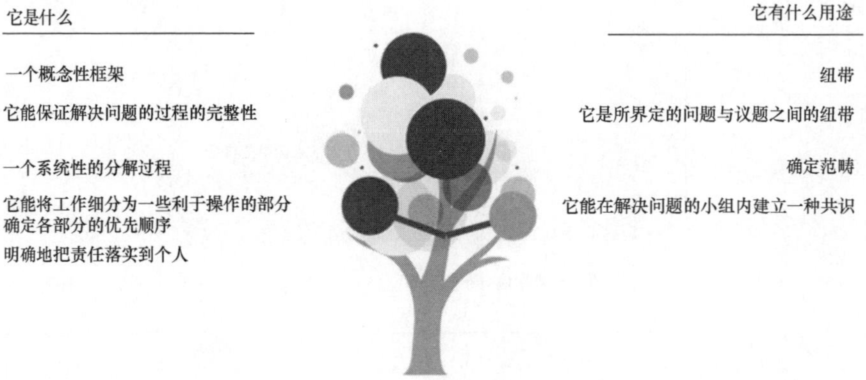


图 3-14　逻辑树

逻辑树可分为议题树、假设树、是否树等，如图 3-15 所示。

| 类型 | 描述 | 为什么使用 | 什么时候使用 |
|---|---|---|---|
| 议题树 | 将一项事物细分为有内在逻辑联系的副议题 | 将问题分解为可以分别处理的利于操作的小块 | 在解决问题过程的早期，这时还没有足够的可以形成假设的基础 |
| 假设树（论据一、论据二、论据三） | 假设一种解决方案，并确认足够必需的及足够的论据来证明或否定这种假设 | 较早集中于潜在的解决方案，加快解决问题的进程 | 当对情况有足够多的了解，能提出合理的假设 |
| 是否树（否 建议一、是 建议二、否 建议三） | 说明可能的决策和相关的决策标准之间的联系 | 确认对目前要做的决定有关键意义的问题 | 当对事物及其结构有良好的理解，并可以将此作为沟通工具 |

图 3-15　逻辑树的分类

把一个已知问题当成树干，然后开始考虑这个问题和哪些相关问题或者子任务有关。每想到一点，就给这个问题（也就是树干）加一个“树枝”，并标明这个“树枝”代表什么问题。一个大的“树枝”上还可以有小的“树枝”，如此类推，找出问题的所有相关联项目。逻辑树主要用于帮助使用者理清自己的思路，不进行重复和无关的思考。

逻辑树能保证解决问题的过程的完整性，能将工作细分为一些利于操作的部分，确定各部分的优先顺序，明确地把责任落实到个人，如图 3-16 所示。某地产公司业务价值体系分解如图 3-17 所示。

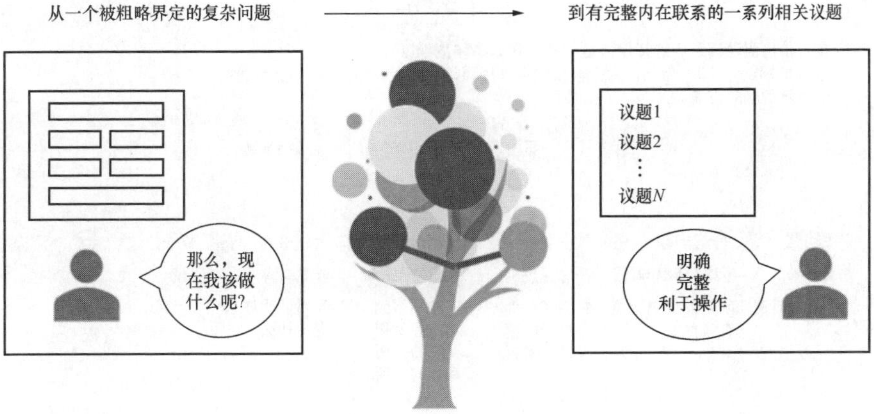


图 3-16　逻辑树的用途

（六）七步分析法

七步分析法是界定问题、分析问题的一套程序方法，是指把分析问题的过程分成合理的七步，针对每一个问题找出其关键因素，是一套系统的、完整的、稳定性强的项目问题解决指导方案，也是运用于战略咨询中的问题关键因素分析的常用工具，如图 3-18 所示。

（七）利益相关者分析

利益相关者分析用于分析与客户利益相关的所有个人和组织，帮助客户在战略制定时分清重大利益相关者对于战略实施的影响。

利益相关者是指与企业有一定利益关系的个人或组织群体，可能是企业内部的（如雇员），也可能是企业外部的（如供应商或压力群体）。大多数情况

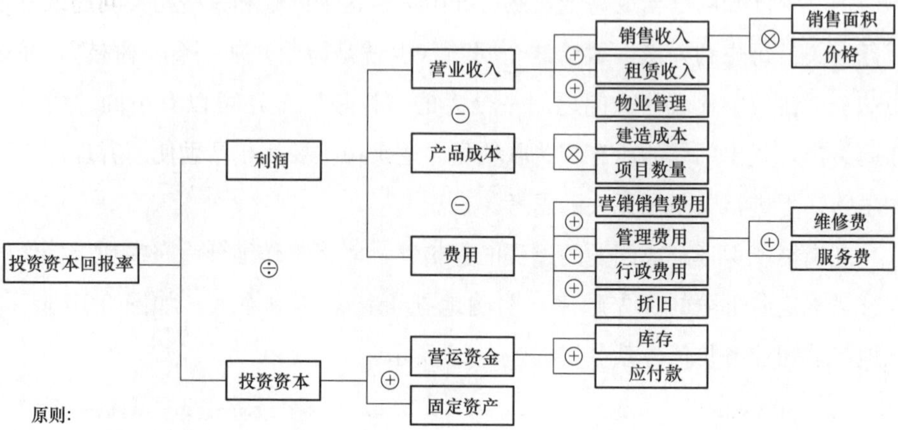


原则:

(1) 在各价值驱动因素中选择最关键的几个作为考核指标。
(2) 考核指标以5～10个为佳，太少会出现考核片面；太多会使被考核者无重点性。
(3) 明确被考核的对象。

图 3-17　某地产公司业务价值体系分解

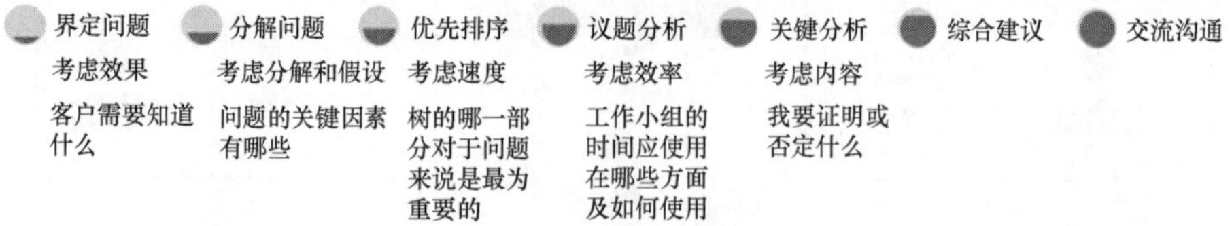


图 3-18　七步分析法

下，利益相关者可分为：所有者和股东、银行和其他债权人、供应商、购买者和顾客、广告商、管理人员、雇员、工会、竞争对手、地方及国家政府、管制者、媒体、公众利益群体、政党和宗教群体以及军队等。

1. 利益相关者的角色

利益相关者能够影响组织，他们的意见一定是做决策时需要考虑的因素。但是，利益相关者不可能对所有问题意见一致，其中一些群体要比另一些群体的影响力更大，这时如何平衡各方利益就成为制定战略需要考虑的关键问题。

除了对战略制定产生影响以外，利益相关者分析是评价战略的有力工具。战略评价可以通过确定持反对意见的利益相关者和他们对一些有争议的问题的影响力来完成。

2. 绘制利益相关者图

利益相关者图能够清晰地描绘谁是利益相关者群体，在采取新的战略时，代表哪个群体的利益，他们是否可能阻碍变革，他们的力量如何，应该怎样对待他们。绘制时首先确定所有利益相关者，标出他们之间的重要关系，然后分析这张图表所显示的风险与机会，识别任何可能的变化对这张图产生影响，以便为此做好准备，如图 3-19 所示。

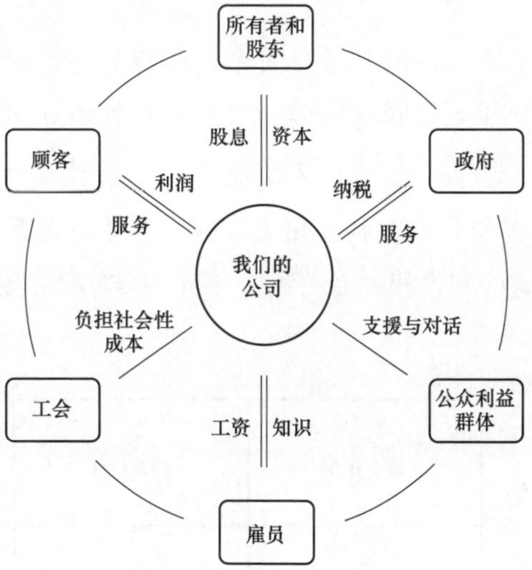


图 3-19　利益相关者示意图

确定利益相关者的位置有两种方法：权力—动态性矩阵和权力—利益矩阵，如图 3-20、图 3-21 所示。

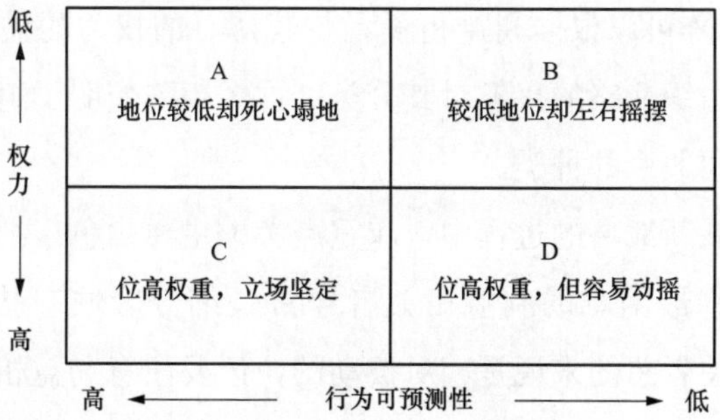


图 3-20　权力/动态性矩阵

图 3-20 列出的权力/动态性矩阵中，可以画出各利益相关者的位置。利用这种方法可以很好地评估和分析出在新战略的实施过程中的哪个阶段应该引入“政治力量”[160]等因素。

最难应付的群体是处于 D 区内的那些利益相关者，因为它们可能支持或阻碍新战略，但是它们的观点却很难预测。其隐含的意思非常明显：在已建立一个不可改变的地位前一定要找到一种方法，来测试这些利益相关者对新战略的态度。

相反，在细分区域 C 内的利益相关者，可能会通过管理人员的参与过程来影响战略，这些管理人员同意他们的“观点”并建立那些代表他们期望的战略。

虽然细分区域 A 和 B 内的利益相关者权力很小，但是这并不意味着它们不重要。事实上，这些利益相关者的积极支持，会对权力更大的利益相关者的态度产生影响。

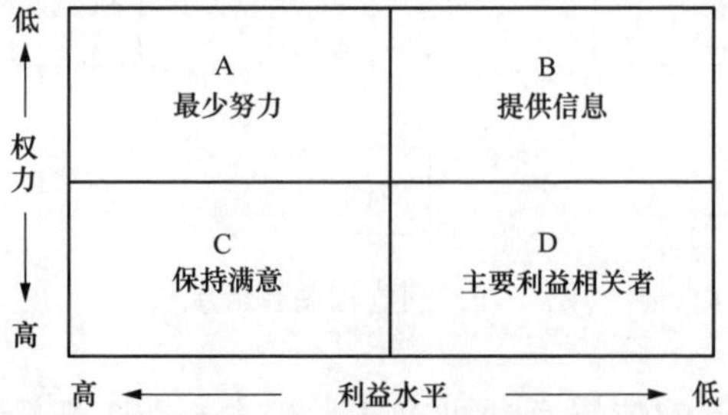


图 3-21 权力/利益矩阵

权力/利益矩阵可以根据利益相关者与其持有的权力的关系，以及从何种程度上表现出对组织战略的兴趣对其分类。这个矩阵指明了组织需要建立的与各利益相关者之间关系的种类。

在制定和发展新战略的过程中，应重点考虑主要角色（细分区域 D）是否接收该战略。那些最困难的利益相关者经常是细分区域 C 内的利益相关者，虽然这些利益相关者总的来说是相对被动的，但要注意利益相关者影响战略的方式受特定事件的影响，即特定事件促使他们对战略产生影响。因此，全面考虑利益相关者对未来战略可能的反应非常重要。如果低估了他们的利益，他们可能突然重新定位于细分区域D内并且阻止采用新战略，那么情况就会很糟。类似地，需要正确地对待细分区域B中利益相关者的需要。在对更有权力的利益相关者的态度产生影响时，他们是非常重要的“联盟”。

这种确定利益相关者位置的方法的价值，在于其能分析以下问题：政治/文化状况是否可能会阻止采纳特定的战略；谁可能会是变化的主要阻止者和推进者；为了重新确定特定的利益相关的位置，是否需要采用应对策略。需要维持活动来阻止利益相关者对他们自己的重新定位。这就意味着要保持与细分区域C有关的利益相关者的满意程度，减少与细分区域B中的利益相关者保持联系的程度。

（八）竞争战略三角模型

用户一体化类型和系统一体化类型与波特提出的两种一般竞争类型共同构成了竞争战略三角模型（见图3-22），该模型的一个角是波特提出的两类一般竞争类型，它们的共同基础是产品的经济性；三角形的另一个角是用户一体化战略，其成功的基础是用户经济性；三角形的最后一个角是系统一体化战略，它们以提高系统的经济性为竞争基础。

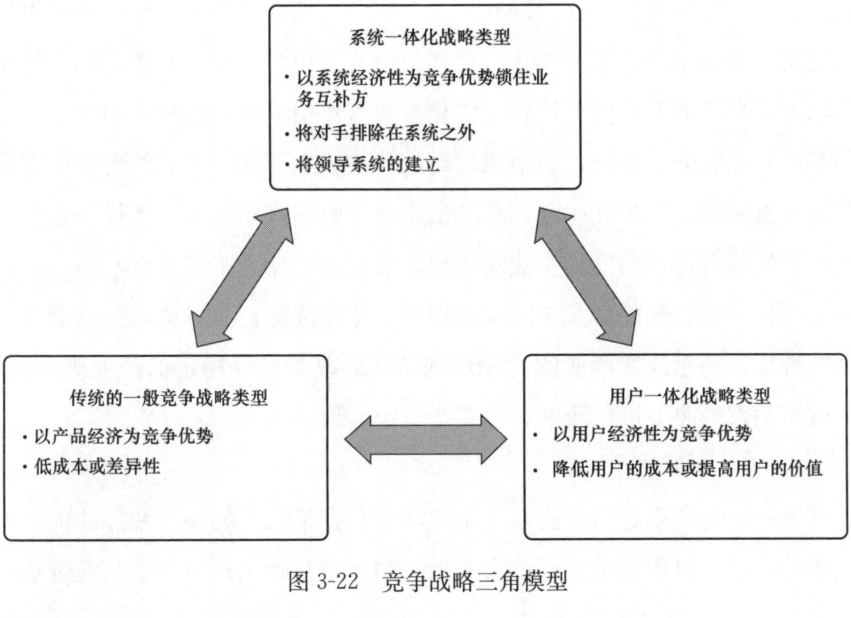


图3-22　竞争战略三角模型

传统的一般竞争战略类型。传统的一般竞争战略类型即基本竞争战略。具体是指迈克尔·波特在1980年出版的《竞争战略》中总结并提供的三种卓有成效的战略：成本领先战略、差异化战略、集中化战略。

竞争战略三角模型是由基本竞争战略、客户一体化战略和系统一体化战略构成的竞争战略的新三角，基本竞争战略概括总结了企业的竞争战略，系统一体化和客户一体化是不少企业成功发展的重要原因。通过竞争战略的三角模型，企业可以用更加广阔的眼光来评价和选择战略工具。

1. 用户一体化类型

用户一体化类型是指企业将提高用户价值为战略任务，力求通过企业的活动来降低用户个别成本，从而提高用户的价值。虽然采用此类型战略可能会造成企业成本水平的提高，但由于个别用户价值提高的贡献量不但大于市场一般水平，也大于本企业为此提高的成本量，所以企业的利润水平还是有所提高的。用户一体化的类型是以用户经济性作为竞争的基础，往往采用包括供应商、企业及用户在内的合伙或联盟的方式。

在采取用户一体化类型时，企业的活动边界实际上已经由企业本身扩大到包括消费者活动在内的较大的范围。用户不再是企业的外部环境，而是企业内部成分之一，而且决定企业内部其他活动成分的构成及活动原则。企业可以通过接近用户来与用户达成一体化。例如，企业与用户一起开发新产品，按用户的要求安排自己的系统等。这种一体化有双重作用：其一是用户用于学习如何使用某产品或服务的投资，会形成较高的转换成本，这一较高的转换成本将用户与企业更牢固地捆绑在一起；其二是企业了解用户的要求，将提高企业满足用户要求的能力，从而提高企业对用户的吸引力。在成本敏感性较高、成本结构复杂而且变化较快的产业中，采用用户一体化战略，有可能改变消费者的寿命周期特征，甚至改变产业的竞争规则，从而改变已经稳定的产业组织关系。产业组织关系的改变可以改变企业在产业中的地位。

2. 系统一体化类型

系统一体化类型是指企业以与企业活动有直接关系的整个系统的优势为竞争优势的基础，以形成系统经济为其活动的经济基础。这一类型是通过建立并拥有产业标准来实现的。

系统一体化类型不仅意味着企业活动边界进一步扩大，而且改变了传统的企业关系及企业与用户的关系。在系统一体化类型中，企业与其他具有直接业务互补关系的企业（如计算机软件商及硬件商，音响设备制造商及CD盘的制造商就互为互补方）的活动成为统一的活动系统。通过相关企业对系统的大量投资及建立与系统相适应的产业标准的方法来提高业务相关企业（主要是供应商和外加工企业）的转移成本，从而锁住业务相关企业和用户，将竞争对手排除出该系统。

## 三、波特行业结构及价值链分析模型

### （一）行业结构模型

决定一个企业盈利能力的首要和根本的因素是行业的吸引力。波特的行业结构模型（见图3-23）主要用来对五种竞争力量进行分析，在制定企业基本战略特别是竞争战略时经常用到[169]。

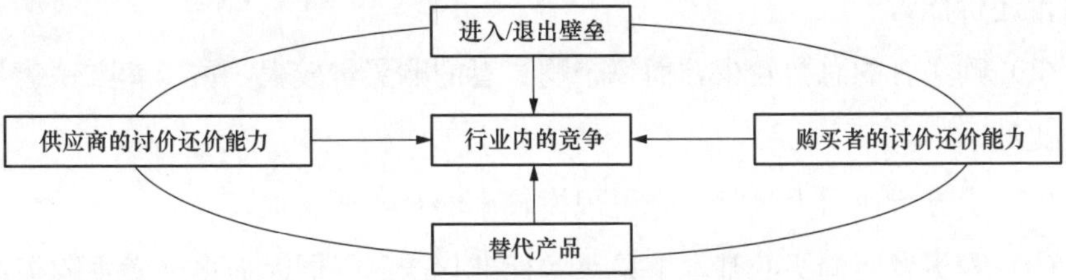


图3-23 波特行业结构模型

行业结构模型也称五力分析模型，用于竞争战略的分析，可以有效地分析客户的竞争环境。五力分别是：供应商的讨价还价能力、购买者的讨价还价能力、潜在竞争者进入的能力、替代品的替代能力、行业内竞争者现在的竞争能力。

#### 1. 供应商的讨价还价能力

供方主要通过提高其投入要素价格与降低单位价值质量的能力，来影响行业中现有企业的盈利能力与产品竞争力。供方力量的强弱主要取决于他们所提供给买主的是什么投入要素，当供方所提供的投入要素其价值构成了买主产品总成本的较大比例、对买主产品生产过程非常重要、或者严重影响买主产品的质量时，供方对于买主的潜在讨价还价能力就大大增强。一般来说，满足如下条件的供方集团会具有比较强大的讨价还价能力。

(1) 供方行业为一些具有比较稳固市场地位而不受市场激烈竞争困扰的企业所控制，其产品的买主很多，以至于每一单个买主都不可能成为供方的重要客户。

(2) 供方各企业的产品具有一定特色，以至于买主难以转换或转换成本太高，或者很难找到可与供方企业产品相竞争的替代品。

(3) 供方能够方便地实行前向联合或一体化，而买主难以进行后向联合或一体化。

2. 购买者的讨价还价能力

购买者主要通过其压价与要求提供较高的产品或服务质量的能力，来影响行业中现有企业的盈利能力。一般来说，满足如下条件的购买者可能具有较强的讨价还价能力。

(1) 购买者的总数较少，而每个购买者的购买量较大，占了卖方销售量的很大比例。

(2) 卖方行业由大量相对来说规模较小的企业所组成。

(3) 购买者所购买的基本上是一些标准化产品，同时向多个卖主购买产品在经济上也完全可行。

(4) 购买者有能力实现后向一体化，而卖主不可能进行前向一体化。

3. 潜在竞争者进入的能力

新进入者在给行业带来新生产能力、新资源的同时，希望在已被现有企业瓜分完毕的市场中赢得一席之地，这就有可能会与现有企业发生原材料与市场份额的竞争，最终导致行业中现有企业盈利水平降低，严重的话还有可能危及这些企业的生存。

竞争性进入威胁的严重程度取决于两方面的因素，即进入新领域的障碍大小与预期现有企业对于进入者的反应情况。进入障碍主要包括规模经济、产品差异、资本需要、转换成本、销售渠道开拓、政府行为与政策（如国家综合平衡统一建设的石化企业)、不受规模支配的成本劣势(如商业秘密、产供销关系、学习与经验曲线效应等)、自然资源(如冶金业对矿产的拥有)、地理环境(如造船厂只能建在海滨城市)等方面，其中有些障碍是很难借助复制或仿造的方式来突破的。预期现有企业对进入者的反应情况，主要是预期现有企业采取报复行动的可能性大小，取决于有关厂商的财力情况、报复记录、固定资产规模、行业增长速度等。总之，新企业进入一个行业的可能性大小，取决于进入者主观估计进入所能带来的潜在利益、所需花费的代价与所要承担的风险这三者的相对大小情况。

4. 替代品的替代能力

两个处于不同行业中的企业，可能会由于所生产的产品是互为替代品，从而在它们之间产生相互竞争行为。这种源自替代品的竞争会以各种形式影响行业中现有企业的竞争战略。第一，现有企业产品售价以及获利潜力的提高，将由于存在着能被用户方便接受的替代品而受到限制；第二，由于替代品生产者的侵入，使得现有企业必须提高产品质量，或者通过降低成本来降低售价，或者使其产品具有特色，否则其销量与利润增长的目标就有可能受挫；第三，源自替代品生产者的竞争强度，受产品买主转换成本高低的影响。总之，替代品价格越低、质量越好、用户转换成本越低，其所能产生的竞争压力就越强；而这种来自替代品生产者的竞争压力的强度，可以具体通过考察替代品销售增长率、替代品厂家生产能力与盈利扩张情况来加以描述。

5. 行业内竞争者现在的竞争能力

大部分行业中的企业，相互之间的利益都是紧密联系在一起的，作为企业整体战略一部分的各企业竞争战略，其目标都在于使自己的企业获得相对于竞争对手的优势，所以在实施中就必然会产生冲突与对抗的现象。这些冲突与对抗就构成了现有企业之间的竞争，常常表现在价格、广告、产品营销、售后服务等方面，其竞争强度与许多因素有关。

一般来说，出现下述情况将意味着行业中现有企业之间竞争的加剧，如行业进入障碍较低，势均力敌的竞争对手较多，竞争参与者范围广泛；市场趋于成熟，产品需求增长缓慢；竞争者企图采用降价等手段促销；竞争者提供几乎相同的产品或服务，用户转换成本很低；一个战略行动如果取得成功，其收入相当可观；行业外部实力强大的公司在接收了行业中实力薄弱企业后，发起进攻性行动，结果使得刚被接收的企业成为市场的主要竞争者；退出障碍较高，即退出竞争要比继续参与竞争的代价更高。在这里，退出障碍主要受经济、战略、感情以及社会政治关系等方面的影响，具体包括资产的专用性、退出的固定费用、战略上的相互牵制、情绪上的难以接受、政府和社会的各种限制等。行业中的每一个企业或多或少都必须应付以上各种力量构成的威胁，而且企业必须面对行业中的每一个竞争者的举动。除非认为正面交锋有必要，而且有益处，例如要求得到很大的市场份额，否则企业可以通过设置进入壁垒，包括差异化和转换成本来保护自己。当一个企业确定了其优势和劣势时（参见SWOT分析），企业必须进行定位，以便因势利导，而不是被预料到的环境因素变化所损害，如产品生命周期、行业增长速度等，然后保护自己并做好准备，以有效地对其他企业的举动做出反应。

根据上面对于五种竞争力量的讨论，企业可以尽可能地采取将自身的经营与竞争力量隔绝开来，努力从自身利益需要出发影响行业竞争规则、先占领有利的市场地位再发起进攻性竞争行动等手段来对付这五种竞争力量，以增强自己的竞争实力，提高市场地位。

波特五力模型与一般战略的关系见表3-1[171]。

**表3-1　　　　波特五力模型与一般战略的关系**

| 行业内的五种力量 | 一般战略 | | |
|---|---|---|---|
| | 成本领先战略 | 产品差异化战略 | 集中战略 |
| 进入障碍 | 具备杀价能力阻止潜在对手的进入 | 培育顾客忠诚度以挫伤潜在进入者的信心 | 通过集中战略建立核心能力以阻止潜在对手的进入 |
| 买方讨价还价能力 | 具备向大买家出更低价格的能力 | 因为选择范围小而削弱了大买家的谈判能力 | 没有选择范围使大买家丧失谈判能力 |

续表

| 行业内的五种力量 | 一般战略 | | |
|---|---|---|---|
| | 成本领先战略 | 产品差异化战略 | 集中战略 |
| 供方讨价还价能力 | 更好地抑制大卖家的讨价还价能力 | 更好地将供方的涨价部分转嫁给顾客 | 进货量低，供方的讨价还价能力就高，但集中差异化的公司能更好地将供方的涨价部分转嫁出去 |
| 替代品的威胁 | 能够利用低价抵御替代品 | 顾客习惯于一种独特的产品或服务，因而降低了替代品的威胁 | 特殊的产品和核心能力能够防止替代品的威胁 |
| 行业内对手的竞争 | 能更好地进行价格竞争 | 品牌忠诚度能使顾客不理睬其竞争对手 | 竞争对手无法满足集中差异化顾客的需求 |

（二）波特的价值链

价值链是判定竞争优势并发现创造和维持竞争优势研究方法的一项基本工具，也是战略咨询公司进行行业分析，特别是制定竞争战略时经常用到的分析工具（见图 3-24）[153]。

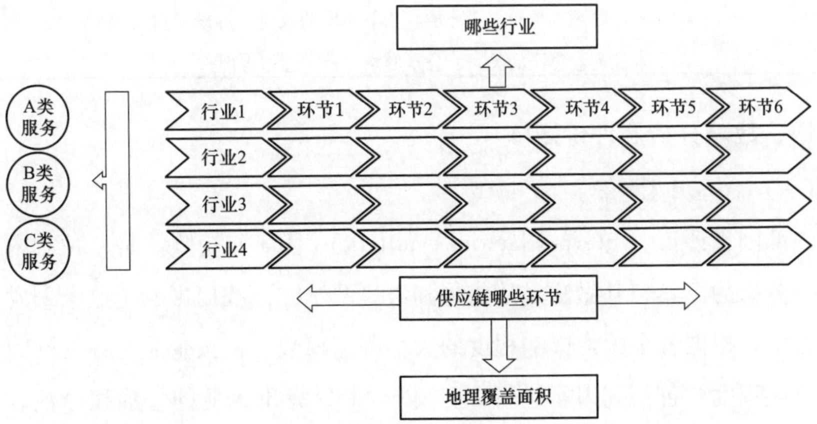


图 3-24　波特的价值链模型

可以运用表 3-2 对企业的价值链进行具体的分析。

表 3-2 价值链评价表

| |
|---|
| 价值链的基本活动（注：每项分为差、一般、优秀三档） |
| 内部后勤：原材料与存货控制系统的健全、原材料的仓储效率 |
| 生产制造：与主要竞争对手相比较的设备生产能力、适当的生产工艺自动化、生产控制体系对改善质量与降低成本的有效性、工厂与工艺设计的效率 |
| 外部后勤：产成品分销的时间安排与效率、产成品仓储活动的效率、市场与销售、市场调研的有效性、销售促进与广告的创新、分销渠道的评价、销售力量的激励与竞争、消费者品牌忠诚度情况、市场分割或整个市场中市场占领的程度 |
| 售后服务：倾听顾客的方式、恰当的产品保证政策、顾客的培训、零部件与维修服务的能力 |
| 人力资源管理：招募、培训与提高所有雇员技能水平的有效性，激励与挑战雇员的报酬机制的适当性，雇员激励与工作满意度水平 |
| 技术发展：研发活动的成功（产品与方法革新的领先）、研发部门与其他部门之间的协调关系质量、技术发展活动进度安排、实验室设施的质量、鼓励创造与创新的工作环境 |
| 采购：投入资源的替代、采购原材料（及时性、最低可能的成本、可接受的质量水平）、租赁与购买决策标准的制定、与可信赖的供应商之间良好的长期合作关系 |
| 客户基础设施：评估新产品市场机会与潜在环境威胁的能力、完成战略目标的战略计划体系的质量、有组织的分支单位之间与价值链有关的所有活动的协调与整合、获得相对较低成本的资本支出与流动资本的资金能力、制定战略与日常决策中信息系统支持的水平、管理人员对一般环境与竞争环境的及时、准确的信息把握、与公共政策制定者及利益集团的关系、公众形象与公司道德表现 |

## 四、战略分析及评价矩阵

### （一）内部因素评价矩阵

内部因素评价（internal factors evaluation，IFE）矩阵，是一种对内部因素进行分析的工具，其做法是从优势和劣势两个方面找出影响企业未来发展的关键因素，根据各个因素影响程度的大小确定权数，再按企业对各关键因素的有效反应程度对各关键因素进行评分[173]，最后算出企业的总加权分数。通过 IFE 矩阵，企业就可以把自己所面临的优势和劣势汇总，来刻画出企业的全部引力，如图 3-25[150]所示。

对企业内部因素的优势与弱点进行分析评估的结果以矩阵的形式表现出来，形成内部因素评价矩阵。

| 关键内部因素 | 权重 | 评分 | 加权评分 |
|---|---|---|---|
| 优势 | | | |
| 1. | | | |
| 2. | | | |
| … | | | |
| *n*. | | | |
| 弱点 | | | |
| 1. | | | |
| 2. | | | |
| … | | | |
| *n*. | | | |
| 总计 | 1.0 | | |

注：1=重要弱点；2=次要弱点；3=次要优势；4=重要优势。

图 3-25 内部因素评价矩阵

内部因素评价矩阵可按以下步骤建立：

（1）从企业内部的几个方面给出数 10 个问题，从中选出 10～20 个关键因素，包括优势与劣势两个方面。

（2）根据上述因素在产业中对成功影响的大小确定其权重；对企业在因素上的表现给予评分，企业得分最高为 4 分，最低为 1 分，平均为 2.5 分，加权分数之和就是企业的加权总分[178]。

（3）这一结果越是高于 2.5 分的平均值，越接近于 4 分，企业的内部因素就越有优势。

（4）关键因素的确定至关重要，主观的偏差将导致偏颇的结论和错误的行动。

（二）外部因素评价矩阵

外部因素评价（external factors evaluation，EFE）矩阵，主要用来分析企业的外部宏观环境（见图 3-26）[163]。尽管企业的内部因素对制定战略非常重要。但实际上外部因素或宏观环境的作用往往显得更为关键[149]。

外部因素评价矩阵可按以下步骤建立：

通过外部因素评价矩阵对企业外部的经济、社会、文化、人口、环境、政治、政府、法律、技术和竞争等因素进行归纳和评价。

| 关键外部因素 | 权重 | 评分 | 加权评分 |
| --- | --- | --- | --- |
| 机会 | | | |
| 1. | | | |
| 2. | | | |
| … | | | |
| *n*. | | | |
| 威胁 | | | |
| 1. | | | |
| 2. | | | |
| … | | | |
| *n*. | | | |
| 总计 | 1.0 | | |

注：评分值表示企业对各因素反应的程度。1=反应很差；2=反应为平均水平；3=反应超过平均水平；4=反应很好。

图 3-26　外部因素评价矩阵

（1）从企业外部的几个方面，选择 10～20 个反映机会和威胁的关键因素[180]。

（2）对企业在机会和威胁上的反应进行评分，并赋予每个因素以权重，计算出每个因素以及企业的加权总分。企业得分最高为 4 分，最低为 1 分，平均为 2.5 分[164]。

（3）企业外部因素总加权分，越是高于 2.5 分的平均值，越接近于 4 分，说明企业越能有效利用机会并将外部威胁的潜在不利影响降至最小。

（4）关键性因素的选择很难保证其客观性。机会和威胁往往是一个事物的两个方面，通常很难达成一致的意见。

（三）内部—外部矩阵

内部—外部矩阵（IE）则是把内部和外部影响企业战略制定的关键因素结合起来，用于企业业务组合分析及竞争战略分析（见图 3-27 和图 3-28）。

内部—外部矩阵用 9 个方格表示企业各业务部门的竞争地位，用于多部门企业业务组合分析及竞争战略研究[175]。

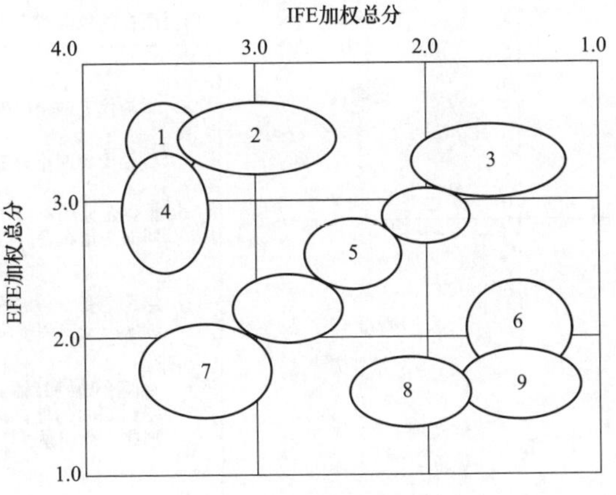


图 3-27 内部—外部矩阵

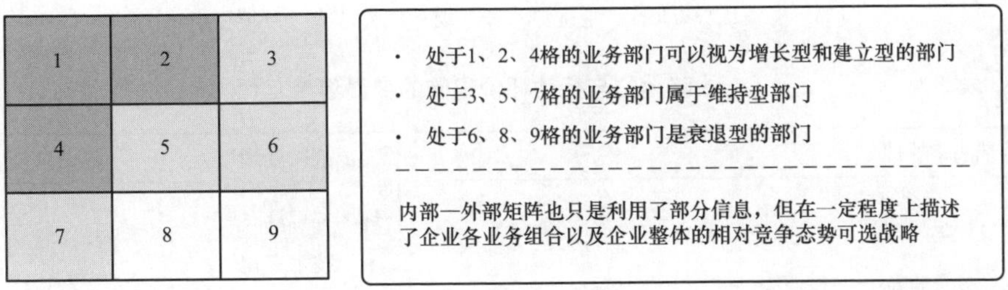


注：竞争力强的企业应能够使业务组合中的各业务部门处于矩阵的第1格或其附近。

图 3-28 根据 IE 矩阵确定业务类型

IE 矩阵基于两个量值，即 IFE 加权总分作为 $X$ 轴，以 EFE 加权总分作为 $Y$ 轴，分数分为三个等级：3.0～4.0 代表强势地位、2.0～3.0 代表中势地位、1.0～2.0 代表弱势地位，在两个数轴上的 3 个等级形成了 9 个方框，根据各业务部门的加权总分可以确定其在矩阵上属于哪个方框。

（四）战略地位与行动评价矩阵

战略地位与行动评价矩阵模型，实际上是对企业在行业中所处的地位进行分析，根据企业所处不同的地位，制定或采用不同的战略（见图 3-29）。

战略地位与行动评价矩阵轴线变量可根据企业的不同情况有不同的变量组合（见表 3-3）[170]。

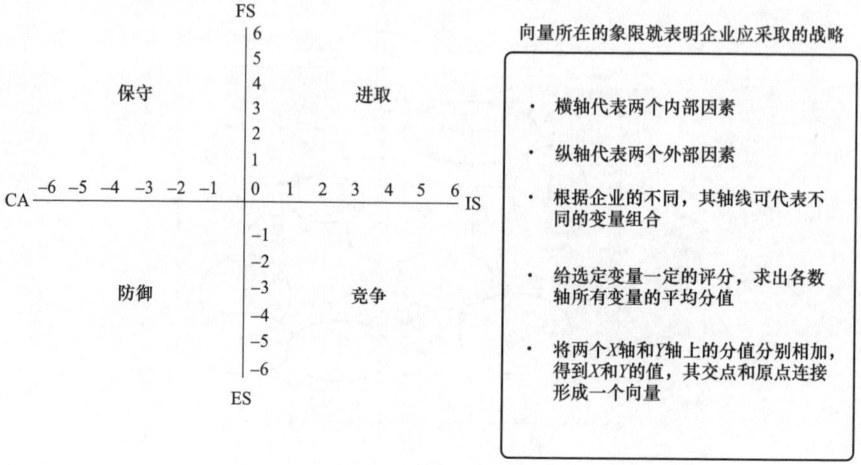


图 3-29　战略地位与行动评价矩阵

CA—竞争优势；IS—产业优势；FS—财务优势；ES—环境稳定性

**表 3-3　　战略地位与行动评价矩阵的变量组合**

| 内部战略处理 | 外部战略处理 |
| --- | --- |
| 财务优势（FS）：<br>• 投资收益<br>• 杠杆比例<br>• 偿债能力<br>• 流动资金<br>• 业务风险<br>• 退出市场的方便性 | 环境稳定性（ES）：<br>• 技术变化<br>• 通货膨胀<br>• 需求变化性<br>• 竞争产品的价格范围<br>• 市场进入壁垒<br>• 竞争压力<br>• 价格需求弹性 |
| 竞争优势（CA）：<br>• 市场份额<br>• 产品质量<br>• 产品生命周期<br>• 用户忠诚度<br>• 竞争能力利用率<br>• 专有技术知识<br>• 对供应商与经销商的控制 | 产业优势（IS）：<br>• 增长潜力<br>• 盈利能力<br>• 财务稳定性<br>• 专有技术知识<br>• 资源利用<br>• 资本密集型<br>• 进入市场的便利性<br>• 生产效率和生产能力利用率 |

战略地位与行动评价矩阵有四个象限分别表示企业采取的进取、保守、防御和竞争四种战略模式。这个矩阵的两个数轴分别代表了企业的两个内部因素：财务优势（financial position，FP）和竞争优势（competitive position，CP）；两个外部因素：环境稳定性态势（stability position，SP）和产业态势（industry position，IP）。这四个因素对于确定企业的总体战略地位起决定性作用[183]。

（五）大战略矩阵

大战略矩阵是由市场增长率、企业竞争地位两个坐标因素组成的一种模型，在市场增长率和企业竞争地位不同组合情况下，指导企业进行战略选择的一种指导性模型，主要针对一些跨国集团，特别是多元化经营的企业，是制定企业备选战略的常用工具（见图 3-30）[167]。

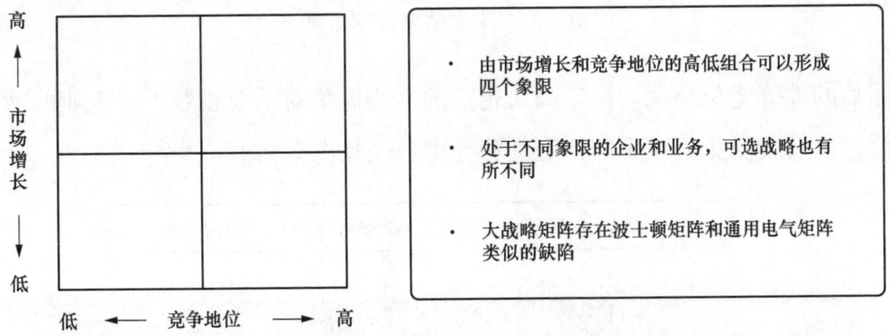


注：大战略矩阵是制定备选战略的常用工具，主要依据市场增长和竞争地位评价结果来确定可选战略。

图 3-30　大战略矩阵

（六）定量战略计划矩阵

定量战略计划矩阵是战略决策阶段的重要分析工具，是制定企业备选战略的常用工具，这一种分析工具可以客观地指出哪种战略是最佳的（见图 3-31）[176,179]。

（七）竞争态势矩阵

竞争态势矩阵（competitive profile matrix，CPM）主要用于分析企业当前定量战略计划矩阵是一种分析比较可选战略以确定可行战略的矩阵。在分析得出的可选战略中，根据战略对各关键因素的影响(战略吸引力)、权重，得出其总分，从而作出战略选择

| | 权重 | 备选战略 | | | | | |
|---|---|---|---|---|---|---|---|
| | | 战略1 | | 战略2 | | 战略3 | |
| | | AS | TAS | AS | TAS | AS | TAS |
| 关键外部因素 | | | | | | | |
| 1. | | | | | | | |
| 2. | | | | | | | |
| … | | | | | | | |
| *n*. | | | | | | | |
| 关键内部因素 | | | | | | | |
| 1. | | | | | | | |
| 2. | | | | | | | |
| … | | | | | | | |
| *n*. | | | | | | | |

注：AS=吸引力分数；1=没有吸引力；2=有一些吸引力；3=有相当吸引力；4=很有吸引力；TAS=吸引力加权总分。

图 3-31 定量战略计划矩阵

所面临的外部竞争环境，用于确认企业的主要竞争对手及相对于该企业的战略地位，以及主要竞争对手的特定优势与劣势（见图 3-32）。

用于确认企业以及企业主要竞争者的优势、劣势和相对竞争地位

| | 被分析企业 | | | 竞争企业1 | | 竞争企业2 | |
|---|---|---|---|---|---|---|---|
| 关键因素 | 权重 | 评分 | 加权评分 | 评分 | 加权评分 | 评分 | 加权评分 |
| 市场份额 | | | | | | | |
| 价格竞争力 | | | | | | | |
| 财务状况 | | | | | | | |
| 产品质量 | | | | | | | |
| 用户忠诚度 | | | | | | | |
| 总计 | 10 | | | | | | |

注：1.评分值表示企业对各因素是否作出了有效的反应：1=弱; 2=次弱; 3=次强; 4=强。
2.为了简化，只列出5个关键因素，比实际矩阵中的因素少得多。

图 3-32 竞争态势矩阵

竞争态势矩阵与内部因素评价矩阵和外部因素评价矩阵的评分、权重、加权总分确定方法相同。

不同之处在于：①基于比较而涉及的竞争企业不止一个；②比较内容包括企业内部和外部两个方面；③关键因素更为笼统，不包括很具体的数据，而且可能集中在内部问题上；④对外部因素不再像 EFE 那样分成机会和威胁两类；⑤竞争企业在相同的因素上进行比较。

竞争态势矩阵只是利用了部分信息，在一定程度上描述了企业的相对竞争态势。

（八）优势—劣势—机会—威胁矩阵（SWOT）

SWOT 矩阵是在制定战略的匹配阶段使用的分析工具。这个矩阵是在内部、外部关键成功因素确定的基础上，根据判断结果将内部优势与劣势、外部机会与威胁分别列出，由内部与外部的两种状态以及相互匹配关系，形成企业战略的四种不同的组合，如图 3-33 所示。

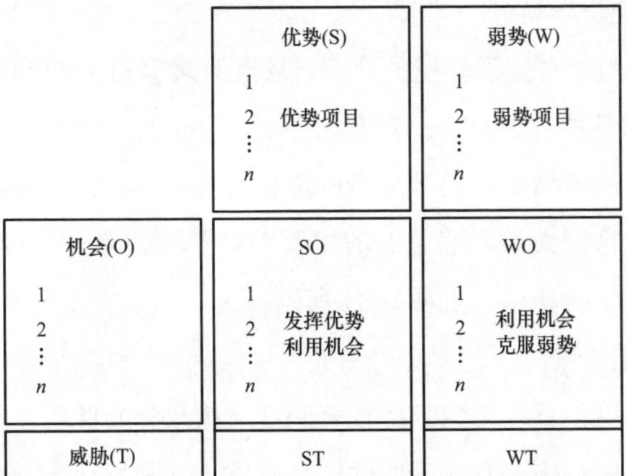


图 3-33 SWOT 矩阵

SWOT 分析实际上是将对企业内部和外部条件各方面内容进行综合与概括，进而分析组织的优劣势、面临的机会和威胁的一种方法。它将公司的战略与公司内部资源、外部环境有机结合起来[165]。其中，优劣势分析主要是着眼于企业自身的实力及其与竞争对手的比较，而机会和威胁分析将注意力放在外部环境的变化及对企业的可能影响上，但是，外部环境的变化可能会给具有不同资源和能力的企业带来的机会与威胁却可能完全不同，因此两者之间又有紧密的联系[177]。

当企业要拓展在某一新的业务或进行新的投资前，以及在制定销售计划时，所用的战略分析方法之一便是 SWOT 分析。采用这种决策方法的根本目的是把自己公司和竞争对手公司的优势、劣势、机会和挑战进行比较，然后决定某项新业务或新投资是否可行。

开展 SWOT 分析有利于企业在拓展新业务时充分发挥自身的长处并避免其短处，以趋利避害，化劣势为优势，化挑战为机遇。同时，也使企业知道应该学习什么来面对市场商机。即所谓的知己知彼、百战不殆，从而降低企业的经营和投资风险。

（九）PEST 分析模型

PEST 分析用于对宏观环境的分析。宏观环境又称一般环境，是指影响一切行业和企业的各种宏观力量。对宏观环境因素进行分析时，不同行业和企业根据自身特点和经营需要，具体分析的内容会有差异，但一般都应对政治、经济、社会和技术这四大类影响企业的主要外部环境因素进行分析[157]。简单而言，称之为 PEST 分析法，如图 3-34 所示[154]。

1. 政治法律环境

政治法律环境包括一个国家的社会制度，执政党的性质，政府的方针、政策、法令等。不同的国家有着不同的社会性质，不同的社会制度对组织活动有着不同的限制和要求。即使社会制度不变的同一国家，在不同时期，由于执政党的不同，其政府的方针特点、政策倾向及对组织活动的态度和影响也是不断变化的。重要的政治法律变量包括：执政党性质，政治体制，经济体制，政府的管制，税法的改变，各种政治行动委员会，专利法的修改，环境保护法，产业政策，投资政策，国防开支水平，政府补贴水平，反垄断法规，与重要大国的关系，地区关系，对政府进行抗议活动的数量、严重性及地点，民众参与政

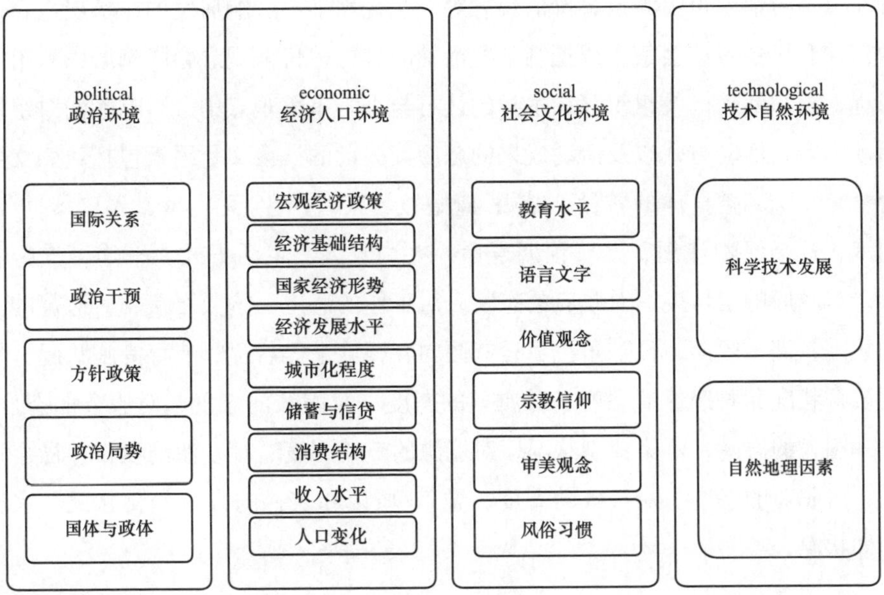


图 3-34 PEST 分析法

治的行为[158]。

2. 经济环境

经济环境主要包括宏观和微观两个方面的内容。宏观经济环境主要指一个国家的人口数量及其增长趋势，国民收入、国民生产总值及其变化情况以及通过这些指标能够反映的国民经济发展水平和发展速度。微观经济环境主要指企业所在地区或所服务地区的消费者的收入水平、消费偏好、储蓄情况、就业程度等因素。这些因素直接决定着企业目前及未来市场的大小。需要重点监视的关键经济变量包括 GDP 及其增长率、产业发展状况及变动趋势、贷款的可得性、可支配收入水平、居民消费（储蓄）倾向、利率、通货膨胀率、规模经济、政府预算赤字、消费模式、失业趋势、劳动生产率水平、汇率、证券市场状况、外国经济状况、进出口因素、不同地区和消费群体间的收入差别、价格波动、货币与财政政策。

3. 社会文化环境

社会文化环境包括一个国家或地区的居民文化程度和文化水平、宗教信仰、风俗习惯、审美观点、价值观念等。文化水平会影响居民的需求层次，宗教信仰和风俗习惯会禁止或抵制某些活动的进行，价值观念会影响居民对组织目标、组织活动以及组织存在本身的认可与否，审美观点则会影响人们对组织活动内容、活动方式以及活动成果的态度。关键的社会文化因素包括：妇女生育率、特殊利益群体的数量、结婚/离婚数、人口出生/死亡率、人口移进/移出率、社会保障计划、人口预期寿命、人均收入、生活方式、平均可支配收入、对政府的信任度、对政府的态度、对工作的态度、购买习惯、对道德的关切程度、储蓄倾向、性别角色、投资倾向、种族平等状况、节育措施状况、平均教育状况、对退休的态度、对质量的态度、对闲暇的态度、对服务的态度、对外国人的态度、污染控制状况、对能源的节约程度、社会活动项目、社会责任、对职业的态度、对权威的态度、城市/城镇和农村的人口变化状况、宗教信仰状况。

4. 技术环境

技术环境除了要考察与企业所处领域的活动直接相关的技术手段的发展变化外，还应及时了解：①国家对科技开发的投资和支持重点；②该领域技术发展动态和研究开发费用状况；③技术转移和技术商品化情况；④专利及其保护情况等。

（十）“战略钟”模型

“战略钟”模型是分析企业竞争战略选择的一种工具，这种模型为企业的管理人员和咨询顾问提供了思考竞争战略和取得竞争优势的方法[156]。

“战略钟”模型假设不同企业的产品或服务的适用性基本类似，那么，顾客购买时选择其中一家而不是其他企业可能有以下原因：①这家企业的产品和服务的价格比其他公司低；②顾客认为这家企业的产品和服务具有更高的附加值。

“战略钟”模型将产品—服务价格和产品—服务附加值综合在一起考虑，企业实际上沿着以下各种途径中的一种来完成企业经营行为，如图 3-35 所示。其中一些路线可能是成功的路线，而另外一些则可能导致企业的失败。

1. 低价低质战略

采用途径 1 的企业关注的是对价格非常敏感的细分市场的情况。企业采用

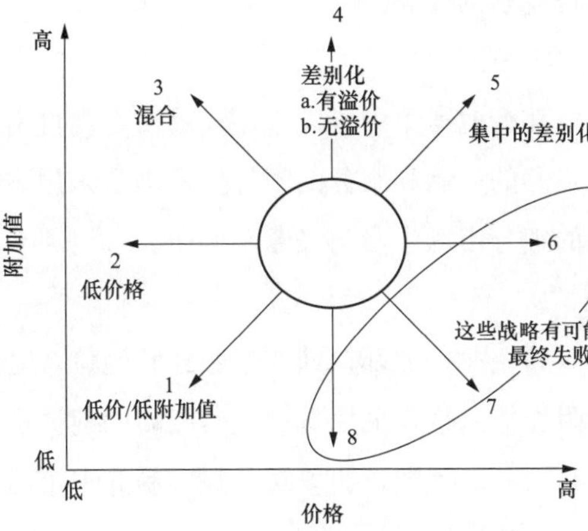


图 3-35 “战略钟”模型

这种战略是在降低产品或服务的附加值的同时降低产品或服务的价格。

2. 低价战略

采用途径 2 的是建立企业竞争优势的典型途径，即在降低产品或服务的价格的同时，提升产品或服务的质量。但是这种竞争策略容易被竞争对手模仿。在这种情况下，如果一个企业不能将价格降低到竞争对手的价格以下，或者由于低价格导致顾客难以对产品或服务的质量水平做出准确的判断，那么采用低价策略可能是得不偿失的。要想通过这一途径获得成功，企业必须取得成本领先地位。因此，这个途径实质上是成本领先战略。

3. 混合战略

采用途径 3 的企业在为顾客提供可感知的附加值的同时保持低价格。而这种高品质低价格的策略能否成功，既取决于企业理解和满足客户需求的能力，又取决于是否有保持低价格策略的成本基础。这种战略难以被模仿。

4. 差别化战略

采用途径 4 的企业以相同或略高于竞争对手的价格向顾客提供可感受的附加值，其目的是通过提供更好的产品和服务来获得更多的市场份额，或者通过稍高的价格提高收入。企业可以通过采取有形差异化战略，如产品在外观、质量、功能等方面的独特性；也可以采取无形差异化战略，如服务质量、客户服务、品牌文化等来获得竞争的优势。

5. 集中差别化战略

采用途径 5 的企业在行业竞争中可以采用高品质、高价格策略，即以特别高的价格为用户提供更好的产品和服务的附加值。但是采用这样的竞争策略意味着企业只能在特定的细分市场中参与经营和竞争。

6. 高价撇脂战略

采用途径 6、7、8 的企业一般都是处在垄断经营地位，完全不考虑产品的成本和产品或服务的附加值。企业采用这种经营战略的前提是市场中没有竞争对手提供类似的产品和服务；否则，竞争对手很容易夺来市场份额，并很快会削弱采用这一策略的企业的地位。

## 五、麦肯锡 7S 模型

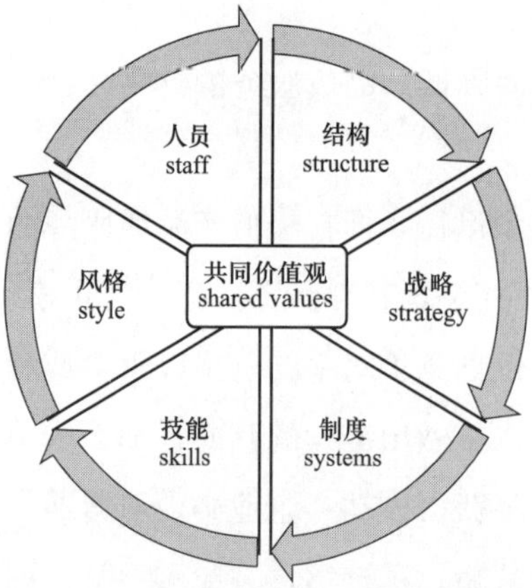


图 3-36 麦肯锡 7S 模型

麦肯锡 7S 模型指出了企业在发展过程中必须全面地考虑各方面的情况，包括结构（structure）、制度（ systems）、风格（style）、人员（staff）、技能（skills）、战略（strategy）、共同价值观（shared values）。也就是说，企业仅具有明确的战略和深思熟虑的行动计划是远远不够的，因为企业还可能会在战略执行过程中失误。因此，战略只是其中的一个要素，如图 3-36 所示[155]。

在模型中，战略、结构和制度被认为是企业成功的“硬件”，风格、人员、技能和共同价值观被认为是企业成功经营的“软件”。软件和硬件同样重要，各公司长期以来忽略的人性，如非理性、固执、直觉、喜欢非正式的组织等，其实都可以加以管理，这与公司的成败息息相关，绝不能忽略[168]。

（一）硬件要素分析

1. 战略

战略是企业根据内外环境及可取得资源的情况，为求得企业生存和长期稳定的发展，对企业发展目标、达到目标的途径和手段的总体谋划，是企业经营思想的集中体现，是一系列战略决策的结果，同时又是制订企业规划和计划的基础。企业战略管理理论是20世纪50年代到60年代由发达国家的企业经营者在社会经济、技术、产品和市场竞争的推动下，在总结自己的经营管理实践经验的基础上逐步发展起来的。1947年美国企业中制定发展战略的只有20%，而1970年已经达到了100%。日本经济新闻社在1967年曾进行过专门调查，在63家给予回答的日本大公司中，99%有战略规划。在美国进行的一项调查，有90%以上的企业家认为企业经营过程中最占时间、最为重要、最为困难的工作就是制定战略规划。可见，战略已经成为企业取得成功的重要因素，企业的经营已经进入了“战略制胜”的时代。

2. 结构

战略需要健全的组织结构来保证实施。组织结构是企业的组织使命和组织机制赖以生存的基础；是企业组织的构成形式，即企业的目标、协同、人员、职位、相互关系、信息等组织要素的有效排列组合方式，将企业的目标任务分解到职位，再把职位综合到部门，由众多的部门组成垂直的权利系统和水平分工协作系统的一个有机的整体。组织结构是为战略实施服务的，不同的战略需要不同的组织结构与之对应，组织结构必须与战略相协调。如通用电气公司，在20世纪50年代末，执行的是简单的事业部制，但那时企业已经开始实施大规模经营的战略。到20世纪60年代，该公司的销售额大幅度提高，而行政管理却跟不上，造成多种经营失控，影响利润的增长。在20世纪70年代初，企业重新设计了组织结构，采用了战略经营单位结构，使行政管理滞后的问题得到解决，妥善地控制了多种经营，利润也相应地得到提高。由此看出，企业组织结构一定要适应实施企业战略的需要，应是企业战略贯彻实施的组织保证。

3. 制度

企业的发展和战略实施需要完善的制度作为保证，而实际上各项制度又是企业精神和战略思想的具体体现。所以，在战略实施过程中，应制定与战略思想相一致的制度体系，要防止制度的不配套、不协调，更要避免背离战略的制度出现。在具有创新精神的3M公司，一个人只要参加新产品的开发工作，他在公司里的职位和薪酬自然会随着产品的成绩而改变。即使开始他只是生产一线的一个工程师，如果产品打入市场，就可以提升为产品工程师；当产品的年销售额达到 500 万美元时，他就可以成为产品线经理。这种制度极大地激发了员工创新的积极性，促进了企业的发展。

（二）软件要素分析

1. 风格

杰出的企业都呈现出既中央集权又地方分权的宽严并济的管理风格。他们一方面让生产部门和产品开发部门极端自主，另一方面又固执地遵循着几项流传久远的价值观[159]。

2. 共同的价值观

由于战略是企业发展的指导思想，只有企业的所有员工都领会了这种思想并用其指导实际行动，战略才能得到成功的实施。因此，战略研究不能只停留在企业高层管理者和战略研究人员这一个层次上，而应该让执行战略的所有人员都能够了解企业的整体战略意图。企业成员共同的价值观念具有导向、约束、凝聚、激励及辐射作用，可以激发全体员工的热情、统一企业成员的意志和欲望，使其齐心协力地为实现企业的战略目标而努力。这就需要企业在准备战略实施时，要通过各种手段进行宣传，使企业的所有成员都能够理解它、掌握它，并用它来指导自己的行动。日本在经济管理方面的一个重要经验就是注重沟通领导层和执行层的思想，使得领导层制定的战略能够顺利地、迅速地付诸实施。

3. 人员

战略实施还需要充分的人力准备，有时战略实施的成败确系于有无适合的人员去实施。实践证明，人力准备是战略实施的关键。IBM 的一个重要原则就是尊重个人，并且花很多时间来执行这个原则。因为，他们坚信员工不论职位高低，都是产生效能的源泉。所以，企业在做好组织设计的同时，应注意配备符合战略思想需要的员工队伍，将他们培训好，分配给他们适当的工作，并加强宣传教育，使企业各层次人员都树立起与企业的战略相适应的思想观念和工作作风。如麦当劳的员工都十分有礼貌地提供微笑服务；IBM 的销售工程师技术水平都很高，可以帮助顾客解决技术上的难题；迪斯尼的员工生活态度都十分乐观，他们能为顾客带来欢乐。人力配备和培训是一项庞大、复杂和艰巨的组织工作[153]。

4. 技能

在执行公司战略时，需要员工掌握一定的技能，这有赖于严格、系统的培训。松下幸之助认为，每个人都要经过严格的训练，才能成为优秀的人才。譬如在运动场上驰骋的健将们大显身手，但他们惊人的体质和技术不是凭空而来的，而是长期在生理和精神上严格训练的结果。如果不接受训练，一个人即使有非常好的天赋也可能无从发挥。

因此，在企业发展过程中，要全面考虑企业的整体情况，只有在软硬7个要素方面能够很好地沟通和协调的情况下，企业才能获得成功。

## 第二节 组织设计咨询

### 一、组织机构设计及咨询服务概述

（一）组织机构设计及咨询流程

1. 组织机构设计咨询内容

企业的组织架构是一个企业的管理枢纽，是企业资源整合和执行力提升的必备条件。组织结构可从复杂性、正规化和集权化等维度进行分析设计。

复杂性是指组织分化的程度。一个组织越是进行细致的劳动分工，具有越多的纵向等级层次，组织分布的地理分布越是广泛，则协调人员及其活动就越是困难[184]。

组织依靠规则和程序引导员工行为的程度即正规化。有些组织仅以很少的规范准则来运行，另一些组织却具有各种规定指示员工的规范行为。一般来说，一个组织使用的规章条例越多，其组织结构就越正规化。

集权化考虑决策制定权力的分布。在一些组织中，决策是高度集中的，问题自下而上传递给高级经理人员，由他们选择合适的行动方案。而另外一些组织，其决策权力则授予下层人员，这被称作是分权化。

组织设计咨询能够解决的典型问题概述如下：①设计实施与企业经营发展战略有效匹配的组织架构；②设计实施清晰的部门及核心岗位的工作职责及权限配置表；③有效梳理和制定总部对分公司、门店的管控模式；④制定科学合理的总部、门店人员编制，提升组织的管理绩效；⑤提供核心管理人员的一对一访谈，确保核心部门及岗位的人岗匹配度适中，合适的人做合适的工作。

2. 组织设计咨询的工作周期及任务流程

组组设计咨询项目实施的主要内容及工作周期见表 3-4。

**表 3-4　　组织设计咨询项目实施的主要内容及工作周期**

| 咨询项目阶段 | 核心工作内容 | 工作天数 |
|---|---|---|
| 项目前期调研阶段 | 通过现场调研，发现问题，准确了解企业需求，确定方案的主导思路和主要工作内容 | 现场 4 天 |
| 方案撰写阶段 | 完善、优化现有组织架构，出具主要部门、核心岗位的工作职责及管控要点 | 非现场 25 天 |
| 方案讨论、修改阶段 | 讨论修改优化方案第一稿；核心岗位人员一对一访谈 | 现场 3～4 天 |
| 进一步修改完善阶段 | 讨论修改二稿方案；总部、门店定岗定编 | 现场 3～4 天 |
| 方案确定和培训答疑阶段 | 进一步讨论并最终定稿，同时召开方案宣讲和培训会，回答相关质疑和问题 | 现场 4 天 |
| 跟踪阶段 | 在项目结束后的 3～6 个月内，对新的组织架构运行情况进行全程跟踪，对出现的问题进行现场或非现场指导 | 现场 4 天 |

组织设计咨询过程如图 3-37 所示。

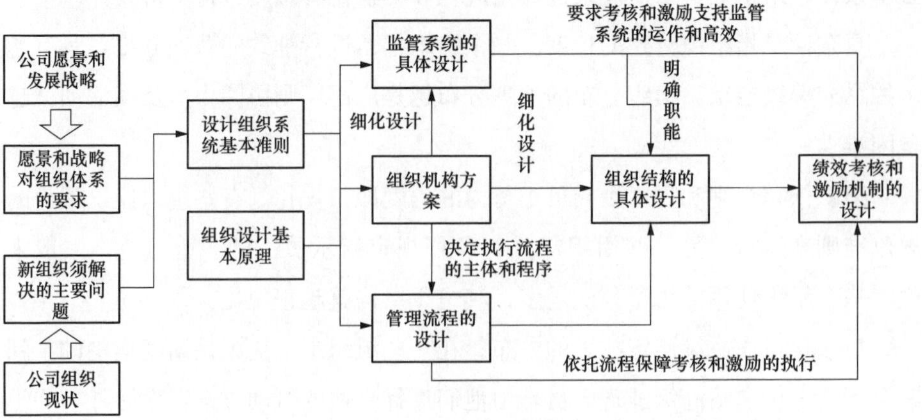


图 3-37　组织设计咨询过程

（二）组织结构设计流程

组织结构设计是通过对组织资源（如人力资源）的整合和优化，确立企业某一阶段的最合理的管控模式，实现组织资源价值最大化和组织绩效最大化[200]。具体步骤如下。

1. 确定企业战略

针对企业所处行业进行分析，包括分析所处行业的买方讨价还价能力、卖方讨价还价能力、潜在进入者威胁、现有竞争者的竞争和替代品的威胁[203]。通过分析判断行业竞争态势、行业标杆、企业在行业所处的地位，并对企业进行优势、劣势、机会、威胁分析，通过内外部资源及环境的分析，研究企业的竞争优势，找出企业的核心竞争力，研究提出企业战略，如组织目标、经营战略、竞争战略、职能战略[206]。

2. 现况评估，优化流程

绘制现行组织架构图，并对现有组织结构进行问题分析、工作分析，运用流程分析方法，找出企业的核心增值流程，并在此基础上分析各流程的控制点。

3. 进行组织设计

根据优化的流程及控制点，设计企业应设哪些岗位，在此基础上确定组织结构。

4. 沟通完善

通过与企业各阶层的沟通来完成最终设计[185]。组织架构设计的一般流程如图 3-38 所示。

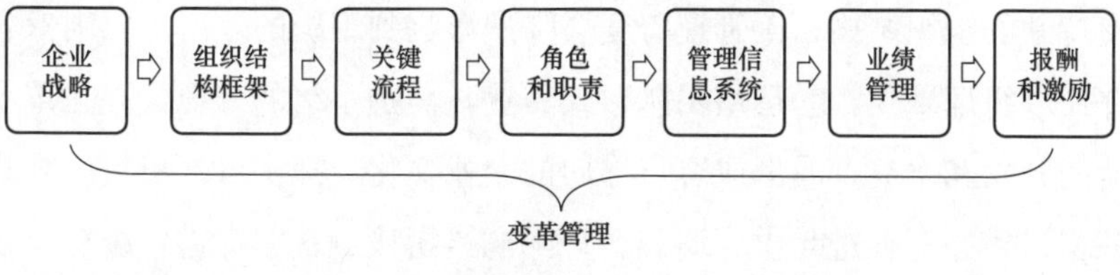


图 3-38 组织架构设计的一般流程

（三）组织设计及变更要点

1. 组织设计关注要点

企业组织设计应重点关注以下要点：①组织重整不只是纸上画画，而是要塑造公司员工的工作环境，进而创造新的企业文化；②组织重整的目的并不只是降低成本，新的组织必须支持和促进长期的企业发展策略；③计划组织重整时，必须考虑如何衡量其成功与否；④对所有员工进行沟通和培训，并有员工代表的参与[186]。

组组设计实施过程如图 3-39 所示。

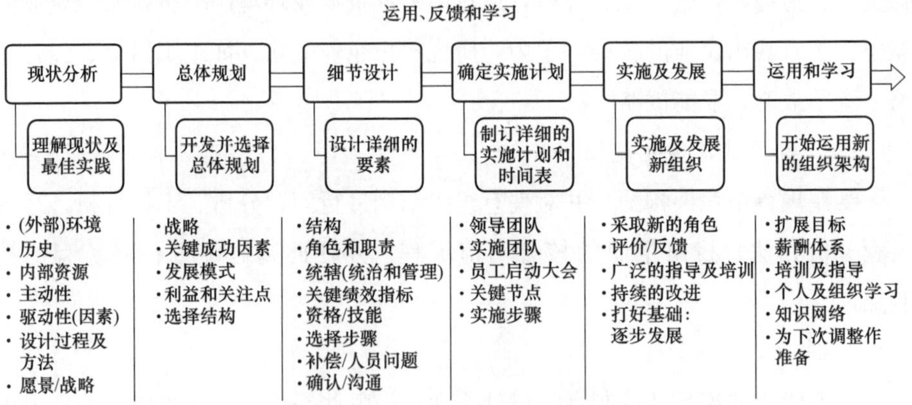


图 3-39 组织设计实施过程示例

2. 组织变革关注要点

企业为了适应外部环境的变化，需要重新设计组织结构，实施组织变革，并强调关注以下要点：①最高管理层的支持，并取得整个组织的认同；②在广泛信息收集及分析的基础上得出结论；③奖励制度和培训发展策略必须做好计划以支持新的组织结构；④管理跨度会强烈影响到组织的效率，要确保权责相符，并使层级扁平化；⑤运用团队形式作业，奖励小组的表现，并注重个人多项技能的开发和培养；⑥形成客户导向的企业文化，提供对外与对内客户服务的统一窗口，并能促进与供应商和客户间的紧密接触；⑦提供各组织单位高度自治权，同时确保各组织单位间顺畅沟通与协调；⑧可以将核心技能以外的业务功能外包，策略性地进行外包及用好公司自身核心能力，以便更好地发挥公司技术资源优势，提高竞争力；⑨允许整个核心业务流程集中在一个组织单位内；跨地区客户的销售与服务由集团总部来协调和控管；⑩在公司由小变大的演化过程中，公司的最佳组织形式应体现不同的特点。

正确的组织结构可以使一个大公司像小公司一样反应灵敏，如形成小型总部、扁平组织。如果没有科学合理的员工考评体系，员工对自己在企业中的目标、定位、评价不清晰，就会阻碍员工的发展，同时也不利于企业的发展。

组织改变往往会引起员工的担忧和反弹，有时需一段时间适应新流程、汇报关系与合作关系，或需一段时间进行培训，短期内生产效率会降低。进行组织改变前，就应该进行专业分析和系统谋划，确保实施变革的必要性，做好全面沟通计划并获得领导支持以便顺利进行。

组织设计最佳实践如图 3-40 所示。

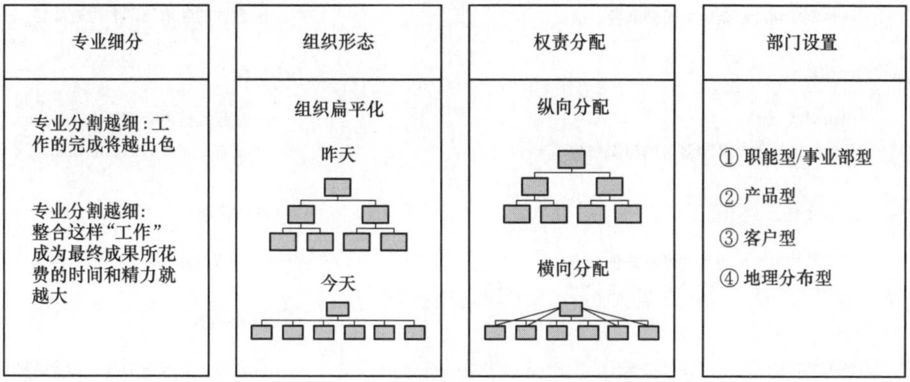


图 3-40　组织设计最佳实践示例

成功的组织设计应该包括 8 个方面的主要内容，如图 3-41 所示。

3. 组织目标及管理幅度

在组织战略规划的制定中，必须理清组织目标诉求，见表 3-5。

**表 3-5　　组织目标诉求及重点关注内容**

| 组织目标诉求 | 重点关注内容 |
|---|---|
| 企业目标 | 包括企业的短期、中期和长期目标 |
| 愿景与使命 | 企业必须有清晰的愿景，并在全体员工中达成一致 |

续表

| 组织目标诉求 | 重点关注内容 |
| --- | --- |
| 发展战略 | 包括企业的中、长期发展战略，市场定位 |
| 竞争环境 | 企业所处的内、外部竞争环境 |
| 管理理念 | 企业在长期发展中形成的管理理念或企业文化 |
| 客户价值 | 在以客户为导向的市场环境下，企业在创造自己价值的同时提供给客户的最大价值 |

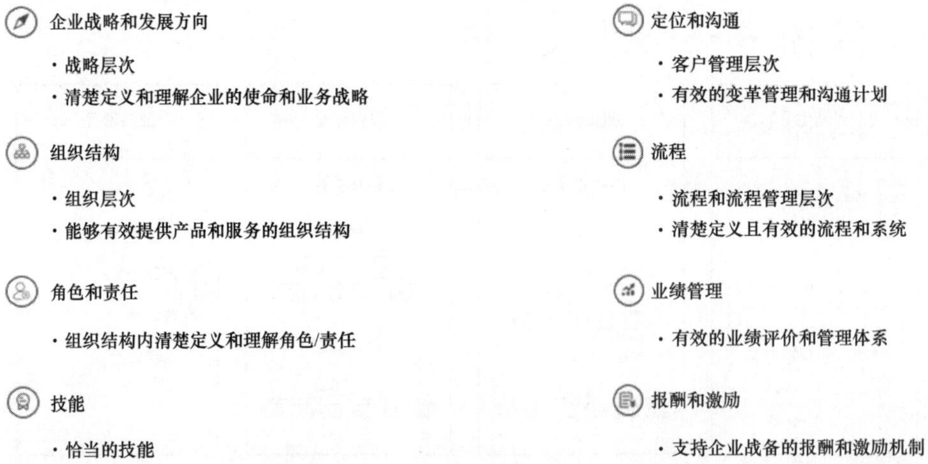


图 3-41　组织设计的 8 项内容

管理幅度是指一名主管直接领导的下级人员数，其大小意味着主管直接控制和协调的业务活动量的多少，同时，管理层次与管理幅度关系密切、具有反比例的数量关系[205]。一般认为，企业有多少个主管职务等级，就有多少个管理层次[187]。可以说，同样规模的企业，加大管理幅度，就会减少管理层次；反之，就会增加管理层次。一名主管能够有效地直接主管的下级人数，称为有效管理幅度，这是决定管理层次的一个基本因素。常见的管理幅度与管理层次如表 3-6 所示。

表 3-6 管理幅度与管理层次

| 管理层次 | 管理幅度 | 最佳管理幅度的决定因素 |
|---|---|---|
| 总经理 | 平均 2 人，最多 3 人 | 一般为管理 5～15 名直接下属，依赖于员工素质、信息沟通技术、计划控制系统和管理风格 |
| 分公司经理 | 平均 2 人，最多 3 人 | |
| 部门经理 | 平均 8 人，最多 15 人 | |
| 分部门经理 | 平均 2 人，最多 5 人 | |

## 二、组织设计咨询模型及分析工具

### （一）组织模式及职责界定

1. 组织模式类型

（1）功能导向组织模式。功能导向组织模式是最常见的一种组织结构，通常由集团总部作决策，其特点见表 3-7[188]。

表 3-7 功能导向组织模式的特点

| 优　点 | 缺　点 |
|---|---|
| 有利于形成统一标准 | 跨部门信息沟通、反馈、决策缓慢 |
| 高度职能专门化提高作业效率 | 无法向客户提供所需的各项技能 |
| 快速纵向信息沟通 | 容易导致缺乏全盘流程概念 |
| 岗位职责和汇报体系清晰明朗 | 业务流程中易出现“瓶颈”现象 |

（2）产品导向组织模式。产品导向组织模式按不同产品线设置部门，每一产品部门内可能包括研发、市场、生产、服务等业务单元，其特点见表 3-8[209]。

表 3-8 产品导向组织模式的特点

| 优　点 | 缺　点 |
|---|---|
| 便于公司衡量、监控产品成本，以及产品或服务的质量 | 客户可能需要同时获得多种产品或服务 |
| 便于提供给客户全面性的产品支持 | 易造成业务活动的重复操作 |
| 有利于产品开发 | 成本和费用的增加 |

（3）客户导向组织模式。客户导向组织模式按特定客户群或地域设置组织机构，每个部门内可能包括研发、市场、生产、服务等业务单元，其特点见表

3-9。

表 3-9　　客户导向组织模式的特点

| 优　点 | 缺　点 |
| --- | --- |
| 对需要不同产品的客户能提供全面服务，提高客户对公司的信赖 | 业务人员对产品了解程度可能较弱 |
| 容易根据客户群进行追踪及预测，对市场有充分的了解和高度市场敏感度，对市场变化能做出迅速反应 | 造成某些业务活动的重复操作，成本和费用增加 |

（4）矩阵式组织模式。矩阵式组织结构形式是在直线职能式垂直形态组织系统的基础上，再增加一种横向的领导系统，由职能部门系列和完成某一临时任务而组建的项目小组系列组成，从而同时实现了事业部式与职能式组织结构特征[201]。其组织模式如图 3-42 所示，而其特点见表 3-10。

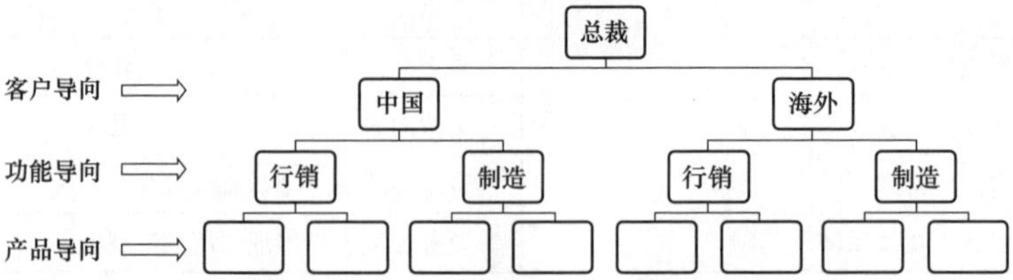


图 3-42　矩阵式组织示例

表 3-10　　矩阵式组织模式特点

| 优　点 | 缺　点 |
| --- | --- |
| 提供高度灵活的应变能力 | 可能因管理人员增加，导致较高的成本 |
| 能高效利用人力资源 | 可能造成职能部门经理和项目小组负责人的冲突和矛盾 |
| 便于横向和纵向信息沟通 | 员工对不同上级汇报工作，汇报体系模糊 |
| 有利于跨部门业务合作 | 工作复杂性增大，难以核算成本 |
| 能迅速解决问题与实现目标 | “规模经济”效应减弱 |

（5）复合型组织模式。一个组织内可能包含几种组织模式，不同的组织模式可以根据现实情况进行有机结合以达到效率与成本的最优，如图 3-43 所示。

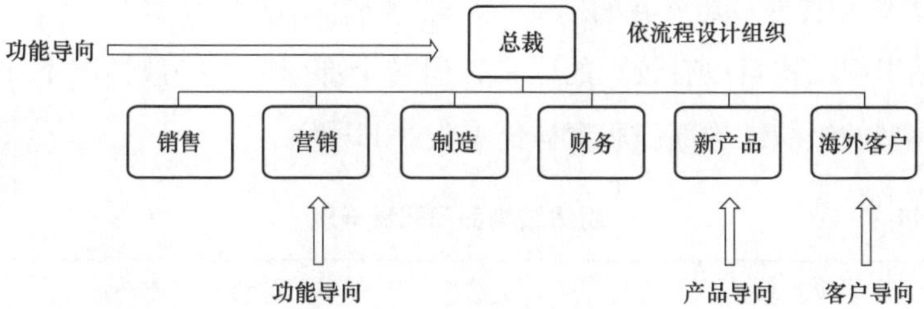


图 3-43 复合型组织模式

2. 组织结构的演变趋势

现代企业十分推崇流程再造、组织重构，以客户的需求和满意度为目标，对企业现有的业务流程进行根本性的再思考和重建，利用先进的制造技术、信息技术以及现代化的管理手段，最大限度地实现技术上的功能集成和管理上的职能集成，以打破传统的职能型组织结构，建立全新的过程型组织结构[189]。其演变趋势如图 3-44 所示。

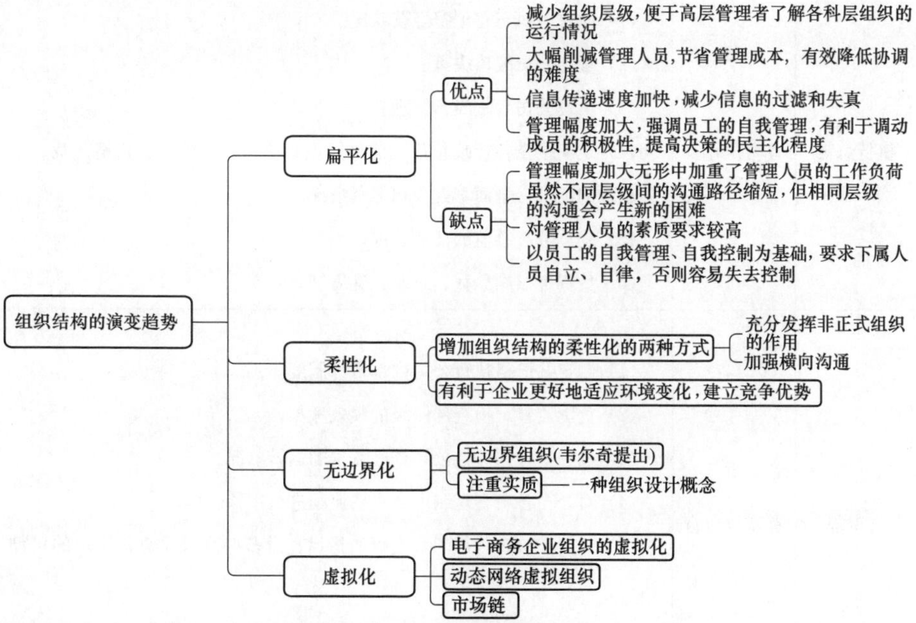


图 3-44 组织结构的演变趋势图

3. 组织结构部门职责样例

虽然组织结构可以有较大的区别，但各个部门职责一般情况下比较固定，现给出典型的组织结构部门职责样例见表3-11[202]。

**表3-11　　组织结构部门职责样例**

| 职位 | 汇报方向 | 职责简述 |
| --- | --- | --- |
| 首席执行官 | 董事会 | （1）根据公司章程向董事会汇报公司经营状况。<br>（2）执行董事会决议，接受董事会的监督。<br>（3）组织制定公司战略。<br>（4）负责整个公司的总体运作。<br>（5）任免执行总裁、副总裁、总监。<br>（6）年初作为预算委员会（虚拟组织）的负责人，对公司预算管理负责。<br>（7）审批内审部根据考核结果制定的奖惩方案。<br>（8）考核执行总裁 |
| 执行总裁 | 首席执行官 | （1）向首席执行官汇报经营状况。<br>（2）参与公司战略决策。<br>（3）负责公司日常经营管理。<br>（4）定期接受各行政总裁、信息知识总监、财务总监、营销总裁、业务总裁的汇报，全面掌握公司运营情况。<br>（5）副总裁、总监的任免建议。<br>（6）负责考核副总裁、总监，签署绩效合同 |
| 内审部 | 首席执行官 | （1）制定并严格执行公司内部审计制度。<br>（2）负责监督、检查部门级的绩效考核。<br>（3）抽查审计并考核公司核心流程的运转状况。<br>（4）对公司各项管理制度和主要流程进行审核确认。<br>（5）督促、检查各部门对上级的指示、总裁办决议及总裁决定的贯彻执行。<br>（6）审核、监控公司级制度的执行情况（包含质量体系的监控）。<br>（7）协调并仲裁流程之间的冲突 |

续表

| 职位 | 汇报方向 | 职责简述 |
| --- | --- | --- |
| 总裁办 | 首席执行官 | （1）协调内外关系，为公司重大决策提供支撑。<br>（2）负责公司级文件审核及制度的发布。<br>（3）负责起草公司的综合性工作计划、总结和工作报告。<br>（4）负责公司级会议的组织、协调、记录。<br>（5）负责政府公关的总体规划、建立、维系与发展。<br>（6）负责公司领导的外事活动安排及重要商务活动的日程安排。<br>（7）负责公司印鉴管理。<br>（8）负责制定公文规范、公司文件编号、公司级文件的立卷、归档、保管工作 |
| 行政总裁 | 执行总裁 | （1）领导人力资源部、综合事务部及企业文化部的工作。<br>（2）组织制定公司人力资源战略。<br>（3）负责分管部门重大决策的制定与实施。<br>（4）审批分管部门的工作计划、费用预算。<br>（5）对分管部门主要负责人的任免建议。<br>（6）与分管部门负责人签署绩效合同。<br>（7）审批分管部门根据员工绩效考核提出的奖惩方案。<br>（8）协调分管部门与公司其他部门间的关系 |
| 财务总监 | 执行总裁 | （1）执行公司董事会决议，向执行总裁报告工作。<br>（2）负责领导证券投资部、计划财务部的工作。<br>（3）审核公司财务预算、财务计划。<br>（4）负责公司融资及重大投资决策方案的制定。<br>（5）参与公司的发展战略、生产经营决策。<br>（6）参与新产品开发、技术改造、科技研究、商品（劳务）价格和工资奖金方案的制定；参与重大经济合同和经济协议的研究、审查。<br>（7）审批公司重大事项的用款和费用开支。<br>（8）负责公司内部财务机构设置。<br>（9）对分管部门负责人的任免建议。<br>（10）审批分管部门根据员工绩效考核提出的奖惩方案。<br>（11）与分管部门负责人签署绩效合同 |

续表

| 职位 | 汇报方向 | 职 责 简 述 |
| --- | --- | --- |
| 信息知识总监 | 执行总裁 | （1）负责制定整个公司的信息化建设规划。<br>（2）负责整个公司的知识及信息的收集、整理、共享和使用的管理。<br>（3）领导、监督公司信息中心的工作。<br>（4）审批部门预算、绩效奖惩方案。<br>（5）对分管部门负责人的任免建议。<br>（6）负责整个公司的信息安全，确保公司网站、信息系统的正常运转。<br>（7）审批信息中心制定的相关管理制度。<br>（8）协调信息中心与公司其他部门的关系。<br>（9）与分管部门负责人签署绩效合同 |
| 营销总裁 | 执行总裁 | （1）负责制定整个公司的营销战略并组织实施。<br>（2）对分管部门负责人的任免建议。<br>（3）审批部门预算、绩效奖惩方案。<br>（4）负责对外关系、渠道选择。<br>（5）负责整个公司营销网络的建设。<br>（6）负责完成营销利润指标。<br>（7）负责销售队伍培训、建设及管理。<br>（8）与分管部门负责人签署绩效合同 |
| 业务总裁 | 执行总裁 | （1）领导整个公司的产品研发、工程实施及售后服务工作。<br>（2）对分管部门负责人的任免建议。<br>（3）审批部门预算、绩效奖惩方案。<br>（4）负责与分管部门负责人签署绩效合同。<br>（5）确保完成公司下达的利润指标。<br>（6）协调各事业部资源调配、指标分解、利润分成 |
| 人力资源部 | 行政总裁 | （1）根据公司整体战略规划，进行人力资源规划，建立健全完整的人力资源管理制度和管理体系。<br>（2）负责落实考勤、人员需求、招聘、人才测评、组织管理、岗位管理、教育培训、员工绩效考核、薪资管理、职业生涯规划、员工关系管理等各种人力资源管理活动。<br>（3）负责职称管理、技术资格评定、劳动合同管理、人事档案管理、办理保险及各类人事手续。 |

续表

| 职位 | 汇报方向 | 职责简述 |
| --- | --- | --- |
| 人力资源部 | 行政总裁 | (4) 通过各种人力资源管理活动，实现人才与岗位的匹配，实施人才开发。<br>(5) 根据内审部提供的绩效考核结果，组合计算绩效工资。<br>(6) 参与公司战略规划 |
| 综合事务部 | 行政总裁 | (1) 建立并监督执行后勤服务制度。<br>(2) 建立并管理各区域后勤服务共享平台。<br>(3) 负责公司办公用房的分配调整及办公用品用具标准的制定和管理，并对办公用品的分领、统计工作进行检查督促。<br>(4) 负责员工宿舍的管理安排。<br>(5) 负责公车的管理和前台接待工作。<br>(6) 负责公司的清洁卫生、安全防范工作。<br>(7) 负责公司会议设备的使用管理。<br>(8) 负责各类文件的打印、装订。<br>(9) 负责公司报刊、函件分发及图书管理 |
| 企业文化部 | 行政总裁 | (1) 负责公司的企业文化建设。<br>(2) 倡导、宣传、灌输公司核心文化。<br>(3) 宣传刊物（杂志）的策划、采编、制作及发行管理。<br>(4) 对公司整体形象宣传提出媒体选择建议。<br>(5) 负责公司宣传所需的素材编写、加工及管理 |
| 信息中心 | 信息知识总监 | (1) 提议、审核新系统/功能开发，监督信息工具的运行情况，制定系统开发标准程序。<br>(2) 充分了解用户（公司内部）的需求并开发方便好用的自动化系统和报表。<br>(3) 负责日常的系统和网络规划管理，并执行热线服务中心安排的技术支持。<br>(4) 提供总部与分公司用户单一的窗口，为公司员工解决任何电脑使用上所遇到的障碍和问题。<br>(5) 提供信息技术方面的各类培训。<br>(6) 协助各部门工作内容的信息技术实现 |

续表

| 职位 | 汇报方向 | 职 责 简 述 |
|---|---|---|
| 计划财务部 | 财务总监 | （1）负责组织制订公司财务计划、资本运作计划、分配计划等。<br>（2）负责公司日常财务核算及财务管理工作。<br>（3）负责公司资金调拨工作，确保公司所需运转资金。<br>（4）负责公司内部的财务审计工作。<br>（5）进行财务分析、会计报表的制作和分析。<br>（6）配合内审部实施财务指标考核。<br>（7）指导公司其他部门的财务预算编制工作 |
| 证券投资部 | 财务总监 | （1）负责公司筹资管理。<br>（2）为公司投资管理提供决策信息。<br>（3）负责分析公司资金结构，确定公司的资金运作模式。<br>（4）负责公司上市及资本运作。<br>（5）建立与投资人的良好合作关系。<br>（6）公司投资项目方案的制定与选择 |
| 销售项目管理部 | 营销总裁 | （1）销售项目管理流程/规范的建立、监督和实施。<br>（2）项目跟踪、评审。<br>（3）项目经理、销售项目的考核 |
| 市场部 | 营销总裁 | （1）市场规划。<br>（2）对目标市场定期、定量、定性的调研、分析。<br>（3）产品形象的策划、宣传。<br>（4）市场信息的管理。<br>（5）营销计划的研究、制订。<br>（6）市场费用预算、执行、考核 |
| 采购商务部 | 营销总裁 | （1）制定并组织评审采购方案。<br>（2）实施采购行为，处理进出口外贸事务。<br>（3）跟踪合同签订情况，收集分析采购需求。<br>（4）外购物资的检验/验证，入库管理。<br>（5）物资设备的维修。<br>（6）物流公司的接口，配合物流公司实现物资的高效配送、分发。<br>（7）参与销售合同的商务谈判 |

续表

| 职位 | 汇报方向 | 职 责 简 述 |
| --- | --- | --- |
| 渠道合作部 | 营销总裁 | (1) 为公司与原厂商的合作提供信息支持。<br>(2) 建立并管理原厂商的信息资料库。<br>(3) 渠道关系管理。<br>(4) 参与采购商务合同的评审 |
| 行业管理部门 | 营销总裁 | (1) 了解行业发展动向。<br>(2) 收集行业市场信息。<br>(3) 了解竞争对手相关资料，建立客户及竞争对手资料库。<br>(4) 收集客户组织机构及人力资源信息。<br>(5) 确保本行业重要领导及客户的紧密联系。<br>(6) 行业战略合作伙伴关系的建立及维系 |
| 其他部门 | … | … |

(二) 组织结构选择

组织结构是一个组织的骨架，其设计的优劣将在很大程度上影响组织的功能、效率及有效性[190]。因此选择合适的组织结构，是建立一个组织的基本任务。

1. 组织信息系统设计

组织机构信息系统设计分析框架如图 3-45 所示。

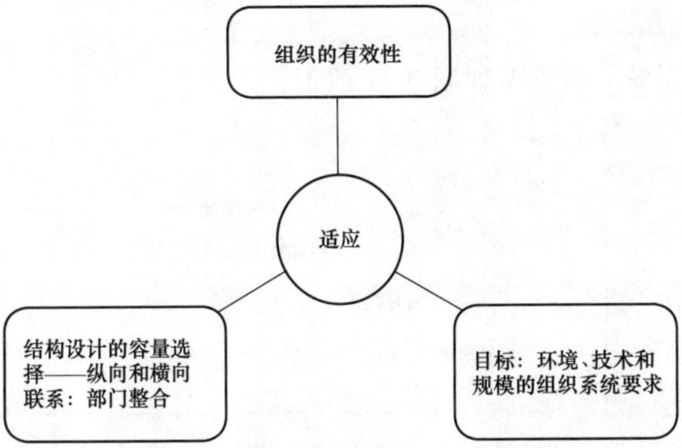


图 3-45 组织结构的信息系统设计

2. 纵向信息联系

纵向信息联系分析框架如图 3-46 所示。

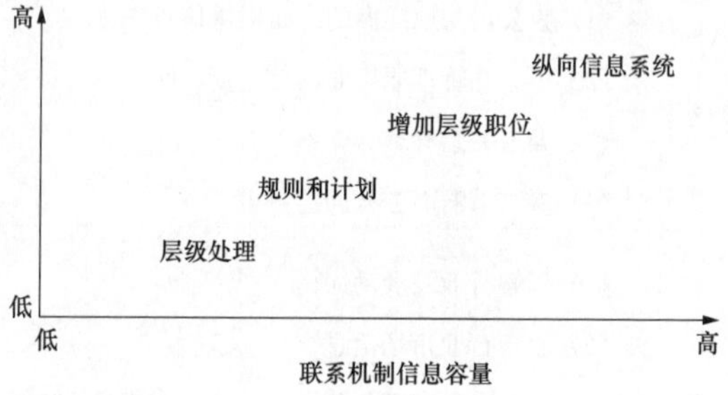


图 3-46 纵向信息联系

需要重点关注如下问题。

(1) 层级处理：第一个联系的策略是层级，即命令链。通过命令与汇报的关系确保组织的有效性。

(2) 规则与计划：第二个联系的策略是运用规则和计划，解决和处理常规性和重复性的问题或决策。

(3) 增加层级职位：第三个联系的策略是增加各层级的职位，如副手、助理等。

(4) 纵向信息系统：以分送给管理者的定期报告、书面信息和以计算机为基础的沟通。信息系统使得上下级的沟通更为有效[199]。

3. 横向信息联系

横向信息系统分析框架如图 3-47 所示。

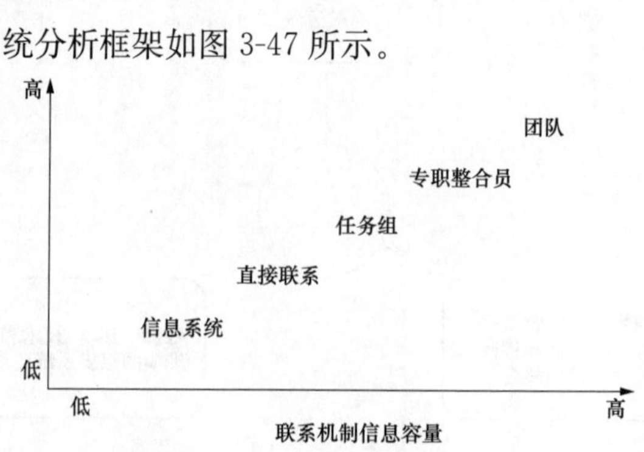


图 3-47 横向信息联系

需要重点关注如下问题。

（1）信息系统：以计算机信息为基础的跨职能横向联系系统，使管理人员和一线工作人员可以就问题、机会、活动、决策等进行例行信息交换。

（2）直接联系：高级别人员的跨部门直接联系，以协调完成一项整体性的工作。

（3）任务组：当一项工作需要多个部门合作时，通过临时任务组进行协调。

（4）专职整合员：常规性任务的多部门协调由专职人员负责协调整合，如产品经理、项目经理、品牌经理、生产经理等。专职整合人员由于责任多而权力小，因此必须具备良好的人际交往能力，凭借专业知识和游说实现协调。

（5）团队：团队是目前最强的横向联系机制，属于长期的、跨职能的任务组。

4. 职能式组织结构选择

职能式组织结构及其特征如图 3-48 和图 3-49 所示。

图 3-48　职能式组织结构

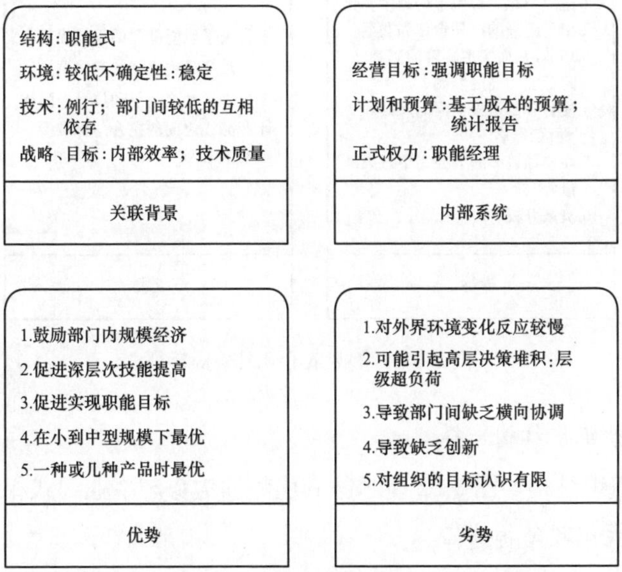


图 3-49　职能式组织结构特征

5. 事业部式组织结构选择

事业部式组织结构及其特征如图 3-50、图 3-51 所示。

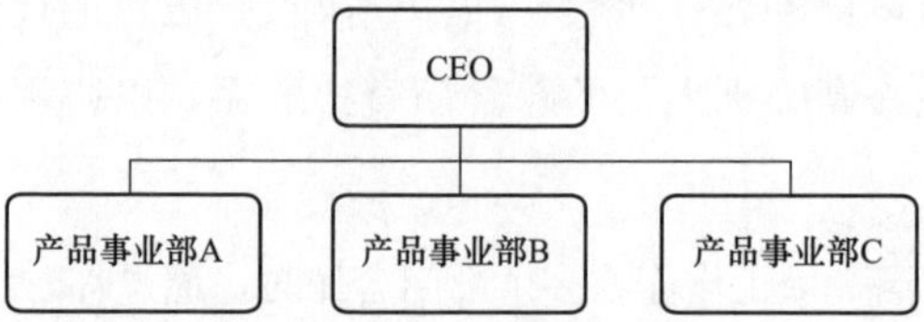


图 3-50 事业部式组织结构

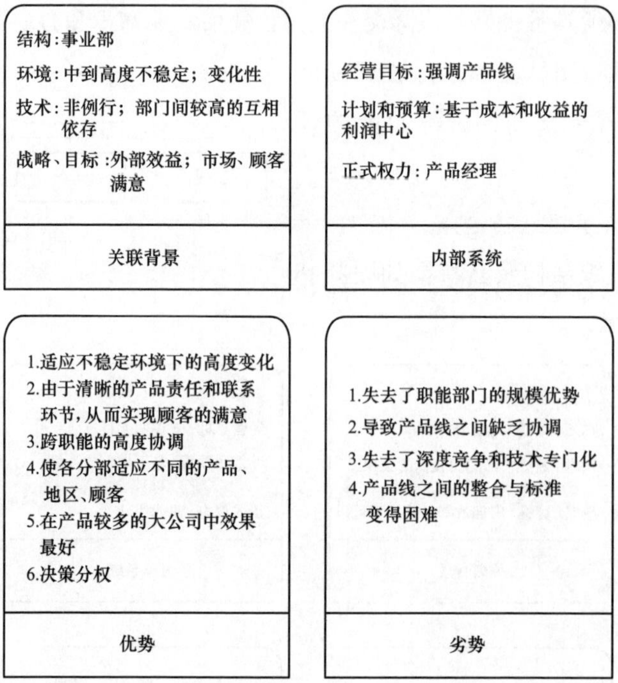


图 3-51 事业部式组织结构特征

6. 区域性组织结构选择

区域性组织结构如图 3-52 所示。其优势和劣势与事业部式相同。

7. 混合式组织结构选择

混合式组织结构及其特征如图 3-53、图 3-54 所示。

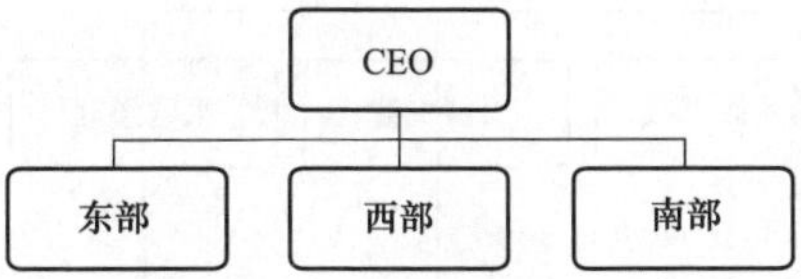


图 3-52 区域性组织结构

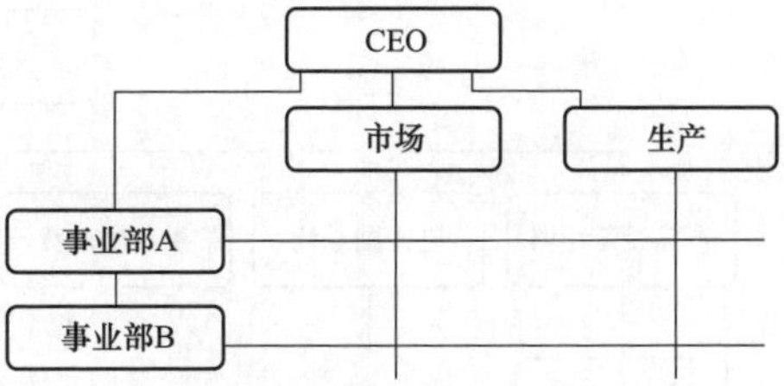


图 3-53 混合式组织结构

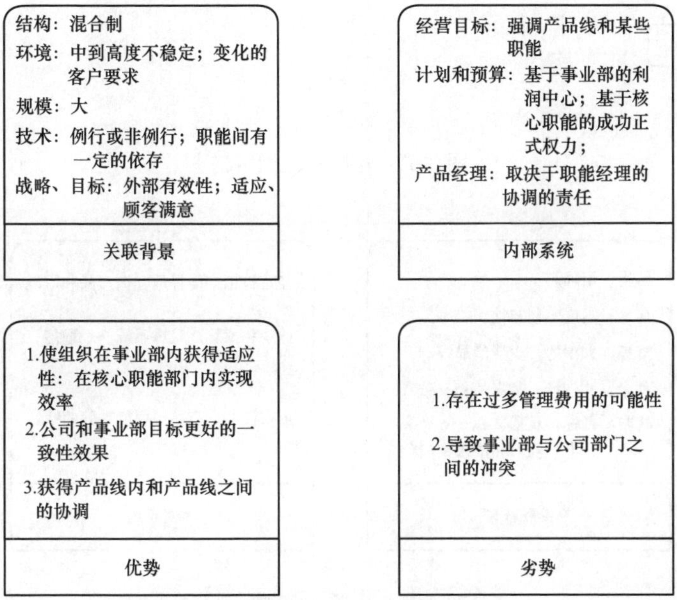


图 3-54 混合式组织结构特征

8. 矩阵式组织结构选择

矩阵式组织结构及其特征如图 3-55、图 3-56 所示。

9. 横向型组织结构的选择

选择横向型组织结构，主要关注如下要点。

（1）围绕工作流程或过程，而不是职能来建立组织。图 3-54 是组织结构的区域性组合，图 3-55 则是组织结构的混合式组合。

（2）纵向的层级组织扁平化，可能只在传统的支持性职能部门（如财务、

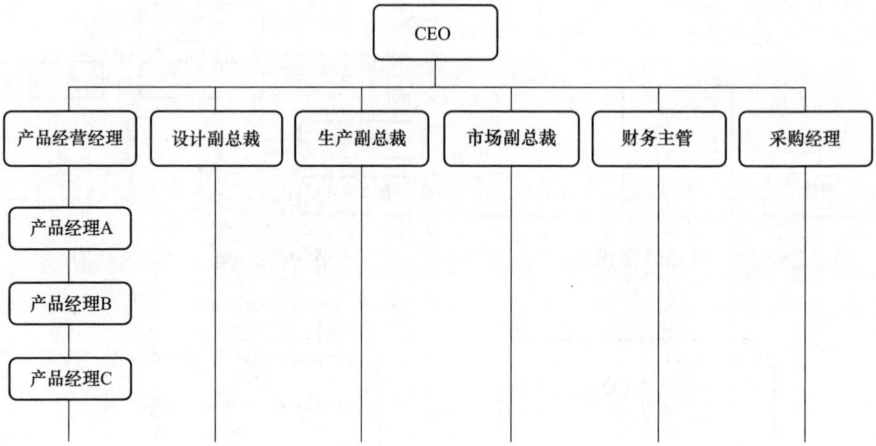


图 3-55　矩阵式组织结构

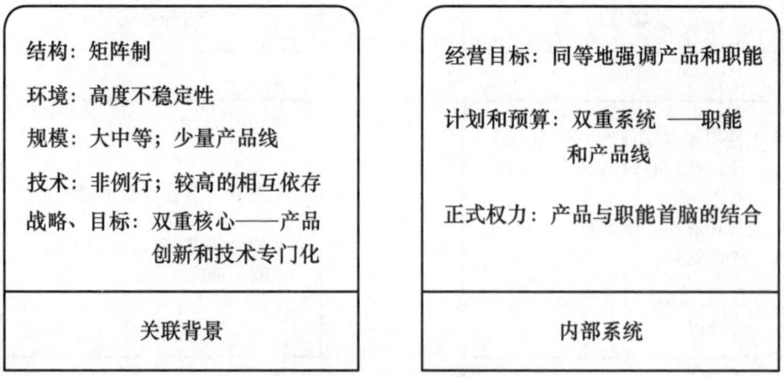


图 3-56　矩阵式组织特征

人力资源）保留少量的高级管理者。

（3）管理的任务委托到更低的层级。

（4）为了满足顾客要求，必须与顾客保持直接的联系，驱动横向组织的发展。

（5）自我管理型团队是新型横向组织的基本单位。

自我管理型团队有如下特征：①属于永久型团队；②团队被授权可以获得完成整个任务所需的资源；③团队包括所需要的各种技能人员，团队成员经过交叉培训，可以完成别人的工作；④团队被赋予决策权。

（三）组织设计的环境分析

1. 组织环境分析模型

环境对组织设计的影响分析框架如图 3-57 所示。

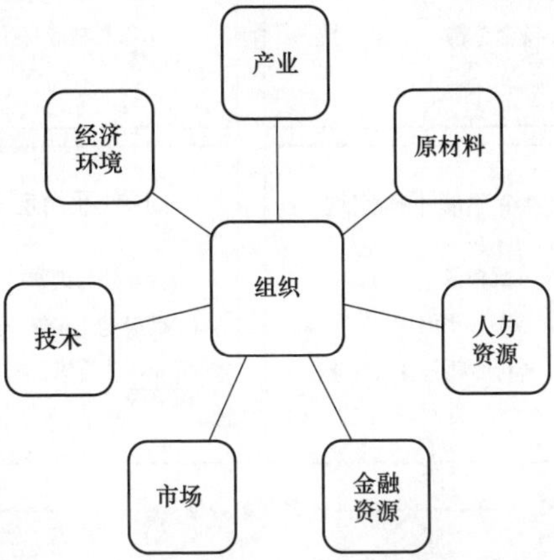


图 3-57 环境对组织设计的影响分析框架

组织环境分析需要考虑的环境因素包括：①产业：相关产业的竞争者，产业规模与竞争性；②原材料：供应商、制造商、房地产商及其服务；③人力资源：劳动市场、就业机构、大学、培训学校、其他公司雇员、同盟等；④金融资源：股票市场、银行、储蓄与贷款、私人投资；⑤市场：顾客、客户、产品和服务的潜在使用者；⑥技术：生产技术、科研中心、自动化、新材料；⑦经济环境：衰退与失业率、通货膨胀、投资与经济增长率；⑧政府：法律法规、税收、政治性活动及政党；⑨文化：年龄、价值观、信仰、工作伦理、消费者与绿色运动；⑩国际：被国外企业收购、进入海外市场、外国习俗、法规等[207]。

影响组织结构的两维环境分析框架如图 3-58 所示。

2. 不同组织适应环境的不确定性分析

（1）机械性组织系统。具有明确的规章制度、程序；组织被规范化、集权化；大多数决策由高做出[191]。

（2）有机性组织系统。组织内部相当松散、自由流动；规章制度通常是非

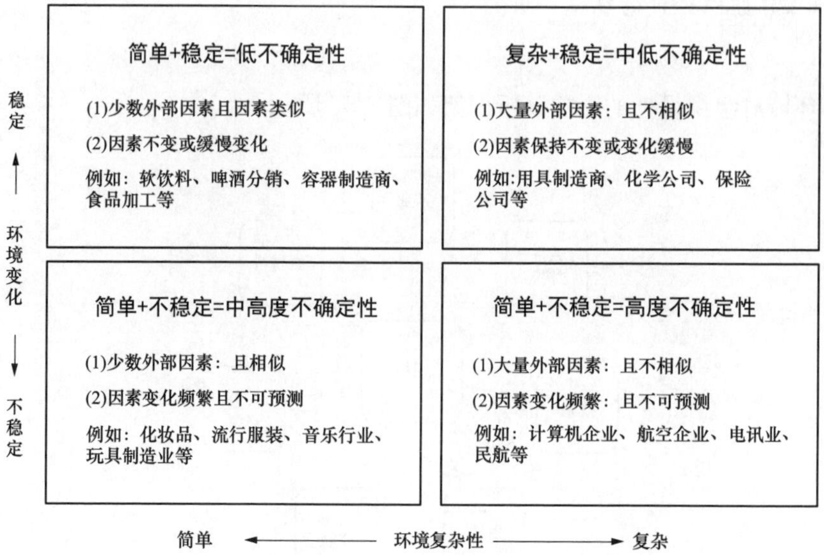


图 3-58 影响组织结构的两维环境

书面的；从事工作的方法由自己确定；权利的层级是不明确的；决策权力分散化。

（3）机械性组织系统与有机性组织系统的比较如表 3-12 所示[197]。

**表 3-12 机械性组织系统与有机性组织系统的比较**

| 机械性 | 有机性 |
|---|---|
| （1）工作被划分成分离的、专业化的部分。<br>（2）工作被严格限定。<br>（3）有严格的权力和控制等级，有许多规章制度。<br>（4）知识和工作的控制集中于组织的高层管理部门。<br>（5）沟通是纵向的 | （1）雇员服务于部门的共同任务。<br>（2）工作通过雇员的团队重新调整和划分。<br>（3）较少的权力和控制等级，规章制度少。<br>（4）知识和工作的控制存在于组织的任何地方。<br>（5）沟通是横向的 |

环境不确定与组织反应分析框架见图 3-59。组织与环境的整合分析框架如图 3-60 所示。

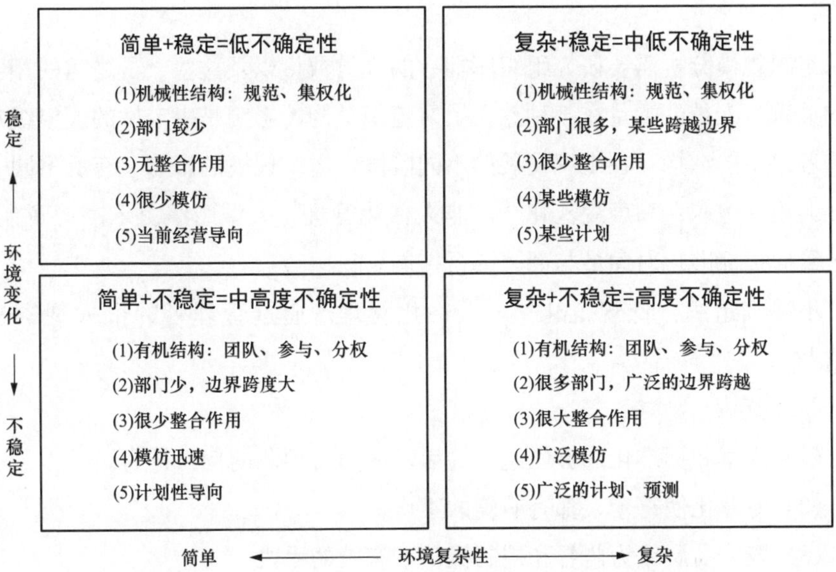


图 3-59　环境不确定性对组织的影响

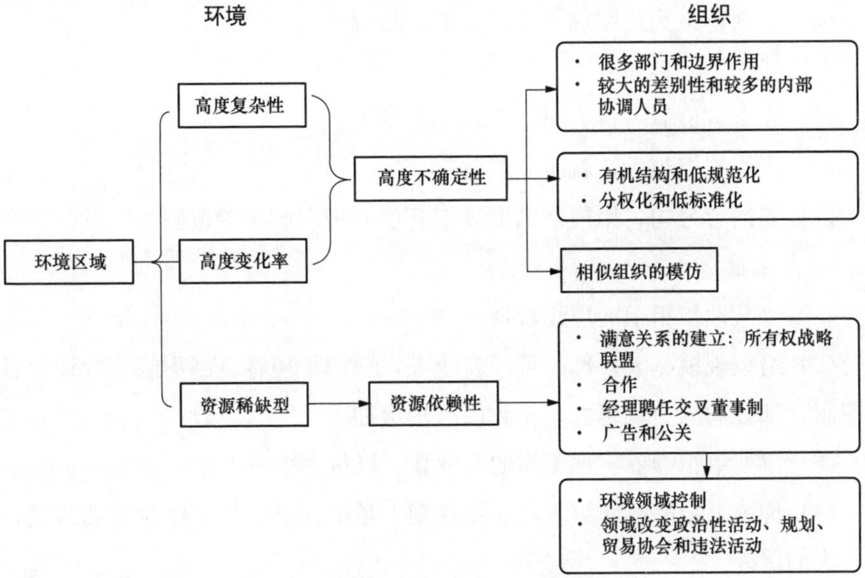


图 3-60　组织与环境的整合框架

（四）组织规模及生命周期分析

1. 组织规模

组织规模分析需要研究组织所拥有的人员数量以及这些人员之间的相互作用的关系。人员的数量在某种意义上对组织结构的影响是决定性的。组织规模影响着组织的结构，在组织发展的不同阶段，组织规模的影响又有所不同[191]。

大规模组织：高度规范化——非人格化管理。大型组织更依靠规章制度、程序等通过标准化对雇员与部门进行控制。

小规模组织：低规范化——人格化管理。通过管理者的个人观察进行控制[198]。

2. 规范化

（1）规章和标准化能够使组织的活动成为可预测的例行行为。

（2）专业化使每个人都有明确的工作。

（3）权力的层级为监督和控制提供了有效的手段。

（4）雇佣基础，是员工的技术能力。

（5）职位与任职人员的分离，意味着人不具有与生俱来的工作权利。

（6）书面记录为组织提供了永久的记录等[204]。

3. 分权化

（1）完全官僚制：权力集中于高层管理者。

（2）组织规模越大，就越需要分权。

例如麦当劳公司，用规章制度规定各层管理者的决策范围。

4. 复杂性

（1）复杂性指组织的层级数量。

（2）组织规模越大，部门规模就越大，部门管理者就越不能有效地对其进行控制，细分的压力就越大，导致层级的增加[196]。

（3）大型组织需要实现工作的专业化，以提高效率。

（4）传统复杂的纵向组织，需要控制大量的人员，为了保持管理跨度，不得不增加层级[208]。

5. 巨大型组织规模

（1）管理层级数量增加，体现为纵向复杂性。

（2）较多的部门与工种数量，体现为横向复杂性。

（3）技能和功能专业化水平的要求提高。

（4）较高的规范化程度。

（5）较高的分权化程度。

（6）较小的高层人员百分比。

（7）较高的技术和专业人员比例。

（8）较高的办事人员和维修人员比例。

（9）较大量的书面沟通和文件。

6. 组织生命周期

一个组织是有其固定的生命周期的，而在整个生命周期内基本可以划分为创业阶段、集体户阶段、规范化阶段与精细阶段，而每一个阶段组织所面临的危机皆有其自身的特点[192]。

组织生命周期示意如图 3-61 所示，组织生命周期的特点如图 3-62 所示。

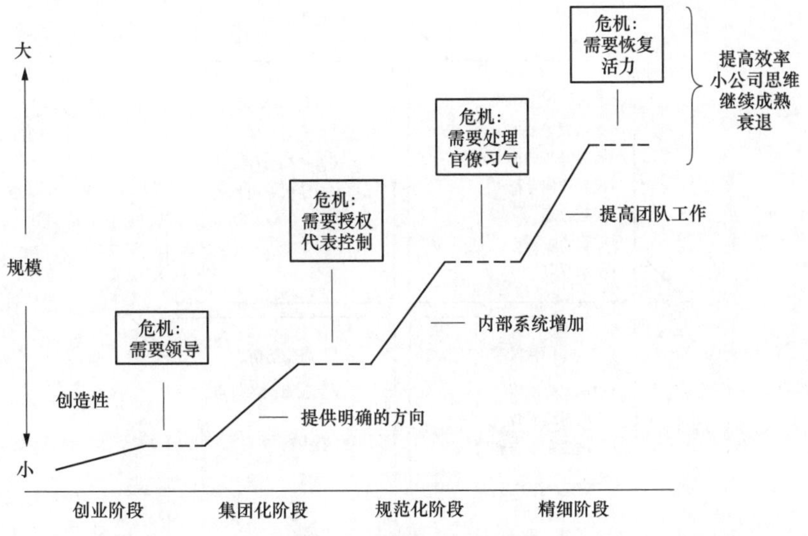


图 3-61　组织生命周期示意图

| | | | | |
|---|---|---|---|---|
| 特点 | 企业组织非规范化，个人表现 | 前官僚期基本上非规范化，有某些程序 | 规范化官僚期规范化程序，劳动分工和新专业化增加 | 精细官僚期官僚制中的团队工作，小公司思维 |
| 结构 | 单一产品或服务个人，家长制 | 有主要产品或服务有差别个人，服务于成功 | 有产品线或服务线非人际交流，规范化系统 | 多重产品或服务线广泛性，改变产品和部门 |
| 产品和服务奖励与控制系统 | 由业主和管理者 | 由雇员和管理者 | 由独立的创新团体 | 由机构化的R&D |
| 创新目标 | 生存 | 成长 | 内部稳定，扩大市场 | 名誉，完备的组织 |
| 高层管理方式 | 个人制，企业组织 | 激励忠诚，指明方向 | 控制性授权 | 团队方法<br>抨击官僚制 |

图 3-62 组织生命周期的特点

## （五）集团治理与管控模式

### 1. 集团治理及管控模式

（1）集团治理业务模型。集团治理业务模型分析框架如图 3-63 所示。

图 3-63 集团治理业务模型

（2）集团管控常见模式。常见的三种集团管控模式如图 3-64 所示。

| 管理模式 / 功能和人员配置 | | 财务管理 | 战略管理 | 运营管理 |
| --- | --- | --- | --- | --- |
| 总部功能 | 核心功能 | · 财务/资产<br>· 集团规划<br>· 监控/投资管理<br>· 收购、兼并 | · 财务/资产<br>· 集团规划/SBU战略<br>· 监控/投资管理<br>· 收购、兼并 | · 财务/资产<br>· 集团规划/SBU战略<br>· 监控/投资管理<br>· 收购、兼并 |
| | 重要功能 | 总部组织机构的管理 | · 公关<br>· 人才培养<br>· 法律<br>· 审计<br>· 集团营销<br>· 现金管理<br>总部组织机构的管理 | · 公关<br>· 人才培养<br>· 法律<br>· 审计<br>· 集团营销<br>· R&D<br>· 采购/物流<br>· 销售网络<br>· 人事管理<br>总部组织机构的管理 |
| 集分权 | | 分权 | 集权与分权相结合 | 集权 |

图 3-64 常见的三种管控模式

（3）集团管控目标。不同的管理模式有着不同的结构和目标，如图 3-65 所示。

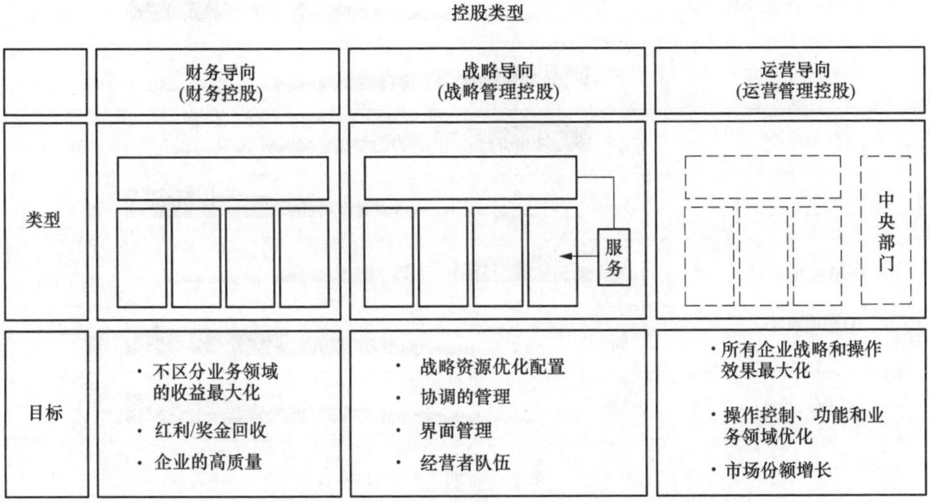


图 3-65 三种管控模式的目标

（4）集团管控模式分析要素。集团管控模式选择分析的主要因素如图 3-66 所示。

| | 控制型管理 | 授权型管理 | 例外型管理 | 财务目标管理 |
|---|---|---|---|---|
| 定义 | 企业的董事会或领导者直接参与日常经营，给下属明确的经营指令<br>下属没有任何决策权，完全按照领导者的决策执行 | 下属仅对被授权的部分职能行使决策权，除此以外的任何经营决策必须通过决策层 | 下属被授予较大的经营决策权<br>决策层通过预算、经营报告等途径间接控制企业 | 董事会或控股者对经营者设定一定的财务经营目标<br>下属在经营过程中有充分的决策权力 |
| 优点 | 决策对日常操作经营指导性强 | 下属在经营过程中的特定领域有自主权<br>决策者仍对经营者有较强的控制 | 决策层仅对下属决策权力以外的个别重大事项行使决策权<br>下属对日常经营具有较大的决策权力<br>决策者仍通过预算、汇报等把握企业的发展方向 | 董事会的管理简单、目标明确 |
| 缺点 | 企业的发展受到决策层人员数目与信息处理量的限制，难以适应大型企业运作 | 如果授权范围较小，下属仍无法及时处理经营问题 | 对于内部管理要求较高 | 董事会对企业发展没有控制 |

◀---------集权管理-----------•--------分权管理------------▶

图 3-66　管控模式选择的主要因素

（5）集团管控模式的比较。不同集团管控模式的比较分析如图 3-67 所示。

| 影响因素＼控股形式 | 财务控股 | 战略管理控股 | 运营管理控股 |
|---|---|---|---|
| 集团领导的管理要求 | 纯财务 | | 保留操作 |
| 多种经营化程度 | 高 | | 低 |
| 业务的国际化程度 | 全球 | | 本地 |
| 集团领导的专业化程度 | 低 | | 高 |
| 经营业务重点 | 资产经营 | | 商品经营 |
| 日常生产经营管理事务比重 | 低 | | 高 |
| 集团分权制度 | 分权 | | 集权 |

图 3-67　各种管控模式的比较分析

（6）集团治理集成路径。集团治理集成路径分析示意如图 3-68 所示。

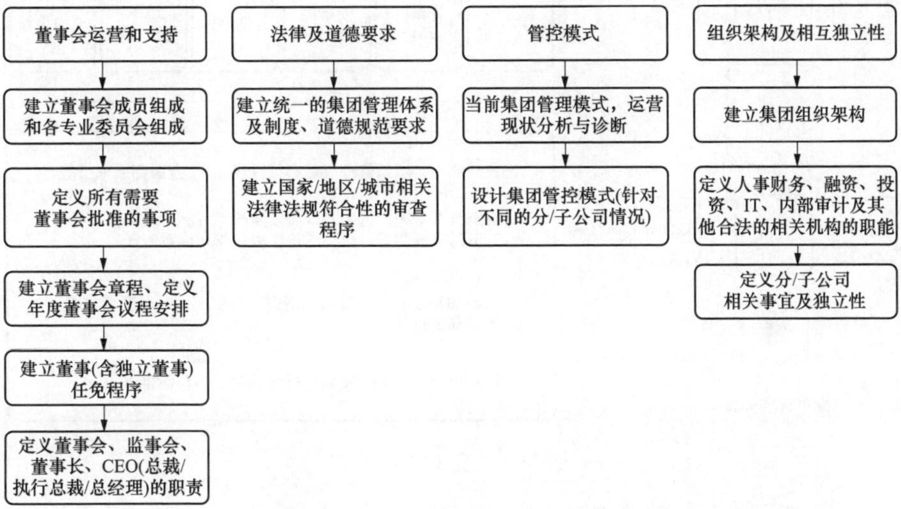


图 3-68　集团治理集成路径示意图

2. 组织变革管理分析方法

对于一个组织，变革管理意味着企业不断适应商业环境的变化，通过及时有效地进行组织变革，确保组织抓住机会并从中获利[193]。组织变革管理需要考虑适应变革，控制变革和影响变革。

（1）组织变革管理要点。变革管理主要包括组织机构改革及人员改革（见图 3-69），组织的变革往往充满风险与变数，因此需要对变革进行详细的规划与管理[194]。

（2）组织变革管理方法。组织变革最终需要落实到人，因此变革必须在以人为本的前提下进行展开，同时也要对组织的功能、机构及机制进行优化[195]，如图 3-70 所示。

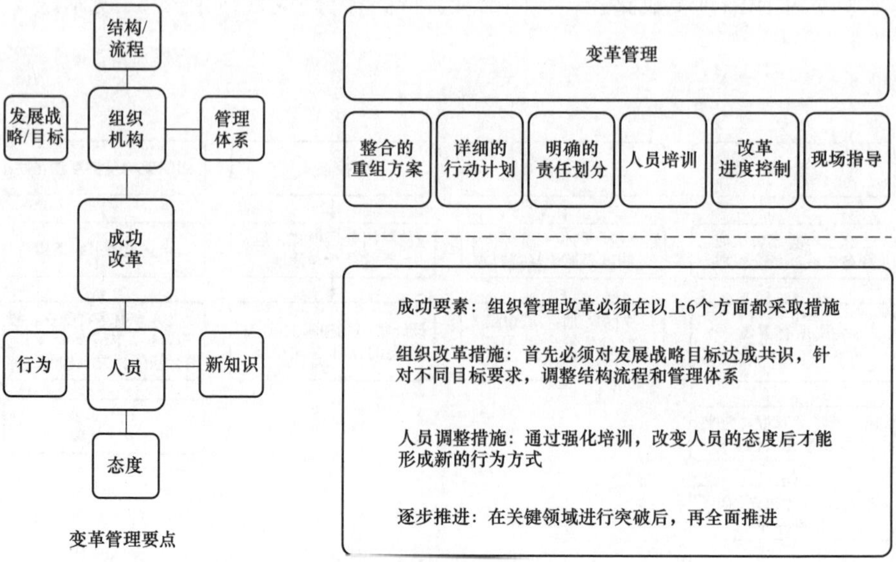


图 3-69　变革管理要点

图 3-70　变革管理方法示例

# 第四章

# 市场营销及业务流程管理咨询

## 第一节　市场营销咨询

### 一、市场营销咨询概述

市场营销是企业为了自身利益和相关者的利益而创造、传播、传递客户价值，满足客户需求和欲望，管理客户关系的一系列过程[210]，如图 4-1 所示。

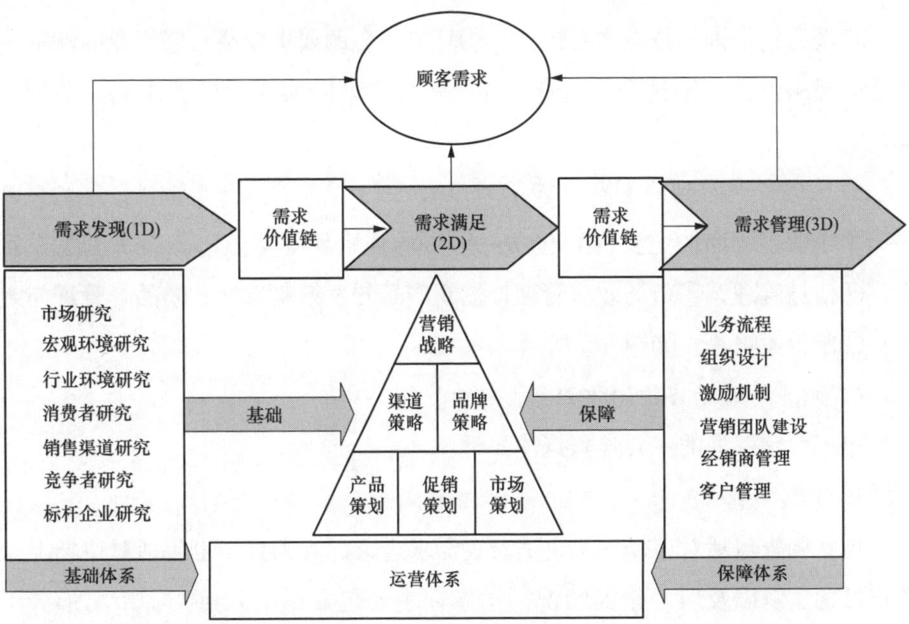


图 4-1　市场营销咨询过程

### （一）市场营销咨询的目的和内容

1. 市场营销咨询的目的

市场营销咨询的目的主要有：①帮助企业建立新的营销模式，包括营销流程和规章制度，并帮助企业落实项目规划；②帮助企业引进新的理念，协助企业做好市场定位、沟通工作。在一些重大决策方面，咨询公司的建议可以起到警示的作用；③咨询公司可凭借其丰富的管理经验、项目实施和方法论上的优势，帮助企业在市场营销中开拓视野，引进新的知识、工具和方法[234]；④咨询公司能够带给企业市场营销最佳实践，能够结合企业自身管理和文化，尽量降低风险，并且更好地应用这方面的成功经验[235]；⑤咨询公司的价值在于对客户需求的理解。在市场营销咨询中，可以做到不仅仅把客户的想法说出来、写出来，而且对客户的需求有所理解[229]；⑥咨询公司的资源调配能力较强。咨询公司在全球范围内具有各方面的人才，能够选派适合企业发展的咨询人员帮助企业更好的发展[211]。

2. 市场营销咨询的特点

市场营销咨询的特点主要包括：①环境信息的要求较高；②行业的特征明显；③战略性强；④具有创造性；⑤政策性强；⑥实用性的要求高；⑦涉及面广。

3. 市场营销咨询的主要内容

市场营销咨询的主要内容包括：①市场营销环境定位；②消费者关系管理；③信息管理；④市场效率管理；⑤新产品开发策略选择；⑥品牌管理与定位；⑦定价策略等。如图 4-2 所示。

### （二）市场营销咨询的步骤

市场营销咨询的主要步骤概述如下。

1. 现状调查

现状调查包括对市场情况、消费者需求进行深入调查，也包括对市场上竞争产品的了解以及对经销商情况的了解，主要包含以下几点：①市场形势了解；②产品情况了解；③竞争形式了解；④分销情况了解；⑤宏观环境了解[241]。

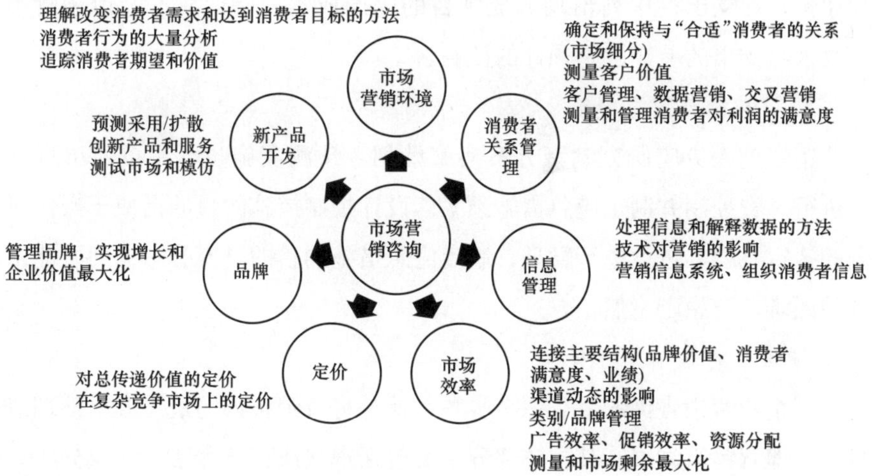


图 4-2　市场营销咨询的主要内容

2. 数据分析

一份好的营销策划必须对市场、竞争对手、行业动态有一个较为客观的分析，主要包括以下三方面内容：①机会与风险分析；②优势与劣势分析；③结果总结。

3. 制定目标

企业要将自己的产品或品牌打出去，必须有得力的措施，制定切实可行的计划和目标，主要包括两个方面的目标：①企业整体目标；②营销目标。

4. 制定营销战略

必须围绕已制定的目标进行统筹安排，结合企业自身特点制定可行的市场营销战略。营销战略主要包括：①目标市场战略；②营销组合战略；③营销预算。

5. 制定行动方案

营销活动的开展从时间上到协调上需要制定一个统筹兼顾的方案，要求选择合适的产品上市时间，同时要有各种促销活动的协调和照应。营销方案忽视对产品上市最佳时机的确定，会直接影响到营销活动的开展。而各个促销活动在时间和空间上也要做到相互搭配、错落有致。

6. 预测效益

编制一个辅助预算表，在预算书的收入栏中列出预计的单位销售数量以及平均净价；在支出栏中列出划分成细目的生产成本、储运成本及市场营销费用。收入与支出的差额就是预计的盈利。

7. 设计控制与应急措施

营销咨询人员应研究制订方案实施计划，预测实施过程中可能出现的问题，进行过程控制并制定应急措施预案。设计控制措施的目的是便于操作时对计划的执行过程、进度进行管理。制定应急措施的目的是充分考虑到可能出现的各种困难，防患于未然。

8. 撰写市场营销计划书

这是企业营销咨询的最后一个步骤，就是将营销咨询的最终成果整理成书面材料，即营销策划书。其主体部分主要包括现状或背景介绍、专业分析、战略目标、行动方案、效益预测、控制和应急措施，各部分的内容因具体要求不同而详细程度不一[244]。

## 二、市场营销咨询的主要分析工具

（一）产品组合分析

1. 公司产品组合

产品组合是指一个企业提供给市场的全部产品线和产品项目的组合或结构，其中产品线是指由密切相关的满足同类需求的产品项目构成的某一产品大类，不同产品组合可以有针对性地解决不同情境下存在的问题；产品项目是指产品线中不同品牌、规格、质量和价格的特定产品[243]。

如表 4-1 所示，公司的产品组合是产品线 1、产品线 2 和产品线 3。选择这个组合的原因如下：①由竞争形势决定；②为降低产品运输成本；③产品需求非常大；④营销可以用于不同类的产品；⑤客户需求多样化[212]。

2. 确定产品类别

当前产品可以按波士顿矩阵分为四类：①A 类产品为“金牛产品”（低增长，高市场占有率）；②B 类产品为“明星产品”（高增长，高市场占有率）；③C 类产品为“问题产品”（高增长，低市场占有率）；④D 类产品为“瘦狗产品”（低增长，低市场占有率）。

**表 4-1　　某公司产品组合**

| 产品（线） | 特点 | 好处 | 特定销售建议 |
|---|---|---|---|
| 产品线 1 | | | |
| 产品 1 | | | |
| 产品 2 | | | |
| 产品线 2 | | | |
| 产品 1 | | | |
| 产品 2 | | | |
| 产品线 3 | | | |
| 产品 1 | | | |
| 产品 2 | | | |
| … | | | |

通过填写表 4-2 可以为公司目前的产品进行准确的分类。

**表 4-2　　产品分类表**

| 产品（线） | 增长低 | 增长高 | 市场占有率低 | 市场占有率高 | 产品类别 |
|---|---|---|---|---|---|
| 产品线 1 | X | | X | | D |
| 产品 1 | X | | X | | D |
| 产品 2 | X | | | X | A |
| 产品线 2 | | X | X | | C |
| 产品 1 | | X | | X | B |
| 产品 2 | | X | X | | C |
| 产品线 3 | | X | | X | B |
| 产品 1 | X | | | X | A |
| 产品 2 | | X | X | | C |
| … | X | | | X | A |

当前每条产品线和每个产品组合与其销售额及毛利润率（GPM）的关系可以通过表 4-3 来反映。

表 4-3 产品与销售额与 GPM 的关系

| 产品（线） | 销售额实现 | 销售额计划 | 销售额增长 | GPM 实现 | GPM 计划 | GMP 增长 |
| --- | --- | --- | --- | --- | --- | --- |
| 产品线 1 | | | | | | |
| 产品 1 | | | | | | |
| 产品 2 | | | | | | |
| 产品线 2 | | | | | | |
| 产品 1 | | | | | | |
| 产品 2 | | | | | | |
| 产品线 3 | | | | | | |
| 产品 1 | | | | | | |
| 产品 2 | | | | | | |
| … | | | | | | |

采用上述分析工具进行分析，主要能了解以下内容：①有没有达到计划的销售额；②销售额增长比例与计划相比是高还是低，差异有多少；③毛利润增长高于还是低于预期，主要原因是哪些，如购买价格比较高/低、销售费用比较高/低、产品性能增强/降低、主要产品的市场容量增加/减少。

3. 产品类别营销策略

该公司应保持 A 类和 B 类产品。如果服务对象是大量用户或稳定的客户，问题产品（C 类产品）和瘦狗产品（D 类产品）也可以保持在产品组合中。

（1）A 类产品。必须保持市场占有率，进行少量的投入，要想使产品在市场上保持优势就必须考虑产品更新或新产品开发。

（2）B 类产品。必须保持高的市场占有率，为稳定增长必须进行投入，使其进入 A 类产品。

（3）C 类产品。开始亏损，通过促销争取进入 B 类产品，否则会跌落入 D 类产品。

（4）D 类产品。如果没有特殊的需要，这些产品会被淘汰[228]。

4. 产品组合的生命周期分析

表 4-4 显示了各种产品组合及产品在生命周期中所处的阶段，通过分析可

以了解产品生命周期内每个阶段是否有足够的、太多的或是太少的产品，同时要分析目前的产品在每个时期（如导入期、增长期）毛利润占总毛利润的比例。

**表 4-4　　　　产品组合的生命周期**

| 产品（线） | 导入阶段 | 增长阶段 | 成熟阶段 | 衰退阶段 |
|---|---|---|---|---|
| 产品线 1 | | | | X |
| 产品 1 | X | | | |
| 产品 2 | | | X | |
| 产品线 2 | | X | | |
| 产品 1 | | X | | |
| 产品 2 | | | X | |
| 产品线 3 | | | X | |
| 产品 1 | | | X | |
| 产品 2 | | X | | |
| … | | | X | |

每个产品线或产品的增长目标由其所处的时期决定，该公司针对产品的策略如下：①导入期：广告、公共关系和促销；②增长期：促销和人员销售；③收获期：广告与促销；④衰退期：促销。同时，需要决定的是在各时期投入的费用比例。

5. 每条产品线的外部因素分析

表 4-5 理清了各产品线及产品的外部竞争因素，这些因素决定了企业要采取的措施，表 4-6 为措施列表。

**表 4-5　　　　外部因素列表**

| 产品（线） | 客户<br>被动的/主动的 | 竞争对手<br>没有/一些/很多 | 技术<br>稳定/不稳定 | 产品发展<br>不发展/发展 |
|---|---|---|---|---|
| 产品线 1 | | | | |
| 产品 1 | | | | |
| 产品 2 | | | | |

续表

| 产品（线） | 客户<br>被动的/主动的 | 竞争对手<br>没有/一些/很多 | 技术<br>稳定/不稳定 | 产品发展<br>不发展/发展 |
|---|---|---|---|---|
| 产品线 2<br>产品 1<br>产品 2 | | | | |
| … | | | | |

**表 4-6　　企业措施列表**

| 产品（线） | 客户 | 竞争对手 | 技术 | 产品发展 |
|---|---|---|---|---|
| 产品线 1<br>产品 1<br>产品 2 | | | | |
| 产品线 2<br>产品 1<br>产品 2 | | | | |
| … | | | | |

企业必须时刻准备应付一切外部影响，如原料缺乏（可以及早增加库存）、突然的利率增高、价格战升温、市场饱和、强大的竞争对手进入现存市场威胁企业产品和服务的用户忠诚度等。

通过上述分析，主要了解以下内容：①市场在未来多长时间内不会趋于饱和；②企业应该采取的措施，如推出新产品、进入其他产品线、进入其他市场等。

6. 各产品的供货商分析

表 4-7 分析了会对企业产生影响的另一个重要因素——供货商的情况。了解供货商的情况，便于企业对其进行营销管理，从而与之进行合作。同时，企业必须安排备用供货商以备发生问题时联系，这些供货商应该是已经经过了质量、价格、配送时间、付款期限和服务检验的，并曾经为企业提供过产品且被评级，见表 4-8。

**表 4-7　主要供货商分析**

| 产品（线） | 供货商 | 平均购买价格 | 平均配送时间 | 额外费用 | 供货商等级 ID | 付款期限 |
|---|---|---|---|---|---|---|
| 产品线 1<br>产品 1<br>产品 2 | | | | | | |
| 产品线 2<br>产品 1<br>产品 2 | | | | | | |
| … | | | | | | |

**表 4-8　备用供货商分析**

| 产品（线） | 第二选择供货商 | 供货商等级 | 平均配送时间 | 第三选择供货商 | 供货商等级 | 平均配送时间 |
|---|---|---|---|---|---|---|
| 产品线 1<br>产品 1<br>产品 2 | | | | | | |
| 产品线 2<br>产品 1<br>产品 2 | | | | | | |
| … | | | | | | |

（二）市场特征分析

市场分析是对市场供需变化的各种因素及其动态、趋势的分析。分析过程是：搜集有关资料和数据，采用适当的方法，分析研究、探索市场变化规律，了解消费者对产品品种、规格、质量、性能、价格的意见和要求[231]，了解市场对某种产品的需求量和销售趋势，了解产品的市场占有率和竞争单位的市场占有情况，了解社会商品购买力和社会商品可供量的变化，并从中判明商品供需平衡的不同情况（平衡或供大于需，或需大于供），为企业生产经营决策——合理安排生产、进行市场竞争，和客观管理决策——正确调节市场，平衡产销，发展经济提供重要依据[213]。

1. 总体市场分析

企业一般通过以下途径进行市场分析与研究：①对现有用户与潜在用户的调查分析；②从分支机构与合作伙伴处收集信息；③收集相关的报告；④参观展览，展示会及相关会议；⑤收集竞争对手的产品目录、价格表和宣传册[236]。可以利用表 4-9 及图 4-3、图 4-4 对总体市场份额及销售量、销售额份额进行分析。

**表 4-9　　总体市场分析**

| 产品品牌 | 前年 | 去年 | 今年预期 | 明后两年 | 备注 |
|---|---|---|---|---|---|
| 竞争产品 1 | | | | | |
| 竞争产品 2 | | | | | |
| 竞争产品 3 | | | | | |
| 其他 | | | | | |
| 合计（%） | 100 | 100 | 100 | 100 | 100 |

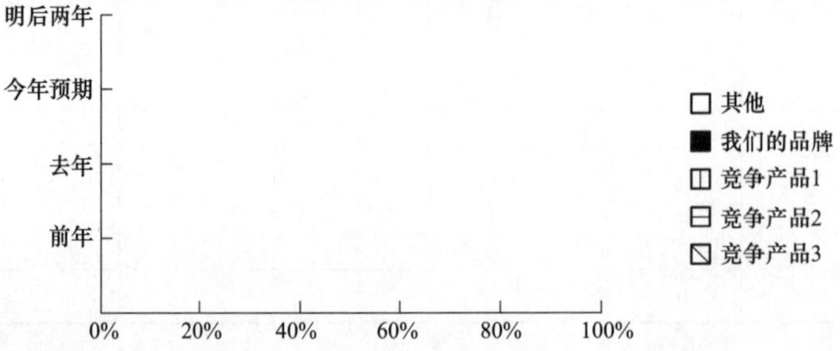


图 4-3　销售量份额分析

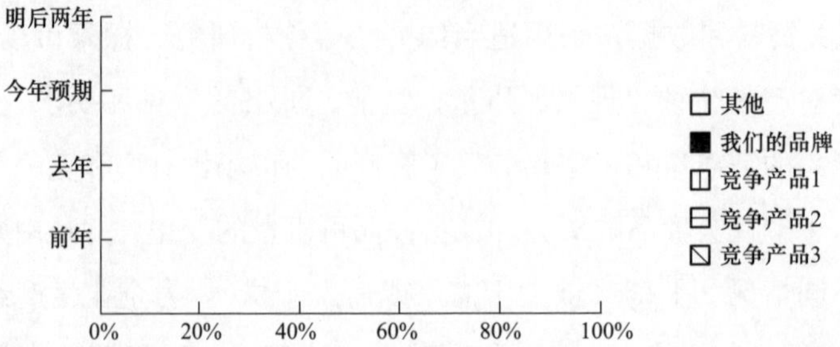


图 4-4　销售额份额分析

2. 市场占有率

通过表 4-10 可以分析直接竞争对手的数量及市场占有率。直接竞争对手是指市场上的主要竞争对手。市场目标是指企业在一段时间内计划要达到的目标。

**表 4-10** 市场占有率分析

| 产品（线） | 市场份额 | 市场目标 | 问题分析 | 改进策略 |
|---|---|---|---|---|
| 产品线 1 | | | | |
| 产品 1 | | | | |
| 产品 2 | | | | |
| 竞争对手 A | | | | |
| 竞争对手 B | | | | |
| 产品线 2 | | | | |
| 产品 1 | | | | |
| 产品 2 | | | | |
| 竞争对手 C | | | | |
| 竞争对手 D | | | | |
| … | | | | |

3. 市场区域分析

通过表 4-11 可以分析产品线（产品）在各种不同市场上的表现。

**表 4-11** 市场区域分析

| 市场地域划分 / 产品（线）占有量 | 一级市场 | 二级市场 | 三级市场 | 四级市场 | 五级市场 |
|---|---|---|---|---|---|
| 产品线 1 | | | | | |
| 产品 1 | | | | | |
| 产品 2 | | | | | |
| 产品线 2 | | | | | |
| 产品 1 | | | | | |
| 产品 2 | | | | | |
| … | | | | | |

通过上述市场分析，能够让企业明确用户需求，制定并实行有效的产品和营销战略，促进企业良性发展。

（三）客户分析

客户分析就是根据各种关于客户的信息和数据研究客户需要，分析客户特征，评估客户价值，从而为客户制订相应的营销策略与资源配置计划。通过合理、系统的客户分析，企业可以知道不同的客户有着什么样的需求，分析客户消费特征与商务效益的关系，使运营策略得到最优的规划；更为重要的是可以发现潜在客户，从而进一步扩大商业规模，使企业得到快速发展[214]。

1. 当前商业客户分析

可以按企业类型、地理位置、公司以及行业对商业客户进行分类，依据表4-12，对不同类型客户的销售额、销售量、占总销售额的百分比以及客户数量进行填写、比较、分析，完成对当前商业客户的分析，以便为更好地满足当前商业客户需求研究对策。

**表 4-12　　当前商业客户分析**

| 客　　户 | 销售额 | 销售量 | 占总销售额的比（%） | 客户数量 |
|---|---|---|---|---|
| 按企业类型划分的客户 | | | | |
| 外资 | | | | |
| 国有 | | | | |
| 民营 | | | | |
| 合资 | | | | |
| … | | | | |
| 按地理位置划分的客户 | | | | |
| 华东 | | | | |
| 华中 | | | | |
| 华南 | | | | |
| 华北 | | | | |
| … | | | | |
| 按规模划分的客户 | | | | |

续表

| 客　　户 | 销售额 | 销售量 | 占总销售额的比（%） | 客户数量 |
|---|---|---|---|---|
| 销售额 5000 万元以下 | | | | |
| 销售额 5000 万元～1 亿元 | | | | |
| 销售额 1 亿元以上 | | | | |
| 按行业划分的客户 | | | | |
| … | | | | |

2. 当前个人客户分析

可按年龄、性别以及地域的不同，对个人客户进行分类，依据表 4-13，对不同类型客户的销售额、销售量、占总销售额的百分比进行填写、比较、分析，完成对当前个人客户的分析，以便更好地满足当前个人客户的需求。

**表 4-13　　当前个人客户分析**

| 客户 | 销售额 | 销售量 | 占总销售额的比例（%） |
|---|---|---|---|
| 按年龄划分 | | | |
| 8～30 岁 | | | |
| 31～45 岁 | | | |
| 46 岁以上 | | | |
| 按性别划分 | | | |
| 男性 | | | |
| 女性 | | | |
| 按地域分划 | | | |
| 华东 | | | |
| 华南 | | | |
| 华中 | | | |
| 华北 | | | |
| … | | | |

3. 客户心理分析

可以按照客户不同的消费心理对客户进行分类，依据表 4-14，对不同消费心理类型客户的销售额、销售量、占总销售额的百分比进行填写、比较、分析，完成客户心理分析，以便更好地满足不同消费心理客户的需求。

**表 4-14　　　　客户心理分析**

| 客户心理 | 销售额 | 销售量 | 占总销售额比例（%） |
| --- | --- | --- | --- |
| 高档 | | | |
| 奢侈、自豪感 | | | |
| 成就、荣耀感 | | | |
| 盲目跟风 | | | |
| 价廉物美 | | | |
| 价格适当 | | | |
| 产品不错 | | | |
| 性价比高 | | | |
| 便宜 | | | |
| 经济实用 | | | |
| … | | | |

4. 产品客户分析

对产品客户进行全面具体的分析，有利于找准产品对应的目标客户，从而设定最适合客户的推广方案，进行有针对性的推广营销，保证客户的推广效果，提高广告收益。产品客户分析是制作推广方案的基础，要对产品客户进行统计以及收集客户对当前产品组合的评价[232]。

（1）产品客户统计，即不同的客户使用什么产品及其组合，如表 4-15 所示，使用者可按实填写。

**表 4-15　　　　产品/用户组合**

| 用户分类 | 产品组合 A | 产品组合 B | 产品组合 C | 产品组合 D | 产品组合 E |
| --- | --- | --- | --- | --- | --- |
| 按企业类型划分的客户 | | | | | |
| 外资 | | | | | |
| 国有 | | | | | |
| 民营 | | | | | |
| 按地理位置划分的客户 | | | | | |
| 华东 | | | | | |

续表

| 用户分类 | 产品组合 A | 产品组合 B | 产品组合 C | 产品组合 D | 产品组合 E |
|---|---|---|---|---|---|
| 华中 | | | | | |
| 华南 | | | | | |
| 华北 | | | | | |
| 按规模划分的客户 | | | | | |
| 销售额 5000 元以下 | | | | | |
| 销售额 5000 元～1 亿元 | | | | | |
| 销售额 1 亿元以上 | | | | | |
| … | | | | | |

（2）客户对当前产品组合的评价，如表 4-16 所示。

**表 4-16　　客户对当前产品组合的评价**

| 用户分类 | 产品组合 A | 产品组合 B | 产品组合 C | 产品组合 D | 产品组合 E |
|---|---|---|---|---|---|
| 按企业类型划分的客户 | | | | | |
| 外资 | | | | | |
| 国有 | | | | | |
| 民营 | | | | | |
| 按地理位置划分的客户 | | | | | |
| 华东 | | | | | |
| 华中 | | | | | |
| 华南 | | | | | |
| 华北 | | | | | |
| 按规模划分的客户 | | | | | |
| 销售额 5000 元以下 | | | | | |
| 销售额 5000 元～1 亿元 | | | | | |
| 销售额 1 亿元以上 | | | | | |
| 按性别划分的客户 | | | | | |
| 男性 | | | | | |
| 女性 | | | | | |
| … | | | | | |

通过以上分析，主要可以了解以下内容：①商业客户统计及分析；②个人

客户统计分析；③客户心理；④产品/客户统计分析评价。

（四）竞争分析

竞争分析主要是对竞争对手的现状和未来动向进行分析，内容包括：①识别现有的直接竞争者和潜在竞争者；②收集与竞争者有关的情报和建立数据库；③对竞争者的战略意图和各层面的战略进行分析；④识别竞争者的长处和短处；⑤洞察竞争者在未来可能采用的战略和可能做出的竞争反应[215]。

竞争分析的目的是准确判断竞争对手的战略定位和发展方向，并在此基础上预测竞争对手未来的战略，准确评价竞争对手对本组织的战略行为的反应，估计竞争对手在实现可持续竞争优势方面的能力。对竞争对手进行分析是确定组织在行业中战略地位的重要方法[238]。

竞争分析主要包含分析确定当前产品组合的竞争地位、竞争产品比较以及竞争对手的营销策略分析等内容。

1. 当前产品组合的竞争地位

如表 4-17 所示，通过对公司当前产品组合与各竞争对手进行比较，以及通过 SWOT 分析，能够得出公司当前产品组合的优势、劣势、机会与威胁，确定企业当前的产品组合在市场中的竞争地位[218]。

**表 4-17　　当前产品组合的竞争地位**

| 产品（线） | 优势 | 劣势 | 机会 | 威胁 |
|---|---|---|---|---|
| 产品线 1<br>竞争对手 A<br>竞争对手 B | | | | |
| 产品线 2<br>竞争对手 A<br>竞争对手 B | | | | |
| … | | | | |

2. 竞争产品比较

如表 4-18 所示，公司可将当前产品与各竞争对手的相关产品进行比较，主要从销售额、分销商利润、经销商利润以及目标市场四个方面进行对比。

表 4-18　　竞争产品比较

| 竞争产品价格 | 销售额 | 分销商利润 | 经销商利润 | 目标市场 |
| --- | --- | --- | --- | --- |
| 竞争对手 A | | | | |
| 产品 1 | | | | |
| 产品 2 | | | | |
| 竞争对手 B | | | | |
| 产品 1 | | | | |
| 竞争对手 C | | | | |
| 产品 1 | | | | |

3. 竞争对手的营销策略

可按表 4-19 进行当前产品组合的各竞争对手的营销策略分析，主要从竞争策略、竞争手段、营销策略以及营销手段进行比较分析，以便于确定企业自身产品组合的相关营销策略[245]。

表 4-19　　竞争对手的营销策略

| 产品（线） | 竞争策略 | 竞争手段 | 营销策略 | 营销手段 |
| --- | --- | --- | --- | --- |
| 产品线 1<br>竞争对手 A<br>竞争对手 B | | | | |
| 产品线 2<br>竞争对手 A<br>竞争对手 B | | | | |
| … | | | | |

通过以上分析，主要了解以下内容：①与竞争对手比较的 SWOT 分析；②竞争对手的目标市场状况；③竞争对手的价格、分销商及经销商管理；④竞争对手的竞争策略、手段及营销策略、手段；⑤针对劣势，研究改进的措施[216,217]。

（五）价格分析

产品价格主要分析公司产品的价位与同种（或类似）产品相比孰高孰低，

其差异是否构成重大影响[240]。产品价格分析主要包含当前产品组合价格分析战略性产品与同类竞争产品价格分析，主要分析确定价位是否在消费者的承受能力之内，以及价格的变化在多大程度上影响潜在需求和现实需求之间的转化[219]。

1. 当前产品组合价格分析

可按表 4-20 对当前产品组合进行分析，主要包含当前价格、价格目标、价格策略以及价格手段四个方面的分析。

**表 4-20　　当前产品组合价格分析**

| 产品（线） | 当前价格 | 价格目标 | 价格策略 | 价格手段 |
|---|---|---|---|---|
| 产品线 1<br>竞争对手 A<br>竞争对手 B | | | | |
| 产品线 2<br>竞争对手 A<br>竞争对手 B | | | | |
| … | | | | |

2. 战略性产品与同类竞争产品价格分析

可按表 4-21 对与当前产品组合相关的战略性产品与同类竞争产品进行分析，主要包含当前价格、价格目标、价格策略以及市场均价等分析。

**表 4-21　　同类竞争产品价格分析**

| 项　　目 | 当前价格 | 价格目标 | 价格策略 | 市场均价 |
|---|---|---|---|---|
| 战略性产品 A | | | | |
| 战略性产品 B | | | | |
| 竞争产品 1 | | | | |
| 竞争产品 2 | | | | |
| … | | | | |

通过以上分析，主要了解以下内容：①价格目标是否达到；②价格目标没

达到的原因；③成功的价格策略是什么；④不成功的价格策略在哪些方面存在失误。

（六）分销分析

分销渠道又叫营销渠道，是指某种商品或服务从生产者向消费者转移的过程中，取得这种商品、服务的所有权，帮助所有权转移的所有企业和个人[233]。分销渠道是由处于渠道起点的制造商，处于渠道终点的消费者，以及处于制造商与消费者之间的商人中间商（因为他们取得了商品的所有权）和代理商（因为他们帮助所有权的转移）等营销中介构成[239]。分销分析主要包含企业对分销目标及分销策略的分析以及分销渠道分析两部分。

1. 分销目标及分销策略

可按表4-22对当前产品组合的分销目标及分销策略进行分析，主要包含当前分销手段、分销目标、分销策略以及分销计划等内容[220]。

表4-22　分销目标及分销策略

| 产品（线） | 当前分销手段 | 分销目标 | 分销策略 | 分销计划 |
|---|---|---|---|---|
| 产品线1<br>产品A<br>产品B | | | | |
| 产品线2<br>产品A<br>产品B | | | | |
| … | | | | |

2. 分销渠道分析

产品的分销渠道可按不同的划分标准分为公司内部销售部、公司外部销售人员、佣金销售人员、企业代理商、独立代理商、企业分销渠道、独立分销渠道、其他渠道等不同的类型，企业可按表4-23填写不同类型分销渠道的销售量、销售额、占总销售额的比例、销售等级、月平均销售额等信息，对不同类型的分销渠道进行比较分析。

表 4-23　　分销渠道分析

| 分销渠道 | 销售量 | 销售额 | 占总销售额的比例 | 销售等级 | 月平均销售额 |
|---|---|---|---|---|---|
| 公司内部销售部 | | | | | |
| 公司外部销售人员 | | | | | |
| 佣金销售人员 | | | | | |
| 企业代理商 | | | | | |
| 独立代理商 | | | | | |
| 企业分销渠道 | | | | | |
| 独立分销渠道 | | | | | |
| 其他渠道 | | | | | |

通过以上分析，主要了解以下内容：①分销目标是否达到；②分销目标没有达到的原因；③成功的分销策略是什么；④不成功的分销策略在哪些方面存在失误；⑤如何调整分销目标和策略；⑥分销渠道是否有效；⑦如何调整、优化及管理分销渠道。

### （七）人员分析

人员分析，即任职资格分析，就是通过一定的方法寻求那些足以保证人们成功地从事某项工作的知识、能力、技能和其他个性特征因素。

针对市场营销的人员分析，主要包含销售人员数量分析、销售业绩分析、销售人员分析以及当前销售培训计划分析等内容[221]。

#### 1. 营销人员数量

销售人员数量分析用于分析营销员工人数占公司员工的比例。公司员工可根据岗位的不同分为付薪经理、付薪销售人员、付佣金销售人员、办公室人员（文秘）、其他人员等类型。企业可依据公司情况填写表 4-24，进行销售人员数量分析。

表 4-24　　营销人员数量分析

| 人员类别 | 总数 | 区域 A | 区域 B | 区域 C |
|---|---|---|---|---|
| 付薪经理 | | | | |
| 付薪销售人员 | | | | |
| 付佣金销售人员 | | | | |

续表

| 人员类别 | 总数 | 区域 A | 区域 B | 区域 C |
| --- | --- | --- | --- | --- |
| 办公室人员（文秘） | | | | |
| 其他人员 | | | | |
| 营销总人数 | | | | |

2. 销售业绩分析

销售业绩分析主要用于分析营销员工的平均销售额等数据。企业可对公司销售人员的销售量与销售额进行统计，并使用表 4-25 进行销售业绩分析。

**表 4-25　　销售业绩分析**

| 销售人员 | 销售量（套） | 销售额 |
| --- | --- | --- |
| A | | |
| B | | |
| C | | |
| D | | |
| E | | |
| F | | |
| G | | |
| … | | |

3. 销售人员分析

销售人员分析主要用于分析营销员工的人均费用及总费用。企业可对公司销售人员的工作经验、学历、薪水、奖金、费用等信息进行统计，并使用表 4-26 进行销售人员分析。

**表 4-26　　销售人员分析**

| 全体销售人员 | 工作经验 | 学历 | 薪水 | 奖金 | 费用 |
| --- | --- | --- | --- | --- | --- |
| A | | | | | |
| B | | | | | |
| C | | | | | |
| … | | | | | |

4. 当前销售培训计划

当前销售培训计划分析主要用于分析营销员工开发费用占销售额比例、占市场预算比例，以及目前费用与市场平均水平的比较状况。企业可对公司当前的各项培训计划的培训对象、目的、费用、时间等要素进行统计，并使用表 4-27 进行当前销售培训计划分析。

表 4-27 销售培训计划

| 销售培训 | 培训对象 | 目的 | 费用 | 时间 | 备注 |
|---|---|---|---|---|---|
| 培训 A | | | | | |
| 培训 B | | | | | |
| 培训 C | | | | | |
| … | | | | | |

通过以上分析，主要了解以下内容：①营销员工人数占公司员工的比例；②营销员工的平均销售额；③营销员工的人均费用及总费用；④营销员工开发费用占销售额比例、占市场预算比例，以及目前费用与市场平均水平的比较状况。

（八）市场调查

市场调查是指运用科学的方法，有目的地、系统地搜集、记录、整理有关市场营销信息和资料，分析市场情况，了解市场现状及其发展趋势，为市场预测和营销决策提供客观准确的资料[222]。

市场调查的重要环节主要有两个方面：信息收集、调研分析。信息收集是为调研分析提供数据；调研分析是对信息数据的剖析并写出调研报告，企业战略目标、管理计划等管理方案就是根据调研的报告来制订，调研分析的成果直接影响到市场调查的效果[223]。

1. 市场调查的目标和策略

市场调查应经常进行，通过调查可以对产品及其市场有比较清楚的了解。同时，通过对市场的研究、分析和整理可以不断改进产品，使其更好地服务于目标客户群。另外，市场的趋势及客户的看法能够及时反映在公司的战略计划中，最直接的结果是公司能更好地确定相应的市场目标和策略。

2. 市场调查计划

市场调研计划是指单独的调查研究和调查类型的综合体，并在调研目标指导下，全面实施的评估战略。在确认调研计划目标后，需要为有效的调研计划提供标准，理解这些标准有助于企业评价不同的调研类型，并从中选择最合适的调研类型。企业可使用表 4-28 进行市场调查计划的确定。

**表 4-28　市场调查计划**

| 调查的产品 | 费　用 | 说　明 |
| --- | --- | --- |
| 目前产品线 1 | | |
| 目前产品线 2 | | |
| 新产品 | | |
| 广告调查 | | |
| 其他调查 | | |

3. 市场调查效果

通过对市场调查计划的实行，可对企业当前的产品组合、新产品、广告投入等对象进行市场调查，完成信息收集。通过对收集到的信息进行数据分析，有助于企业战略目标、管理计划等管理方案的制订，且调研分析的成果直接影响到市场调查的效果。

企业可按表 4-29 进行市场调查效果分析。

**表 4-29　市场调查效果**

| 产品调查 | 有用的 | 不常用的 | 没用的 | 必需的调整/改变 |
| --- | --- | --- | --- | --- |
| 产品线 1<br>　产品 1<br>　产品 2 | | | | |
| 产品线 2<br>　产品 1<br>　产品 2 | | | | |
| 新产品 1<br>新产品 2<br>… | | | | |

续表

| 产品调查 | 有用的 | 不常用的 | 没用的 | 必需的调整/改变 |
|---|---|---|---|---|
| 广告调查<br>其他调查<br>… | | | | |

（九）广告与促销

广告是广告主借助一定的宣传媒体将有关商品或者服务的信息传递给受众的一种有偿宣传方式[242]。促销又称为商业推广，是指企业运用各种短期诱因鼓励消费者和中间商购买、经销企业产品和服务的促销活动[230]。广告与促销同属营销工具，二者相辅相成，但又有不同的效果。

广告与促销的分析工具主要有产品促销目标及策略分析工具、媒体组合分析工具、广告代理分析工具等[224]。

1. 促销目标及策略

促销目标及策略分析主要用于提前确定产品的促销目标，并为促销目标匹配一系列的广告与促销方式。促销方式主要有人员推销、广告、公共关系、商业推广等，促销策略主要包括推动策略、拉引策略等。企业可依据表 4-30 确定产品的广告目标与促销目标，并为之选定广告与促销措施。

**表 4-30　　产品促销目标及策略**

| 产品（线） | 广告目标 | 选用广告 | 促销目标 | 促销措施 |
|---|---|---|---|---|
| 产品线 1<br>产品 1<br>产品 2 | | | | |
| 产品线 2<br>产品 1<br>产品 2 | | | | |
| 新产品 1<br>新产品 2<br>… | | | | |

2. 媒体组合分析工具

媒体组合是广告活动中选择媒体大类、具体媒体和投放手段的决策。首先，考虑目标受众接触媒体的习惯、产品特点、信息特点和媒体成本等因素，在报刊、电视、互联网、直邮等媒体大类中做出选择；其次，参考该大类中具体媒体的成本，选择合适的广告投放渠道；最后，需要根据产品属性、目标受众和分销渠道等因素在连续投放、间隔投放和集中投放中做出选择。

企业可依据表 4-31 对报纸、消费杂志、商业出版物、电台、电视台、Email 直销、销售点等不同的媒体类型，从平均年费用、频率、广告尺寸等要素进行分析，以确定适合产品与营销策略的最佳媒体组合。

**表 4-31　　媒体组合分析**

| 媒体 | 平均年费用 | 频率 | 广告尺寸 |
|---|---|---|---|
| 报纸<br>《新民晚报》<br>《中国经营报》<br>… | | | |
| 消费杂志<br>《IT 经理世界》<br>《经理人》<br>… | | | |
| 商业出版物<br>《哈佛商业评论》<br>《环球资源》<br>… | | | |
| 电台<br>上海东方广播电台<br>中国国际广播电台 | | | |
| 电视台<br>中央 1 台<br>东方卫视 | | | |
| E-mail 直销 | | | |
| 销售点<br>浦东南路销售点<br>… | | | |

3. 广告代理信息

广告代理指广告主或广告发布者委托广告经营者开展的广告市场调查、广告信息咨询、企业形象策划、广告战略策划、广告媒介安排等经营活动。企业可按照表4-32，对当前产品和新产品的广告代理、广告费用、广告费占比、广告效果等信息进行统计，以确定广告调整措施，完成广告代理分析。

表4-32 广告代理信息

| 产品（线） | 广告代理 | 广告费用 | 广告费占总销售额比例 | 广告效果 | 调整措施 |
|---|---|---|---|---|---|
| 产品线1 | | | | | |
| 产品1 | | | | | |
| 产品2 | | | | | |
| 产品线2 | | | | | |
| 产品1 | | | | | |
| 产品2 | | | | | |
| 新产品2 | | | | | |
| 新产品2 | | | | | |
| … | | | | | |

通过以上分析，主要了解以下内容：①总的广告支出占总销售额的百分比；②总广告支出占总市场预算的百分比；③当前广告支出占市场平均值的比例；④广告效果；⑤考虑采取的调整措施等。

（十）优劣势分析

产品的优势劣势分析，必须从产品的角度进行全面分析。首先，需要熟悉公司产品的生产流程或是服务流程，明确产品能为客户带来什么，并且与类似产品进行质量、设计、品质、售后服务等方面的对比分析，得出产品的优势与劣势，优势需要继续保持、发扬光大，劣势要想尽办法进行提升。优势是产品所特有的，劣势是产品在某方面表现不足的，得到公正科学的分析结果[225]。

1. 优势与劣势

通过对产品及市场的分析，能确定公司与产品的优势与劣势，得出公司自己的产品/市场组合。企业可利用表4-33，对公司的产品及产品组合进行市场与优劣势分析，得出企业或产品的优势和劣势，并采取相应的营销策略。

表 4-33　　优势与劣势分析

| 产品（线） | 市场 | 优势 | 劣势 | 备注 |
|---|---|---|---|---|
| 产品线 1<br>产品 1<br>产品 2<br>… | | | | |
| 产品线 2<br>产品 1<br>产品 2<br>… | | | | |
| 产品线 3<br>产品 1<br>… | | | | |

2. 问题与可能性

企业可使用表 4-34 进行自身产品及产品组合的问题和可能性分析，以便确定企业产品的营销策略。问题指产品可能存在的问题或面临的其他问题，是在某一环境内产品发展的不利因素，如果不采取果断的战略行为，这种不利趋势将导致公司与产品的竞争地位受到削弱，如替代品的威胁；可能性指产品在市场上的机会，是产品在某个领域占有绝对优势，在这一领域中，该产品具有较强的竞争机会。

表 4-34　　问题与可能性分析

| 产品（线） | 问题 | 可能性 | 备注 |
|---|---|---|---|
| 产品线 1<br>产品 1<br>产品 2<br>… | | | |

续表

| 产品（线） | 问题 | 可能性 | 备注 |
|---|---|---|---|
| 产品线 2 | | | |
| 产品 1 | | | |
| 产品 2 | | | |
| … | | | |
| 产品线 3 | | | |
| 产品 1 | | | |
| 产品 2 | | | |
| … | | | |

3. ROS/RMS 矩阵

ROS/RMS（return of sales/relative market share）矩阵也称销售回报和相对市场份额矩阵，主要用来分析企业的不同业务单元或产品的发展战略。该模型认为，企业某个业务单元或产品在市场上的销售额应该与其在市场中的相对份额成正比，并且该业务单元或产品的销售额越高，该业务单元或产品为企业所提供的销售回报就应该越高[237]。如图 4-5 所示，企业的某种业务单元或产品的销售额在由低向高不断增加，其相对市场份额和销售回报也在一个“通道”内由低向高不断增加。如果该业务单元或产品的销售额增加，而其对企业

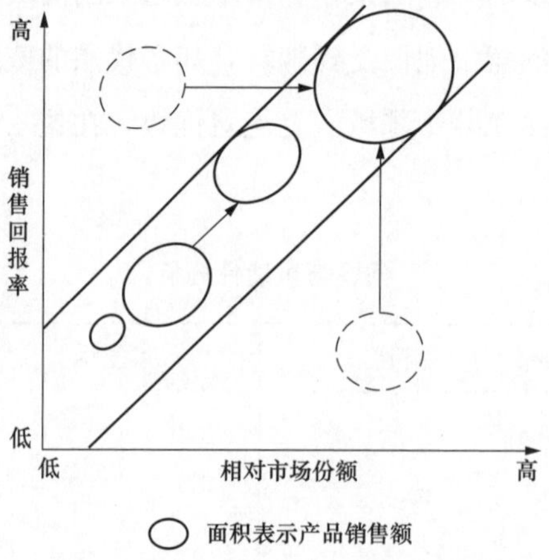


图 4-5 ROS/RMS 矩阵

的销售回报或相对市场份额降低，那么企业就不应该在这个时候进入其他领域，应该着重改善这个业务单元或产品的经营状况[226]。

## 第二节 业务流程再造管理咨询

### 一、业务流程再造咨询方法及步骤

业务流程再造（business process reengineering，BPR）是对企业的业务流程（process）进行根本性（fundamental）地再思考和再设计，从而获得在成本、质量、服务和速度等方面业绩的戏剧性（dramatic）改善[246]，目的在于帮助企业利用先进的制造技术、信息技术以及现代管理手段，最大限度地实现技术上的功能集成和管理上的职能集成，以打破传统的职能型组织结构，建立全新的过程型组织结构，从而实现企业经营在成本、质量、服务和效率等方面的突破性改善。

#### （一）业务流程再造的主要内容

1. 战略决策

此一阶段的流程再造包括争取公司高层的支持，寻找发现流程再造的机会，评估信息技术的需要，以决定要再造的流程。

2. 再造计划

这一阶段主要是让组织成员心里有所准备，了解即将进行的改变。为让企业成员心里有所准备，负责再造的单位需与受影响的相关人员沟通，使其了解并认同改变的必要性。

3. 流程诊断

此一阶段包括两部分，一是记录原有的流程，二是分析原有的流程。前者记录流程涉及的活动、资源、控制机制、作业制定、信息流动的方向等。后者着重探讨病源，以改进流程效率。

4. 重新设计

分析原有流程之后，接下来就是重新设计流程。重点如下。

(1) 设计新流程。新流程不仅是应用新科技，同时也要重视企业运营机制的系统性改造。

（2）设计新的人事结构和组织机构。新流程可能会对原有的组织结构造成冲击，原本讲求分层负责、部门壁垒分明的传统组织结构被横向整合的新组织形态所取代。

（3）设计新的信息系统。新的信息系统的设计以具弹性及经济为主[247]。例如以局域网取代封闭式的主机/终端模式的电脑系统。

（4）推出新流程原型。此过程颇像发表新的信息系统原型。

5. 重新构建

此一阶段主要有两方面工作，一是开发及建构新信息系统，以有效完成新流程的目标；二是重建人事与组织，重点在于如何顺利推展新的组织架构。

6. 绩效评价

在实施新流程后，评估得失与效率也是十分重要的课题。因为流程再造是一个持续不断的过程[248]。评估项目包括新流程的表现、信息系统表现以及生产效率。

（二）基于IT技术的流程再造咨询方法

1. 流程再造技术和主要工具

流程再造的代表性技术如图4-6所示。

| | |
|---|---|
| 战略决策阶段的代表性技术 | 调查协商会议、信息技术/流程分析和流程的先后顺序矩阵等 |
| 再造计划阶段的代表性技术 | 质量屋技术、团队组建技术、项目进度表技术等 |
| 诊断阶段的代表性技术 | 流程描述技术、鱼骨分析技术等 |
| 重新设计阶段的代表性技术 | 创新技术和IDEE方法以及流程模拟技术等 |
| 重新构建阶段的代表性技术 | 作用力场分析及社会—技术系统设计技术等 |
| 评价阶段的代表性技术 | 基于活动的成本分析技术和帕累托图表技术等 |

图4-6 流程再造的代表性技术

流程再造的代表性工具如图 4-7 所示。

<table>
<tr><td colspan="3">流程再造规划工具(BPR planning tool)</td></tr>
<tr><td colspan="3">作业成本分析工具(Activity–based costing tool)</td></tr>
<tr><td colspan="3">模型分析工具(Modeling analysis tool)</td></tr>
<tr><td rowspan="3">图像仿真模型化工具<br>(Graphical imulation modeling tool)</td><td>流动图仿真工具<br>(Flowdaigruming–based simulation tool)</td><td>代表产品有Poces Charter和Optima</td></tr>
<tr><td>系统动态仿真工具<br>(Systemdynamics–basic simulation tool)</td><td>此类产品有ithink和Powersim</td></tr>
<tr><td>标的仿真工具<br>(Discreteevent–based simulation tool)</td><td>此类产品有BPSimulator, Service Model and Simprocess</td></tr>
<tr><td colspan="3">营运作业工具(Business metric tool)</td></tr>
<tr><td colspan="3">基准分析工具(Benchmark analysis tool)</td></tr>
</table>

图 4-7　流程再造的工具

2. 流程再造的实施路径及阶段划分

流程再造是公司的一项重要变革，对公司的后续发展有着举足轻重的作用[250]。基于 IT 技术的 BPR 项目实施路径已经比较成熟完整，且应用广泛[249]。该路径的实施对帮助企业整改管理中存在的弊端，提升长期竞争力，实现可持续发展有着重要作用。对 BPR 项目实施路径及实施过程的阶段划分，有助于企业在 BPR 实施过程中提高相关工作的针对性及计划性。流程再造的实施路径一般可如图 4-8 所示。

BPR 项目的具体实施可划分为九个阶段：项目总体规划、项目启动、业务流程描述及诊断分析、IT 规划、目标流程设计、配套方案设计、新旧系统转换、应用系统绩效监控设计及持续改进计划、项目总结与评价/持续改进，如图 4-9 所示。

3. BPR 项目实施的阶段性成果

在 BPR 项目的实施过程中，业务流程描述和诊断分析是整个项目实施的

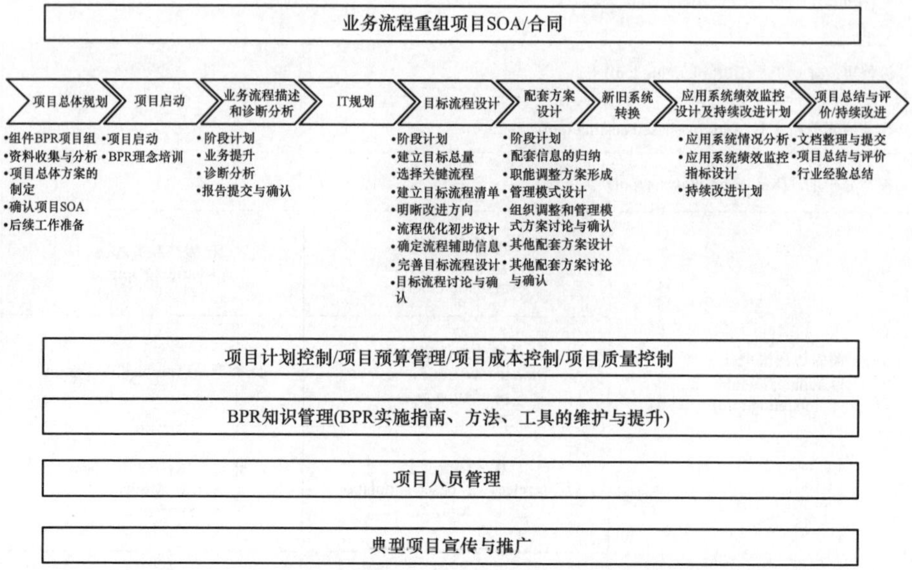


图 4-8 BPR 项目实施路径图

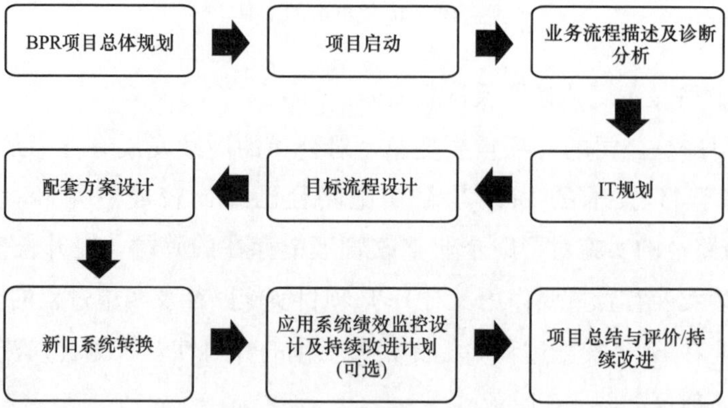


图 4-9 BPR 项目实施的九个阶段

基础，目标流程设计、配套方案设计是整个项目实施过程中的最重要阶段。新旧系统的转换效果是最终评定一个 BPR 项目是否成功的重要标准[251]。

为保证 BPR 项目的顺利开展，在完成每一个阶段的工作内容后，要得出相应的阶段成果，并根据阶段成果内容开展下一个任务计划，见表 4-35。

表 4-35　　阶段成果一览表

| 活动名称 | 阶段成果 |
| --- | --- |
| 项目总体规划 | SOA（面向服务的架构） |
| 项目启动业务流程描述和诊断分析 | 调研问答卷<br>业务流程现状描述<br>诊断报告 |
| IT 规划 | IT 规划设计报告 |
| 目标流程设计 | 目标流程优化设计报告 |
| 配套方案设计 | 管理模式设计<br>组织职能调整方案<br>岗位/部门职责设计初稿<br>岗位绩效指标设计初稿<br>KPI 指标设计初稿<br>管理制度设计初稿 |
| 新旧系统转换 | 岗位/部门职责设计最终稿<br>岗位绩效指标设计最终稿<br>KPI 指标设计最终稿<br>管理制度设计最终稿<br>管理方法论 |
| 应用系统绩效监控设计及持续改进计划 | 应用系统绩效监控设计<br>持续改进计划 |
| 项目总结与评价/持续改进 | 项目总结与评价 |

## 二、BPR 项目总体规划

### （一）工作任务及阶段目标

1. 工作任务

BPR 项目总体规划是 BPR 项目正式实施的第一步，是对 BPR 项目的一个轮廓型的全面规划[252]。其主要目的是明确项目发展方向，充分利用现有的或可快速获取的有效资源，对 BPR 的实施做出充足的准备，给客户留下良好印象，帮助客户树立合作的信心。合理的项目总体规划是项目有效开展的前提，对 BPR 项目的实施具有战略意义。

如图 4-10 所示，BPR 项目总体规划阶段内容主要包括 5 项活动：组建项目组、资料收集与分析、项目总体方案制定、项目 SOA 确认和后续工作准备。

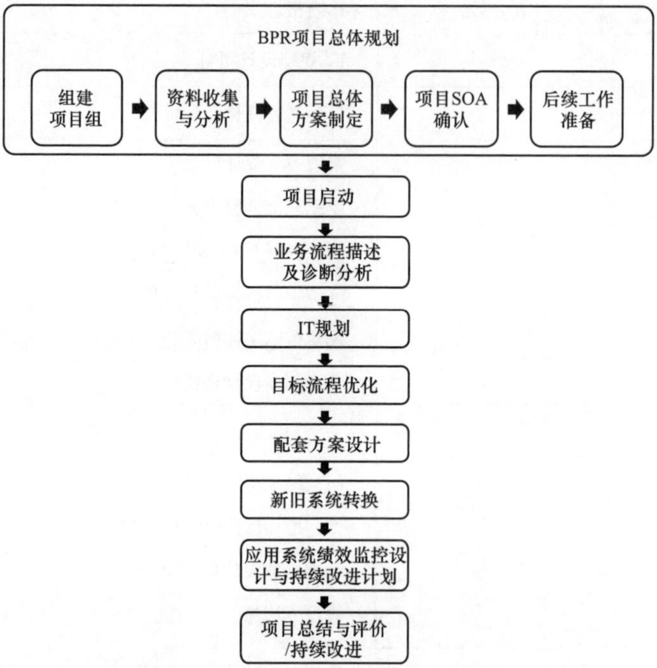


图 4-10　BPR 项目总体规划阶段内容明细

BPR 是对企业影响深远的变革[253]。在进行 BPR 项目总体规划实施前，要对总体规划里的各个阶段内容制定合理的阶段目标、阶段内容、阶段文档、阶段完成评测指标。

工作依据包括：以往类似项目相关文档、项目合同条款、售前调研信息、售前项目建议书、企业组织架构图、行业标杆、行业竞争分析、企业长期规划、发展战略、访谈记录和 BPR 实施方法论等。

2. 阶段目标

现有流程的每一个阶段，都应与阶段设置的目标有关。

(1) 了解信息。

现阶段需要了解的信息主要包括：行业情况；相关政策因素；企业所处市场环境；企业亟待解决的问题；高层领导的关注点；企业主要运作流程；企业历史、现有体制、组织架构和企业文化；领导权威和职员素质。

(2) 判断流程改进重点和预估流程改进规模。

(3) 确认项目范围。

(4) 制订项目总体计划。

3. 阶段完成评测指标

(1) 高层领导人的参与。

(2) 报告的完成并由高级领导人、企业方项目经理的签字认可。

(二) 主要活动及注意事项

1. 主要活动

本阶段主要活动内容见表 4-36。

**表 4-36 BPR 项目总体规划阶段主要活动一览表**

| 序号 | 活动内容 | 任务明细 | 职责分工 |
|---|---|---|---|
| 1 | 组建项目组 | (1) 项目交接，售前资料转移。<br>(2) 了解可用顾问资源，组建项目组。<br>(3) 项目经理对项目初步情况做简单介绍。<br>(4) 项目组成员明确分工。<br>(5) 提交顾问项目组成员名单及简历。<br>(6) 提交工作环境报告，工作环境落实 | (1) 售前顾问。<br>(2) 售前资料转移。<br>(3) 售前情况介绍。<br>(4) 顾问方项目经理。<br>(5) 了解项目合同内容和售前资料。<br>(6) 项目初步介绍。<br>(7) 组建项目组。<br>(8) 明确项目组成员分工。<br>(9) 文档资料的提交。<br>(10) 顾问项目组成员。<br>(11) 了解分工情况 |

续表

| 序号 | 活动内容 | 任务明细 | 职责分工 |
| --- | --- | --- | --- |
| 2 | 资料收集与分析 | (1) 售前资料分析，了解企业背景情况、组织架构、企业特点和企业文化。<br>(2) 收集并分析行业资料，了解整个行业大环境，确认行业标杆。<br>(3) 结合项目合同，制定实施策略方案（选择怎样的实施路径、阶段划分、实施时间总量和大体投入人力）行业及 BPR 专家对战略方案审核并提出建议。<br>(4) 制定访谈计划，拟订访谈大纲（确定访谈环境、人员、问题大纲及初步所要收集的资料）。<br>(5) 访谈与企业资料的收集与消化。明确企业目标、总体需求，了解企业主要流程、人员素质、基础条件，研判企业优势与劣势、所面临的最大问题和可获得的机会 | (1) 顾问方项目经理。<br>(2) 进行项目组成员分工。<br>(3) 对工作进行指导。<br>(4) 资料分析。<br>(5) 制定策略方案。<br>(6) 制定访谈计划。<br>(7) 参与访谈。<br>(8) 顾问项目组成员。<br>(9) 资料分析。<br>(10) 参与策略方案。<br>(11) 拟订访谈大纲。<br>(12) 进行访谈，了解高层领导人的思路和企业总体需求。<br>(13) 行业与 BPR 专家。<br>(14) 参与策略方案制定。<br>(15) 企业方中、高层领导人。<br>(16) 接受访谈，企业相关资料的提供 |
| 3 | 项目总体方案制定 | (1) 预估流程改进规模与改进重点。<br>(2) 进行项目初步预算。<br>(3) 进行项目计划编制。<br>(4) 编制项目 SOA。<br>(5) 辅助企业明确企业方项目组成员构成，明确项目经理与流程负责人 | (1) 顾问方项目经理和项目组成员。<br>(2) 预估流程改进规模与改进重点。<br>(3) 顾问方项目经理。<br>(4) 项目预算。<br>(5) 项目计划编制。<br>(6) 编制 SOA。<br>(7) 辅助企业明确企业方项目组构成。<br>(8) 企业方高层管理者。<br>(9) 明确企业方项目组构成。<br>(10) 组建企业方项目组 |

续表

| 序号 | 活动内容 | 任务明细 | 职责分工 |
|---|---|---|---|
| 4 | 项目SOA确认 | (1) 向企业高层领导人汇报项目总体计划。<br>(2) 提交项目计划、SOA报告，进行商讨，确认总体方案 | (1) 顾问方项目经理。<br>(2) 汇报总体计划。<br>(3) 提交计划与SOA报告。<br>(4) 顾问项目组成员。<br>(5) 参与计划汇报会 |
| 5 | 后续工作准备 | 必要的工作准备，开始制定第一阶段、第一周的工作计划 | |

2. 注意事项

(1) 在进行项目总体规划之前要了解企业高层期望的企业发展目标、项目实施最终目的[254]。

(2) 计划不要过于细化，注意灵活应变。

(3) 对项目范围的确定要考虑时间、质量和成本的控制，并考虑到后续工作是否能取得比较显著的成效。

(4) 企业方项目团队的构成一般分为三个层次：企业最高领导、核心项目组和参与业务流程重组的其他人员，其中核心项目组尤为重要[255]。

(5) 核心项目组成员不应太多，一般控制在6～12人即可，核心项目组成员应是兼具创造性与开放性思维的人，并受领导的重视与信任。

(6) 核心项目组经理最好是由企业内具有威信、熟悉企业经营业务并了解企业整体运作情况的中、高层领导担当[256]。

3. 使用工具及阶段性文档

本阶段需用的主要工具见表4-37。

本阶段形成的主要文档见表4-38。

表 4-37　　工具一览表

| 工具名称 | 工具使用 |
|---|---|
| 微软文字处理（Microsoft Word） | 一般项目文档 |
| 微软项目管理（Project） | 项目总体计划 |
| 微软绘图（Visio） | |
| 微软演示（PowerPoint） | 工作汇报内容 |
| 智能图形（Smart Art） | |

表 4-38　　形成文档一览表

| 活动名称 | 中间文档 | 正式提交文档 |
|---|---|---|
| 组建项目组 | 顾问简历 | 顾问项目组成员名单及简历、工作环境报告 |
| 资料收集与分析 | 战略方案、访谈计划、访谈大纲、访谈记录 | |
| 项目总体方案制定 | 项目 SOA | |
| 项目 SOA 确认 | | 项目计划、项目 SOA 报告 |
| 后续工作准备 | | 阶段计划、周计划 |

## 三、业务流程描述与诊断分析

### （一）工作任务及阶段目标

#### 1. 工作任务

业务流程描述与诊断分析是在进行项目总体规划后，工作小组开始对现有企业业务流程进行描述，然后对其进行诊断分析与研究。业务流程描述与诊断分析阶段是 BPR 咨询工作的非常重要阶段[257]。

业务流程描述的目的在于通过对现有流程（包括企业活动、控制、资源、业务规则和信息流等）进行文字性描述，开展文档化的工作，为企业诊断提供有效的依据。

企业诊断的目的在于通过查找文献、问卷调研、访谈等，了解企业整体现状并诊断分析，发现企业运营流程中的弊病，为接下来以解决问题为目的的目标流程设计、管理模式设计、岗位及部门职责设计和 IT 规划等阶段的实施找好切入点。

业务流程描述与诊断分析能够帮助咨询顾问透过问题看本质[258]。BPR 顾问需要通过业务流程描述与诊断分析，帮助企业收集资料，分析发现根本问题，帮助解决企业所面临的实际困难，满足客户的需求。业务流程描述与诊断分析包括阶段计划、业务调研、诊断分析和报告提交与确认 4 项活动，如图 4-11 所示。

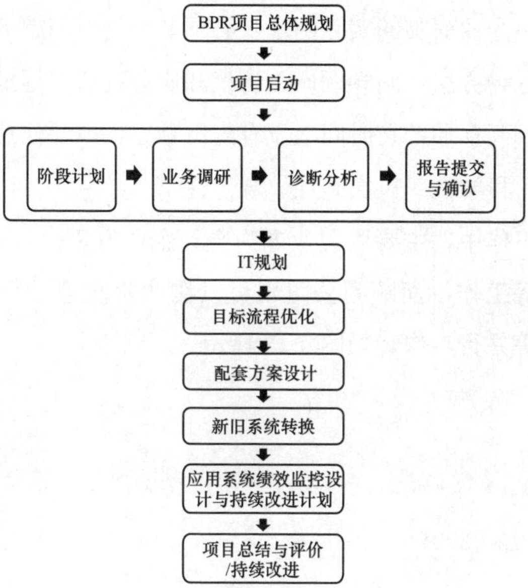


图 4-11　业务流程描述与诊断分析

在进行业务流程描述与诊断分析之前，我们要对此阶段目标、阶段内容、阶段文档、阶段完成评测指标有清楚的认知。

本阶段工作的主要依据，包括顾问方内部已有的可参考资料、模板，企业方的岗位操作手册、工作流程、ISO9000 质量保证体系。

2. 阶段目标

本阶段目标主要有以下几点：

（1）充分了解企业的战略目标与主要业务流程。

（2）通过与企业员工沟通、调研，了解企业管理现状，帮助客户全方位、更加深入了解企业状况，找出企业需要解决的问题。

（3）在与企业人员合作过程中，实施强有力的对策，来解决员工因私或因公地阻碍 BPR 实施的情绪或举动，将员工们的意识、热情以及期望融合在一起。

（4）贯彻流程最优的理念，在 BPR 项目过程中将 BPR 理念和项目实施的一些方法、技巧转移给客户，进行知识转移，以便客户能够对企业进行战略性的管理[259]。

3. 工作步骤

为能真正解决企业面临的实际困难，必须要对企业问题进行充分的调查与研究。主要采用三种方法：问卷调研、访谈和业务现状流程描述。这三种调研方法的运用可以相互穿插，在时间上没有先后顺序，但要注意每一个调研方法的开展都应当具有科学性、可实施性、规范性[260]。

在这个阶段工作中，主要以企业方为主。企业方负责进行业务流程描述、问卷调查、访谈等工作，而顾问公司则可以在此阶段进行高层与分部门的访谈、问题点收集等并行工作，如图 4-12 所示。

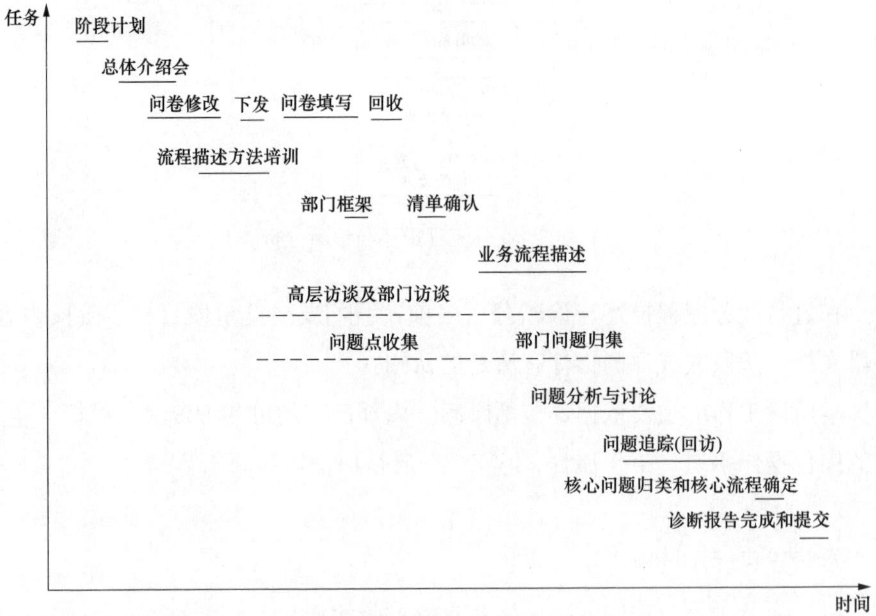


注：①横轴只是表示前后或并行关系的时间轴，不表示精确的时间；②虚线表示是穿插在过程中的间断的活动，可按情况灵活安排时间。

图 4-12 企业诊断步骤示意图

顾问公司在这个阶段进行高层访谈和部门访谈时，还需要在问题的设计与思考上花费大量的精力，如访谈大纲的撰写、找出企业问题并整理与分析、对问题的诊断与分析讨论、诊断报告设计与完稿。

本阶段工作完成情况的评测指标包括：报告的完成与高级领导人、企业方项目经理的签字认可。

（二）主要活动及注意事项

1. 主要活动

表4-39列出了业务流程描述与诊断分析阶段的主要活动内容。

**表4-39　　业务流程描述与诊断分析阶段活动一览表**

| 序号 | 活动内容 | 任务明细 | 职责分工 |
| --- | --- | --- | --- |
| 1 | 阶段计划 | （1）制定企业诊断与资源分配阶段计划。<br>（2）与企业方项目经理进行讨论，确认阶段计划 | 顾问方：<br>制定并提交阶段计划；<br>企业方：<br>与顾问方讨论与确认计划，考虑计划安排的可行性 |
| 2 | 业务调研 | 问卷调研：<br>（1）根据企业情况制定相应的问卷问题。<br>（2）将问卷下发给企业各部门员工在顾问方的间接指导下进行填写。<br>回收问卷：<br>问卷讨论分析，形成对存在问题的解决思路 | 顾问方：<br>根据企业具体情况，制定相应问卷问题；<br>问卷下发；<br>向企业方解释问卷内容，注意细则；<br>间接指导客户填写问卷，进行疑难解答；<br>问卷下发与回收；<br>整理问卷内容，保证内容的质量。<br>企业方：<br>消化问卷内容；<br>在顾问方的指导下进行问卷填写；<br>介绍部门业务的整体运作情况；<br>逐步形成对存在问题的解决思路 |

续表

| 序号 | 活动内容 | 任务明细 | 职责分工 |
| --- | --- | --- | --- |
| 2 | 业务调研 | 业务流程描述：<br>企业向顾问方说明自己部门主要有哪些业务；<br>绘出部门的业务总体框图；<br>根据 SOA 内容和部门框架图，初步分析主要的业务流程；<br>弄清流程中存在的问题；<br>纠正方法错误 | 顾问方：<br>准备培训内容，进行方法培训；<br>根据 SOA 内容和部门框架图，初步分析主要的业务流程，帮助企业确认现状描述的流程清单；<br>指导客户进行业务流程描述，纠正方法错误；<br>成果回收与汇总；<br>内容消化，了解流程运作情况和可能存在的问题；<br>企业方：<br>掌握业务流程描述的方法和注意细则；<br>绘出自己部门的业务总体框图，说明主要有哪些业务（核心小组成员负责组织）；<br>理清思路，弄清流程中存在的问题；<br>工作协调，人员安排；<br>了解部门所面临的实际困难，保证流程能真实反映情况；<br>进行业务描述 |
| | | 访谈：<br>根据企业具体情况准备高层、部门访谈大纲；<br>对相关人员进行访谈；<br>访谈记录及纪要整理 | 顾问方：<br>准备高层访谈大纲；<br>进行高层访谈，了解高层领导人所关注的方向，希望解决的问题；<br>准备部门访谈大纲；<br>进行部门访谈；<br>访谈记录及纪要整理；<br>对相关表单和资料进行收集；<br>企业方：<br>人员、时间、地点安排；<br>参与访谈；<br>访谈内容记录与访谈纪要整理 |

续表

| 序号 | 活动内容 | 任务明细 | 职责分工 |
|---|---|---|---|
| 3 | 诊断分析 | 问题点收集、分析，找出问题根源，制定诊断报告 | 顾问方：<br>将问题按部门进行整理、归类；<br>问题分析内部讨论；<br>问题的追踪、判定，对不能确定的问题进行二次调研，追溯问题根源；<br>针对问题源，初步整理问题解决的思路、解决问题的方法和可行性；<br>编制诊断报告；<br>企业方：<br>积极配合顾问方的工作 |
| 4 | 报告提交与确认 | 双方讨论与修订诊断报告内容并签写阶段确认书 | 顾问方：<br>讨论与修订诊断报告内容；<br>业务流程现状描述；<br>顾问方项目经理签字；<br>报告审核并提交上层领导进行确认；<br>企业方：<br>诊断报告的讨论，提出意见；<br>确认：<br>阶段确认签字 |

2. 注意事项

（1）调研方法是工具而不是流程[261]。业务调研的三种方法不是必要选项，而是可以根据企业的自身情况，进行合理、科学的选择。

（2）要制定良好的业务流程描述实施规划，确定业务流程描述范围，避免描述繁多杂乱，抓不住重点。

（3）注意工作效率问题，切勿因为过分细致而忽略时间问题。

（4）在进行业务流程描述时，需注意以下方法与技巧：①以流程为重组活动的出发点，打破部门界限，贯穿流程思想；②描述不是简单的文字赘述，要抓住重点，研究存在的突出问题，如缺乏长远发展规划；融资渠道过于单一；官僚习气；各部门之间的沟通不畅，协作能力低；成本高，非增值活动增加；效率低等；③在循序渐进的同时应注意优化流程顺序，着重关键业务流程；④注意战略性和战术性的统一；⑤BPR 是一种管理理念和管理方法，在问卷调查和访谈问题设置中应着重研究企业流程现状，了解企业内部各部门的沟通协作情况，业务管理难点[262]；⑥在访谈过程中保持客观的态度，切勿轻易在客户面前表达自己的观念及想法，尽可能保证访谈结果的真实可靠性，便于对流程改进对症下药；⑦问卷调查具有一定的局限性，其相关内容问题比较固化，不能给予更加开放、发散的思考，在使用时要搭配其他调研方法；⑧进行调研后要注重讨论与分析，根据问题严重度进行区分，从而把握关键问题；⑨在了解部分问题情况后，可以根据以往经验对问题进行分析、假设，然后继续收集相关资料验证假设；⑩根据问题严重程度，合理分配对不同问题的精力投入情况。

### （三）咨询工作和主要方法

#### 1. 咨询工具

本阶段所使用的咨询工具见表 4-40。

**表 4-40　　业务流程描述与诊断分析阶段使用工具一览表**

| 工具名称 | 工具使用 |
|---|---|
| 微软文字处理（Microsoft Word） | 一般项目文档 |
| 微软项目管理（Project） | |
| 微软表格处理（Excel） | 诊断问题归集 |
| 微软绘图（Visio） | 业务路程描述 |
| 智能图形（Smart Art） | |

#### 2. 关注重点

表 4-41 对企业部分弊病及表现形式进行了归纳与分类，在进行 BPR 项目实施的时候可以参考这些问题点对企业进行分析。

**表 4-41　企业常见弊病**

| 类型 | 弊病表现 |
| --- | --- |
| 管理方面 | （1）缺乏正确的企业长期发展战略规划。<br>（2）缺乏科学的决策机制。<br>（3）部门之间沟通协作能力弱、职责不清、部门之间推诿扯皮。<br>（4）盲目追逐市场热点，企业投资过度多元化，导致资源分散，管理混乱。<br>（5）重视业务流程规划，而轻视对业务流程管理。<br>（6）对企业文化的轻视。经营者对产品是硬手抓，而对企业文化则不了了之。<br>（7）没有明确有效的绩效考核制度，工作目标和成果难以量化。<br>（8）企业管理缺乏创新，缺乏以人为本、系统观念、战略观念等 |
| 采购方面 | （1）缺乏战略思想，没有把采购管理上升到战略性高度考虑，没有明确有效的采购策略。<br>（2）缺乏对采购物料需求的分析、采购周期的评估，以及生产计划的管理，最终造成资源的浪费或物料不足，滞后生产。<br>（3）缺乏有效的工具和信息平台进行采购跟踪、评估、分析和智能化决策，工作效率低下。<br>（4）缺乏对供应商的定期评估与管理，如供应质量、过程控制、设计开发、客户服务、环境保护等。<br>（5）缺乏对长期供应商的开发，比如从关注谈判向建立战略伙伴关系转变，从一味压价向建立互赢和激励机制转变。<br>（6）采购审批环节复杂，效率低。<br>（7）缺乏对采购计划执行的监督与管理。<br>（8）对物资入库的管理制度不完善 |
| 生产方面 | （1）生产计划不合理，不能及时把握市场动向。<br>（2）作业流程不顺畅，降低了工作效率。<br>（3）产品质量不过关。<br>（4）生产环境差。<br>（5）缺乏新技术的支撑 |

续表

| 类型 | 弊病表现 |
| --- | --- |
| 销售方面 | （1）销售人员工作激情不高、业务能力低下，整体团队工作气氛差。<br>（2）没有明确的销售目标和计划。<br>（3）客户管理粗糙，如服务、有效的信息反馈、老客户的二次开发等。<br>（4）销售渠道不畅。<br>（5）销售考核制度的欠缺 |
| 库存方面 | （1）库存管理不规范，造成账实不符。<br>（2）管理信息落后，存货信息缺乏共享。<br>（3）内部控制不足，缺乏完善的内控管理制度，造成内部资源的浪费，也增加了物料流转过程中徇私舞弊的现象发生 |
| 财务方面 | （1）财务制度不健全。<br>（2）财务流程不规范。<br>（3）财务审批过程烦琐，缺乏科学的审批管理制度。<br>（4）财务管理缺乏有效的技术手段。不能建立定期与客户对账的机制，也难以对客户资信等级进行评估和考核。<br>（5）财务法规意识薄弱。导致账外设账、偷梁换柱、关联交易等违反法律法规的现象出现，严重危害了企业的信誉、形象 |
| 人事方面 | （1）人力资源缺乏规划，出现事少人多，或事多人少等现象。缺乏对企业员工的录用标准和入职技能培养计划。<br>（3）员工疲劳症。工作时间过长，经常加班，劳动强度过高。<br>（4）轻激励，重约束。<br>（5）重激励，轻约束 |

3. 阶段文档

本阶段最终形成的文档如表 4-42 所示。

**表 4-42　　业务流程描述与诊断分析阶段文档一览表**

| 活动名称 | 中间文档 | 正式提交文档 |
| --- | --- | --- |
| 阶段计划 | 阶段计划 | 每周计划与小结 |
| 业务调研 | 总体介绍会议纪要、访谈纪要（也可提交客户） | 调研问卷、业务流程描述方法与工具培训资料 |
| 诊断分析 | 问题点收集表、部门问题点归集与分析表单、核心问题点归集与分析表单（包括有解决思路的栏目） | 业务流程现状描述报告、诊断报告 |
| 报告提交与确认 | | 调研问卷最终稿、业务流程现状描述最终稿、诊断报告最终稿 |

## 四、目标流程优化设计

### （一）工作任务及阶段目标

#### 1. 工作任务

目标流程优化设计是通过对企业现有流程进行分析讨论，找出公司目前所存在的根本问题后，对存在问题的目标流程进行的再设计[263]。业务流程优化是指在现有流程上进行系统的分析并逐步地进行优化与改良，从而创建出适合企业生存的新流程。其目的主要是通过优化企业原有流程，从而提高流程绩效，达到 BPR 的预期效果[264]。

BPR 与 BPI 既相互区别又相互联系，如图 4-13 所示。两者相互联系，BPR 与 BPI 都是企业业务流程管理的核心环节。两者相互区别，BPR 与 BPI 的含义、侧重点、实施时间、业务风险不同。

BPR 项目在实际操作过程中，许多企业因为变革管理上的不足和企业员工变革的主动性低，大多数企业并没有达到预期的效果，甚至产生了反作用。为了减少 BPR 的实施风险，企业更多的选择将 BPR 与 BPI 的技术相结合，即不断分析、识别公司问题，确定核心优化流程，通过流程优化手段对公司业务流程持续改进，同时利用打破重组、除旧布新、设计愿景的 BPR 思想对企业业务流程进行局部重组，由此结合企业的实际情况，设计出在现有阶段切实可行的目标流程和其他配套方案。实际实施的 BPR 项目只是对企业核心流程的

| | | BPR | BPI |
|---|---|---|---|
| 相同 | | 都是企业业务流程管理中的核心环节 | |
| 不同 | 含义不同 | 业务流程再造(Business Process Reengineering,BPR)是对企业的业务流程进行根本性地再思考和再设计，从而获得在成本、质量、服务和速度等方面业绩的戏剧性改善 | 业务流程优化(Bnsiness Process Improvement强调在现有流程上进行系统的分析并逐步的进行优化与改良，从而创建出适合企业生存的新流程) |
| | 侧重点不同 | 强调的是重新设计公司流程、结构和文化 | 强调在现有流程上进行系统的分析并逐步进行优化与改良，从而创建出适合企业生存的新流程 |
| | 实施时间 | 长期战役 | 可短期也可长期 |
| | 实施风险 | 风险高 | 风险较低 |

图 4-13　BPR 与 BPI 的不同与相同

局部重组及与 BPI 结合的阶段性重组。BPR 与 BPI 的关系如图 4-14 所示。

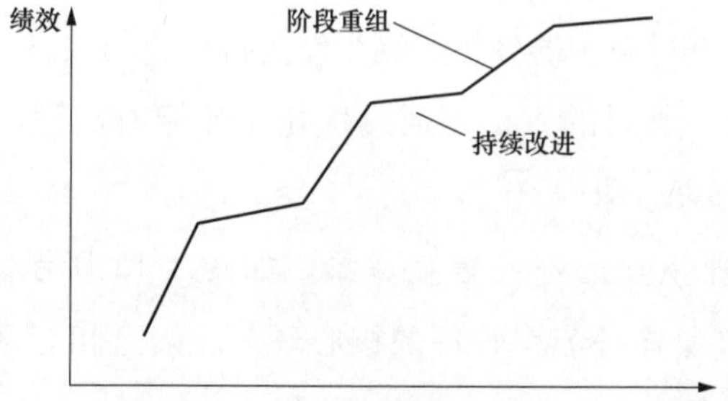


图 4-14　BPR 与 BPI 的关系

企业内部的业务流程需要不断适应市场外部环境的变化，因此结合战略诉求和流程现状，对企业核心流程进行阶段重组后，需要通过 BPI 技术，对重组后的流程进行持续改进，以此保证核心流程的适时性、先进性，然后再在此基础上进一步的进行阶段重组，最终形成阶梯式的流程重组，直到 BPR 项目结束并达到预期目标。所以，在协助企业实施 BPR 项目过程中，在对 BPR 的认识上，是一个需要结合企业实际情况，对 BPR 的认识不断加深的过程，但在 BPR 项目的实施上，是一个阶段性的 BPR 工程[265]。

如图 4-15 所示，目标流程优化设计包括阶段计划、建立目标总图、选择关键流程、确定目标流程清单、明晰改进方向、流程优化初步设计、确定流程辅助信息、完善目标流程设计和目标流程设计讨论与确认等活动。公司可按自身情况，依据目标流程明细图进行有序实施。

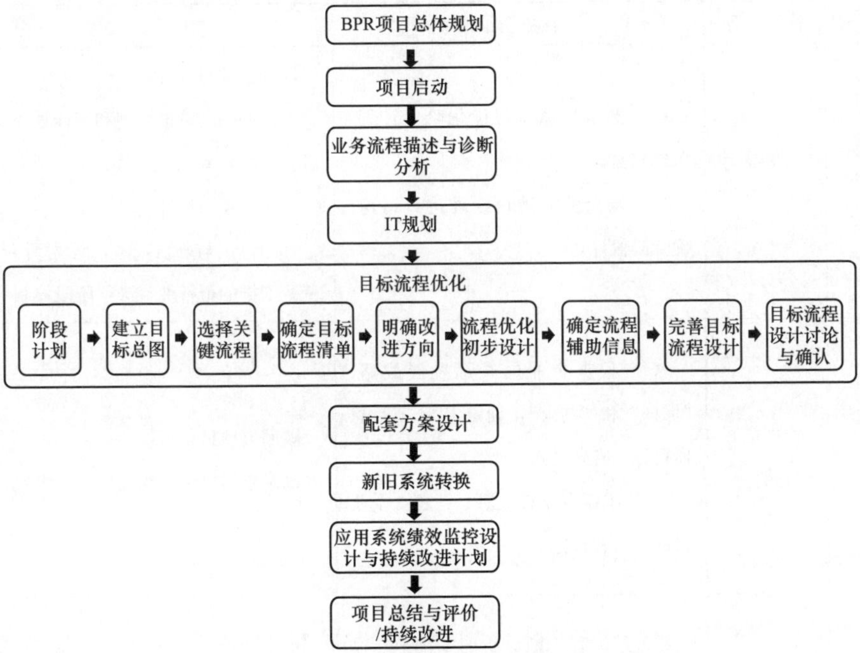


图 4-15　目标流程设计阶段活动

在进行目标流程设计前，要明确目标流程的阶段目标、阶段内容、阶段文档和阶段完成评测指标。

本阶段的工作依据，包括顾问公司内部可利用的参考资料、访谈报告、调研问卷最终稿、业务流程现状描述最终稿、诊断报告、ERP 软件功能约束，包括 CRM/PDM 等其他软件。

2. 阶段目标

现阶段目标主要有以下几点：①制定优化流程顺序，确认企业核心流程；

②针对核心流程，选择关键问题点；③流程的优化设计；④业务流程的自动化和其他配套方案的设计（可选）。

（二）主要活动及注意事项

1. 主要活动

本阶段的主要活动内容见表 4-43。

表 4-43　　目标流程优化设计阶段活动一览表

| 序号 | 活动内容 | 任务明细 | 职责分工 |
|---|---|---|---|
| 1 | 阶段计划 | （1）制定目标流程优化阶段计划、工作安排。<br>（2）与企业方项目经理进行讨论，确认阶段计划 | 顾问方项目经理：<br>制定并提交阶段计划和周计划小结，进行阶段控制。<br>企业方项目经理：<br>计划讨论与确认，考虑计划所涉及资源安排的可行性，进行阶段控制 |
| 2 | 建立目标总图 | （1）根据企业的长远发展战略、“标杆”和“约束”，确定 BPR 项目总体目标、有效愿景。<br>（2）根据企业有效愿景，建立企业目标模型和目标流程总图 | 顾问方项目小组：<br>确定总体目标，建立目标总图 |
| 3 | 选择关键流程 | 在现状流程诊断分析的基础上，根据流程对企业发展的重要程度、流程运行情况（可解决问题点的多少，能否解决）确定流程的优先级别；<br>根据目标总图和流程优先级别，确认关键流程 | 顾问方项目小组：<br>确定流程优先级别，确认关键流程 |
| 4 | 确认目标流程清单 | 将目标总图进行分解，确定目标流程清单 | 顾问方项目小组：<br>确定目标流程清单 |

续表

| 序号 | 活动内容 | 任务明细 | 职责分工 |
| --- | --- | --- | --- |
| 5 | 明晰改进方向 | （1）针对流程，归集出每个流程的关键问题点。<br>（2）针对关键问题点，找出“标杆”，确认流程绩效。<br>（3）针对关键问题点，找出“约束”，分析问题点，如有哪些改进的前提条件难以达到，哪些资源难以落实，哪些观念需要改变，达到标杆可能会引发什么问题。如果需要实施 ERP，现有软件功能有哪些局限，需要 ERP 顾问提供的支持。<br>（4）确认企业所能达到的关键流程的目标 | 顾问方项目小组（为主）和企业方项目小组成员（为辅）：归集出流程上问题点，找出“标杆”与“约束”，确定企业所达到目标 |
| 6 | 流程优化初步设计 | 根据 ESIA（清除、简化、整合、自动化）的基本原则，充分利用诊断分析阶段所形成的初步解决思路，对流程进行初步优化设计 | 顾问方项目小组（为主）和企业方项目小组成员（为辅）：流程的优化设计 |
| 7 | 确认流程辅助信息 | （1）建立“流程”与“计划”的关联（流程受哪些计划的约束）。<br>（2）建立“流程”与“岗位—部门”的关联（考虑流程需要哪些岗位完成，对岗位知识、能力、态度提出什么要求。与以前相比，岗位设置和职能上有怎样的调整）。<br>（3）建立“流程”与“绩效监控”的关联（考虑岗位绩效和流程绩效，谁对每个关键绩效指标负责，这些关键绩效指标可能异动的原因是什么，关键绩效指标的状况谁来提交，提交给谁，是报表还是在线查看，报表的内容是什么，接收者能采取哪些措施来保证流程运营） | 顾问方项目小组和企业方项目小组成员：考虑要使目标流程得以实现的保障辅助信息 |

续表

| 序号 | 活动内容 | 任务明细 | 职责分工 |
| --- | --- | --- | --- |
| 7 | 确认流程辅助信息 | 建立“流程”与“制度”的关联（目标流程要顺利运营，需要有哪些制度来保障，现有制度是否有参照意义）建立“流程”与“IT支撑”的关联（目标流程需要哪些IT手段进行支撑，需要有哪些基本数据库，需要有哪些基本信息） | 顾问方项目小组和企业方项目小组成员：考虑要使目标流程得以实现的保障辅助信息 |
| 8 | 完善目标流程设计 | 将目标流程的部分辅助信息添加到目标流程图的描述中去，完善目标流程 | 顾问方项目小组和企业方项目小组成员：完善目标流程 |
| 9 | 目标流程设计讨论与确认 | 与企业核心小组成员讨论目标流程。<br>对目标流程进行修改。<br>由各相关部门进行目标流程的确认。<br>目标流程确定。<br>企业方进行报告的确认。<br>双方签写阶段确认书 | 顾问小组成员：业务流程优化设计报告的修改<br>企业方项目组成员：业务流程优化设计报告的讨论，提出意见。<br>顾问方项目经理：提交报告，阶段确认签字。<br>顾问方项目经理：报告审核，并提交上层领导进行确认阶段确认签字 |

2. 注意事项

本阶段工作所使用的工具包括微软文字处理（Microsoft Word）、微软项目管理（Project）、微软智能图形（Smart Art）、微软绘图（Visio）等软件，用于一般项目文档和目标路程描述。应注意以下事项。

（1）目标流程设计阶段的工作人员主要是顾问方，但可以根据客户的意愿和工作效率的需要，对客户进行知识转移，了解工作内容，使企业方核心小组成员能够在顾问方的指导下，参与目标流程设计并提出自己的见解。

（2）确认核心优化流程顺序时，要立足企业实际，以企业战略目标和期望结果为导向[266]。流程的存在是为了企业战略的实现，若离开了战略目标的引导，流程将是毫无意义的[267]。

(3) 注意业务流程的自动化和信息化。在建立流程设计与IT技术的关联时，要充分考虑到IT技术应用的可行性。如明确IT信息技术软件（例如ERP、CRM、PDM等）本身和开发的功能是否能顺利支撑目标流程阶段的设计，确定IT信息技术的具体实施方。必要时可以让ERP、CRM、PDM等软件实施顾问参与目标流程优化设计，进行软件优化、审核，提高软件应用的可行性，以此保证设计工作的顺利实施。

(4) 利用ESIA手段对流程进行优化时，要紧紧围绕客户的诉求，从客户的角度评估流程的价值，将那些与客户诉求不匹配或匹配度弱的业务活动尽量减掉，保证客户的满意度[268]。

(5) 在进行目标流程优化时，要注意流程实施的资源评估。任何企业所拥有和可支配的资源都是有限的，当资源不足时，可采取调配其他资源或进行流程外包的手段，整合优势资源，对企业最有价值的核心流程进行优化。

(6) 在进行目标流程优化时，要注意培养员工的流程管理意识，让员工主动要求进行流程管理变革，比如可以通过合理的授权，提高企业员工的积极性。员工是否接受并践行流程管理的思想和方法是企业进行流程优化成败的关键[269]。

(7) 在进行目标流程优化描述时，可简化一些不重要或简单的流程，以保证图示的清晰。

(8) 在每个目标流程图后，可通过文字将企业问题、解决方法等在相应位置上进行注解，以增强流程图的视觉清晰和可解读性。

（三）ESIA原则方法

所有企业的最终目的都应该为了提升顾客在价值链上的价值分配[270]。流程优化就是为了以一种新的方式为客户提供价值增加，并提升这种价值增加的程度。反映到流程设计的具体任务上，就是利用ESIA的原则，来尽可能减少流程中非增值活动以及调整流程的核心增值活动，解决流程存在的问题。

ESIA是由四个单词的首个字母组成，E（eliminate）是指消除非增值活动；S（simply）是指简化必要活动；I（integrate）是指整合活动；A（automate）是指流程任务的自动化。这四个过程层层递进，最终实现流程整体性和系统性的优化，从而提高管理效率。其内容如表 4-44 所示。

**表 4-44　ESIA 的主要内容**

| 清除 | 简化 | 整合 | 自动化 |
|---|---|---|---|
| 过量产出<br>活动间的等待<br>不必要的运输<br>反复的加工<br>多余库存<br>缺陷、失误<br>重组的活动<br>反复的检验<br>跨部门的协调 | 表格<br>程序<br>沟通<br>物流 | 活动<br>团队<br>顾客（流程上游方）<br>供应商（流程下游方） | 脏活、累活、乏味的工作<br>数据采集与传输<br>数据分析 |

1. 清除

清除指对企业现有流程内的非增值活动予以清除。进行设计流程时，对流程的每个环节或要素判断是否是非增值环节，其存在产生了怎样的不利影响，而清除是否可行。如何消除或减少这些活动，同时又不给流程带来负面影响是重新设计流程的主要问题。

（1）过量产出。超过需要的产出对于流程而言就是一种资源浪费，在一定意义上，它带来的问题是增加库存和掩盖问题。

（2）活动间的等待。指流程内任何时刻由于某种原因导致的对人或物的等待，浪费时间，降低了工作效率。

（3）不必要的运输。任何人员、物料和文牍移动都要花时间，浪费了员工时间，增加了成本。

（4）反复的加工。在公司运营流程的实际运作中，很多产品或是文件会被处理多遍。

（5）多余库存。指物品的库存以及流程运营过程中大量文件和信息的淤积。

（6）缺陷、失误。一般而言，造成失误的原因有人员因素和流程结构的问题。

(7) 重组的活动。是指相似的活动在处理上有部分不同时，为了适应某些特定的习惯就采取不同流程方式，造成流程资源的浪费[271]。

(8) 反复的检验。有些检验、监视与控制已成为一种官僚作风和形式主义，已不具有其本来的意义，反而造成审核的形式化和上层领导工作的繁重和低价值。

(9) 跨部门的协调。跨部门的协调已经成为本位主义、官僚作风的一个代名词。应加强流程的整体协调，进行职责的重新定义[272]。

2. 简化

在尽可能清除了非必要的非增值环节后，对剩下的活动仍需进一步简化。一般而言，可从以下方面进行考虑。

(1) 表格。许多表格在流程的运作中根本没有实际作用甚至是多余。重新设计表格和IT技术的介入，可以减少不少工作环节。

(2) 程序。一个原有流程通常被割裂成多个环节，以让足够多的人来参与流程任务完成。通过IT手段运用，可以提高信息处理能力，简化流程程序，整合工作内容，提高流程结构性的效率。

(3) 沟通。简化沟通，避免沟通的复杂性。

(4) 物流。物流设计在使用过程中为了局部改进而进行的零敲碎打式的变动，在很大程度上使流程变得低效。有时，调整任务顺序或增加一条信息的提供，就能简化物流。

3. 整合

整合分解的流程，以使流程顺畅、连贯，更好地满足顾客的需求。

(1) 活动。授权一个人完成一系列简单活动，可以减少活动转交的错误率和缩短工作处理时间，实现流程与流程之间的“单点接触”。

(2) 团队。合并专家组成团队，形成“个案团队”或“责任团队”。这样能使物料、信息和文件旅行距离最短，改善同一流程上工作的人与人之间的沟通。

(3) 顾客（流程的下游）。与客户建立完全的合作关系，将自己的服务交送于顾客组织的流程。

（4）供应商（流程的上游）。消除企业和供应商之间的一些不必要的官僚手续，整合双方的流程，建立信任机制与伙伴关系。

4. 自动化

在许多流程实施中，计算机的应用反而会使流程更加复杂和烦琐，因而应该在对流程任务的清除、简化和整合基础上提高自动化水平。

（1）脏活、累活、枯燥的工作。

（2）数据采集与传输。减少反复的数据采集，提高单次采集效率。

（3）数据分析。通过分析软件，对数据进行收集、整理与分析，充分利用数据信息。

以上都是在流程优化设计中所需考虑的细节问题，那么从大的方面归结起来，实际上是由以下设计要点为指导的，有些要点是对上述 ESIA 内容的总括或补充：①以客户为导向；②计划与执行相分离；③评审流程简化与规范化；④审查、执行与评价相分离；⑤会计核算面向管理，财务业务一体化；⑥职责分工明确；⑦IS 信息的一体化。

本阶段最终形成的文档见表 4-45。

**表 4-45　　目标流程优化设计阶段文档一览表**

| 活动名称 | 中间文档 | 正式提交文档 |
|---|---|---|
| 阶段计划 | | 阶段计划 |
| 建立目标总图 | 目标流程总图 | 注：这些中间文档为业务流程优化设计报告最终稿服务 |
| 选择关键流程 | 关键流程分析表 | |
| 确定目标流程清单 | 目标流程清单 | |
| 明晰改进方向 | 流程优化改进思路 | |
| 流程优化初步设计 | 目标流程设计 | |
| 初稿确定流程辅助 | 流程辅助信息汇集表 | |
| 完善目标流程设计 | 业务流程优化设计报告（包括文字说明） | |
| 目标流程设计讨论与确认 | | 业务流程优化设计报告最终稿；<br>目标流程设计讨论与确认 |
| | | 周计划 |

# 第五章

# 财务及风险管理咨询

## 第一节 财务管理咨询

### 一、财务报表及财务管理

财务管理是基于企业再生产过程中客观存在的财务活动和财务关系而产生的，是企业组织财务活动、处理与各方面财务关系的一项涉及面广、综合性强的经济管理工作，是企业管理的一项重要组成部分[275]。不同时期及不同组织形式的企业，其在财务管理的内容、方法、目标及原则等方面会存在差异[276]。而所谓财务管理咨询，是指以提高企业经济效益为目的，运用定性和定量的分析方法，对企业生产经营活动的劳动消耗、物质消耗和资金占用的效果以及财务成本管理工作进行分析和评价，提出改善方案，并帮助指导实施的一种管理服务活动。

（一）财务报表

借助财务报表，咨询师能够了解客户在某个持续经营期间的业绩信息，有助于发现财务课题范围内存在的主要问题及原因，提出更恰当、更有针对性的问题。财务分析重点在于关注发生变化的地方[277]。在此过程中，需要运用财务报表及报表中的关键性财务数据，计算财务比率进行分析。

财务报表分析是企业财务管理中的基础性内容，可以为反映企业的经营管理提供有效的数据支持，同时也为企业的重大决策提供一定的参考[278]。

1. 资产负债表

资产负债表可以看成是某一特定时点上对企业会计价值的反映，说明了企业拥有的资产及其来源。资产部分由企业的行业性质和管理行为决定。负债和所有者权益取决于管理当局对资本结构的选择，反映企业资金来源的类型和比例[279]。资产负债表能反映公司以下三方面的问题。

（1）流动性：将流动资产与流动负债进行比较，计算出流动比率，资产的流动性越大，对短期债务的清偿能力就越强。

（2）负债与权益：反映所有者所拥有的权益，以及企业未来需要用多少资产或劳务清偿债务以及清偿时间，若企业不能支付债务清偿，则存在违约风险。

（3）市价与成本：反映企业资产现值，体现企业的信用水平，以及获得抵押贷款和经济担保的能力。

表5-1是某公司的资产负债表示例。

**表5-1　　　　某公司资产负债表示例**

| 资产 | 2020年 | 2019年 | 负债与所有者权益 | 2020年 | 2019年 |
|---|---|---|---|---|---|
| 流动资产 | | | 流动负债 | | |
| 现金及其等价物 | 140 | 107 | 应付账款 | 213 | 197 |
| 应收账款 | 294 | 270 | 应付票据 | 50 | 53 |
| 存货 | 269 | 280 | 应计费用 | 223 | 205 |
| 其他 | 58 | 50 | 流动负债合计 | 486 | 455 |
| 流动资产合计 | 761 | 707 | | | |
| | | | 长期负债 | | |
| 固定资产 | | | 递延税款 | 117 | 104 |
| 财产、厂房及设备 | 1423 | 1274 | 长期债务 | 471 | 458 |
| 减：累计折旧 | 550 | 460 | 长期负债合计 | 588 | 562 |
| 财产、厂房及设备净值 | 873 | 814 | | | |
| 无形资产及其他资产 | 245 | 221 | 所有者权益 | | |
| 固定资产合计 | 1118 | 1035 | 优先股 | 39 | 39 |
| | | | 普通股（面值为1元） | 55 | 32 |
| | | | 股本溢价 | 347 | 327 |
| | | | 累积留存收益 | 390 | 347 |
| | | | 减：库藏股票 | 26 | 20 |
| | | | 所有者权益合计 | 805 | 725 |
| 资产总计 | 1879 | 1742 | 负债与所有者权益总计 | 1879 | 1742 |

2. 利润表

利润表反映公司在过去一段时间销售收入、成本和盈利关系，衡量企业在某一特定时期内的业绩，能用来分析公司获利情况、反映公司利润的构成、反映税金交纳情况、预测公司未来发展趋势。

利润表通常分为四个部分，经营活动部分报告企业主营业务的收入和费用；非经营活动部分列示了融资费用；另外，再用一个独立的项目报告税务部门对利润课征的所得税；利润表的最后一项是净利润，常常被表示成普通股的每股利润，即每股收益的形式。表 5-2 是某公司的利润表示例。

**表 5-2　　某公司利润表示例**

| 序号 | 总销售收入 | 2262 |
|---|---|---|
| 1 | 产品销售成本 | 1655 |
| 2 | 销售费用、一般费用及管理费用 | 327 |
| 3 | 折旧 | 90 |
| 4 | 营业利润 | 190 |
| 5 | 其他利润 | 29 |
| 6 | 息税前利润（EBIT） | 219 |
| 7 | 利息费用 | 49 |
| 8 | 税前利润 | 170 |
| 9 | 所得税 | 84 |
| 10 | 当期 | 71 |
| 11 | 递延 | 13 |
| 12 | 净利润 | 86 |
| 13 | 留存收益 | 43 |
| 14 | 股利 | 43 |

3. 现金流量表

现金流量表提供了企业在某一特定期间内有关现金及现金等价物的流入和流出的信息。现金流量表的主要作用有：提供本企业现金流量的实际情况；评价本期收益质量，评价企业的财务弹性，评价企业的流动性；预测企业未来的现金流量。

现金流量表由三个部分组成：经营活动产生的现金流量、投资活动产生的现金流量以及筹资活动产生的现金流量。表5-3是某公司的现金流量表示例。

**表5-3　　某公司现金流量表**

| | | |
|---|---|---|
| 1 | 经营活动 | |
| 1.1 | 净利润 | 86 |
| 1.2 | 折旧 | 90 |
| 1.3 | 递延税款 | 13 |
| 1.4 | 资产及负债的变动 | |
| 1.5 | 应收账款 | −24 |
| 1.6 | 存货 | 11 |
| 1.7 | 应付账款 | 16 |
| 1.8 | 应计费用 | 18 |
| 1.9 | 其他 | −8 |
| 1.10 | 经营活动产生的现金流量合计 | 202 |
| 2 | 投资活动 | |
| 2.1 | 固定资产的取得 | −198 |
| 2.2 | 固定资产的出售 | 25 |
| 2.3 | 投资活动产生的现金流量合计 | −173 |
| 3 | 筹资活动 | |
| 3.1 | 到期债务（包括票据）的本金 | −73 |
| 3.2 | 发行长期债券 | 86 |
| 3.3 | 应付票据的变动 | −3 |
| 3.4 | 股利 | −43 |
| 3.5 | 股票回购 | −6 |
| 3.6 | 发行新股 | 43 |
| 3.7 | 筹资活动产生的现金流量合计 | 4 |
| 4 | 现金的变动额（资产负债表上） | 33 |

（二）比率分析

1. 财务比例

财务比率就是利用各项财务指标之间的关系进行比较和考察，更好地反映公司的财务业绩和实力。

财务比率通常分为以下几个方面：反映短期偿债能力的比率；反映长期偿债能力的比率；反映资产管理情况的比率；反映盈利能力的比率；反映市场价值的比率。各类指标的含义如表 5-4。

**表 5-4　　财务常用指标**

| 分类 | 目的 | 代表指标 | 作用 | 计算 |
|---|---|---|---|---|
| 短期偿债能力与流动性指标 | 分析企业短期内在不引起不适当压力时支付账单的能力，即流动资产和流动负债 | 流动比率 | 用来衡量现金及可以在 12 个月内转化成现金的其他资产对 12 个月内就要到期的短期负债的偿还能力 | $\frac{流动资产}{流动负债}$ |
| | | 速动比率 | 与流动比率相比，不将存货计算在内，防止公司高估销售能力 | $\frac{流动资产-存货}{流动负债}$ |
| 长期偿债能力指标 | 用来衡量公司的财务实力 | 负债比率 | 把对所有债权人的所有期限的所有债务都考虑在内，用来衡量工资使用的资本中财务的占比 | $\frac{总资产-总权益}{总资产}$ |
| | | 利息覆盖率 | 用来衡量公司用营业利润偿还应付利息的难易程度 | $\frac{营业利润}{应付利息}$ |
| 资产管理或资金周转指标 | 用于衡量资产的周转率，说明公司能集中有效地运用资产来获得收入的能力 | 存货周转率 | 衡量存货管理水平 | $\frac{产品销售成本}{存货}$ |
| | | 应收账款周转天数 | 用来测算公司从客户那里回收现金的天数，说明公司产品的销售速度有多快 | $\frac{365天}{应收账款周转率}$ |

续表

| 分类 | 目的 | 代表指标 | 作用 | 计算 |
|---|---|---|---|---|
| 盈利性指标 | 用于衡量公司运用资产和管理经营的效率 | 销售利润率 | 用于计算公司销售商品能够获得的利润 | $\frac{净利润}{销售额}$ |
| | | 资产收益率 | 用来衡量单位资产所带来的利润 | $\frac{净利润}{总资产}$ |
| | | 股东权益收益率（ROE） | 用于衡量股东能够获得的税后利润占股东权益的比例，是会计意义上的最终衡量标准 | $\frac{净利润}{总权益}$ |
| 市场价值度量指标 | 运用股票的每股市值衡量上市公司市场价值 | 市盈率 | 衡量投资者为每股当前利润支付的意愿，反映公司未来成长前景 | $\frac{每股价格}{每股收益}$ |
| | | 市值面值比 | 将公司投资的市场价值与其成本进行比较，反映公司为股东创造价值的能力 | $\frac{每股市场价值}{每股账面价值}$ |

2. 企业绩效评价-杜邦恒等式

杜邦分析法是一种用来评价公司盈利能力和股东权益回报水平，从财务角度评价企业绩效的一种经典方法。将若干个用以评价企业经营效率和财务状况的比率按其内在联系有机地结合起来，形成一个完整的指标体系，并最终通过权益收益率来综合反映[280]。采用这一方法，可使财务比率分析的层次更清晰、条理更突出，为报表分析者全面仔细地了解企业的经营和盈利状况提供方便。

杜邦分析法的三部分计算如下：

$$销售利润率=\frac{能够分配给股东的税后利润}{销售收入}\times 100\%$$

$$总资产周转率=\frac{销售收入}{总资产}$$

$$杠杆系数=\frac{总资产}{股东权益}$$

杜邦恒等式说明，ROE 受三个方面因素的影响：经营效率（以销售利润率度量）；资产运用效率（以总资产周转率度量）；财务杠杆（以权益乘数度量）。ROE 可能会随着负债的增加而上升，也可能会随着负债的增加而下降。

（三）财务管理咨询

财务管理咨询依据财务及财务管理活动的内在逻辑展开，其基本思路是从综合反映企业财务状况的经济指标的分析入手，寻找薄弱环节，深入分析影响这些指标的资金业务因素和管理因素，并从中找出主要的影响因素。然后，根据企业战略对财务管理的要求和企业所具备的可能条件，提出咨询方案，并帮助企业实施改革方案。财务咨询的主要步骤可以归纳为：根据咨询要求查报表；对照设定标准找问题；依据内在联系找原因；按照战略目标提改进方案。在这些步骤中，对企业现有的各种财务报表、统计报表进行核算和数据比较是主要的方法。财务咨询中的计算不是以财务平衡分析为目的，而是发现问题、分析原因的手段。

咨询公司在为客服提供财务管理咨询时，一般按照如图 5-1 的过程进行。

1. 预备咨询阶段

（1）进行初步的战略性分析和执行性分析，从主要财务报表入手分析反映资金流运行状况和功能状态的各类指标，了解财务工作的基本状况，以便判断关键问题所在，为确定财务咨询课题提供依据。

（2）了解财务人员对企业经济财务状况和财务管理体制的看法和对财务咨询的态度，以便在正式咨询时能采取相应的办法，争取客户的理解、支持与合作。

（3）了解企业财务资料的完备程度，以便在正式咨询时能充分利用原有资

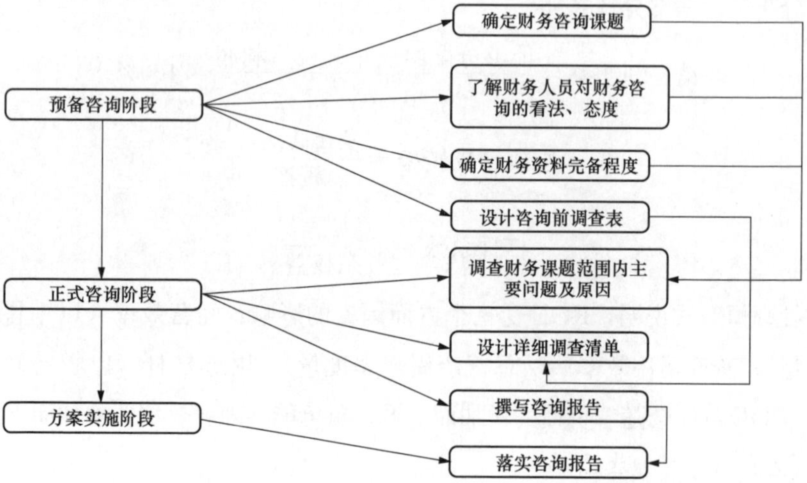


图 5-1 财务管理咨询过程

料，补充缺少的资料。

（4）设计调查表。调查表主要列举在正式咨询前所需要了解清楚的问题。如客户的人员、产品、流通渠道、协作厂家等基本情况；客户所属行业的状况，特别是同行业中竞争厂家的经营状况，财政实力和成本水平；有关企业经济效益的各种指标情况，各类资金的筹集与占用情况等。在这个调查表中，还应提出如何弄清这些问题的办法，其中特别是关于如何深入掌握企业外部情况的途径。

2. 正式咨询阶段

正式咨询阶段的主要工作是根据已经确定的范围，深入调查企业在财务课题范围内存在的主要问题及原因，提出改进的措施并形成咨询方案。这个阶段的调查，不应限于狭义的财务会计业务部门，因为财务问题涉及经营分析、利润和计划等全面经营的问题。

调查前，应先设计详细的调查清单，列出要调查的方面及每个方面的主要问题；在调查过程中，根据实际情况和需要，进行补充或调减。在这一阶段，为了确定问题所在，往往需要把企业财务方面的实际数据与各种标准进行比较。这些标准有的是同行业的平均水平，有些是国家规定的水平，有些是企业的目标水平。究竟采用哪种标准，应当根据分析评价的目的来决定。在方案形成的过程中，需要和企业财务部门及经营管理部门的有关人员进行磋商，听取他们的意见；同时，还应当与其他的咨询课题组交换意见，使咨询报告与其他咨询组提出的改革方案相协调。

3. 方案实施阶段

在这个阶段，主要与企业财务部门的人员，分析落实改善财务状况措施的主要障碍和难点，研究排除障碍落实方案的对策。如企业提出帮助实施的要求，咨询人员要给予帮助、指导。特别是有关需要横向协作才能落实下去的措施，要对财务部门作更多的指导，使他们能依靠企业高层领导的支持，落实改革方案。

## 二、利润及企业价值评估

（一）战略性利润分析

1. 战略性利润

战略性利润分析企业未来可持续增长利润来源及增长途径，通过连续不断地巩固核心业务，并持续发展新业务、开辟新领域、创造新产品，发现新业务关系网络，同时思考如何为未来业务创造机会并保持增长活力。尽管可能某些投入或投资会暂时影响到利润和现金流量的表现，但为企业的可持续发展还是非常有必要的。从投资者的角度看，“战略性利润”才是真正的财富，而会计利润只是纸面上的财富。

战略性利润的价值如图 5-2 所示。

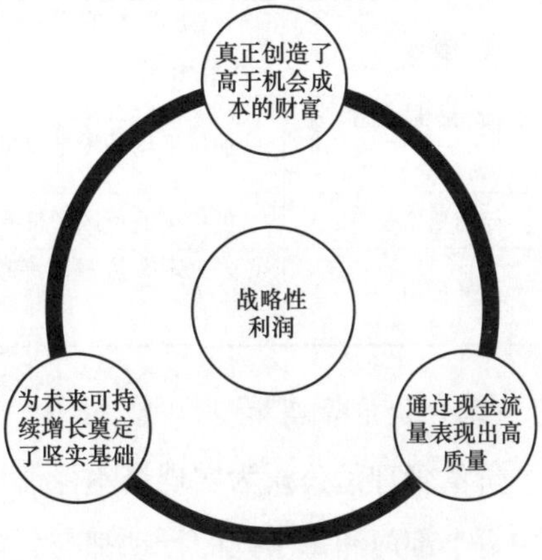

图 5-2　战略性利润的价值

2. 传统的企业业绩衡量方法

根据公开财务报表信息计算的净利润、每股收益或净资产收益率和企业的市场价值（上市公司即为其普通股票的市场价格）是衡量公司业绩的传统方法，往往不能真正准确地反映企业的经营业绩，存在各种问题。

传统的企业业绩衡量方法见表5-5。

表5-5　　传统的企业业绩衡量方法

| 衡量标准 | 缺　陷 |
|---|---|
| 产量<br>市场份额 | 不能提供财务业绩方面的信息<br>可能会产生误导；在亏损的情况下增加产量和市场份额反而会破坏价值 |
| 产值<br>销售收入<br>收入增长 | 忽略了生产成本、销售费用及其他管理费用 |
| 净利润<br>销售回报率（ROS）<br>每股收益 | 可能会产生误导，只注意利润<br>忽略了资本需求和资本成本 |

3. 战略性利润投资价值衡量

在衡量战略性利润投资的价值时主要考虑以下问题及衡量指标，见表5-6。

表5-6　　价值衡量指标

| 需要衡量的对象 | 最可靠的衡量指标 |
|---|---|
| 是否在创造价值 | 股东回报率/total shareholder return（TSR） |
| 表现如何 | 投资资本的现金流回报/cash flow return on gross invested capital（CFROI ） |
| 什么是最低投资回报 | 加权平均的资金流量成本/weighted—average cost of capital（WACC ） |
| 如何衡量增长 | 可持续的资产增长率/sustainable asset growth rate |
| 公司的价值 | 未来现金流量的净现值/net present value of future cash flows（NPV or DCF） |

（二）价值管理模型

价值管理是公司为实现资本保值增值进行的价值经营与管理的过程，将公司中每个部门和每个人的行动都与公司价值创造、价值实现，即资本增值目标保持一致，以价值创造与价值实现为导向的、综合的、完整的管理系统。

价值管理思想强调培育企业的价值理念、目标取向及行为规范，使所有者价值、员工价值、顾客价值、社会价值同步实现，企业应以此为原则进行资源的配置和组织管理。核心环节包括公司战略及目标、资源配置、投资管理与计划预算、业绩衡量体系、激励体系、投资者关系管理、变革管理等[281]。

1. 企业价值管理的模型

价值管理模型运作流程的主要环节有：①选择提升股东价值的具体内部目标；②确立明确的价值理念和组织设计；③辨别给定组织战略和组织设计情形下实际创造企业价值的经营价值驱动要素；④制定行动方案，选择业绩指标，并依据价值动因分析所辨别的优先顺序设定目标；⑤评价行动方案的成败，并进行组织和管理业绩评价；⑥在现有结果下评估组织内部目标、战略、计划和控制系统的持续有效性，使上述过程重复进行，就是价值管理的运作方式[282]。据此，以企业目前市值为目标建立的价值管理模型如图 5-3 所示。

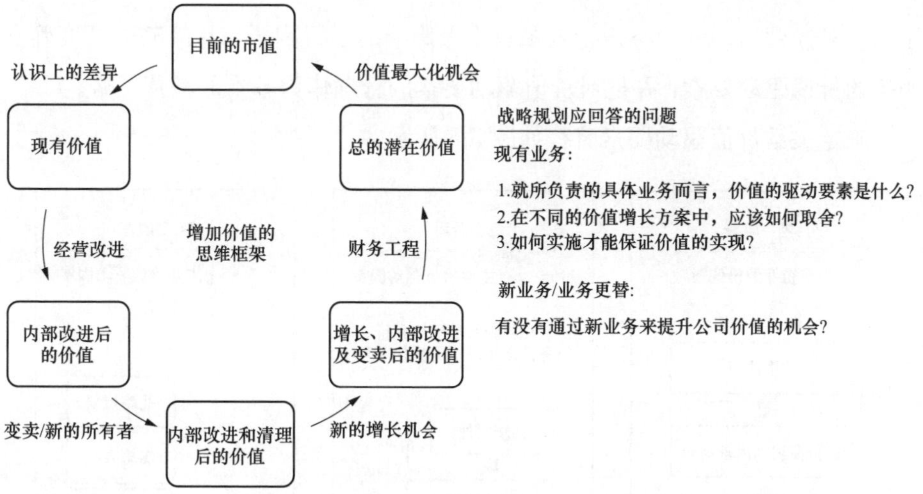


图 5-3　价值管理模型

2. 价值驱动因素

从企业价值模型来看，价值评估参数就是企业层面的关键价值驱动因素，包括销售增长率、营业毛利率、所得税税率、营运资本投资、固定资产投资、资本成本和价值增长期等因素。

价值驱动因素如图 5-4 所示。

3. 确定关键价值驱动要素的流程

价值驱动要素是实现价值创造的一些具有战略意义的创造性活动，目的在

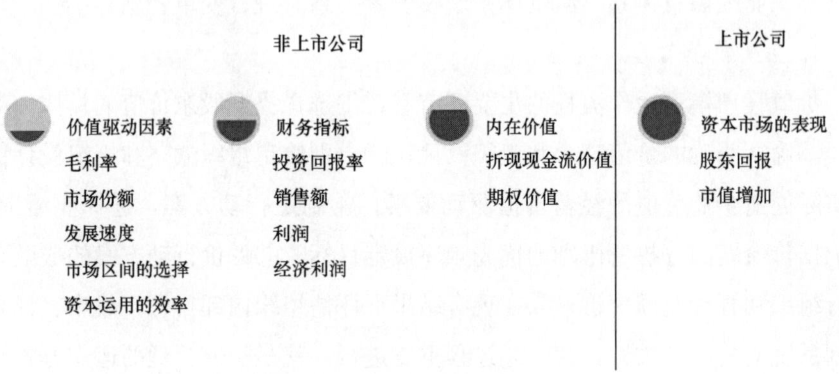


图 5-4　价值驱动因素

于确定对经营活动和财务运行效果有重大影响的运行因子，从战略的高度确立明确的价值驱动要素，并把对价值驱动要素的管理作为基本的经营策略。

确定关键价值驱动要素流程如图 5-5 所示。

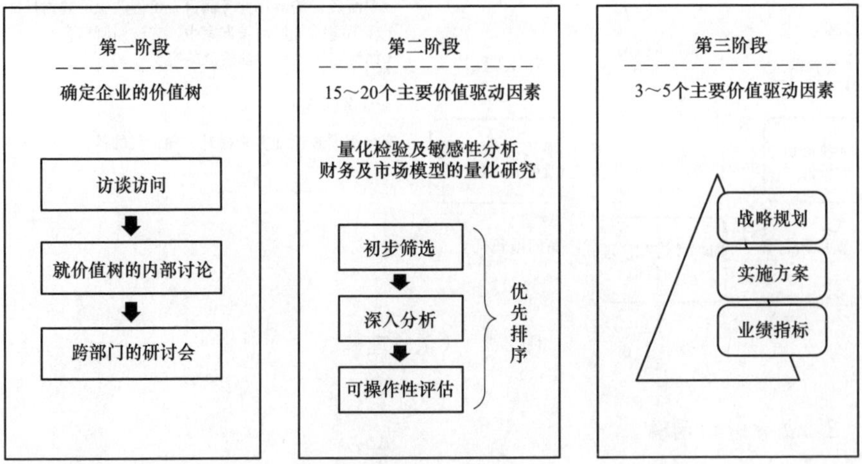


图 5-5　关键价值驱动要素流程

4. 价值体系分解——企业价值树

在确定关键价值驱动因素的流程中运用到的价值树用于寻找指标之间对应的逻辑关系，分解各个业务的价值体系，以制定企业经营目标及关键业绩指标等。在价值树模型图上分别列出公司的战略目标，对应的关键绩效指标（通过战略重点与目标转换得到的）及驱动这些指标的关键驱动流程及对应的指标，即可建立企业价值树。

建立价值树有以下要点：价值树的“树根”（即分解起点）通常是企业经营业绩的根本性指标和经营业绩的最终体现。一个价值树可有多种分解方式，选择何种分解方式应以有利于分析企业业务构成，深度挖掘企业经营潜力为标准。价值树的分解必须层层细化，分解得越细可操作性越强。

企业价值树如图 5-6 所示。

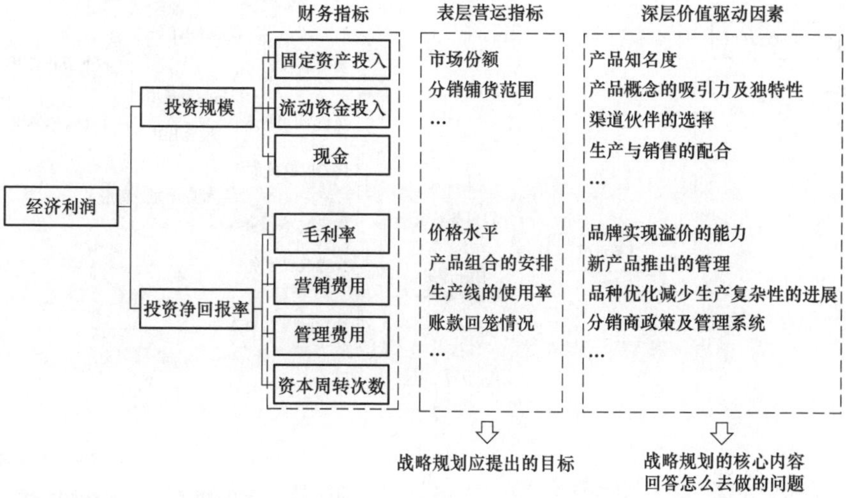


图 5-6　企业价值树

5. 运营能力分析——ROE 树及 ROCE 树

股本回报率（Return on equity，ROE）用以评估公司盈利能力的指标，可以用作比较同一行业内不同企业盈利能力。

已动用资本回报率（Return on capital employed，ROCE），又可称作普通股权益报酬率，计算公式为当期息税前利润÷当期平均已动用资本，可用以作为显现企业运用资本能力的指标。

用树状方式展示运营和财务数据（比率或绝对值）的逻辑关系，可以格式清晰地显示数据间的逻辑关系，在大多数项目的早期诊断中很有用，可以把组织汇报关系或利润改善研究中分散的因素联系起来，揭示客户预测的乐观假设。

ROE 树如图 5-7 所示，ROCE 树如图 5-8 所示。

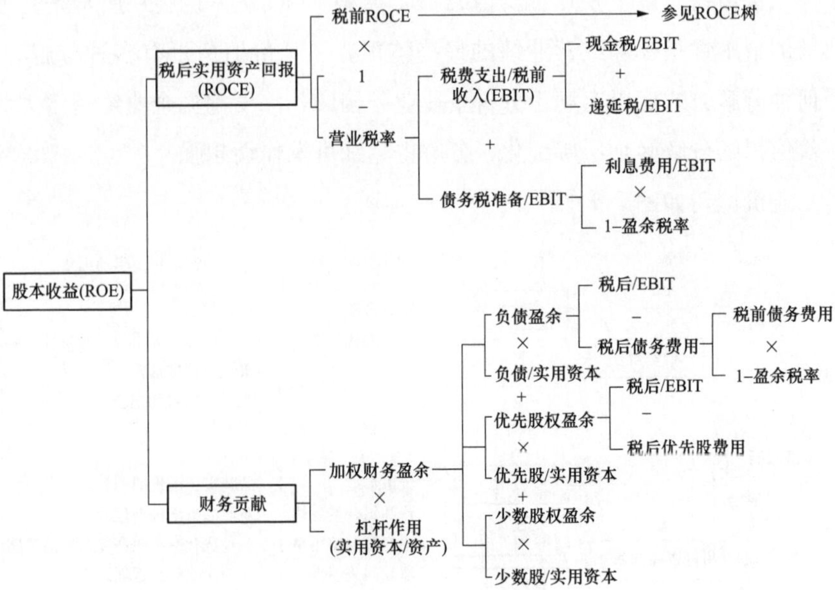


图 5-7 ROE 树

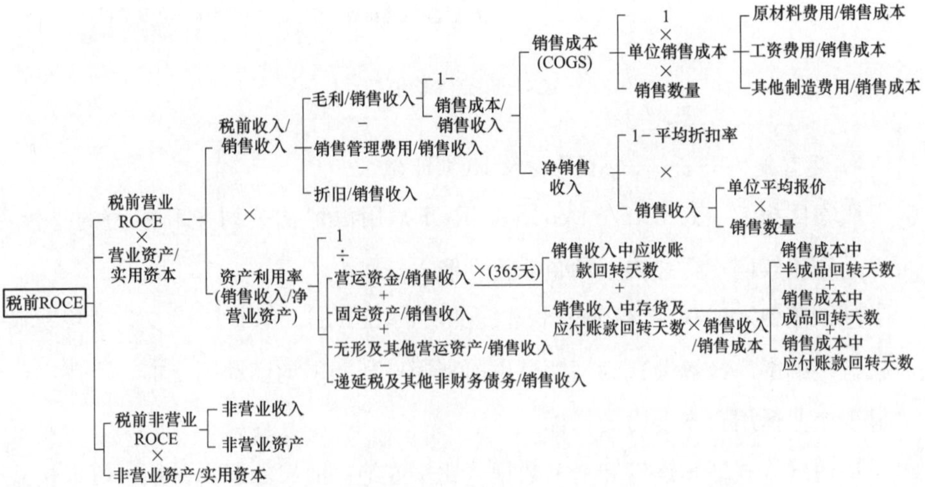


图 5-8 ROCE 树

（三）价值评估

价值评估是建立在企业整体价值分析和价值管理的基础上，把企业作为一个经营整体来评估企业价值的评估活动。提高企业价值是财务管理的总体目标，借助价值评估即可将这个目标具体化[133]。

企业价值评估的主要过程是依据相关法律、法规和资产评估准则，对评估基准日特定目的下企业整体价值、股东全部权益价值或者股东部分权益价值等进行分析、估算并发表专业意见。依据价值评估促进各级管理者清楚目前从事或策划的业务是否创造价值，以及创造价值的程度，改进管理以提升价值。

价值评估的方法有市场比较法、收益法等，这里主要介绍收益法中的自由现金流量法[284]。

1. 价值评估在企业中的应用

公司财务管理的目标是使公司价值最大化，公司各项经营决策是否可行，取决于这一决策是否有利于增加公司价值。企业价值评估及宣传能用来强化企业形象、向外界展示发展实力，吸引股东投资及企业合作，由评估机构对无形资产进行客观、公正的评估，评估的结果既是投资者与被投资单位投资谈判的重要依据，又是被投资单位确定其无形资本入账价值的客观标准（见图 5-9）。

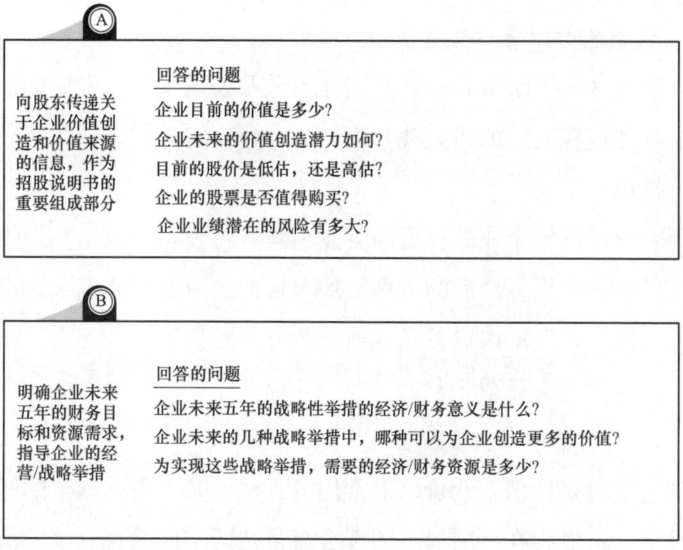


图 5-9　价值评估在企业中的应用

2. 现金的时间价值分析

现金的时间价值，是指货币经历一定时间的投资和再投资所增加的价值。现金的时间价值实质上是在不考虑通货膨胀条件下全社会平均的无风险报酬率。依据现金的时间价值分析，来衡量现金在不同时间段上的真实价值。现金的时间价值分析如图 5-10 所示。

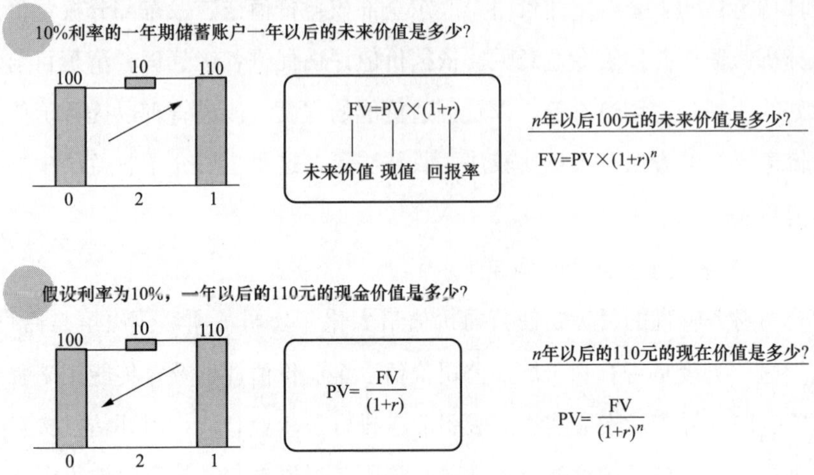


图 5-10　现金的时间价值分析

3. 价值评估指标一自由现金流量

自由现金流（free cash flow）是指在不危及公司生存与发展的前提下可供分配给股东（和债权人）的最大现金额，是企业价值评估领域使用最广泛，理论最健全的指标。

自由现金流量等于企业的税后净营业利润（将公司不包括利息收支的营业利润扣除实付所得税税金之后的数额）加上折旧及摊销等非现金支出，再减去营运资本的追加和物业厂房设备及其他资产方面的投资。

自由现金流量定义见图 5-11。

4. 折现现金流量评估企业价值

折现现金流量是评估企业价值最常用的方法，是在考虑资金的时间价值和风险的情况下，将发生在不同时点的现金流量按既定的贴现率统一折算为现值

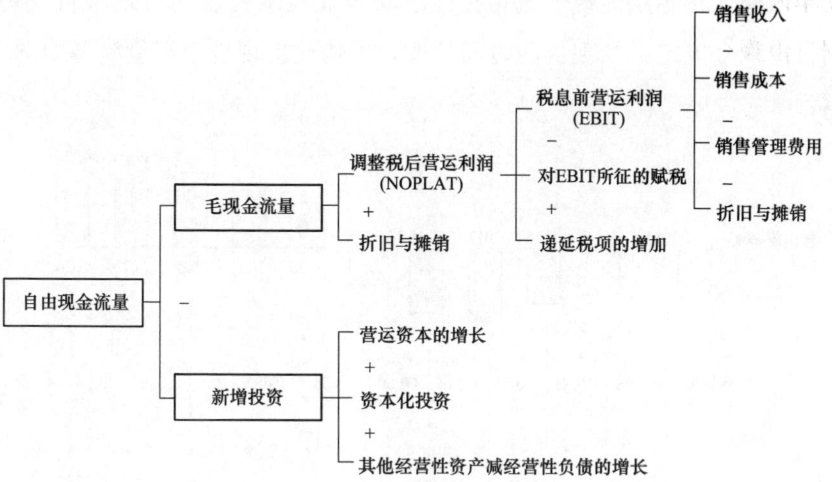


图 5-11　自由现金流量定义

再加总求得目标企业价值的方法。这种方法揭示了企业价值即是投资者对企业现金流量索偿权[283]。理论界通常把现金流量贴现法作为企业价值评估的首选方法，在评估实践中也得到大量的应用，如图 5-12 所示。

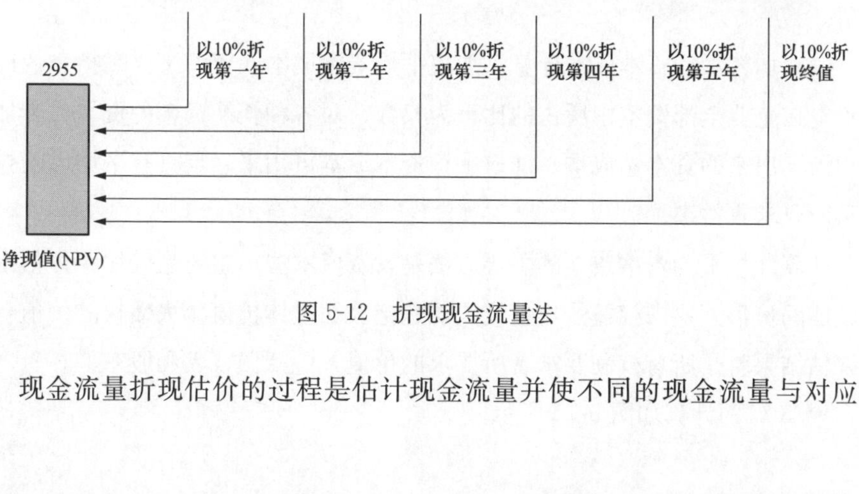


图 5-12　折现现金流量法

现金流量折现估价的过程是估计现金流量并使不同的现金流量与对应的

折现率匹配，将各期的现金流量按照反映企业风险程度的折现率折成现值。依据自由现金流定义及现金的时间价值，可构建折现现金流量模型如图 5-13 所示。

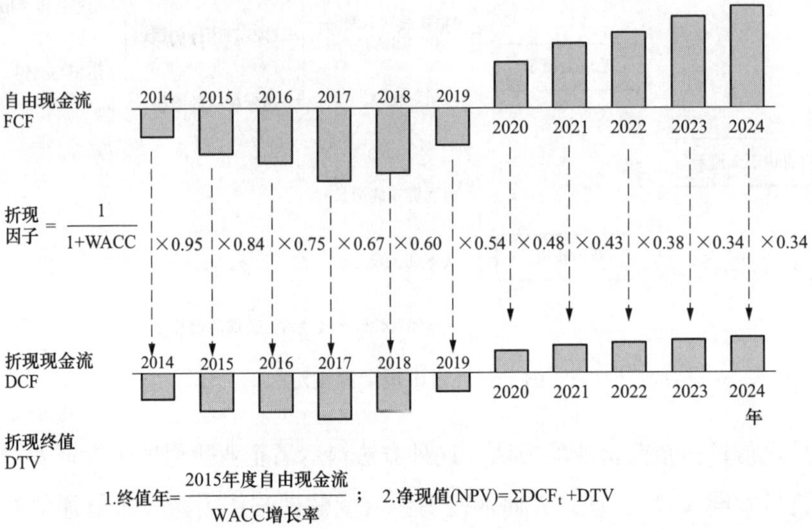


图 5-13 折现现金流量模型

5. 折现现金流量驱动市场价值

公司的价值基础是现金流量，当现金流量与收益不一致时，公司价值的变化与现金流量的变化更为一致，可依据加权平均资本成本及折现现金流量模型来驱动市场价值，投资者将透过会计处理的表象，而根据现金流量来估算公司价值。

(1) 加权平均资本成本计算。加权平均资本成本（WACC）是指企业以各种资本在企业全部资本中所占的比重为权数，对各种长期资金的资本成本加权平均计算出来的资本总成本。加权平均资本成本可用来确定具有平均风险投资项目所要求收益率。

计算加权平均资本成本的主要方法是投资资本法，主要是关注并评估出公司整体的价值，要求权益的价值就只能是把公司整体价值减去债权的价值，所以评估结果就是所有权利要求者所要求的价值，包括债权人和股东。

WACC 的计算如图 5-14 所示。

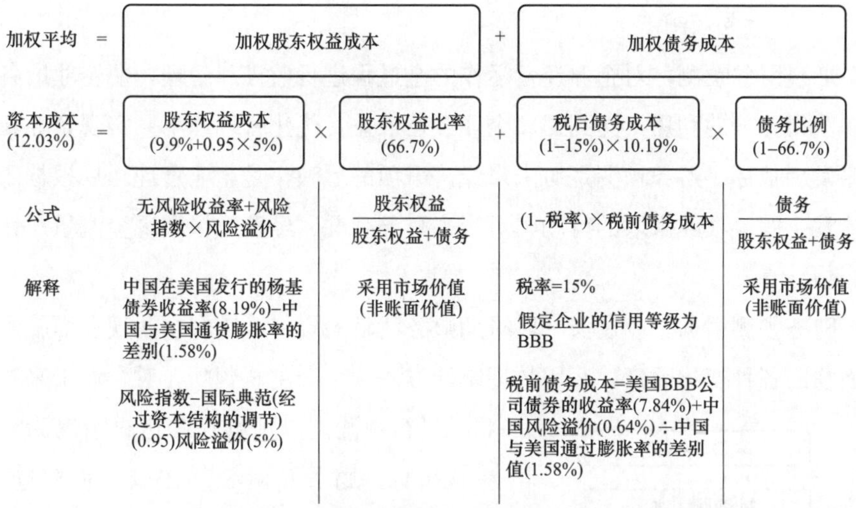


图 5-14　加权平均资本成本计算

（2）市场价值驱动示例。折现现金流量驱动市场价值（见图 5-15）是通过预测自由现金流量并计算加权平均资本成本率后，确定终值，用加权平均资本成本将自由现金流量及终值折现到净现值，进而评估公司的市场价值。

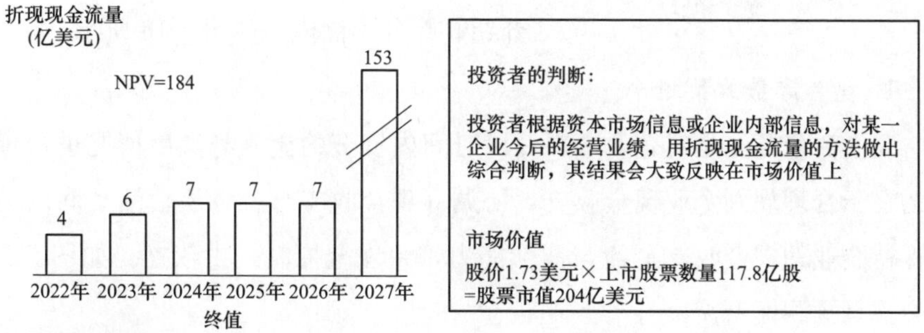


债务价值6亿美元

总市场价值210亿美元

注：1.预测自由现金流量；

2.计算加权平均资本成本率(WACC)=10%；

3.确定终值；

4.用加权平均资本成本将自由现金流量及终值折现到净现值。

图 5-15　折现现金流量驱动市场价值

## 三、财务预测及管理咨询

（一）财务预测

通过财务预测，对企业经营运作的全过程进行监控和管理，使企业的各项资源获得充分的利用，达到提高企业经营效益，优化管理水平，实现企业长期战略发展目标。财务预测是对未来经济事项的反映，是企业管理当局根据未来可能发生的事项或采取的行动，对未来财务状况、经营成果和现金流量所作的恰当估计[285]。

财务预测根据企业过去一段时期财务活动的资料，结合企业现在面临和即将面临的各种变化因素，运用数理统计方法，结合主观判断，对企业未来财务状况进行预测。以预测目标达成情况为绩效考核指标，财务预测一般按以下程序进行：①确定预测对象和目标；②制定预测计划；③收集整理资料；④确定预测方法；⑤进行实际预测；⑥评价和修正预测结果。

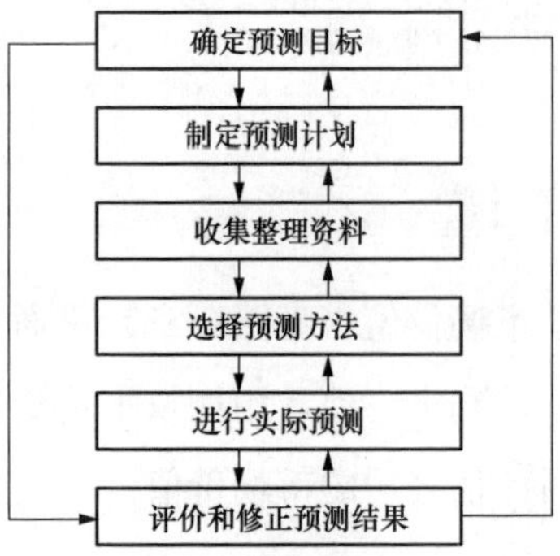

图 5-16 财务预测模型

财务预测主要包括现金流量预测、资产负债表预测、总债务预测、所有者权益预测及总资产预测。不同预测的内容及作用如下介绍。财务预测模型如图 5-16 所示。

1. 现金流量的预测

现金流量预测是对企业未来一段时间内资金的流入与流出情况进行预测，目的在于合理规划企业现金收支，协调好现金收支与各种经营活动间的关系，以保持企业的现金收支平衡与偿债能力，为现金控制提供依据。如图 5-17 是现金流量预测模型。

2. 资产负债表的预测

预计资产负债表（见图 5-18）是以货币为计量单位反映企业预算期末财务状况的总括性预算。通过预计资产负债表的分析，发现某些反映企业预算期偿债能力、资产营运能力、盈利能力的财务比率指标，必要时修改有关预算，以改善财务状况。预计资产负债表预测是利用基期期末资产负债表，资产负债根

| | |
|---|---|
| 1 | ① 分析过去的损益表和资产负债表;<br>② 确认损益表和资产负债表各项目的价值驱动因素 |
| 2 | ① 对销售收入、成本、营运资本、资本支出和财务费用进行预测;<br>② 预测今后10年的损益表;<br>③ 预测今后10年的资产负债表 |
| 3 | ① 计算过去和今后的投资资本回报率;<br>② 制作今后10年的现金流量表;<br>③ 计算加权平均资本成本 |
| 4 | ① 计算今后10年的自由现金流量;<br>② 计算终值;<br>③ 计算净现值 |
| 5 | ① 对投资资本回报率和净现值进行最后预测/计算;<br>② 进行敏感性分析 |

图 5-17　现金预测模型

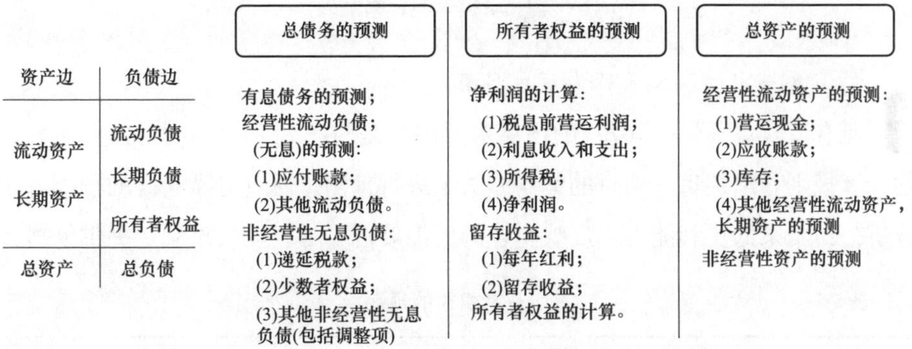


图 5-18　资产负债表的预测方法

据预计销售、生产、成本等预算的有关数据加以调整编制的。

由于各个资产负债表项目由不同的因素决定，通常最好分别对其进行预测，以下列出几种常见的资产负债表的影响因素。

3. 总债务的预测——有息债务及利息支出

分别对每一业务单元的利息支出及债务本金进行预测，汇总得到总债务的预测（见图 5-19），可依据各债务的预测结果，研究制定政策，降低财务成本，防控债务风险。

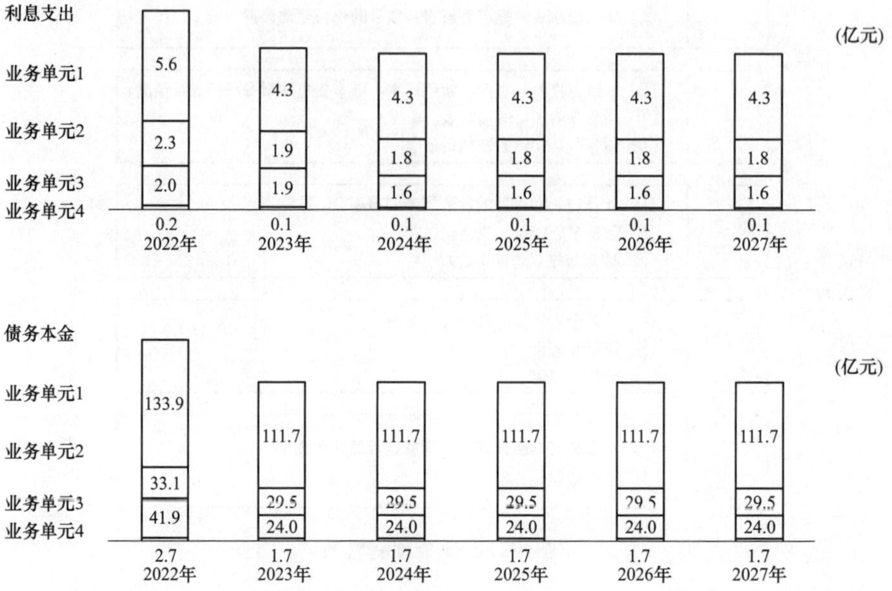


图 5-19 总债务的预测方法

4. 所有者权益预测及净利润的计算

所有者权益（见表 5-7）的预测主要内容是对净利润的预测，依据净利润的计算规则，以及每一项目的编制办法来进行预测。通过对净利润的预测，来分析公司未来的盈利能力，反映企业的经济效益，为企业战略制定提供依据。

**表 5-7　　　　所有者权益的预测**

| 序号 | 主要项目 | 预测方法 |
|---|---|---|
| (1)<br>(2)<br>(3) | ⊕利息收入<br>⊖利息支出<br>⊕+税前营运利润（EBIT） | (1) 各业务单元根据关键营运变量计算出税前营运利润。<br>(2) 总公司 EBIT 为各单元及总部的简单汇总。<br>(3) 由财务组提供的利息支出预测。<br>(4) 按过去年份利息收入作简单预测 |
| (1)<br>(2) | ⊖税前息后利润（EBT）<br>所得税 | 按所得税税率计算 |
| 净利润（Net Profit） | | |

5. 总资产的预测

总资产包括经营性流动资产、经营性长期资产及非经营性资产，依据各业务单元进行分别预测，汇总相加即得到总资产预测。通过总资产预测，了解总资产变动情况，合理安排公司收支，提高资金使用效率。总资产的预测见表5-8。

**表 5-8　　总资产预测表**

| 主要项目 | 预测方法 |
| --- | --- |
| 经营性流动资产：<br>（1）营运现金。<br>（2）应收账款。<br>（3）库存。<br>（4）其他经营性流动资产 | （1）各业务单元预测，简单汇总相加。<br>（2）各业务单元预测，除去内部重复计算部分后汇总。<br>（3）各业务单元预测，简单汇总。<br>（4）各业务单元预测，简单汇总 |
| 经营性长期资产的预测：<br>（1）固定资产净值。<br>（2）其他经营性长期资产 | （1）各业务单元预测，简单汇总相加得出公司固定资产净值。<br>（2）各业务单元预测，简单汇总 |
| 非经营性资产（调整项） | （1）根据去年总资产值作出调整。<br>（2）今后每年按预测的总负债与所有者权益作为总资产预测目标，在非营运资产中作出相应的调整 |

（二）内部控制咨询

财务内部控制是企业为降低成本，对企业的财产安全进行管理和维护，避免财产和资本的损失所采取的一系列活动与方法，使得企业的各项财务活动与组织策略能够往有利于企业发展的方向进行发展[286]。

基本思想是通过规范化的控制方式，将企业集团内部子公司、部门、职位以及各个不同层次和类型的业务活动实施统一的控制管理，因此财务内部控制属于企业内部控制的重点内容。

1. 企业内部控制系统

企业内部控制系统的基本结构有：

（1）控制环境，即对建立或实施某项政策发生影响的各种因素，主要反映单位管理者和其他人员对控制的态度、认识和行动。

(2) 会计系统，指单位为了汇总、分析、分类、记录、报告单位的业务活动，并保持对相关资产与负债的受托责任而建立的方法和程序。

(3) 控制程序，即指管理者所制定的方针和程序，用以保证达到预定的目的。

最佳实践——内部控制系统示意（见图 5-20）。

| | 关键点 | 控制方法 |
| --- | --- | --- |
| 控制环境 | (1)如何将内部控制和业务流程集成；<br>(2)如何在保证内控的前提下减少不增值作业 | 交易授权<br>凭证与记录控制<br>资产接触与记录使用<br>财务分离<br>独立稽核 |
| 会计系统 | (1)如何推动财务和业务一体化；<br>(2)如何由核算型会计转型为管理型会计 | 确认并记录所有真实的交易<br>对交易正确分类<br>计量交易货币价值<br>确定适当的会计期间<br>披露相关交易事项 |
| 控制程序<br> | 如何将外审的控制环境整合为内审的控制程序 | 公司治理结构<br>战略计划和管理<br>HR和企业文化<br>内部审计<br>企业信息系统 |



图 5-20 内部控制系统示意

2. 企业内部控制的三要素

企业内部控制的要素是：①会计记录控制，要求保证会计信息反映及时、完整、准确、合法；②职务分离控制，遵循不相容职业相分离的原则，将主要经济活动均由相对独立的人员或部门实施，便于内部控制作用的发挥；③授权机制，指单位在处理经济业务的过程中必须经授权批准以进行控制。

企业内部控制的三要素如图 5-21 所示。

企业内部控制的内容主要包括：①明确规定处理各种经济业务的职责分工

图 5-21　内部控制三要素

和程序方法；②明确资产记录与保管的分工；③明确规定保证会计凭证和会计记录的完整性和正确性要求；④明确规定建立财产清查盘点制度。

示例：某企业内部控制，如图 5-22 所示。

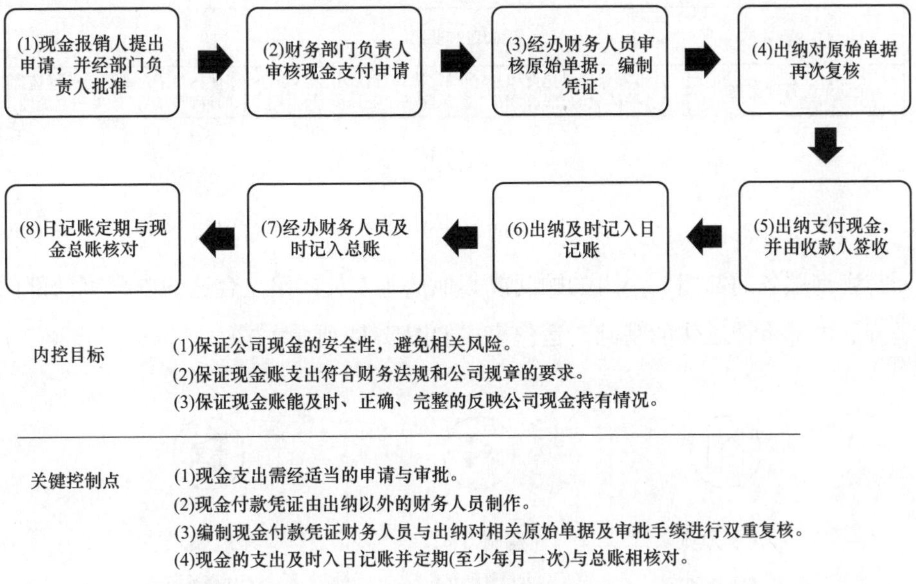


图 5-22　企业内部控制图

3. 内部审计

内部审计作为企业内部控制的重要部分，是提高企业会计信息质量的重要方法。通过内部审计，可以及时发现会计管理工作中存在的问题，并及时反映企业领导或者相关负责部门，采取措施进行问题整改，以保证企业会计管理工作维持正常的程序。内部审计演变历史如图 5-23 所示。

| 第一代(1980之前) | | |
|---|---|---|
| 控制 | 出发点是已有的流程、程序和控制 | 以符合性测试为主 |

↓

| 第二代(20世纪80年代) | | | |
|---|---|---|---|
| 控制结构 | 出发点是财务风险和符合性风险 | 确定应该存在的控制 | 审计目的是评估控制的设计、运行效果和合规性 |

↓

| 第三代(20世纪90年代) | | | |
|---|---|---|---|
| 企业风险 | 出发点是对企业和各种风险的充分理解 | 确定应该存在的控制 | 审计目的是评估控制的设计、运行效果和合规性 |

↓

| 第四代(21世纪) | | | |
|---|---|---|---|
| 企业风险管理流程 | 出发点是对企业和各种风险的充分理解 | 确定应该存在的能有效控制风险的企业风险管理流程 | 评估在各个企业风险管理流程的设计、运行效果和合规性 |

图 5-23 内部审计演化图

内部审计部门是指为了增加价值并改善机构的运营而提供独立、客观的保证与咨询服务的部门、小组的顾问或其他从业人员。建立合适的内部审计部门是开展内部审计工作的基础，运作模式如图 5-24 所示。

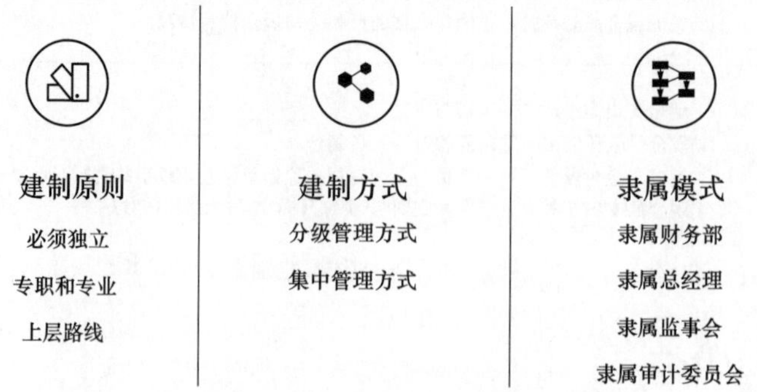


图 5-24 建立优秀的内部审计部门

（1）内部审计的步骤。一般来说，企业对财务进行内审时，应按照表5-9步骤实施。

**表5-9　　内部审计的步骤**

| 步骤 | 内　容 |
|---|---|
| 财务内审准备 | 在财务内审前，企业首先需要准备营业执照、税务登记证、各部门科目余额表等文件及证件 |
| 内审实施 | 穿行测试：审计师对公司的内部业务流程做大致的了解，主要目的是测试内部控制，如销售流程、采购流程、费用流程等，即称为穿行测试 |
| | 实质性测试阶段：内控了解完毕后，审计师对内控进行有效性测试，如抽查样本，检查是否每个样本都得到了适当的控制。实质性测试阶段主要针对财务报表科目，主要是资产负债表和利润表 |
| | 财务审核阶段：在进行财务审核时，主要进行抽查，看总账与明细账，结余与支出、收入是否一致等 |
| | 实施审计阶段：在实施审计过程中，财务配合审计人员查找凭证，如催讨函证等 |
| 编制审计报告 | 编制内审报告，主要涉及以下内容：<br>（1）会计档案等会计工作是否符合会计制度。<br>（2）企业的内控制度是否健全等事项的报告。<br>（3）同时对财务收支、经营成果和经济活动全面审查后作出客观评价，基本内容包括资产、负债、投资者权益、费用成本和收入成果等 |

（2）内部审计与外部审计。内部审计与外部审计的区别或侧重点见表5-10。由于两者的区别，外部审计与内部审计相互合作，互为补充。健全的内部审计制度，可为外部审计提供可信赖的资料。

**表5-10　　内部审计与外部审计的比较**

| 比较对象 | 内部审计 | 外部审计 |
|---|---|---|
| 选派指定 | 作为内部员工，由管理层选派指定 | 作为外部聘请的专业人员，由股东大会选派指定 |
| 所需资格 | 由管理层需要决定 | 由注册会计师协会及其他资格认定机构确定 |
| 独立性 | 仅独立于被审计的机构 | 既独立于委托人，又独立于被审计机构 |

续表

| 比较对象 | 内部审计 | 外部审计 |
| --- | --- | --- |
| 权利 | 只有作为内部职工的权利 | 由相关法律规定 |
| 主要目的 | 由管理层决定，如防错弊、效率考察等 | 对财务报表发表真实公允的审计意见 |
| 工作范围的限制 | 由管理层决定 | 不应受到任何限制 |
| 报告责任 | 对审计委员会、董事会或其他内部机构，不具鉴证作用 | 对董事会或股东大会报告，所出具报告具有鉴证作用 |

（三）财务风险管理

企业财务风险产生的本质来源于各种不确定的影响因素，企业生存发展所处的内外环境的不确定性引发了企业财务运行结果的不确定性，从而产生财务风险[287]。财务风险管理是企业在实现未来战略目标的过程中，将各类不确定因素产生的结果控制在预期可接受范围内的方法和过程，以确保和促进组织的整体利益实现。由此可见，风险的识别、风险的预测和风险的处理是企业风险管理的主要步骤。

构建财务风险管理模型的目的是当有关信息系统出现故障时，应有一套应急措施，以保障业务的正常运行和对风险敞口的监察。

1. 企业风险模型

风险识别的前提是对企业可能遇到的风险有清楚的认识，理清风险的属性及关系，明确风险的层次，将风险合理分类。

企业风险模型如图 5-25 所示。

2. 经营风险管理系统

经营风险又称营业风险，是指在企业的生产经营过程中，供、产、销各个环节不确定性因素的影响所导致企业资金运动的迟滞，产生企业价值的变动。建立经营风险管理系统能分析存在的主要风险，找出合适的应对措施，做出合理的经营决策并能及时地对每期经营活动做出调整。

经营风险管理系统如图 5-26 所示。

3. 财务风险管理框架

财务风险是指企业在各项财务活动中由于各种难以预料和无法控制的因

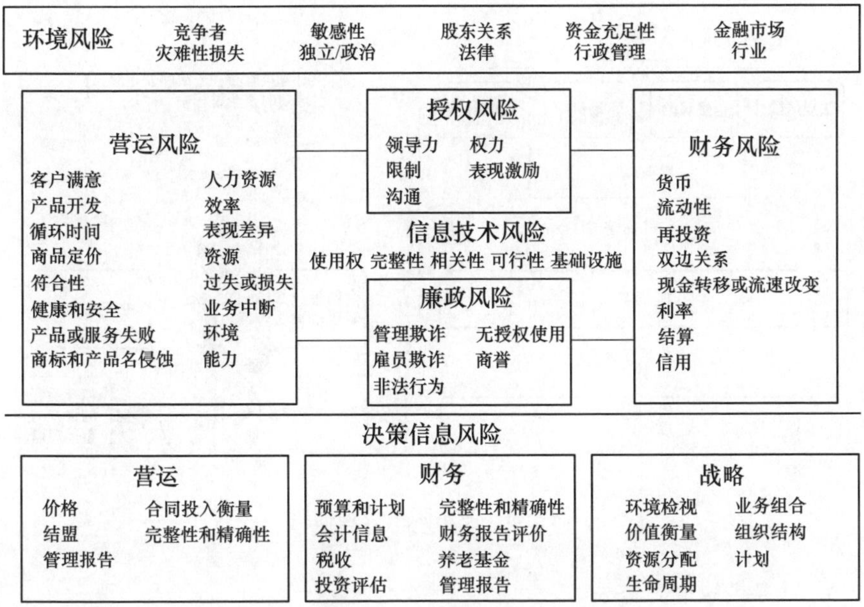


图 5-25　企业风险模型

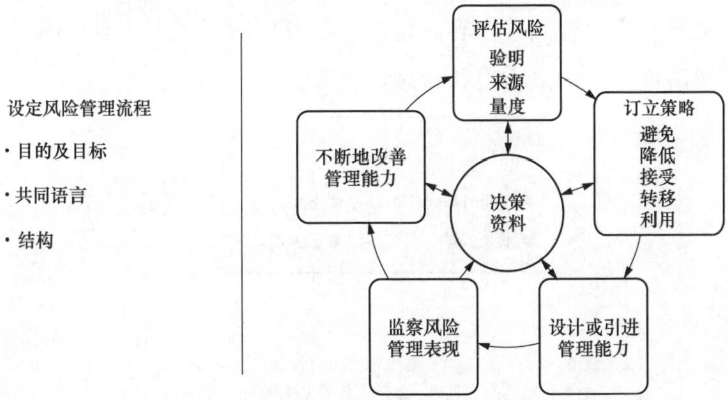


图 5-26　经营风险管理系统

素，使企业在一定时期、一定范围内所获取的最终财务成果与预期的经营目标发生偏差，从而形成的使企业蒙受经济损失或更大收益的可能性。建立财务风险管理的框架如图 5-27 所示。

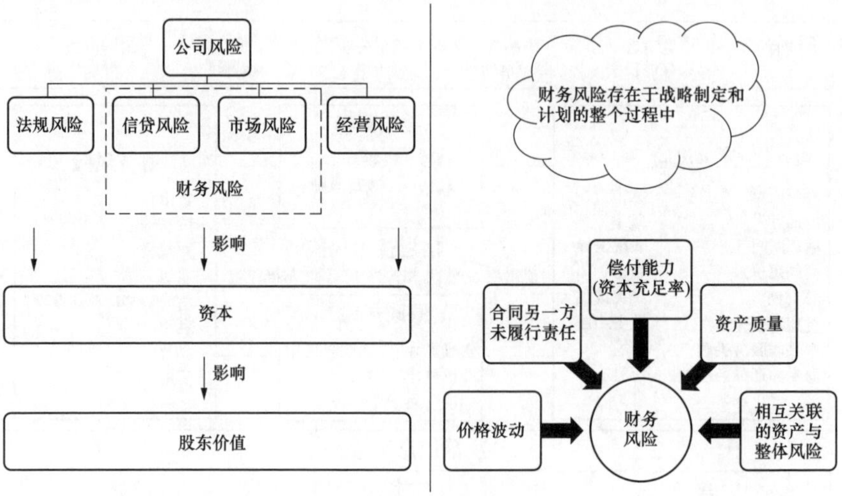


图 5-27 财务风险管理框架

4. 财务风险管理方法

财务风险管理的主要方法（见图 5-28）是程序方法，主要实质是责任主体所表现的行为集合，表现为责任主体进行财务风险管理的行为举动，同时也是控制系统主要监督、控制的内容，财务风险管理的程序方法至少应该包括：风险识别、风险评估、风险应对和管理评价等。

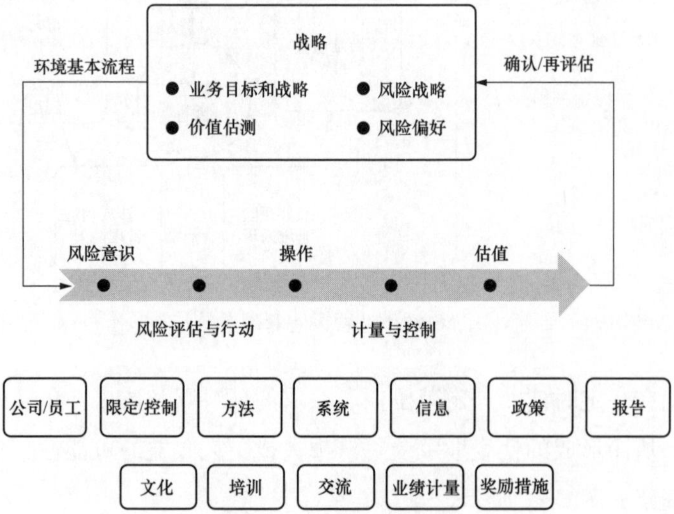


图 5-28 财务风险管理办法

同时，依据战略目标加强责任主体实施程序方法的引导、控制和评价，以便使企业财务风险管理朝着有利于管理目标去组织、贯彻和实施。

5. 财务风险实施主要问题

财务风险实施的主要问题（见图 5-29）分为设计和实施两个部分，重点在于建立完善的风险管理框架并将其落实。

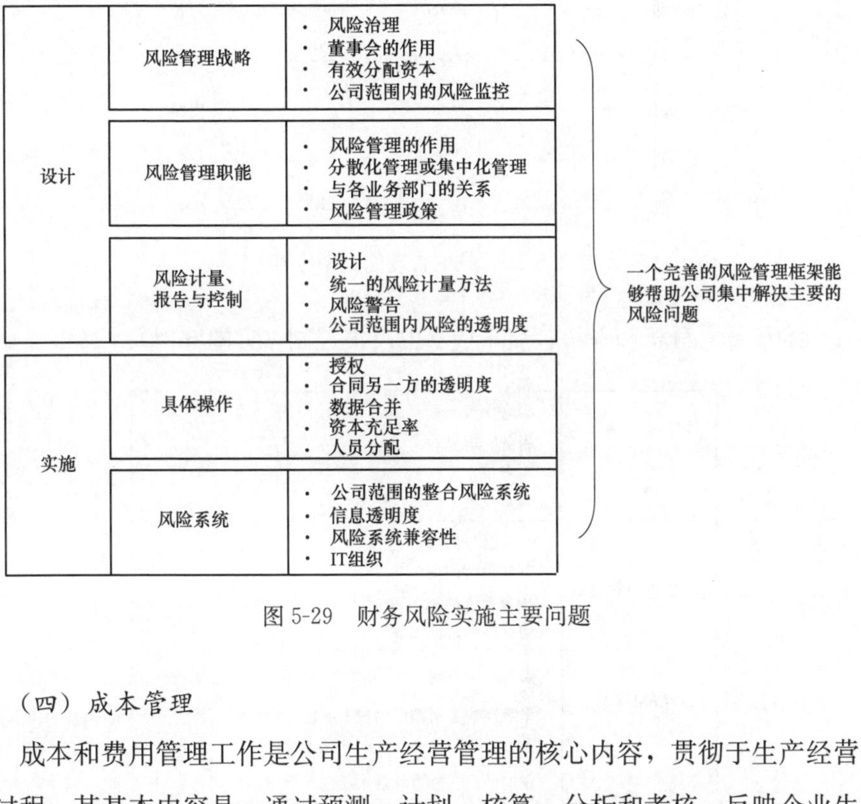


图 5-29 财务风险实施主要问题

（四）成本管理

成本和费用管理工作是公司生产经营管理的核心内容，贯彻于生产经营的全过程，其基本内容是：通过预测、计划、核算、分析和考核，反映企业生产经营成果，挖掘降低成本潜力，努力降低产品成本[288]。

1. 成本管理的三个维度

一般来说，企业在对成本进行控制时，分为事前控制、事中控制和事后控制三个程序，分别对应战略、运营和财务这三个维度，每一维度对成本管理的影响效果如图 5-30 所示。

（1）成本的财务角度分析。成本的财务角度是在产品成本形成之后，对实

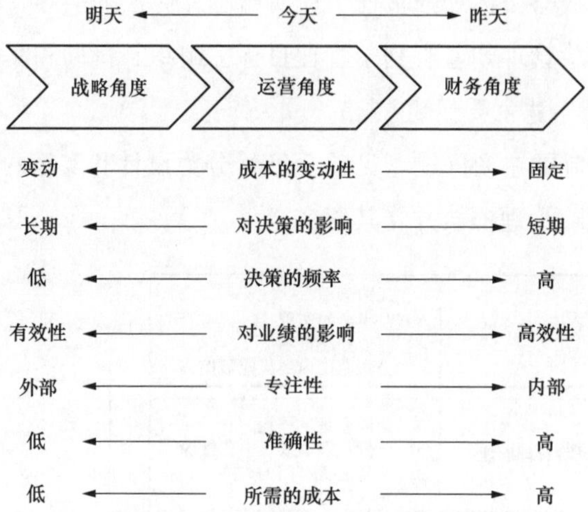


图 5-30 成本管理的三个维度

际成本的核算、分析和考核，属于成本的反馈控制（见图 5-31）。

| | |
|---|---|
| 用户 | 财务主管<br>税务经理<br>财务部<br>税务机关 |
| 使用内容 | 公司财务报告<br>存货价值评估<br>税务报告准备<br>信贷控制条件 |
| 内容集成度 | 高<br>多数反映公司范围的成本状况 |
| 报告频率 | 定期的，一般为每月<br>在其他需要满足的情况下，也可每季或每年 |
| 衡量标准种类 | 大多是财务指标 |

图 5-31 成本的财务角度分析

通过实际成本和一定标准的比较，确定成本的节约或浪费，并进行深入的分析，查明成本节约或超值的主客观原因，确定其责任归属，对成本责任单位进行相应的考核和奖惩，为日后的成本控制提出积极改进意见和措施，进一步修订成本控制标准、改进各项成本控制制度，以达到降低成本的目的。

（2）成本的运营角度分析。成本的财务角度是在成本形成过程中，随时实际发生的成本与目标成本比较，及时发现差异并采取相应措施予以纠正，以保证成本目标的实现，是成本的过程控制。

运营角度的成本控制应在成本目标的归口分级管理的基础上进行，严格按照成本目标对一切生产耗费进行随时检查审核，把可能产生浪费的苗头消灭在萌芽状态，收集分析信息并及时采取纠正措施。如图 5-32 所示。

| | |
|---|---|
| 用户 | 一线经理<br>流程提升团队<br>质量管理团队 |
| 使用内容 | 关键绩效信息<br>价值增加/无效活动<br>管理日常运营 |
| 内容集成度 | 非常详细<br>反映工作组范围的成本状况 |
| 报告频率 | 即时<br>可能每小时或每天 |
| 衡量标准种类 | 大多是非财务指标 |

图 5-32　成本的运营角度分析

（3）成本的战略角度分析。战略角度的成本控制（见图 5-33）是在产品投产前对影响成本的经济活动进行前的规划、审核，确定目标成本，是成本的前馈控制。

主要内容有对成本进行预测，为确定目标成本提供依据；在预测的基础上，通过对多种方案的成本进行对比分析，确定目标成本。把目标成本分别按各成本或项目进行层层分解，实行归口分级管理。

2. 成本的分类

不同维度的成本管理需要对成本有不同的认识，根据成本核算和成本管理

| | |
|---|---|
| 用户 | 业务/战略计划部门<br>战略供应商选择团队<br>资本预算<br>成本工程师 |
| 使用内容 | 产品的作业成本<br>目标成本<br>设计/制造/采购分析<br>投资决策支持<br>生命周期成本 |
| 内容集成度 | 按照产品线集成<br>信息的详细程度按照决策的种类 |
| 报告频率 | 按照需要<br>通常是一份特别报告 |
| 衡量标准种类 | 非财务性指标和财务性指标的结合 |

图 5-33　成本的战略角度分析

的要求，按标准对成本所作的划分如图 5-34 所示。

**业务职能**
- 研发成本
- 生产成本
- 营销成本

**与成本目标的关系**
- 直接成本
- 间接成本

**与成本驱动因素的关系**
- 固定成本
- 可变成本

**总和或平均**
- 总成本
- 单位成本

图 5-34　成本的分类

（1）成本核算-制造成本法与完全成本法。完成成本法（见图 5-35）是指企业某一会计期间发生的全部生产经营费用即与产品联系的制造成本和与会计期间联系的企业管理费均计入产品生产成本的一种成本计算方法。

制造成本法是指将与产品经营有密切联系的费用直接或分配计入产品生产成本，将与生产经营没有直接关系的费用作为期间费用于会计期末一次计入当

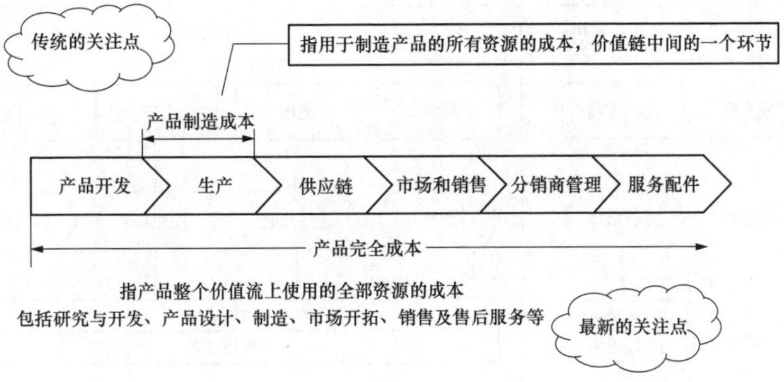


图 5-35　完全成本法

期损益的一种成本计算方法。

完全成本法和制造成本法作为两种不同的产品成本核算方法，二者在理论依据、成本结构、核算程序、影响结果等方面有些较大的不同。

（2）管理费用分摊-作业成本与传统成本。管理费用分摊的核心问题是选取多少种成本驱动因素及何种成本驱动因素。公司一般采用两种成本体系：传统成本法和作业成本法（activity based costing，ABC）。

作业成本法（ABC）指以作业为间接费用归集对象，通过资源动因的确认、计量，归集资源费用到作业上，再通过作业动因的确认、计量，归集作业成本到产品或顾客上去的间接费用分配方法。

作业成本与传统成本如图 5-36 所示。

与作业成本法比较，传统成本法采用单一分配标准进行制造费用的分配，忽视了各种产品生产的复杂性和技术含量不同以及相联系的作业不同。相比之下，传统成本计算法对相关性的关注较弱，而作业成本计算法考虑了引起制造费用发生的具有代表性的各种成本动因，并以此为基础分配制造费用，因而能较客观、合理地反映各种产品的实际成本情况。

（五）预算管理

企业财务预算是在预测与决策的基础上，围绕企业的战略目标，对一定时期内企业资金取得和投放、收入和支出、企业经营成果及其分配等资金所做的具体安排。预算管理则是利用预算对企业内部各部门、各单位的各种财务及非

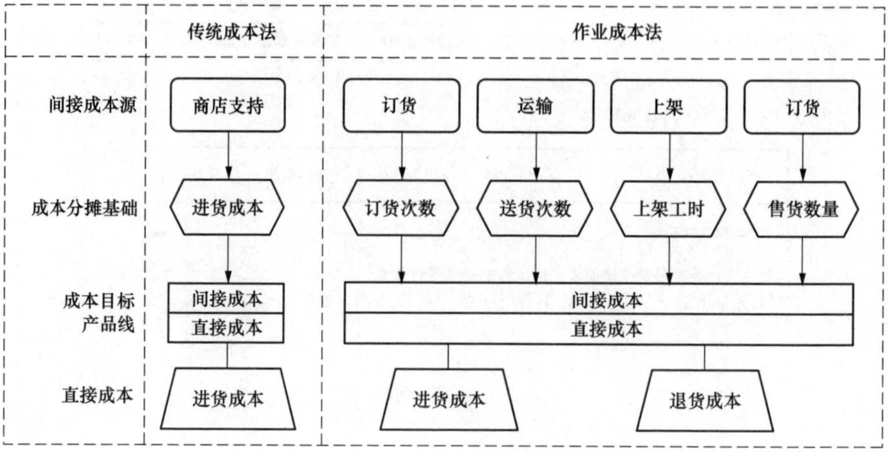


图 5-36 作业成本法完全成本法比较

财务资源进行分配、考核、控制，以便有效的组织和协调企业的生产经营活动，以完成既定的经营目标。

1. 预算的内容

预算是通过一种系统的方法将战略计划量化描述，用来分配企业的财务、实物及人力等资源，并衡量与监控企业及各部门的经营绩效，以确保最终实现公司的战略目标[289]。运算的内容如图 5-37 所示。

2. 预算管理流程

预算管理流程（见图 5-38）是指在预算管理过程中依法定程序进行的各个工作环节所构成的有秩序活动的总体。预算管理程序由预算的编制、审批、执行、调整、决算的编制和批准五个环节组成。

3. 全面预算管理

全面预算是指企业为实现预定期内的战略规划和经营目标，按照一定的程序编制、批准和审查的在预定期内经营活动的总体安排。全面预算将反映企业未来某一特定期间（一般不超过一年或一个经营周期）价值活动的计划。

全面预算的管理流程是按照企业既定的经营目标、战略目标、发展目标，层层分解下达于企业内部各个经济单位，以一系列的预算、控制、协调和考核为内容建立的一整套科学完整的指标管理控制系统，对其分工负责的经营活动全过程进行管理控制，并对实现的绩效进行考核的管理系统（见图 5-39）。

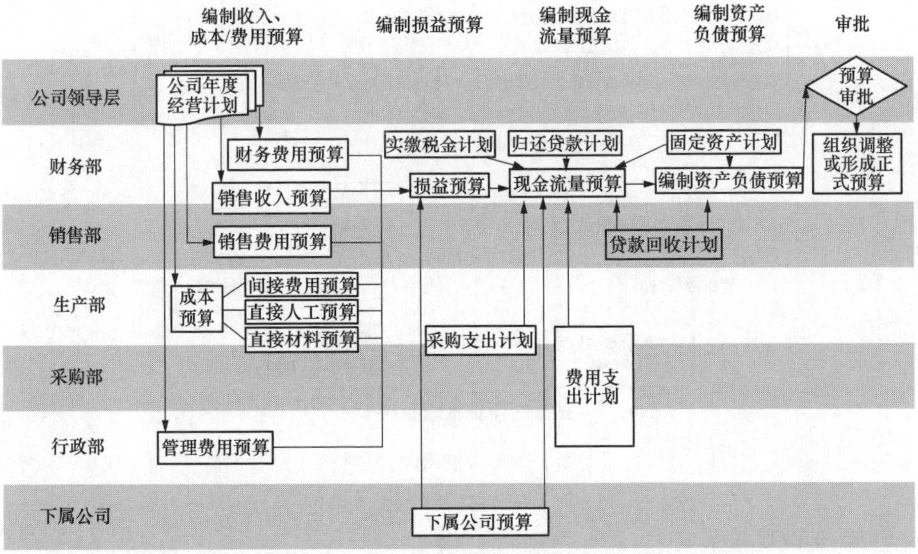


图 5-37 预算的内容

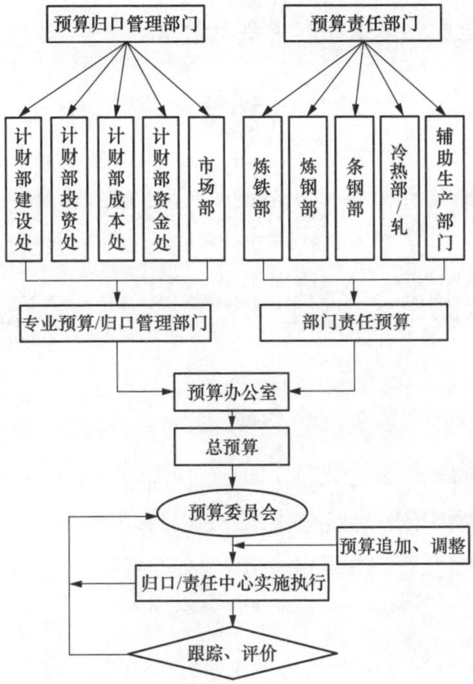


图 5-38 预算管理的流程

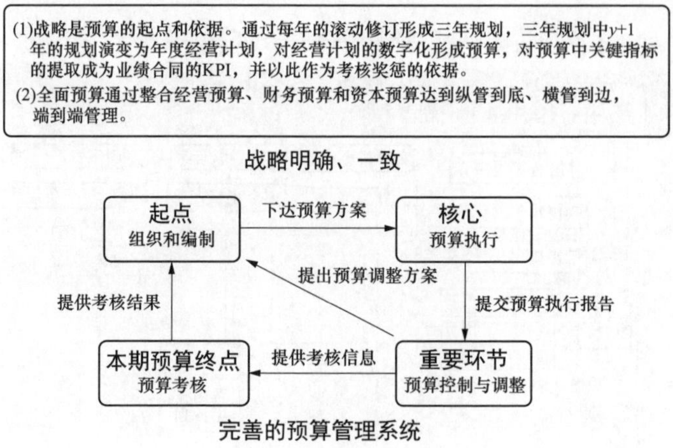


图 5-39　全面预算管理

4. 全面预算编制

全面预算管理是以企业战略规划为依据，以量化的、综合的涵盖企业经营全过程的全面预算为基础，以全员参与，全过程和全方位控制为特征的企业内部管理控制系统。全面预算编制的主要观念如图 5-40 所示。

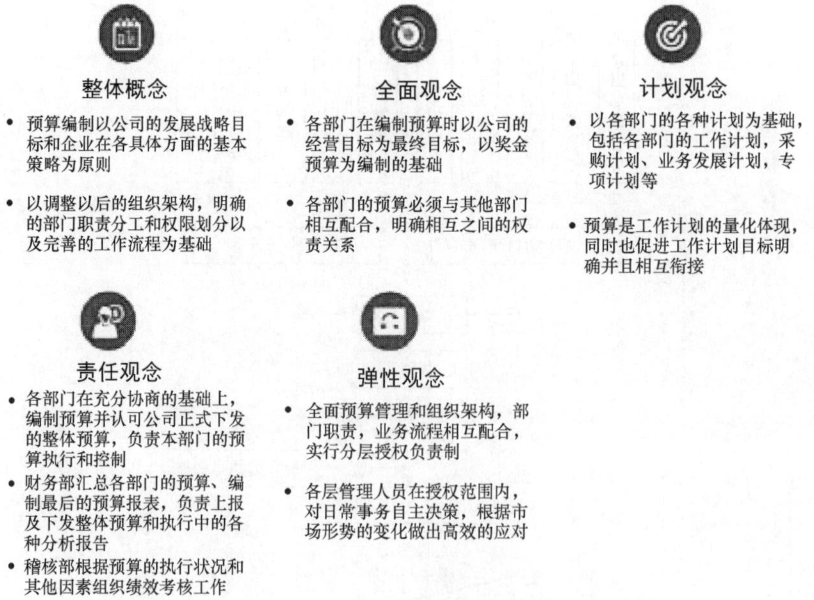


图 5-40　全面预算编制的观念

预算管理流程（见图 5-41）实质上是一个自上而下地下达目标任务和自下而上地确认业务目标的交互过程。

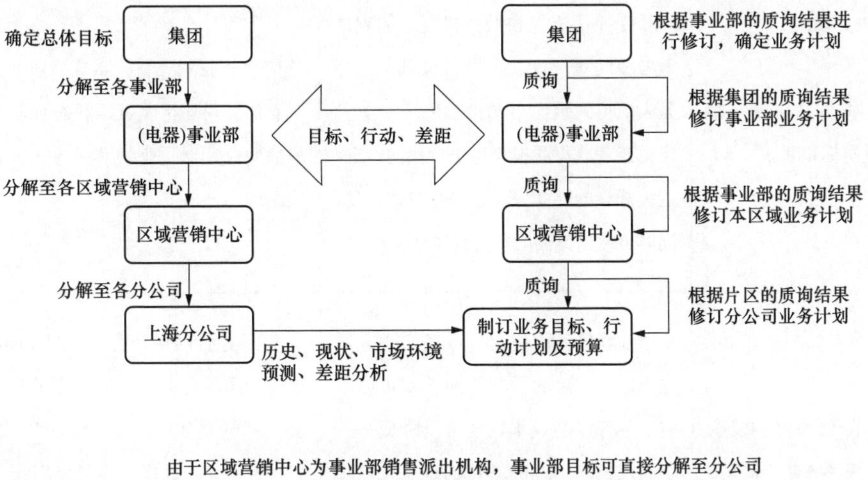


图 5-41 全面预算编制的过程

5. 预算管理最佳实践

最佳实践建立了有效的预算编制指导原则（见图 5-42 和表 5-11），并建立了解决预算需求冲突的工作方案。这些公司也因此在资源分配的过程中节省了大量的时间和成本。而另一个好处是，通过制定有效、公平的流程，公司战略目标的沟通更为充分，整个公司对战略义务的责任感也得到加强。

**表 5-11** **最佳管理实践**

| 最佳实践 | 最佳实践原理 | 最佳实践公司 |
|---|---|---|
| 将预算制定与公司战略相联系 | 预算对于资源分配和进度监控具有指导意义。将制定、执行预算同公司的战略结合起来，通过各个层面了解公司的发展，从而得到有关机遇和挑战的反馈，调整公司策略，提高绩效水平 | 戴尔电脑公司每年都要举行几次会议向公司员工传达公司当前的战略，进行相关的全员培训 |

续表

| 最佳实践 | 最佳实践原理 | 最佳实践公司 |
| --- | --- | --- |
| 将激励机制与绩效指标相联系 | 转变评估流程和激励机制，体现绩效考核的重要性。可以完成预算，但是未能得到预期市场份额和客户满意度的经理获得的报酬少于达标的经理。这种观念的转变更注重综合绩效表现，同时也使预算流程更具真实性 | JP摩根投资银行、惠普公司、美孚石油公司均将奖金、利润分享及股票期权计划同业绩目标的达成相联系 |
| 降低预算的复杂性及预算制定周期 | 对预算机制的优化可以缩短预算制定周期。较短的预算周期不仅可以节省财务部门的成本，也可以降低每一个制定预算的业务单位的成本。在降低成本同时又不会影响公司的核心增值业务以及预算的质量 | 美国著名网络证券公司Fidelity投资公司的母公司FMR公司原来由96个业务实体组成，有108本总账。为了提高效率，公司使用统一的定义及数据解释方法来提供财务信息 |

| 具体内容 | 它是… | 它不是… |
| --- | --- | --- |
| 什么是业务计划和财务预算的具体内容? | (1)量化的经营目标和为达到目标而应采取的具体行动方案。<br>(2)经营目标必须制定清晰，关键是以业绩指标作为衡量业绩的基础。<br>(3)目标的设定包括最基本的目标水平和挑战的目标水平 | (1)仅有量化的经营目标，只注重财务指标。<br>(2)没有明确清晰的业绩指标。<br>(3)仅设置单一的挑战性目标 |
| 什么是业务计划和财务预算的制订流程? | (1)自上而下设定目标和自下而上制定行动方案的结合。对于认为达不到的目标，事业部应提供详细分析，与总部一起验证目标基本假设的可行性。<br>(2)在执行过程中不断修正，但注重提出改进方案的过程 | (1)仅由公司总部或事业部设定经营目标。<br>(2)执行中随意修正，没有具体行动方案的改进过程 |
| 谁/什么部门应积极参与计划的制订过程? | (1)总裁应亲自领导计划制订流程并最终决定具体计划。<br>(2)公司战略规划中心和财务中心积极介入质询事业部的业务计划和预算。<br>(3)事业部总经理负责制订具体的业务计划和预算。<br>(4)事业部成立跨部门的工作小组，负责具体的计划制订和协调工作 | (1)仅由集团下达一年的经营目标。<br>(2)总部职能部门越权包办。<br>(3)由各部门分别制订部门的计划目标 |

图5-42　预算管理的最佳实践

# 第二节 风险管理咨询

## 一、风险管理咨询概述

### (一) 风险管理主要内容

风险管理咨询工作需要在熟悉企业的经营环境与业务流程的基础上，根据企业总体战略规划、组织机构与资源计划和配置，分析企业各业务单元、各项重要经营活动及其重要业务流程中有无风险，有哪些风险[290]，再对识别出的风险进行分类，如战略风险、财务风险、市场风险、运营风险、法律风险等，并作出全面的评估（量化与该风险对应的实际或潜在经济损失）与评级（高、中、低），最后根据企业政策、行业规定与相关法律法规，对该企业运作流程、内部控制与风险管理提出行之有效的改善建议，以提高企业的效率与效益，并在企业现有的风险管理组织体系的基础上，建立健全企业风险管理组织体系[291]。

1. 风险识别

全面进行资料收集，并整理归类，将企业可能发生的不确定性转变为明确的风险陈述，得到企业主要风险事项表，见表 5-12。

**表 5-12 主要风险事项表**

| 序号 | 风险 | 序号 | 风险 | 序号 | 风险 |
|---|---|---|---|---|---|
| 一 | 战略风险 | 二 | 运营风险 | 三 | 财务风险 |
| 1 | 多元化风险 | 1 | 全面预算风险 | 1 | 筹资风险 |
| 2 | 并购重组风险 | 2 | 经营管理风险 | 2 | 纳税风险 |
| 3 | 人力资源风险 | 3 | 采购控制风险 | 3 | 成本费用控制风险 |
| 4 | 企业文化风险 | 4 | 存货风险 | 4 | 短期投资风险 |
| 5 | 长期投资风险 | 5 | 固定资产风险 | 5 | 票据风险 |
| 6 | 市场风险 | 6 | 资产流失风险 | 6 | 营业收入风险 |

2. 风险评估

将识别出的风险及其特征进行明确的定义描述，借助风险打分表（见表5-13）、风险评估标准表（定性与定量）（见表5-14～表5-16）分别对识别出的风险进行定性分析与定量分析，以此评估风险对企业实现目标的影响程度及风险价值，分析风险发生的可能性，并按照影响优先顺序排列风险列表。

**表5-13　　风险打分表示意**

| 序号 | 编号 | 风险事件 | 发生概率 | | | | | 影响 | | | | | 得分 |
|---|---|---|---|---|---|---|---|---|---|---|---|---|---|
| | | | 很高 | 高 | 中 | 低 | 很低 | 很高 | 高 | 中 | 低 | 很低 | |
| | | | 5 | 4 | 3 | 2 | 1 | 5 | 4 | 3 | 2 | 1 | |
| 1 | | | | | | | | | | | | | |
| 2 | | | | | | | | | | | | | |
| 3 | | | | | | | | | | | | | |
| 4 | | | | | | | | | | | | | |
| 5 | | | | | | | | | | | | | |
| 6 | | | | | | | | | | | | | |
| 7 | | | | | | | | | | | | | |
| 8 | | | | | | | | | | | | | |
| 9 | | | | | | | | | | | | | |
| 10 | | | | | | | | | | | | | |

**表5-14　　风险评估定性标准**

| 风险影响等级 | 定义或说明 |
|---|---|
| 很高 | 一旦风险事件发生，将导致项目失败 |
| 高 | 一旦风险事件发生，会导致经费大幅增加，项目周期延长，可能无法满足目标 |
| 中等 | 一旦风险事件发生，会导致经费一般程度的增加，项目周期一般性延长，但仍能满足项目的一些重要的要求 |
| 低 | 一旦风险事件发生，经费只有小幅增加，项目周期延长不大，项目需求的各项指标仍能保证 |
| 很低 | 一旦风险事件发生，对项目没有影响 |

续表

| 风险发生概率评估依据 | | |
|---|---|---|
| 风险发生概率等级 | 风险概率范围/% | 解释说明 |
| 很高 | 71～100 | 风险事件确定会发生 |
| 高 | 51～70 | 风险事件经常发生 |
| 中等 | 31～50 | 风险事件曾发生数次 |
| 低 | 11～30 | 风险事件可能发生但未发生 |
| 很低 | 0～10 | 风险事件极少发生 |

**表 5-15　　风险评估定量标准示例**

| 风险（威胁）评估标准 | | | |
|---|---|---|---|
| 风险因素 | 发生概率（%） | 进度的影响（威胁）（天） | 成本的影响（%） |
| 很高 | ＞70 | ＞40 | 总造价的 1 |
| 高 | ＞50 | ＞20 | 总造价的 0.1 |
| 中等 | ＞30 | ＞10 | 总造价的 0.5 |
| 低 | ＞10 | ＞5 | 总造价的 0.05 |
| 很低 | ＜10 | ＜5 | 总造价的 0.01 |

**表 5-16　　风险评估定量标准示例**

| 风险（机会）评估标准 | | | |
|---|---|---|---|
| 风险因素 | 发生概率（%） | 进度的影响（威胁）（天） | 成本的影响（%） |
| 很高 | ＞70 | ＞60 | 总造价的 1 |
| 高 | ＞50 | ＞45 | 总造价的 0.1 |
| 中等 | ＞30 | ＞30 | 总造价的 0.5 |
| 低 | ＞10 | ＞15 | 总造价的 0.05 |
| 很低 | ＜10 | ＜5 | 总造价的 0.01 |

3. 风险应对

在企业风险管理目标的前提下，根据风险评估结果，制定风险应对计划，梳理风险管理流程[292]（见表 5-17），最终形成企业风险清单调查表见表 5-18。

表 5-17　　主要风险管理流程梳理模板表——以多元化风险为例

| 序号 | 项目 | 内　容 |
|---|---|---|
| 一 | 全面风险管理办法 | |
| 1 | 风险描述 | 将资源投向与集团公司主业不相关、集团公司不熟悉或缺乏竞争力的产业所带来的风险 |
| 2 | 原则 | （1）按合规性原则编制集团公司多元产业战略规划。<br>（2）对多元产业战略规划进行评估和动态调整。<br>（3）对规划外项目履行决策和审批程序 |
| 3 | 目标 | （1）发展产业严格控制在集团公司的多元产业战略规划范围内。<br>（2）××年实现销售收入××亿元 |
| 4 | 责任单位 | 规划发展部 |
| 二 | 相关制度 | 无相关制度 |
| 三 | 现状 | （1）公司明确依托主业、拓展新领域与相关多元经营的转变。<br>（2）公司现已参股西部铬矿、东部证券等，加速扩展房地产开发业务，加速新能源产业投资 |
| 四 | 建议 | （1）对公司的多元化推进现状进行梳理。<br>（2）编制公司多元化产业发展规划。<br>（3）建立系统的评估体系 |

表 5-18　　风险清单调查表

| 序号 | 风险名称 | 发生阶段 | 带来的后果 | 发生可能性 | 影响及大小 | 行动与措施 |
|---|---|---|---|---|---|---|
| 1 | | | | | | |
| 2 | | | | | | |
| 3 | | | | | | |
| 4 | | | | | | |
| 5 | | | | | | |
| 6 | | | | | | |
| 7 | | | | | | |
| 8 | | | | | | |
| 9 | | | | | | |
| 10 | | | | | | |

4. 风险管理组织体系

接着分析研究各种风险管理的策略[293]，协助企业建立健全风险管理组织体系，如图 5-43 所示。

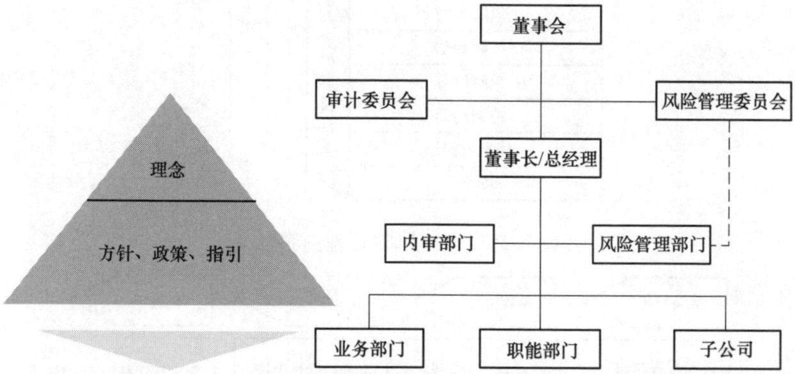


图 5-43　风险管理组织架构图

5. 跟踪管理

进行风险跟踪，协助企业改进，完善风险管理流程，建立重大风险预警机制和突发事件应急处理机制[294]。明确风险预警标准，对可能发生的重大风险或突发事件，制定应急预案、明确责任人员、规范处置程序，确保突发事件得到及时妥善处理。

（二）全面风险管理

根据美国反虚假财务报告发起人委员会（the committee of sponsoring organizations of the treadway commission，COSO）对全面风险管理的定义，将全面风险管理内容框架划分为三个维度，即企业的目标、全面风险管理要素和企业的各个层级。全面风险管理的三维框架如图 5-44 所示。

企业全面风险管理目标构成了框架的第一维度。企业全面风险管理的总体目标在于提高项目中积极事件的概率和影响，降低项目中消极事件的概率和影响，将风险控制在与企业风险偏好以及风险容忍度相适应的范围内。具体而言，企业全面风险管理总体目标可以从战略、经营、报告以及合法性四个方面进行设置，如图 5-45 所示。

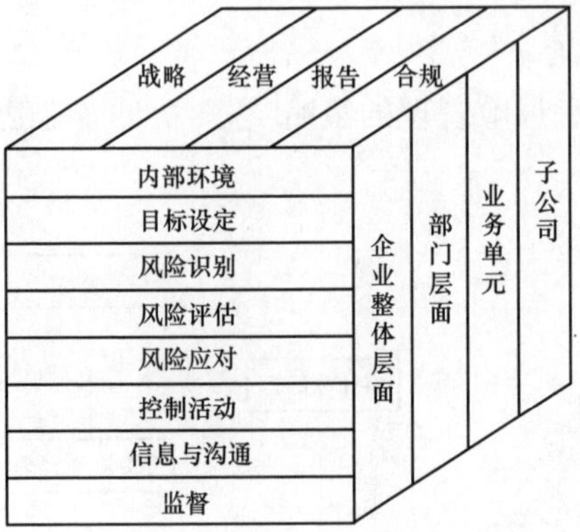


图 5-44　全面风险管理内容框架

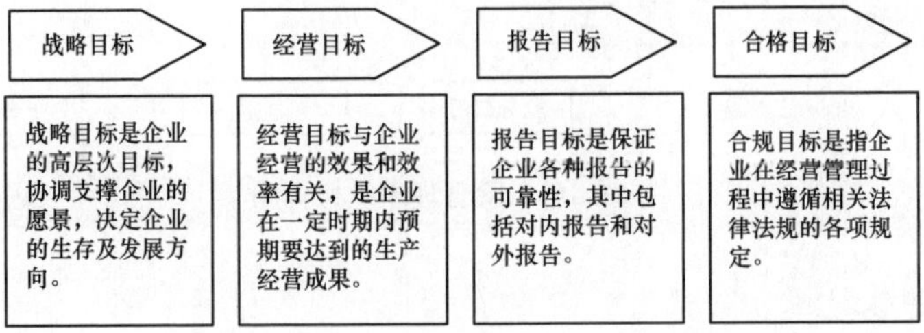


图 5-45　全面风险管理总体目标

第二维度是全面风险管理的八个要素，以内部环境为基础，进行风险评估流程，包括制定风险管理目标、进行风险识别、评估以及制定管理策略和应对措施，执行控制活动，以完善的信息和沟通及监督为保障[295]。具体内容如图 5-46 所示。

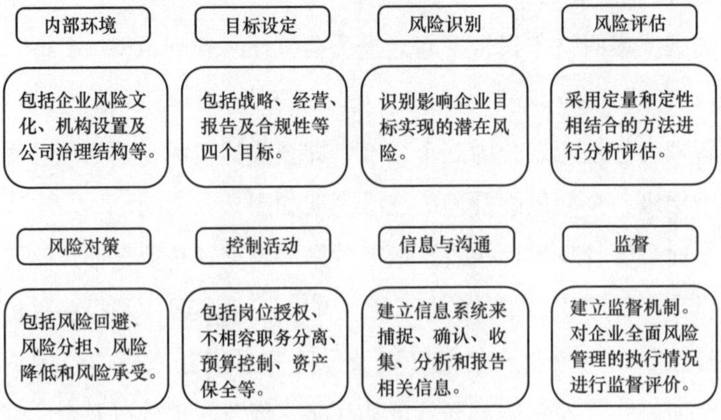


图 5-46　全面风险管理八要素

第三维度是企业的层级维度，包括：企业整体层面、部门层面、业务单元和子公司，如图 5-47 所示。

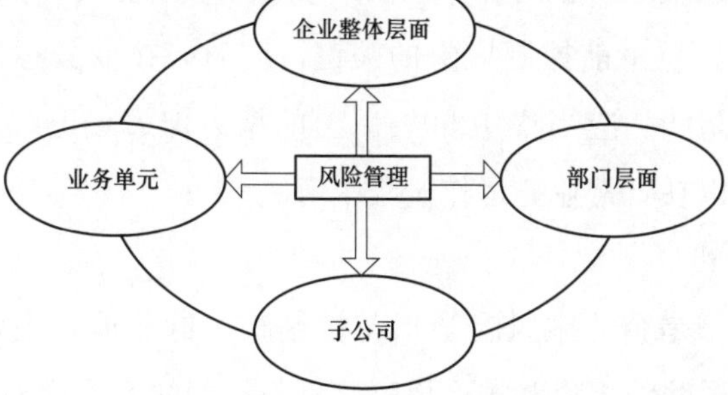


图 5-47　企业层级维度图

全面风险管理内容框架三个维度的关系是：企业的各个层级都要以企业的四个目标为导向；企业的各个层级都要具备全面风险管理的八个要素，并进行风险管理；全面风险管理的八个要素应为实现企业的四个目标服务。

（三）风险管理三道防线

全面风险管理工作应与其他管理工作紧密结合，将风险管理的各项要求融入企业管理和业务流程中[296]。具备条件的企业可建立风险管理三道防线，即各有关职能部门和业务单位为第一道防线；企业中风险管理与控制相关的职能为第二道防线；内部审计部门为第三道防线，如图 5-48 所示。

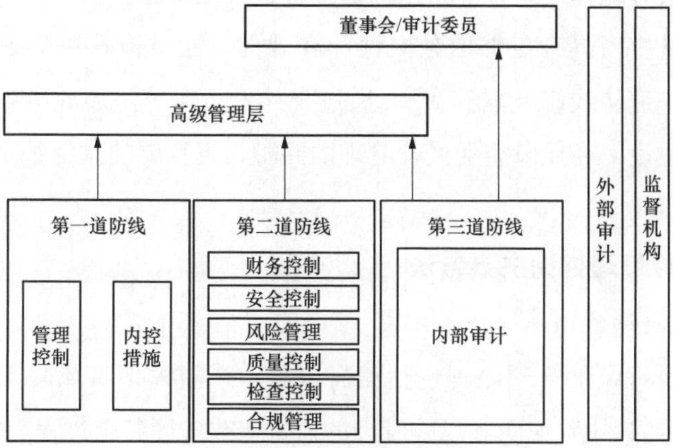


图 5-48　风险管理三道防线

1. 第一道防线

业务与运营管理，所有业务部门及职能部门：各部门一线员工是企业的窗口，也是最先与风险源接触的群体，在日常业务中负有及时识别、上报与初步管理风险的职责，是事前控制风险的关键。同时，在业务运作过程中控制风险，是最重要的防线。应当集中 90%以上的精力把第一道防线建设好，90%以上的风险都可以在日常业务运作过程中解决[297]。

2. 第二道防线

第二道防线，是企业中风险管理与控制相关的职能，主要有两方面的职责：一是为第一道防线提供和推广风险管理与控制的方法论和工具；二是针对跨领域、跨流程、跨部门的重大风险拉通管理，在此基础上进行风险提示和控制策略研究。

第二道防线所涉及的各项工作的日的，实际上是帮助第一道防线建立起和企业风险管理与控制相适宜的业务流程及风险控制控制[298]，通过对第一道防线的风险控制进行赋能，使业务运作过程中的主要风险能够在第一道防线上得到适宜的控制。

3. 第三道防线

第三道防线，是内部审计，对企业的风险管理与控制结果进行独立评估和形成冷威慑。第一道防线建设得好，能够解决业务运作过程中 90%以上的风险，但可能会有疏漏或者舞弊，由内部审计进行监督。

内部审计应当具有足够的独立性和客观性，通过检查风险疏漏和控制缺陷，帮助第一道防线修补漏洞[299]；通过查处人员舞弊，形成冷威慑，配合第一道防线的建设，在保障企业经营管理的同时，更重要的是保护企业的领导干部和员工队伍。

## 二、风险管理咨询主要方法

（一）风险评估

一般来说，风险管理流程包括信息收集、风险评估（风险辨识、风险分析、风险评价）、风险应对和风险管理的监督与改进等各个过程[300]。具体流程如图 5-49 所示。

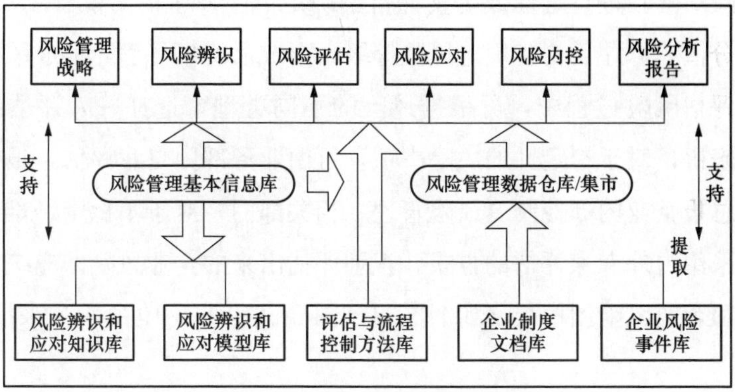


图 5-49　风险管理流程示意图

1. 准备工作

在进行风险评估之前，咨询师需要全面收集与该企业风险和风险管理相关的内部、外部初始信息，包括历史数据和未来预测。收集初始信息要根据所分析的风险类型具体展开[301]，如图 5-50 所示。

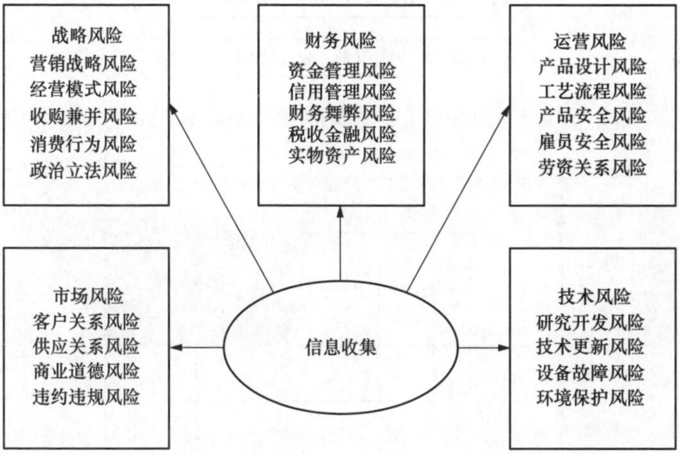


图 5-50　信息收集

2. 风险评估

风险评估是指用规范的语言清晰地描述识别出企业的风险，依据风险度量标准（风险矩阵）进行定性或定量评价，确定风险发生的可能性和影响程度，形成风险分值，排序后初步确定风险等级，形成风险事件库，形成风险图[302]。在识别和评估风险过程中，可根据风险的不同类型，选择一人评估或多人评估，一般来讲，对于稳定性的风险事项，可由业务部门自我评估，报部门领导批准后汇总报企业内部控制（风险管理）相关部门；对于不稳定、难以评估的风险，可采用内外专家评估的方式。识别评估出来的企业风险，应统一使用企业风险库和企业风险图模板（如图 5-51、图 5-52、表 5-19 所示）来描述。

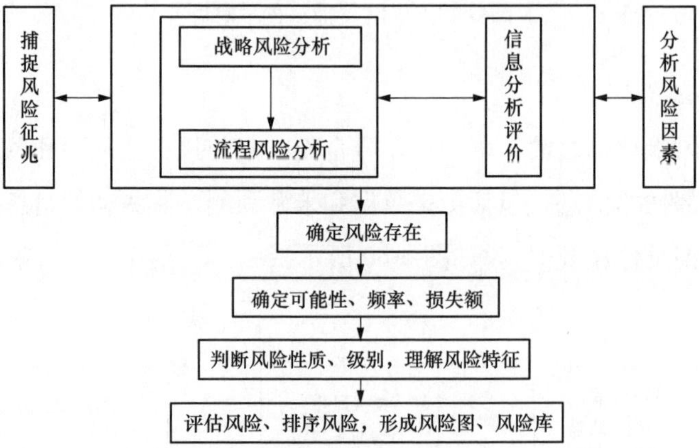


图 5-51　企业风险评估流程图

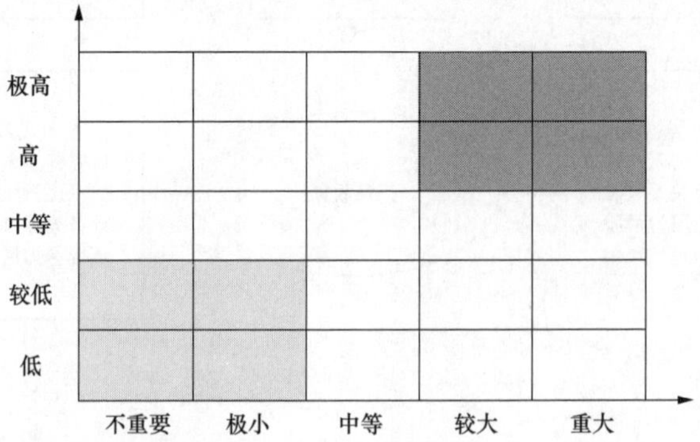


图 5-52　企业风险图示例

表 5-19 企业风险事件库示例

| 项目 | | 具体内容描述 |
|---|---|---|
| 风险大类 | | |
| 风险子类 | | |
| 风险编号 | | |
| 风险名称 | | |
| 风险描述 | | |
| 原因 | | |
| 后果 | | |
| 发生频度 | | |
| 影响程度 | 外部短期 | |
| | 外部长期 | |
| | 内部短期 | |
| | 内部长期 | |
| 风险评级 | | |
| 风险责任人 | | |
| 已有管理措施 | | |
| 相关流程 | | |
| 应对策略 | | |
| 应对措施 | | |
| 实施人 | | |
| 计划完成时间 | | |
| 实际完成时间 | | |
| 审核人 | | |
| 详细情况（单项风险追踪表）链接 | | |

（二）风险辨识

查找企业各业务单元、各项重要经营活动及其重要业务流程中有无风险，有哪些风险。

1. 根本原因分析

用于发现导致问题的深层原因并制定预防措施。可以用问题陈述（项目可能延误或超支）作为出发点，来探讨哪些威胁可能导致该问题，从而识别出相应的威胁。也可以用收益陈述（提前交付或低于预算）作为出发点，来探讨哪些机会可能有利于实现该效益，从而识别出相应的机会[303]，见表 5-20。

**表 5-20　　风险识别调查表**

| | |
|---|---|
| 编号 | 时间 |
| 项目名称 | |
| 风险类型 | |
| 风险描述 | |
| 风险对项目目标的影响 | |
| 风险来源 | |
| 风险特征 | |

2. 假设条件和制约因素分析

每个项目及其项目管理计划的构思和开发都基于一系列的假设条件，并受一系列制约因素的限制。这些假设条件和制约因素往往都已纳入范围基准和项目估算[304]。开展假设条件和制约因素分析，来探索假设条件和制约因素的有效性，确定其中哪些会引发项目风险。从假设条件的不准确、不稳定、不一致或不完整，可以识别出威胁，通过清除或放松影响项目或过程执行的制约因素，可以创造出机会。

3. 风险解析法

也称风险结构分解法，将一个复杂系统分解为若干子系统，通过对子系统的分析进而把握整个系统的特征，如图 5-53 所示。

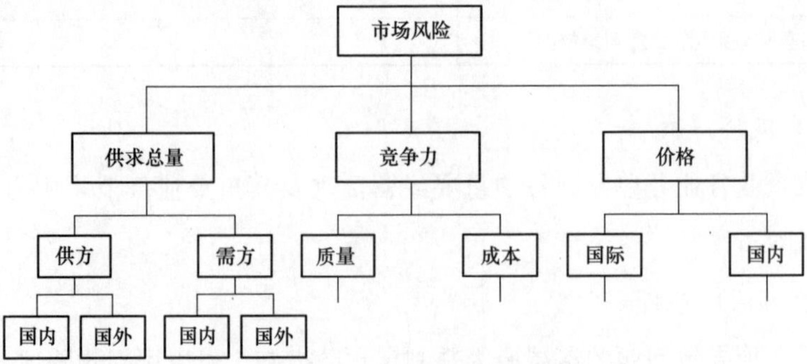


图 5-53　风险解析法

4. SWOT 分析

这是对项目的优势、劣势、机会和威胁（SWOT）进行逐个检查。在识别风险时，将内部产生的风险纳入研究的视野，从而拓宽识别风险的范围。首先，关注项目、组织或一般业务领域，识别出组织的优势和劣势；然后，找出组织优势可能为项目带来的机会，组织劣势可能造成的威胁[305]。还可以分析组织优势能在多大程度上克服威胁，组织劣势是否会妨碍机会的产生，见表5-21。

**表 5-21　SWOT 分析**

| 内部分析 / 外部分析 | 优势 S<br>（列出优势） | 劣势 W<br>（列出劣势） |
|---|---|---|
| 机会 O<br>（列出机会） | SO 战略<br>发挥优势<br>利用机会 | WO 战略<br>克服劣势<br>利用机会 |
| 威胁 T<br>（列出威胁） | ST 战略<br>利用优势<br>回避威胁 | WT 战略<br>减少劣势<br>回避威胁 |

5. 文件分析

对项目文件的结构化审查，可以识别出一些风险。可供审查的文件包括（但不限于）计划、假设条件、制约因素、以往项目档案、合同、协议和技术文件。项目文件中的不确定性或模糊性，以及同一文件内部或不同文件之间的不一致，都可能是项目风险的指示信号[306]。

6. 事故树

在可靠性研究中常常利用事故树进行系统的风险分析。此法不仅能识别出导致事故发生的风险因素，还能计算出风险事故发生的概率，如图 5-54 所示。

（三）风险分析

对辨识出的风险及其特征进行明确的定义描述，分析和描述风险发生可能性的高低、风险发生的条件。

1. 定性风险分析

评估并综合分析风险的发生概率和影响，对风险进行优先排序，从而为后

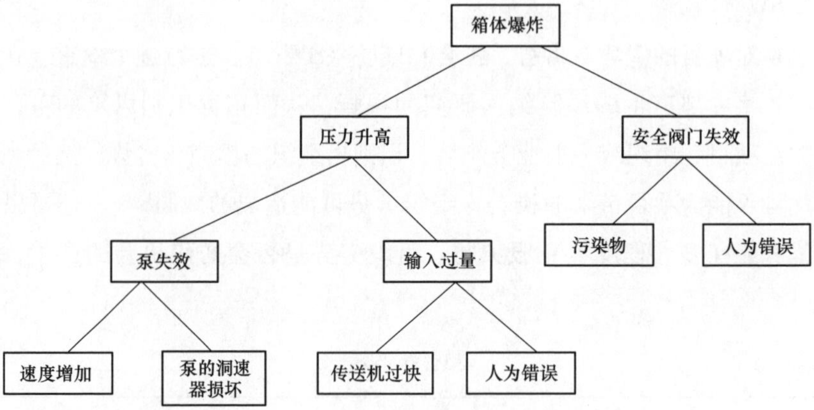


图 5-54　箱体爆炸风险分析事故树示例

续分析或行动提供基础[307]。

（1）德尔菲法。德尔菲法本质上是一种反馈匿名函询法。其做法是，在对所要预测的问题征得专家的意见之后，进行整理、归纳、统计，再匿名反馈给各位专家，再次征求意见，再集中，再反馈，直至得到可靠的意见，德尔菲法预测程序如图 5-55 所示。

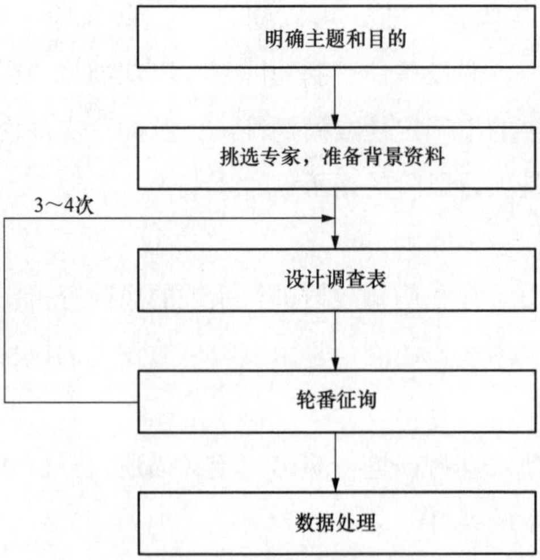


图 5-55　德尔菲预测程序

(2) 头脑风暴法。头脑风暴法是在解决问题时常用的一种方法，具体来说就是团队的全体成员自发地提出主张和想法。团队成员在选择问题的方案之前，一定要得出尽可能多的方案和意见。利用头脑风暴法，可以想出许多主意。头脑风暴法能产生热情的、富有创造性的、更好的方案，头脑风暴流程如图 5-56 所示。

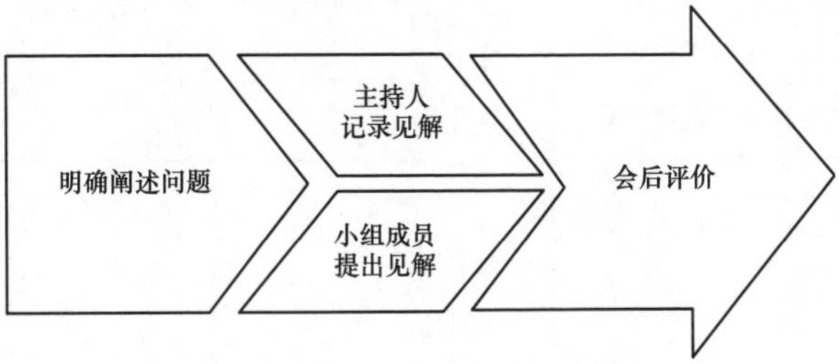


图 5-56 头脑风暴流程

(3) 风险核对表。对照已有的核对表对本项目的潜在风险进行联想，核对表的内容可包括：以前项目成功或失败的原因；项目范围、成本、质量、进度、采购与合同、人力资源与沟通等情况；项目产品或服务说明书；项目管理成员技能；项目可用资源等[308]。核对表是基于以前类似项目信息及其他相关信息编制的风险识别核对图表。核对表一般按照风险来源排列。利用核对表进行风险识别的主要优点是快而简单，其缺点是受到项目可比性的限制，如表 5-22 所示。

**表 5-22　　风险核对表**

| 风险因素 | 识别标准 | 风险核查结果 | | |
|---|---|---|---|---|
| | | 大 | 中 | 小 |
| 项目的环境 | | | | |
| (1) 项目组织结构。 | 稳定/胜任 | □ | □ | □ |
| (2) 组织变更的可能。 | 较小 | □ | □ | □ |
| (3) 项目对环境的影响。 | 较低 | □ | □ | □ |
| (4) 政府的干涉程度。 | 较少 | □ | □ | □ |
| (5) 政策的透明程度 | 透明 | □ | □ | □ |

续表

| 风险因素 | 识别标准 | 风险核查结果 | | |
|---|---|---|---|---|
| 项目管理 | | | | |
| （1）业主同类项目经验。 | 有经验 | □ | □ | □ |
| （2）项目经理的能力。 | 经验丰富 | □ | □ | □ |
| （3）项目管理技术。 | 可靠 | □ | □ | □ |
| （4）切实地进行了可行性研究。 | 详细 | □ | □ | □ |
| （5）承包商富有经验、诚实可靠 | 有经验 | □ | □ | □ |
| 项目性质 | | | | |
| （1）工程的范围。 | 通常情况 | □ | □ | □ |
| （2）复杂程度。 | 相对简单 | □ | □ | □ |
| （3）使用的技术。 | 成熟可靠 | □ | □ | □ |
| （4）计划工期。 | 可合理顺延 | □ | □ | □ |
| （5）潜在的变更 | 较确定 | □ | □ | □ |
| 项目人员 | | | | |
| （1）基本素质。 | 达到要求 | □ | □ | □ |
| （2）参与程度。 | 积极参与 | □ | □ | □ |
| （3）项目监督人员。 | 达到要求 | □ | □ | □ |
| （4）管理人员的经验 | 经验丰富 | □ | □ | □ |
| 费用估算 | | | | |
| （1）合同计价标准。 | 固定价格 | □ | □ | □ |
| （2）项目估算。 | 有详细估算 | □ | □ | □ |
| （3）合同条件 | 标准条件 | □ | □ | □ |

（4）情景分析。根据发展趋势的多样性，通过对系统内外相关问题的系统分析，设计出多种可能的未来前景，然后用类似于撰写电影剧本的手法，对系统发展态势做出自始至终的情景和画面的描述。要点：明确影响主题的影响因素；分析过程中可采用 PEST 分析法与 SWOT 分析矩阵。

（5）概率和影响矩阵。概率和影响矩阵是把每个风险发生的概率和一旦发生对项目目标的影响映射起来的表格。此矩阵对概率和影响进行组合，以便于把单个项目风险划分成不同的优先级组别。基于风险的概率和影响，对风险进行优先级排序，以便未来进一步分析并制定应对措施[309]，如图 5-57 所示。

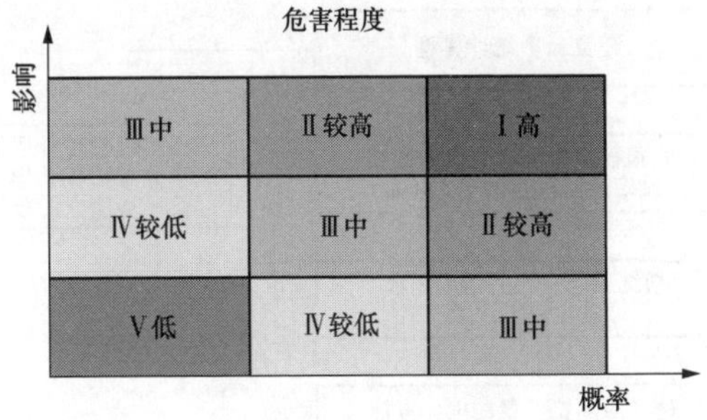


图 5-57　风险矩阵划分示意图

2. 定量风险分析

(1) 决策树。用决策树在若干备选行动方案中选择一个最佳方案。在决策树中，用不同的分支代表不同的决策或事件，即项目的备选路径。每个决策或事件都有相关的成本和单个项目风险（包括威胁和机会）。决策树分支的终点表示沿特定路径发展的最后结果，可以是负面或正面的结果，如图 5-58 所示。

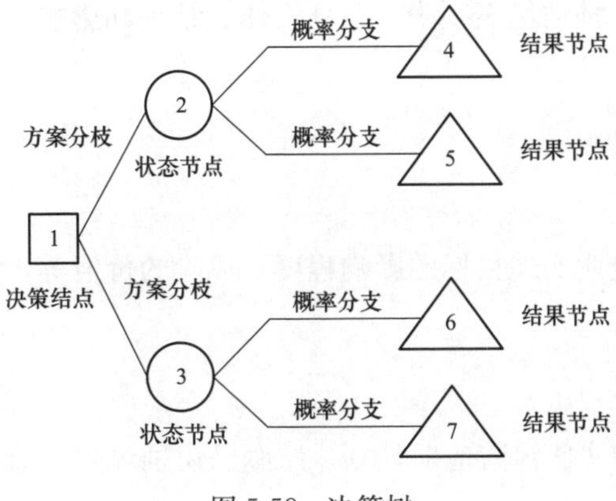


图 5-58　决策树

(2) 蒙特卡洛。通过建模和模拟，在定量风险分析中，使用模型来模拟单个项目风险和其他不确定性来源的综合影响，以评估它们对项目目标的潜在影响[310]。模拟通常采用蒙特卡洛分析进行多次模拟，蒙特卡洛分析流程如图

5-59 所示。

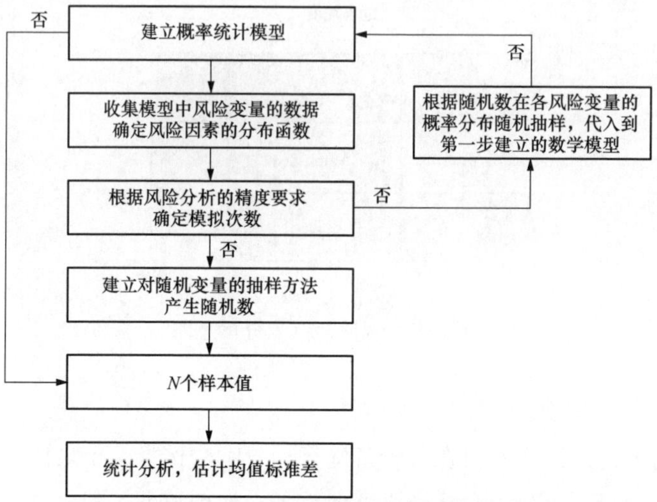


图 5-59 蒙特卡洛分析流程图

（3）影响图。影响图是不确定条件下决策制定的图形辅助工具。它将一个项目或项目中的一种情境表现为一系列实体、结果和影响，以及它们之间的关系和相互影响。

（四）风险评价及应对

1. 风险评价

评价风险对企业实现目标的影响程度、风险的价值等，风险评价工作流程如图 5-60 所示。

2. 风险应对

在整个项目中实施风险应对计划、跟踪已识别风险、监督残余风险、识别新风险，以及评估风险过程有效性的过程。

一般来讲，对不同的风险可以采取相应的应对措施。对战略、运营、财务和法律风险，可采取风险承担、风险规避、风险转移、风险控制应对；对能通过保险、对冲等金融手段进行的理财风险，可采取风险转移、风险对冲方法，具体内容见表 5-23。

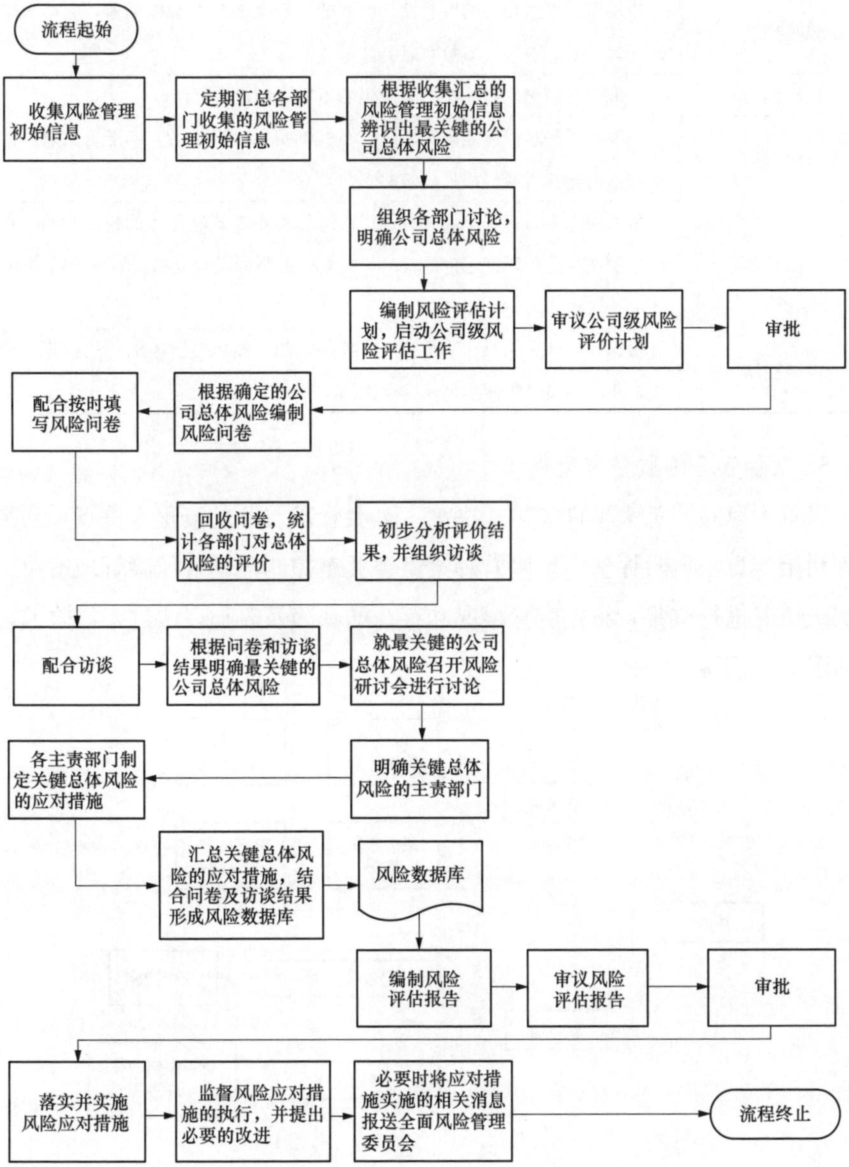


图 5-60　企业风险评价工作流程图

表 5-23　　风险应对主要措施

| 名称 | 特　点 |
|---|---|
| 风险规避 | 主动避开发生损失的可能性。但并非所有大的风险都能回避，有些风险无法回避。如企业生产事故总是无法避免 |
| 风险预防 | 采取预防措施，以减小损失发生的可能性和损失程度 |
| 风险承担 | 企业对风险承受度之内的风险，在权衡费用效益之后，不准备采取控制措施降低风险或者减轻损失的策略 |
| 风险转移 | 借助他人力量，采取业务分包、购买保险等方式和适当的控制措施，将风险控制在风险承受度之内的策略，把自己面临的风险全部或部分转移给别人。比如购买保险及衍生产品 |
| 风险控制 | 根据风险评估结果，采用相应的控制措施，使风险发生的可能性降低或损失最小，将风险控制在可承受度之内 |

3. 风险管理的监督与改进

以重大风险、重大事件和重大决策、重要管理及业务流程为重点，对风险管理初始信息、风险评估、风险管理策略、关键控制活动及风险管理解决方案的实施情况进行监督，根据变化情况和存在的缺陷及时加以改进，风险监控流程如图 5-61 所示。

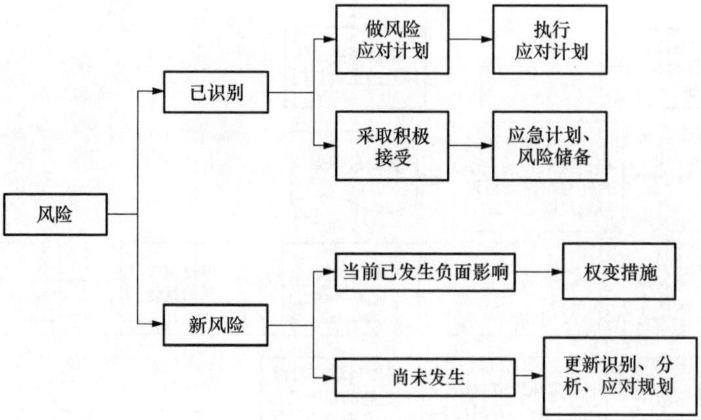


图 5-61　风险监控流程图

# 第六章

# 供应链及知识管理咨询

## 第一节　供应链管理咨询

### 一、供应链管理模式及其咨询

（一）供应链管理模式

1. 供应链管理的发展

供应链发展的三个阶段如图 6-1 所示。

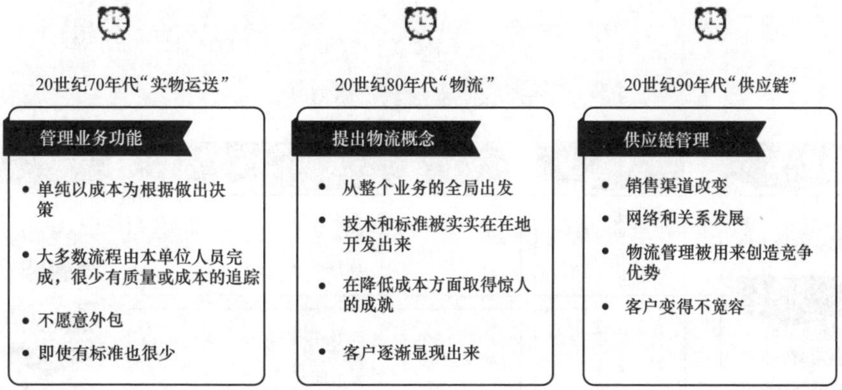


图 6-1　供应链发展的三个阶段

（1）“实物运送”阶段。供应链仅仅被视为企业内部的一个物流过程，它所涉及的主要是物料采购、库存、生产和分销诸部门的职能协调问题，最终目的是优化企业内部的业务流程、降低物流成本，从而提高经营效率。

（2）“物流”阶段。供应链不再只是一条生产链，而是一个涵盖了整个产品运动过程的增值链。

（3）“供应链”阶段。网络化趋势明显，供应链的概念更加注重围绕核心企业的网链关系，即核心企业与供应商、供应商的一切向前关系，与用户、用户的用户及一切向后的关系。

供应链的概念已经不同于传统的销售链，它跨越了企业界限，从扩展企业的新思维出发，并从全局和整体的角度考虑产品经营的竞争力，使供应链从一种运作工具上升为一种管理方法体系，一种运营管理思维和模式[312]。

2. 传统物流

传统物流如图 6-2～图 6-4 所示。

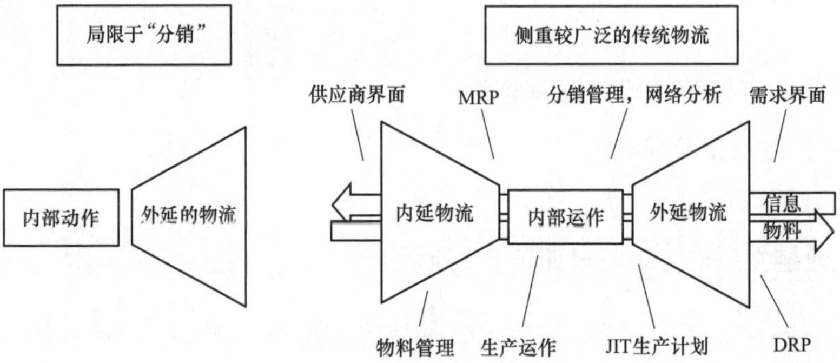


图 6-2　传统物流模型

图 6-3　传统物流下的主体关系

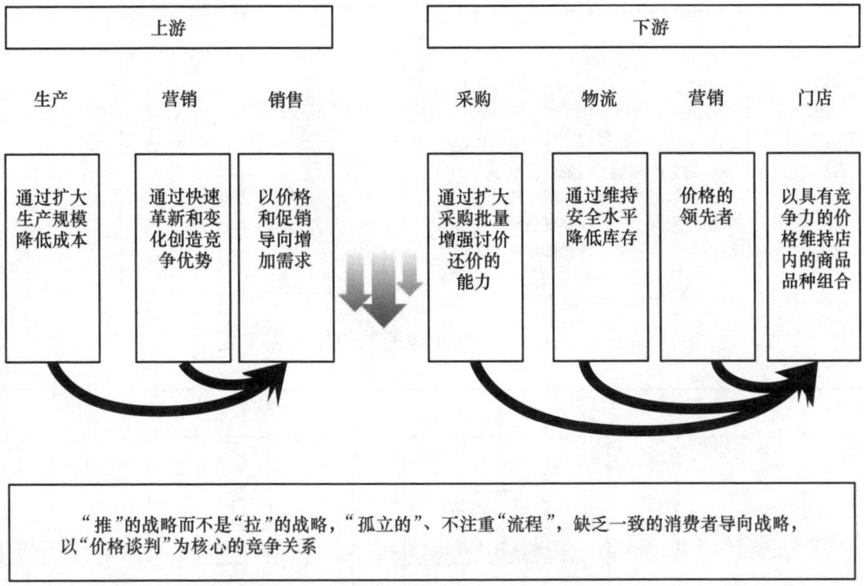


图 6-4 传统物流下的运营效率低

传统的物流系统供应链一般不畅通，无法进行信息共享，可能出现短路等低效率现象，会造成双方都积压库存，因此存在效益背反现象，这些都是在传统物流中存在的弊端。

3. 供应链的客户化模式

客户化供应链（见图 6-5～图 6-8）建立在客户关系管理基础之上，以现代

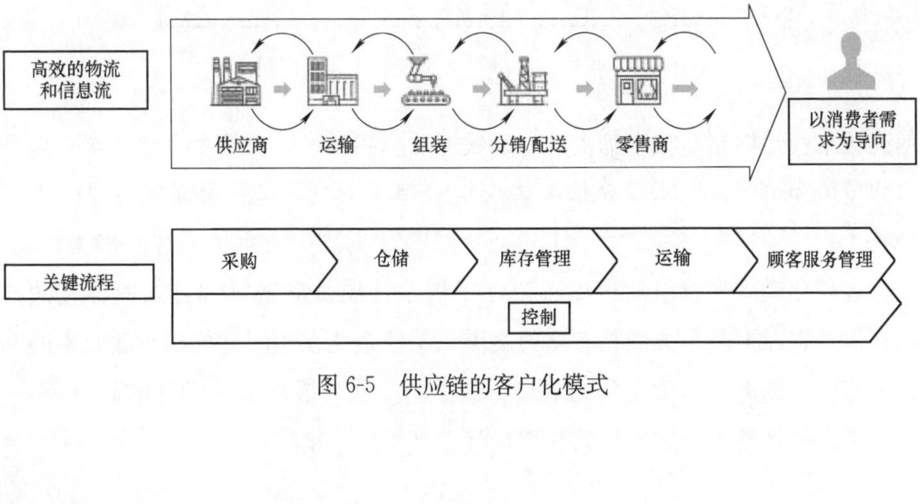


图 6-5 供应链的客户化模式

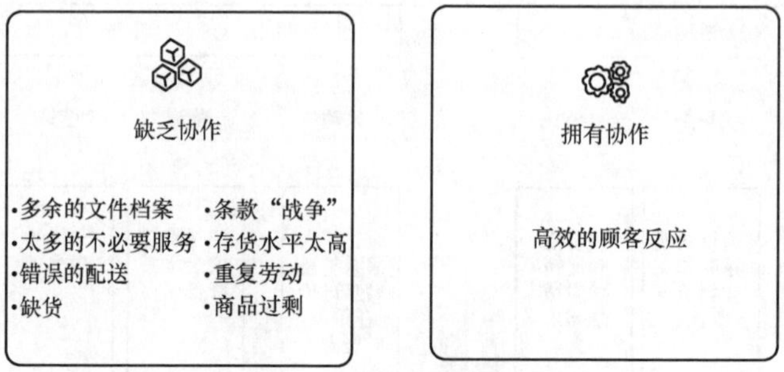


图 6-6　跨企业间的协作

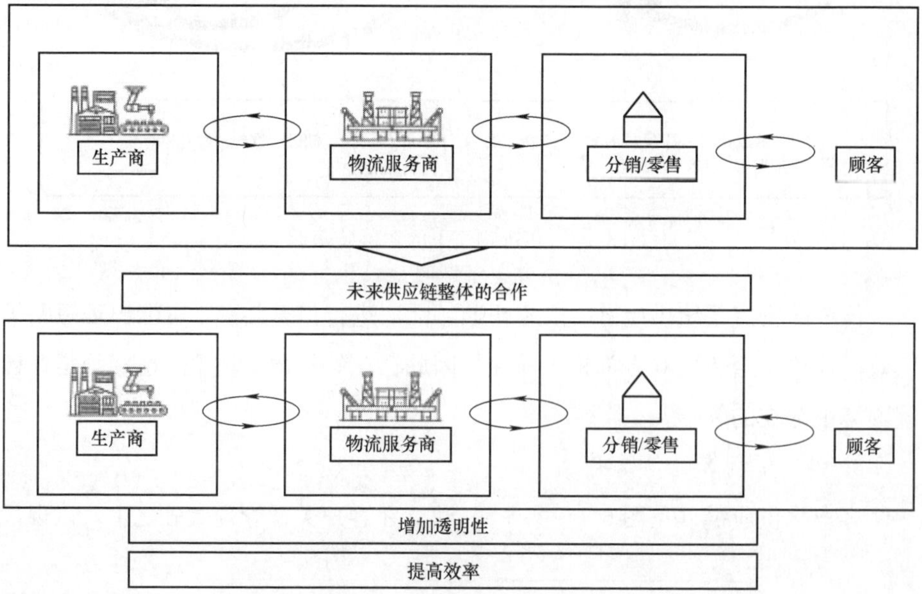


图 6-7　供应链可以产生高效的顾客反应作用

信息技术和柔性制造技术为支持，以快速响应和满足客户的个性化需求、提高客户价值为目标，以竞争合作的供应链管理为手段，是一种面向客户的生产模式[313]。

客户化供应链思想的价值不仅在于揭示传统供应链管理方式所存在的缺陷，而且在以下两个方面具有质的突破：①使企业在实现高效率、低成本的基础上将客户的需求作为竞争的重点；②是企业获得成功的一种新的思维模式，吸取了诸如精益生产、现代营销理论等管理思想的精华。

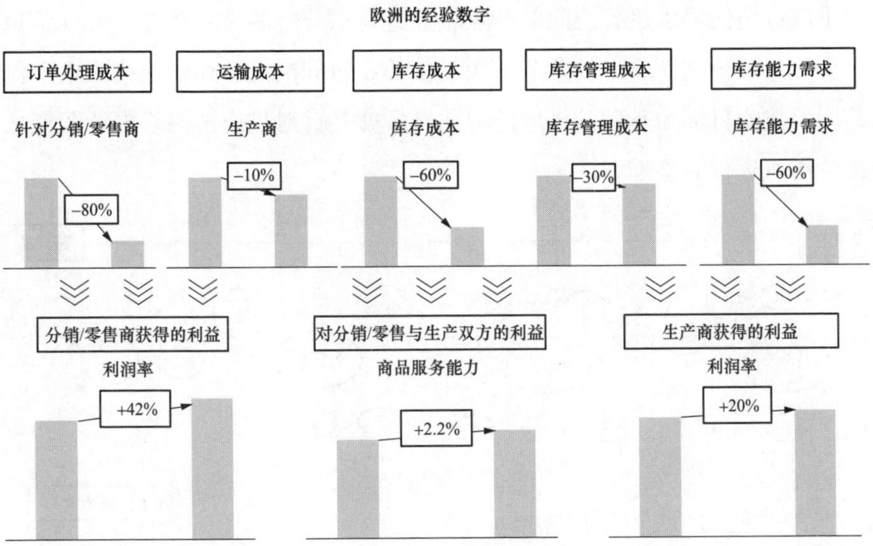


图 6-8　供应链协同

4. 供应链一体化的三种模式

供应链一体化（见图 6-9、图 6-10）是从系统观点出发，通过对从原料、半成品和成品的生产、供应、销售直到最终消费者的整个过程中物流与资金流、信息流的协调，以此来满足顾客的需要。

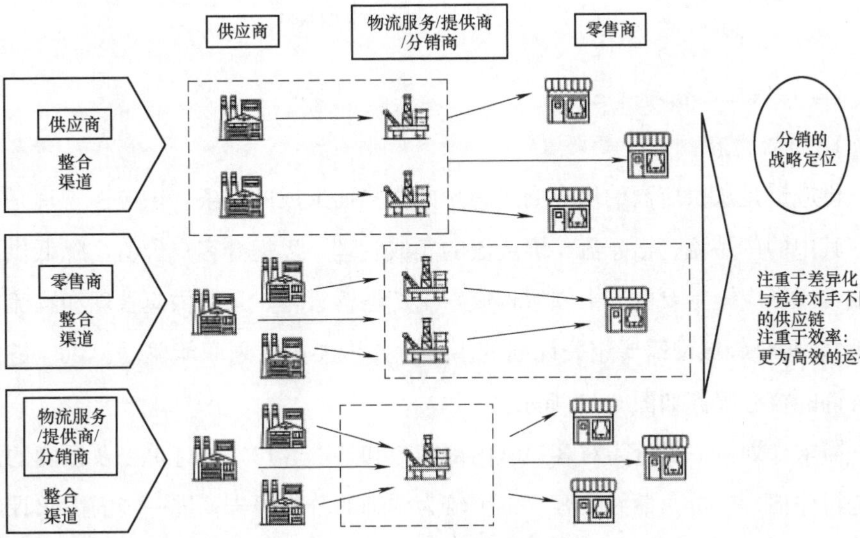


图 6-9　一体化的三种模式

供应链协同要求进行协同的节点企业进行供应链的重新整合，应以信息的自由交流、知识创新成果的共享、相互信任、协同决策、无缝连接的生产流程和共同的战略目标为基础。供应链协同管理就是针对供应链网络内各职能成员间的合作所进行的管理。

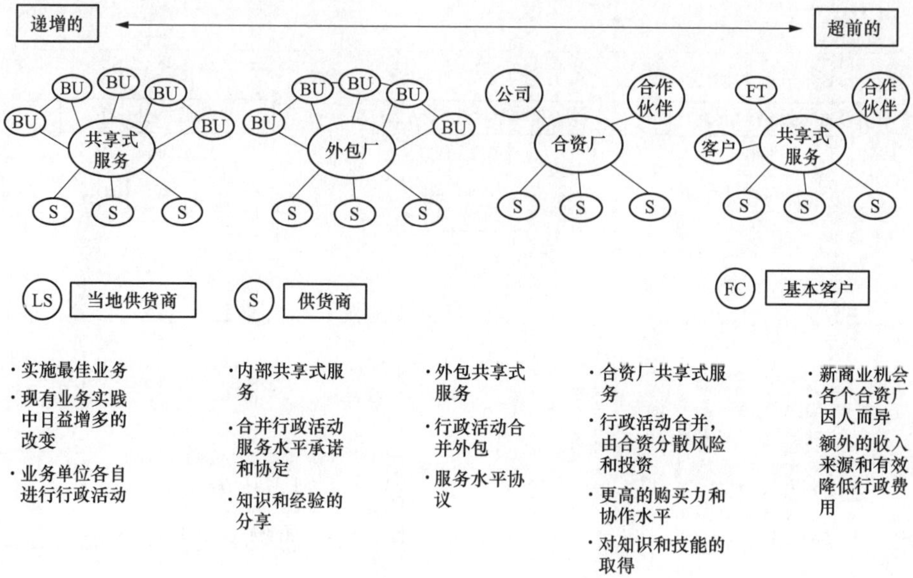


图 6-10　协作性供应链管理模式

（二）供应链咨询概述

1. 核心内容

供应链是从供应商的供应商到客户的客户而形成的链条，供应链管理是对贯穿其中的产品流、信息流、资金流的集成管理，以提升客户价值，降低供应链成本。供应链主要由三个领域构成，生产运营管理、采购供应管理和物流管理[322]。每个领域都需要相关计划的指导，并需要由计划职能驱动。供应链管理咨询的核心服务如图 6-11 所示。

需求计划：一般分为对客户（内部客户和外部客户）的订单以及预测的需求进行评估、分析，最终给客户一个较为详细的分析报告；进一步的需求计划还包括对产品生命周期的管理，并通过产品生命周期分析制定不同产品的库存策略。

生产计划：主要包括需求计划、产能可得及物料可得为该计划的输入，输出成品、半成品的缓冲库存策略等。

物料计划（material requirement planning，MRP）：指根据产品结构各层次物品的从属和数量关系，以每个物品为计划对象，已完工时期为时间基准倒排计划，按提前期长短区别各个物品下达计划时间的先后顺序，是一种工业制造企业内物资计划管理[311]。

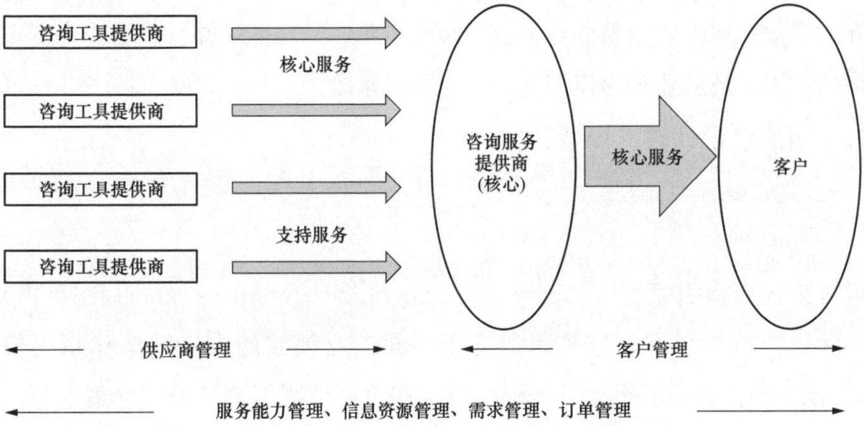


图 6-11　供应链管理咨询的核心服务

2. 咨询步骤

（1）物流管理。物流管理的对象是产品、服务、信息的流动和存储。具体包括：供应商原料的供给、仓储、物料与生产运营的配套、制成品交付，以及第三方物流服务商管理。这个过程中最重要的因素就是各个环节产生的信息及传递。

（2）采购与供应管理。供应链管理重点是管理供应商这一外部资源。采购与供应管理已经远远超过了持币购买的范畴，而是在管理整个公司百分之七八十的增值活动，其工作重心已经从订单处理转到对供应商的系统性管理。

（3）运营管理。运营管理指各个部门运行的调度安排、规章制度，一整套运营的流程。将采购、财务、生产、仓储联系起来。运营管理的价值就体现在对这些系统的设计、运营、改进[326]。

3. 咨询流程

供应链管理咨询主要流程包括：①为企业提供集成供应链管理概念的导入、供应链计划、组织架构再造、业务流程搭建以及考核等指导工作；②为企业提供供应链管理战略制定、量化并协助企业规划供应链转型；③帮助企业计划和管理供应链中的供求活动；④将企业的供应链与现有或新的企业资源规划（ERP）解决方案集成在一起；⑤帮助企业改进采购操作和整个供应链的成本，从而争取到更理想的价格、降低成本、改善现金流运转，实现更高的效率。在大多数机构中，当前的业务流程被分割到多个功能中并行。企业要变得更加灵活，更加适应业务运作需求，就需要寻求改进。

## 二、供应链设计咨询模型及应用

（一）供应链主要模型

1. SCOR 模型

供应链运作指引模型（supply-chain operations reference model，SCOR）是由国际供应链协会开发支持，适合于不同工业领域的供应链运作指引模型[331]。该模型把业务流程重组、标杆瞄准和流程评测等著名的概念集中到一个跨功能的框架之中。SCOR 是一个为供应链伙伴间有效沟通而设计的流程参考模型，是一个帮助管理者聚集管理问题的标准语言。作为行业标准，SCOR 帮助管理者关注企业内部供应链。SCOR 用于描述、量度、评价供应链配置。规范的 SCOR 流程定义实际上允许任何供应链配置，规范的 SCOR 尺度能使供应链绩效被衡量和进行标杆比较，供应链配置则可以评估以支持持续的改进和战略计划编制（见图 6-12）[314]。

2. SCOR 管理流程

SCOR 模型首先从横向上将整条供应链分为计划（plan）、采购（source）、生产（make）、交付（deliver）、退返（return）五大流程[316]（见图 6-13），涵盖了现代单个企业或供应链上多个企业的工作过程，一个企业的“交付”于其下游企业而言便是“采购”，而退返环节则可能涉及多个企业。同时作为一个标准框架，SCOR 将企业的业务精炼整理为五个流程后，为不同类型供应链上

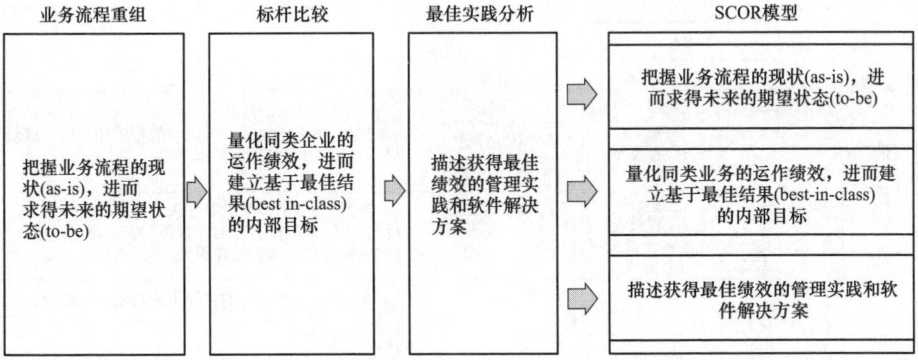


图 6-12　SCOR 模型

的各企业间的界限都做了很好的定义，易于沟通。

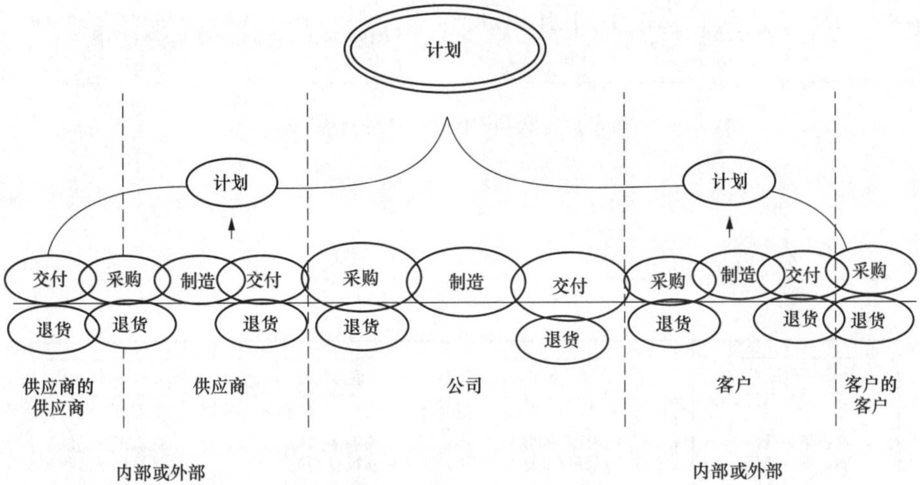


图 6-13　SCOR 管理流程

3. SCOR 四大水平层级

SCOR 模型包括 4 大水平层级（见图 6-14～图 6-19）。

第一层是流程定义层，将供应链分解为 5 个流程，即计划、采购、生产/制造、配送和退货。其中，计划是涉及供应链多个方面的方案制定等内容。采购是按计划或需求获得原材料和需要的服务，涉及供应商、评估、采购等内容。生产/制造是按照原有计划进行生产实施的过程。配送是将货品送达服务

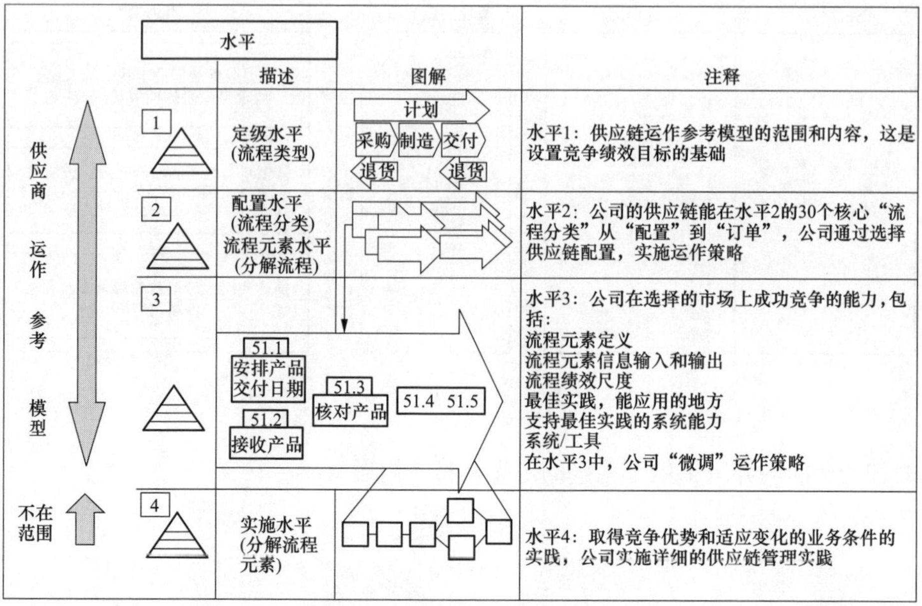


图 6-14 SCOR 包括四大水平层级

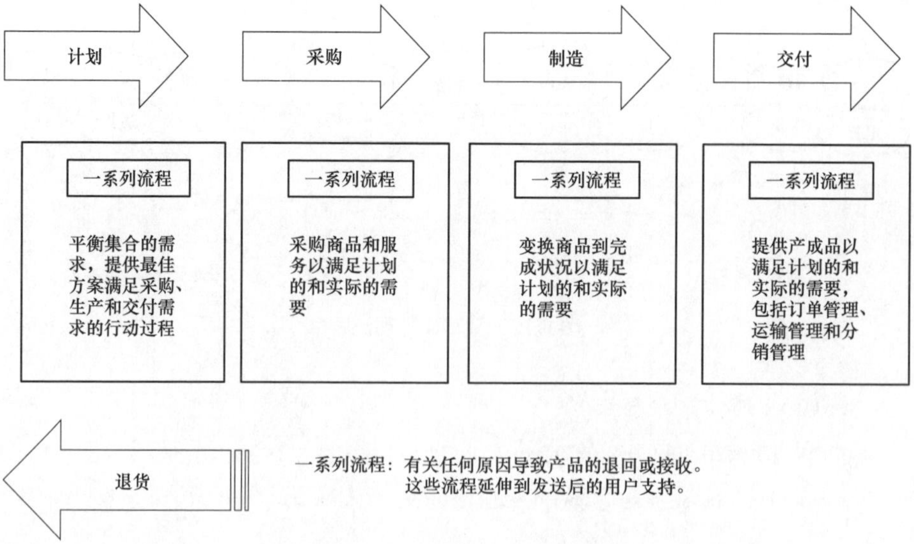


图 6-15 水平 1 流程定义

对象的过程。退货是将原料返给供应商或是服务对象将商品退还。

| SCOR水平1<br>绩效属性 | 面向客户 | | | 面向内部 | |
|---|---|---|---|---|---|
| | 可靠性 | 响应性 | 灵活性 | 成本 | 资产 |
| 交付绩效 | √ | | | | |
| 发行速度 | √ | | | | |
| 完美订单履行 | √ | | | | |
| 订单履行超前时间 | | √ | | | |
| 订单链响应时间 | | | √ | | |
| 产品灵活性 | | | √ | | |
| 供应链管理成本 | | | | √ | |
| 成品销售成本 | √ | | | | |
| 增值生产率 | | | | √ | |
| 担保成本或退货处理成本 | | | | √ | |
| 现金到现金循环时间 | | | | | √ |
| 供应库存天数 | | | | | √ |
| 资金周转次数 | | | | | √ |

图 6-16　水平 1 绩效尺度

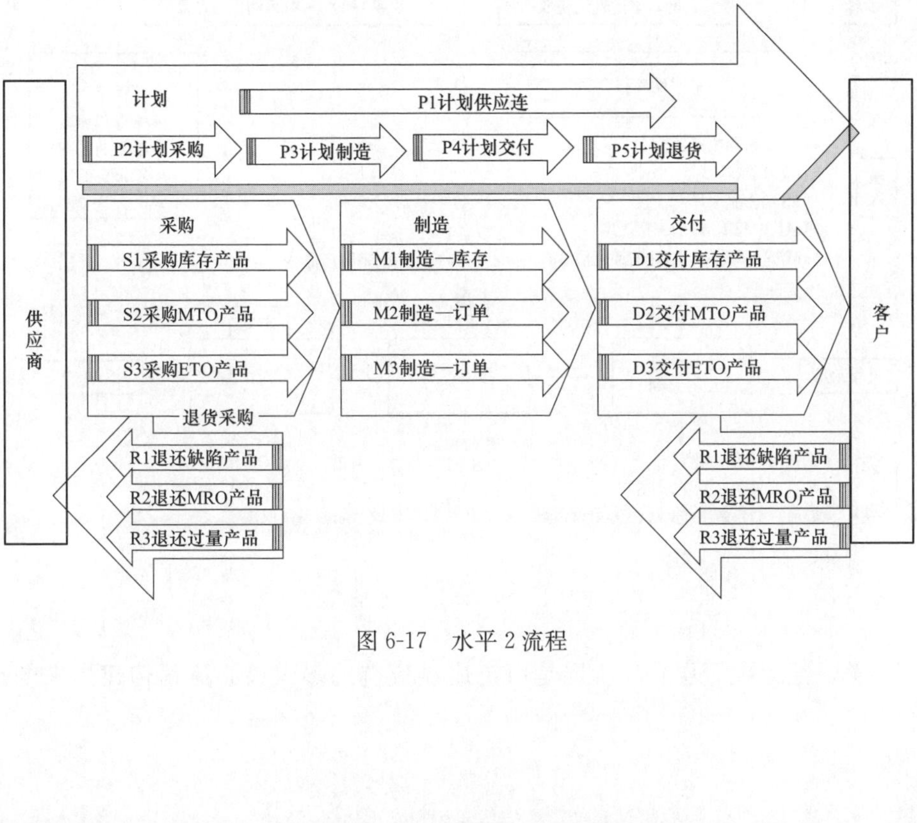


图 6-17　水平 2 流程

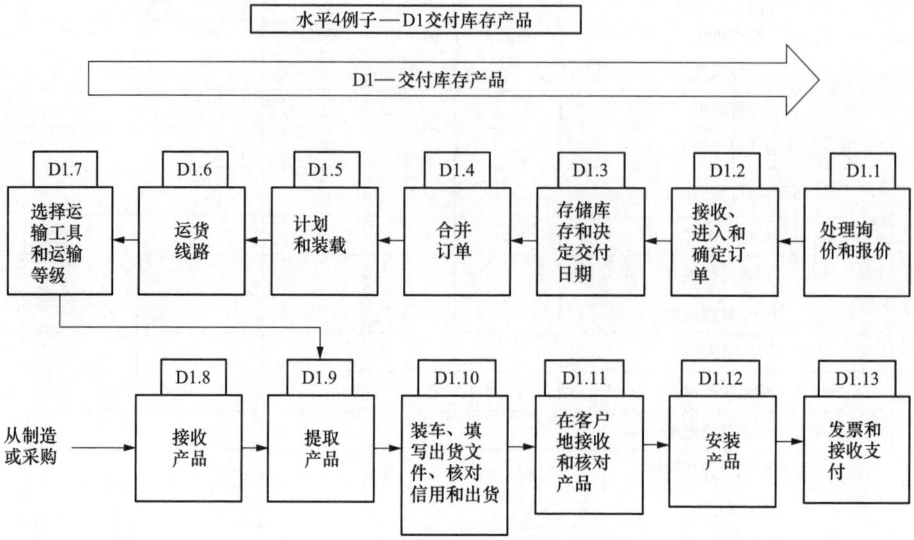


图 6-18　水平 3 流程

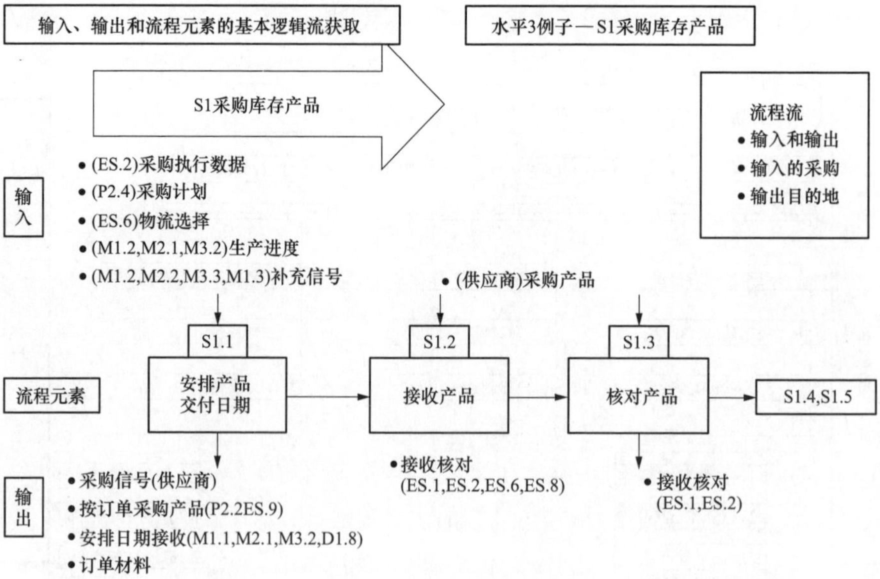


图 6-19　水平 4 流程

第二层是配置层。配置层是由组成供应链的多个核心流程构建出来的。

企业构建供应链风险识别模型便可依照在配置层中所定义的标准流程来设计。

第三层是要素层。流程要素层是对存在于配置层中流程单元各个流程元素进行细致描绘，分析研究得出结论，方便企业迅速识别出供应链风险，出台预防措施[318]。

第四层是实施层。在SCOR模型中，流程元素都有其明确的定义和属性，以及与属性相关的评测依据。

在SCOR模型中，绩效测量标准共分为5大类，分别是反映供应链效率指标的柔性、响应性、灵活性，以及反映供应链财务指标的成本、收益。这5大类指标继续细化为完美订单履约率、订单履行周期、供应链上调灵活度、供应链管理成本、现金周转周期等共计13项。这些指标还能够进一步根据子流程的不同而继续下分，分得越细，落实的可能性越高，所反映的供应链绩效情况也越清晰，结合最优表现也就是数据对标分析，找出薄弱环节，越能够为优化提供更为准确的方向。

4. 供应链管理中的多项连接环平衡

有效的供应链管理就是要协调企业内外资源来共同满足消费者需求，此时可以把供应链上各环节的企业看作为一个虚拟企业同盟，而把任一个企业看作为这个虚拟企业同盟中的一个部门，同盟的内部管理就是供应链管理。只不过同盟的组成是动态的，根据市场需要随时在发生变化，因此需要做到多项连接环的平衡[317]，见图6-20。

5. 物流系统具体环节

完整的物流系统包括七大构成部分：物体的运输、仓储、包装、搬运装卸、流通加工、配送以及相关的物流信息等环节[328]（见图6-21）。具体内容又包括以下方面：用户服务、需求预测、订单处理、配送、存货控制、运输、仓库管理、工厂和仓库的布局与选址、搬运装卸、采购、包装、情报信息[321]。物流服务是从接收顾客订单开始到将物品送到顾客手中为止所发生的所有服务活动，这些活动可使交易的产品或服务实现增值，其本质是更好地满足顾客需求，即保证顾客需要的商品在顾客要求的时间内准时送达，服务能达到顾客所

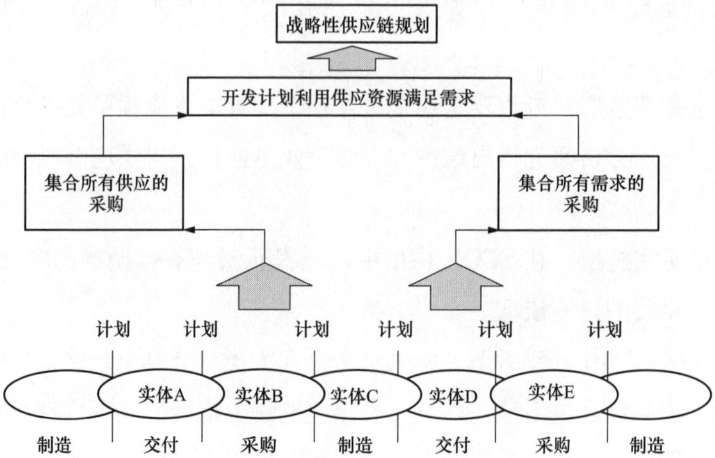


图 6-20　有效的供应链管理要求

要求的水平等[319]。

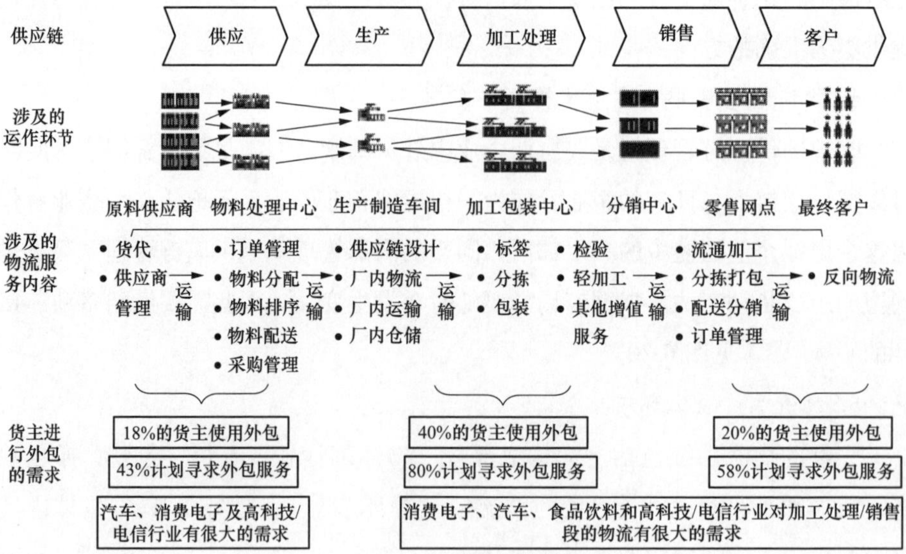


图 6-21　物流业务全景图

6. 供应链设计模型

供应链设计（见图 6-22）是指以用户需求为中心，运用新的观念、新的思维、新的手段从更广泛的四维空间——企业整体角度去勾画企业蓝图和服务体系[330]。供应链设计主要通过降低库存、减少成本、缩短提前期、实施准时制生产与供销、提高供应链的整体动作效率，使企业的组织模式和管理模式发生重大变化，最终达到提高用户服务水平、成本和服务之间的有效平衡、提高企业竞争力的目的[325]。

供应链设计模型如图 6-22 所示。

供应链设计既是从管理新思维的角度去改造企业，也是先进制造模式的客观要求和推动的结果。正是先进制造模式的资源配置，沿着劳动密集一设备密集一信息密集一知识密集的方向发展，才使得企业的组织模式和管理模式发生相应的变化，从制造技术的技术集成演变为组织和信息等相关资源的集成[315]。

（二）供应链模型的具体应用

1. 基于需求的客户区分

在业务实践中，客户的服务需求是有差异的，而服务是需要成本的，客户对公司贡献的价值也不一样，因此拥有不同需求的客户多带来的公司价值也各有差异，如图 6-23 所示。

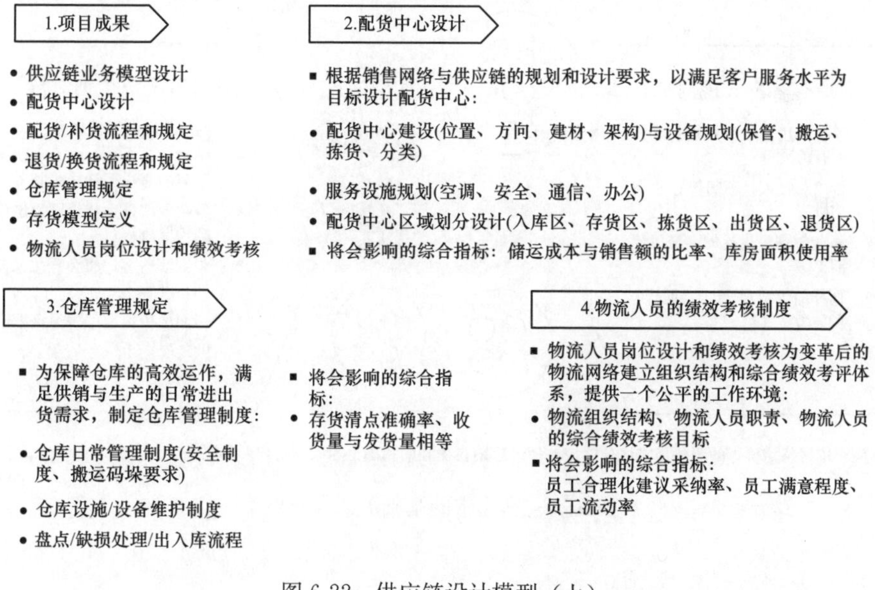


图 6-22　供应链设计模型（上）

**5.订货模型定义**

- 根据历史销售/存货数据(近两年内)制定合理适用的经济订货数量、安全库存及再订货点，以期提高存货周转率：
  - 销售量/存货水平分析
  - 存货管理办法(经济订货数量/安全库存/再订货点)
- 将会影响的综合指标：
  - 客户需求一次满足率、库存空缺率、补货率、存货周转率

**6.配货/补货流程和规定**

- 制度严格可靠的配货/补货流程，缩短订货提前期，提高订单满足率：
  - 单据格式制度及单据走向
  - 此流程各项活动的负责人制度
  - 响应时间限制
- 将会影响的综合指标：
  - 客户投诉数量、客户丢失率、订货频率

**7.退货/换货流程和规定**

- 制定严格可行的退货/换货流程，提高客户满意度，避免造成MTS的损失：
  - 单据格式制定及单据走向
  - 此流程各项活动的负责人指定
  - 响应时间限制
- 将会影响的综合指标：
  - 客户投诉数量
    退货率
    客户丢失率

图 6-22　供应链设计模型（下）

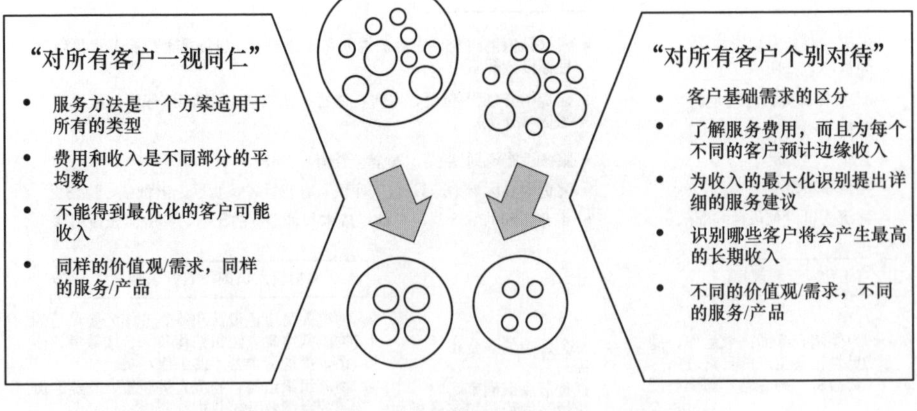


注：依据特定群体的服务需求区分客户，使供应链在盈利的基础上为不同客户群体服务。

图 6-23　在需求的基础上区分客户

2. 依据市场需求制订计划

根据市场预测和客户订单，正确编制可靠的生产计划和生产作业计划，在

计划中规定生产的品种、规格、数量和交货日期。同时，生产计划必须是同现有生产能力相适应的计划[320]，如图 6-24 所示。

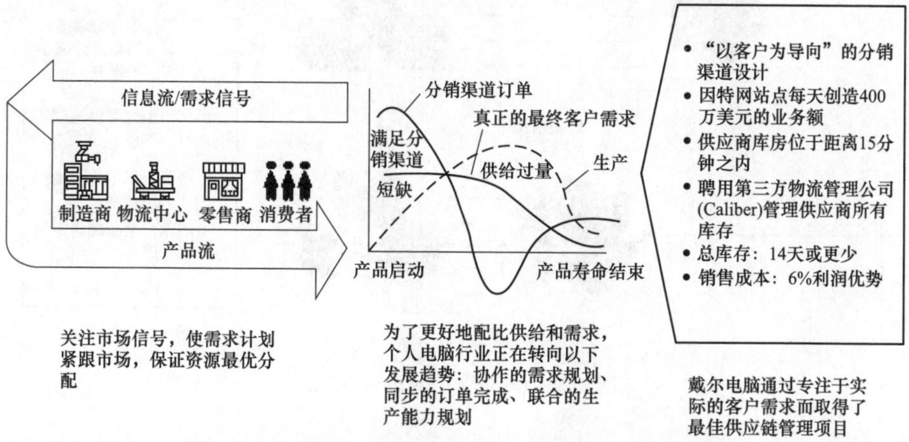


图 6-24　依据市场需求信号制订计划

3. 更靠近客户

了解客户才能让客户需求得到满足，实时的客户需求反馈可以让企业供应链真正做到“零库存”。如图 6-25、图 6-26 所示。

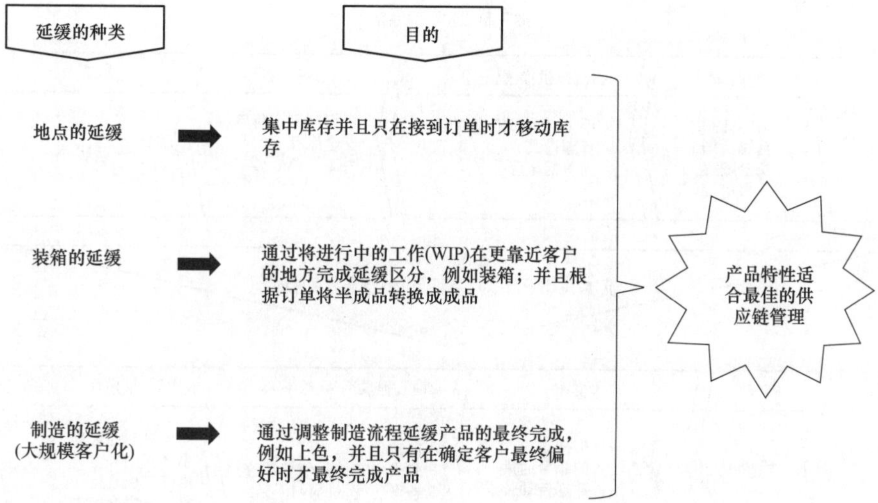


图 6-25　更靠近客户

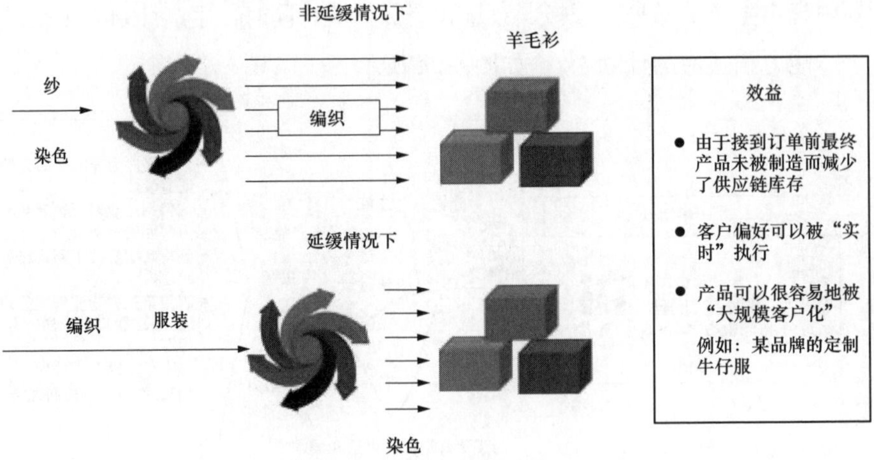


图 6-26　某企业供应链最佳实践

4. 拉动供应链

纯推式供应链意味着要在客户端准备充足的库存，客户可以随时进行购买和提货。纯拉式供应链意味着真正的零库存，客户什么时候需要，就在什么时候生产，推式和拉式供应链的主要区别在于对于客户需求的掌握，如图 6-27 所示。

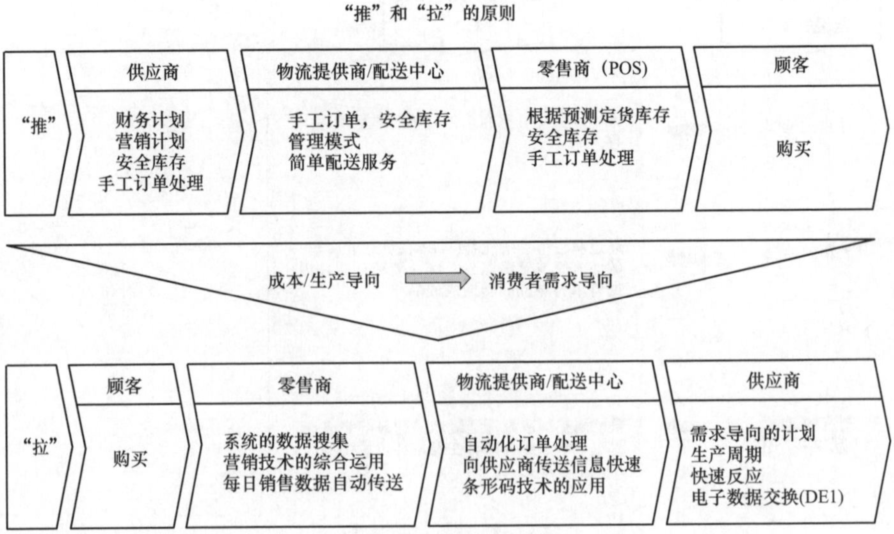


图 6-27　"拉动"供应链

5. 通过战略性采购降低总成本

战略性采购是以降低采购物资的总拥有成本及提高供应链竞争能力为目的的一系列计划、实施、控制战略性和操作性采购决策的过程，目的是指导采购部门的所有活动都围绕提高企业能力展开，以实现企业远景计划，如图 6-28～图 6-31 所示。

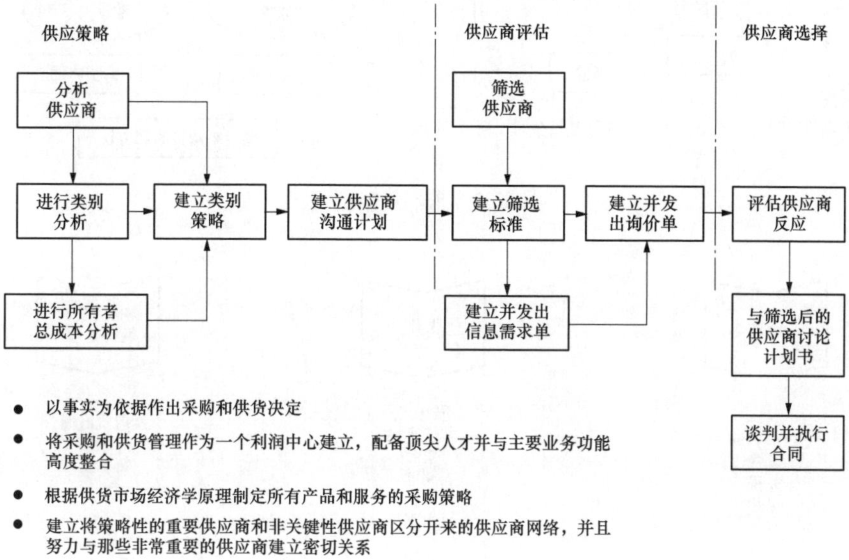


图 6-28　战略性采购

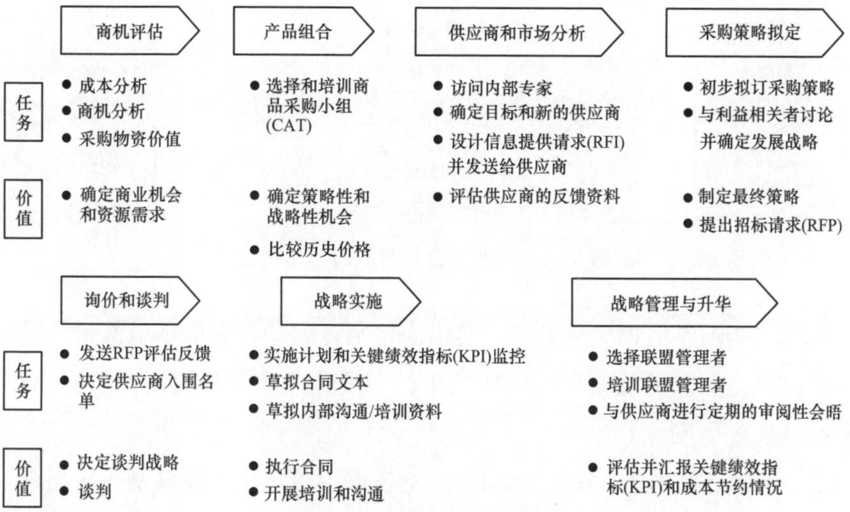


图 6-29　战略性采购流程

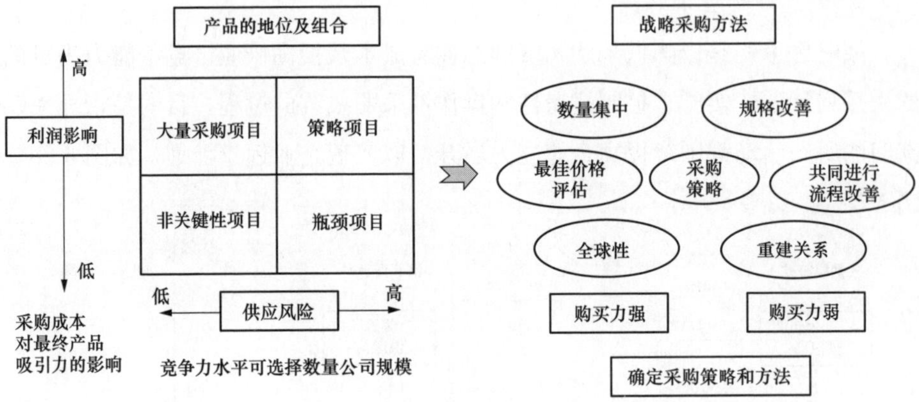


图 6-30 采购策略拟定

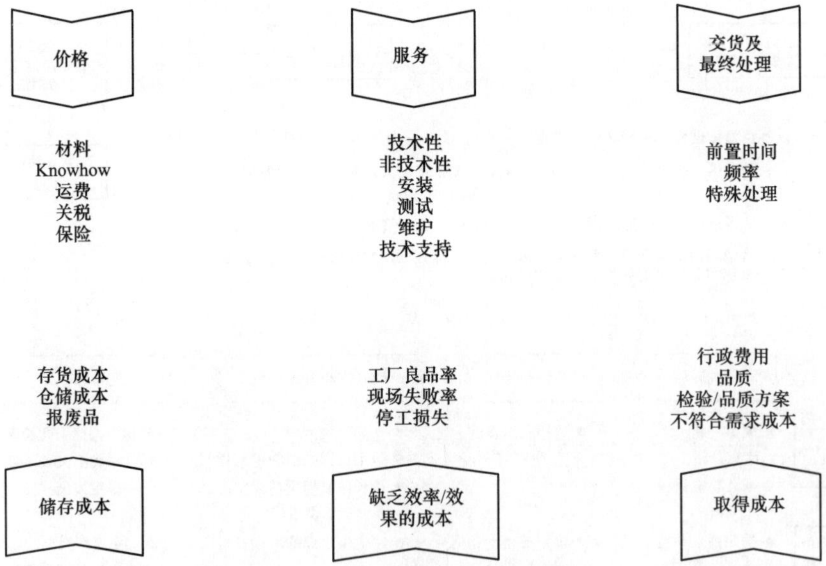


图 6-31 总成本分析时需考虑的项目

战略采购通常有四大原则：一是供应链全过程总拥有成本最低；二是建立外部供应链上双赢的战略合作伙伴关系；三是建立内部价值链上的协作关系；四是持续实施原则[329]。

战略采购不仅仅是“暴风骤雨”式的咨询项目，也不仅仅是一次内部“管理改进风暴”，而是一个持续的、日常的企业职能[324]。

6. 供应链平衡计分卡

供应链平衡计分卡一般拥有三个层次：①战略层面：反映客户、业务流程、持续发展、财务、供应商以及信息六个维度；②关键成功要素层。首先要根据公司供应链管理目标确定供应链整体价值评估重点，找出这些关键业务领域，设计关键成功要素，即关键成功要素层；③关键业绩评价指标层。该层将关键成功要素分解为关键业绩评价指标。其中包含定量评价指标和定性评价指标，分别采用不同的评价方法进行计量，如图 6-32、图 6-33 所示。

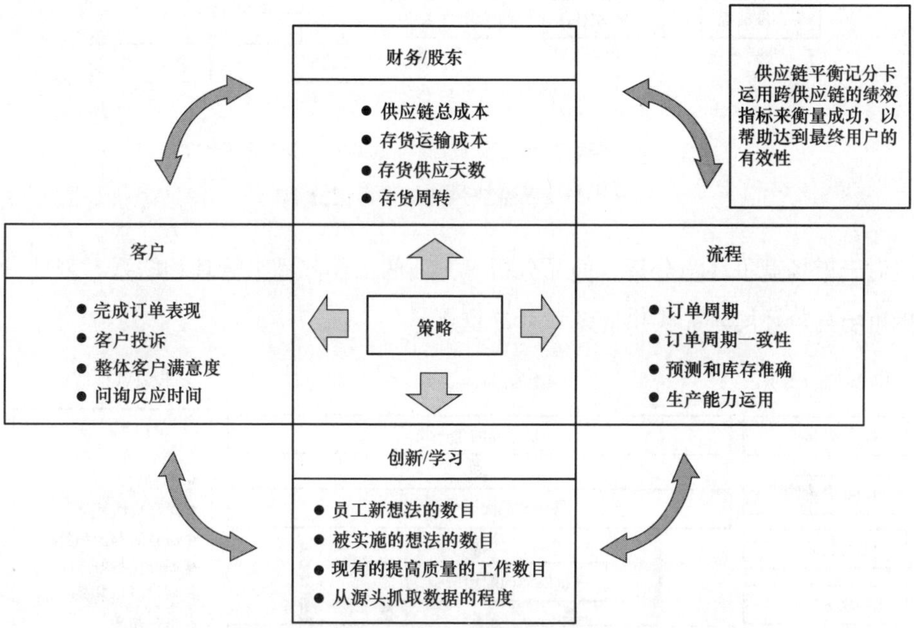


图 6-32　供应链平衡记分卡

（三）品类供应链模型及应用

1. 品类供应链基本模型

品类供应链是指供应链上的企业为满足消费者需求，以品类管理为核心管理过程，通过对信息流、物流、资金流的控制，将产品由供应商、制造商、分销商、零售商传递到最终用户的功能网络结构，如图 6-34 所示。

品类供应链的设计过程大体上是遵循一般的基于产品的供应链设计过程，

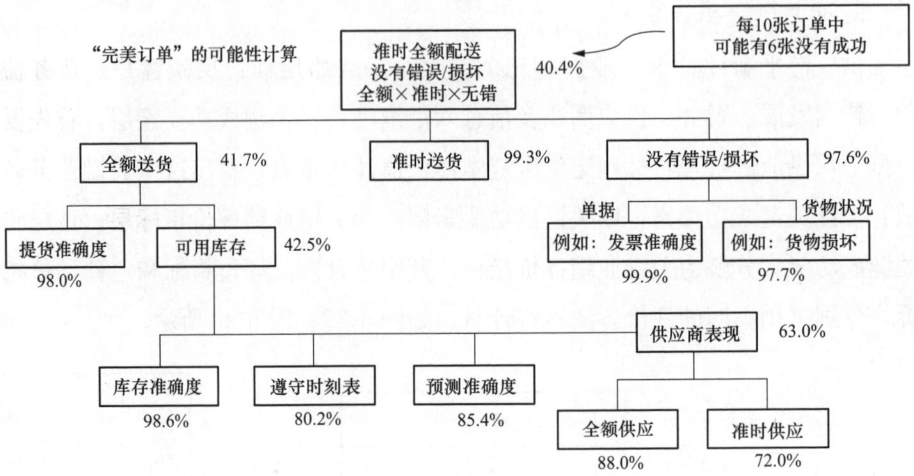


注："完美订单"的概念衡量了完成订单上达到客户期望的各个方面。

图 6 33　某企业供应链平衡记分卡

但对于市场竞争环境分析、商品分析等方面的工作同品类管理相联系，因此分析市场竞争环境是品类供应链设计的重点。

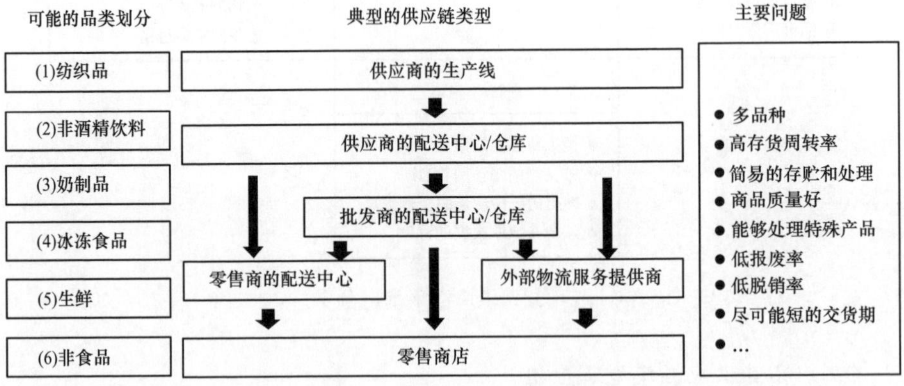


图 6-34　品类供应链基本模型

2. 品类供应链战略以客户为驱动

品类供应链上各个环节必须朝着"以消费者为导向"的一体化方向发展，以客户需求为驱动，这是品类供应链战略与传统供应链重要区别，如图 6-35 所示。

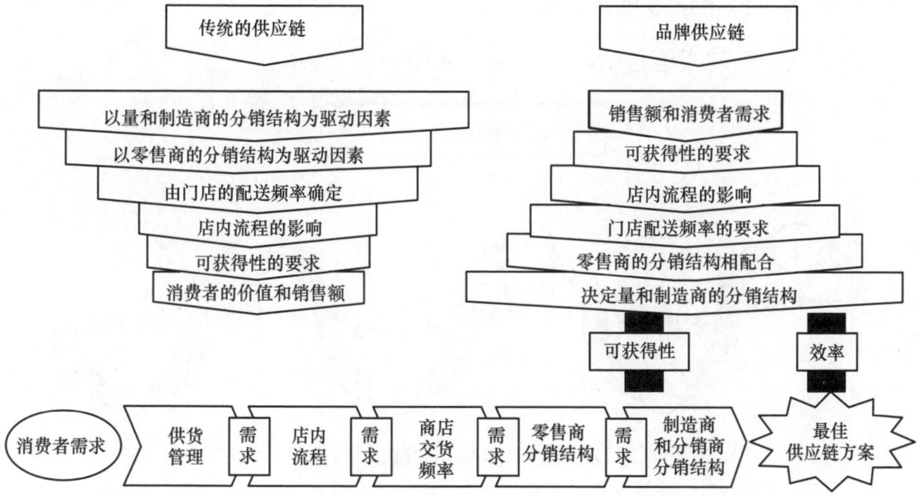


图 6-35 品类供应链以客户为驱动

3. 品类供应链同时考虑供求双方的利益

对下游消费者来说，零售商不仅承担了传统的商品零售的售中、售后服务，还将服务内容进一步延伸，通过新兴技术采集并分析消费者购买行为大数据，得出最贴合消费者需求的商品组合，引导消费者选择最适合自己的商品并完成购买行为，为消费者推送最精准的、最需要的购物内容，增加潜在购买需求和提高复购率，如图 6-36 所示。

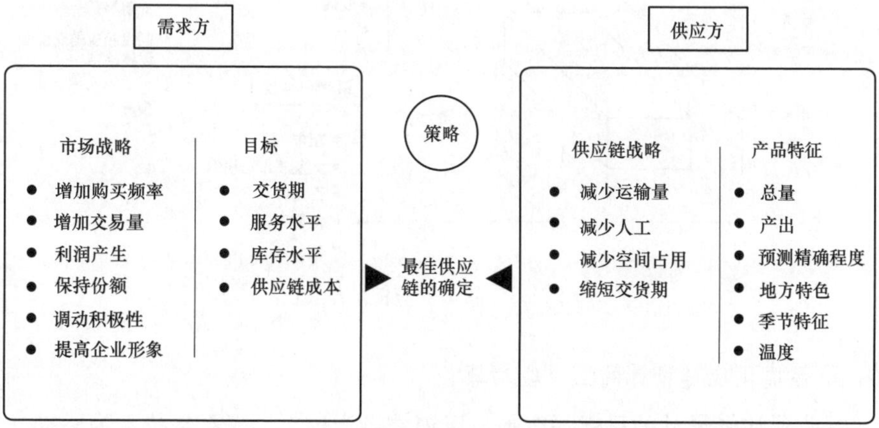


图 6-36 品类供应链考虑供求双方的利益

4. 品类供应链模型应用步骤

品类供应链的实施包括六个步骤，如图 6-37 所示。

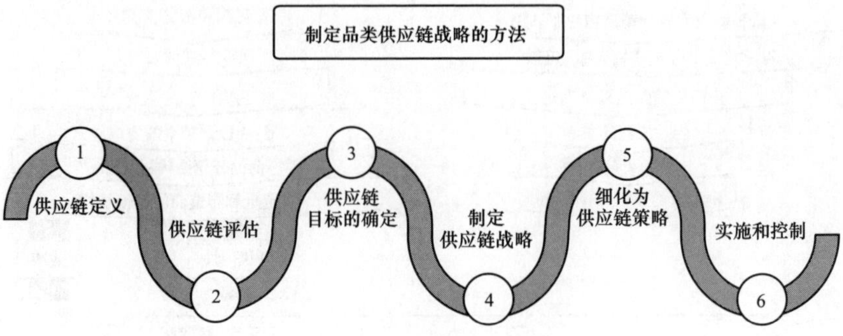


图 6-37　品类供应链的步骤

5. 品类供应链的三个维度

品类供应链强调以消费者需求为起点，根据需求重塑零售经营形态和生态链，提供更好的服务，提高流通效率。如图 6-38 所示。

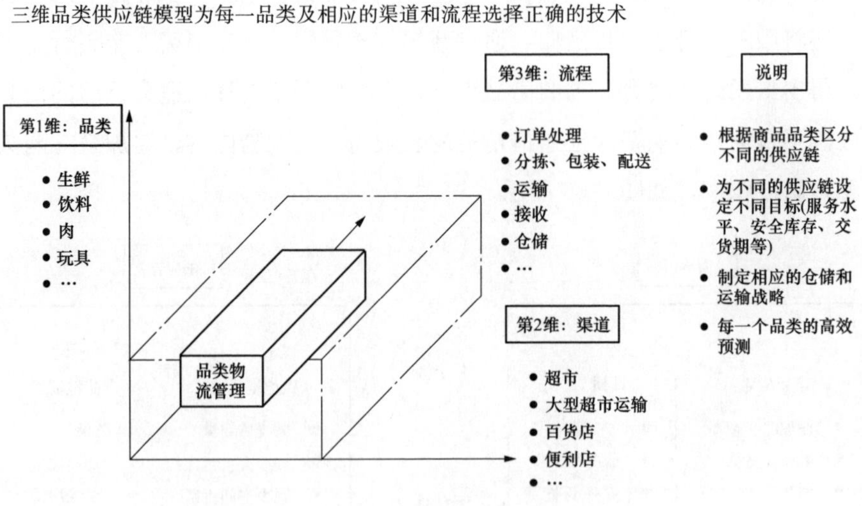


图 6-38　品类供应链的维度

6. 品类供应链设计的三个驱动器

品类供应链设计的目标一般是：以消费者为核心，以新兴技术为驱动，重塑零售业态，重构零售生态链，提升零售服务效率的商业活动，因此可以从量、周转和预测精准度对供应链进行灵活驱动。如图 6-39、图 6-40 所示。

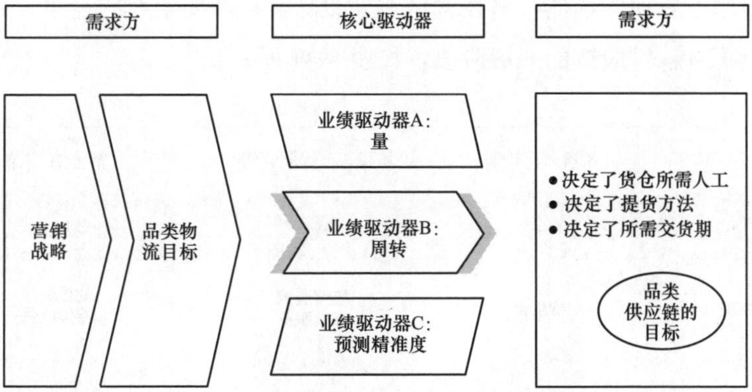


图 6-39　三个驱动器

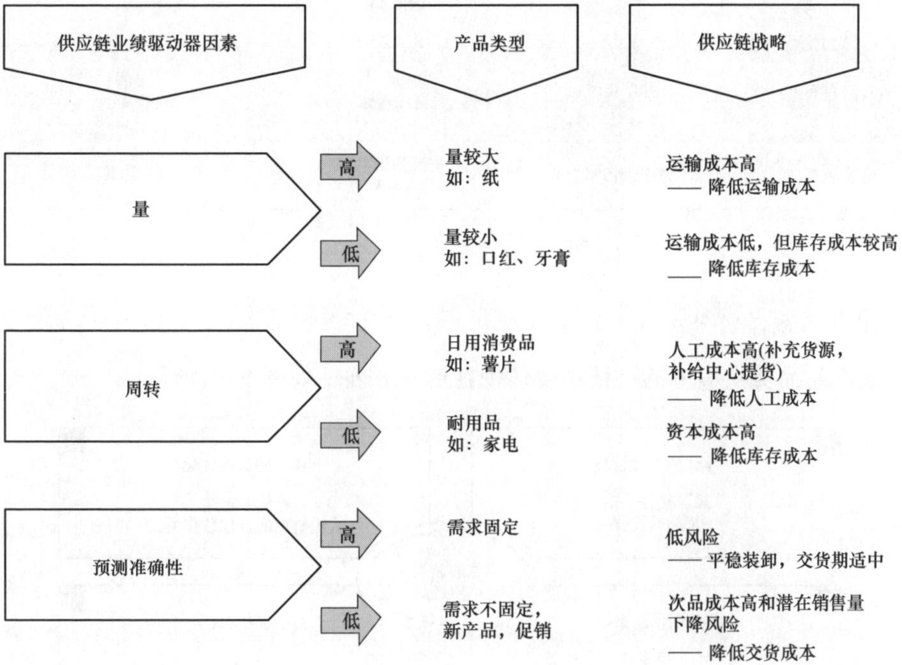


图 6-40　某企业供应链业绩驱动器因素

7. 卓越的品类供应链的实现

卓越的品类供应链可以分三个阶段实现。随着品类管理被广范围地应用，品类供应链管理的流程以及相关技术得到了持续不断的优化和开发；相关技术工具在使用上更加的便捷，科技含量愈来愈高，从而使企业的运营效率不断加快，形成了卓越供应链的一般阶段，如图 6-41 所示。

| | 阶段一：效果 | 阶段二：效果+效率 | 阶段三：卓越 |
|---|---|---|---|
| (1) 管理重心 | 交易 | 成本 | 服务 |
| (2) 服务控制点 | 交货延误 | 持续监控<br>标准服务 | 伙伴关系<br>持续改进 |
| (3) 质量 | 现场检查 | 全过程质量控制 | 质量规划 |
| (4) 结果评价 | 产出量 | 成本降低<br>基准比较 | 持续改进 |
| (5) 流程和组织 | 自动化控制 | 功能效率<br>目标达成 | 整合<br>团队管理 |
| (6) 资源管理 | 资源利用不充分 | 资源利用率高<br>程序化管理 | 整合计划 |

图 6-41　品类供应链的实现

8. 卓越品类供应链的主要特征

卓越品类供应链的特征主要体现在四个方面，如图 6-42 所示。

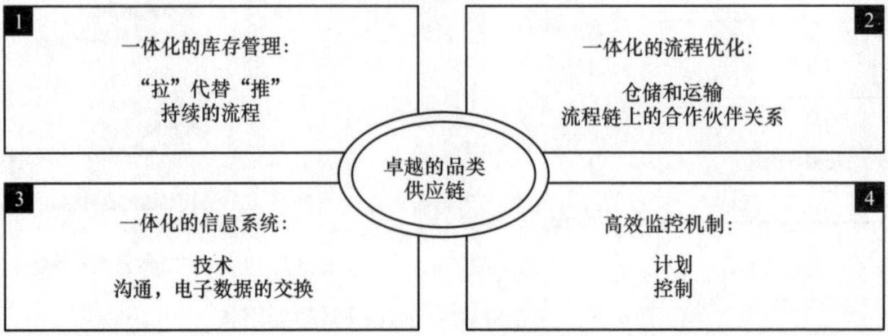


图 6-42　卓越的品类供应链

9. 品类供应链战略的实施步骤

品类供应链战略的实施可以分为三个步骤，其直接效果是库存水平的降低和可靠性的提高，因此成本降低，供货时间也会相应减少，如图 6-43 所示。

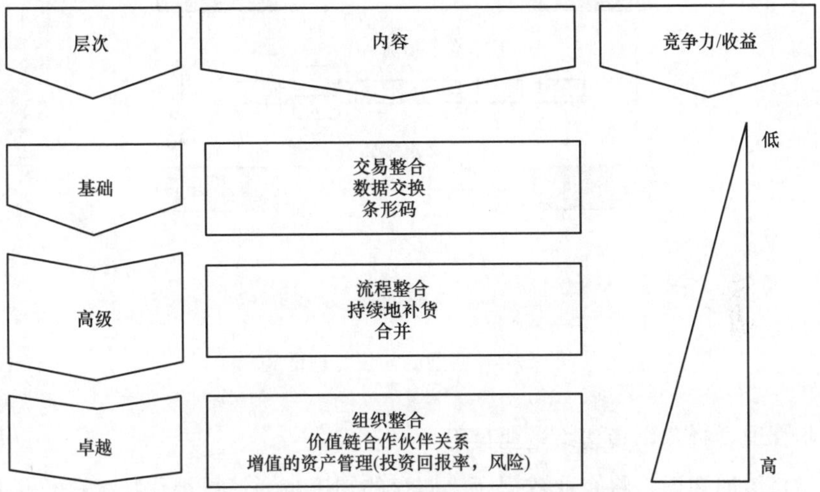


图 6-43　品类供应链战略实施步骤

# 第二节　知识管理咨询

## 一、知识管理及其专业咨询

### （一）知识管理框架

1. 知识管理的核心流程和设计领域

知识管理的核心流程至少包括四种核心活动，即产生知识、存储知识、传递知识及应用知识，知识管理通过紧紧围绕增加价值的业务流程提高企业绩效。知识管理的设计领域主要包括六个方面：组织与角色、信息技术、领导力、企业文化、人力资源、控制，如图 6-44 所示。

（1）产生知识。组织内部企业人员智力资本形成的知识，包括能推进整体核心流程的所有方法和工具。

（2）储存知识。既包括通过 IT 技术，建立数据库对知识进行储存，也包

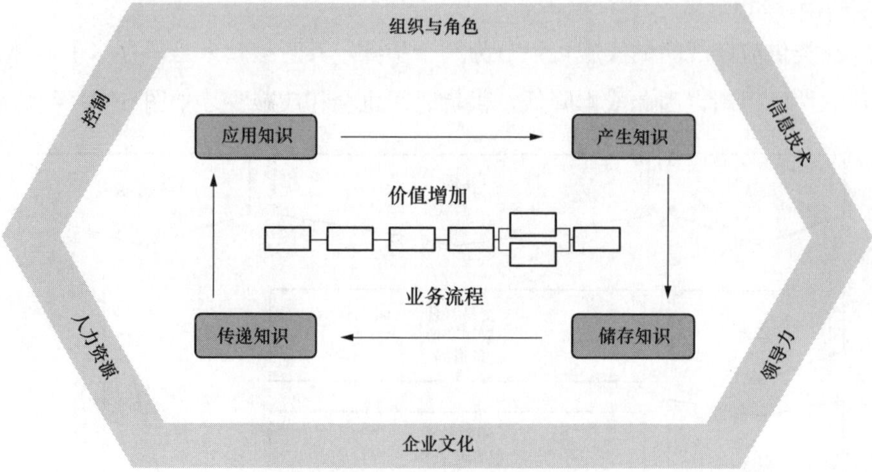


图 6-44　典型的知识管理框架

括企业管理者将知识传递给企业员工。

(3) 传递知识。将企业数据库已储存的知识，通过可视化技术进行呈现并传递给客户，也指通过入职培训，将企业知识进行二次传播给新员工。

(4) 应用知识。把能推进整体核心流程的所有方法和工具合理应用到各阶段的实施过程中，以促进绩效提升，达到企业期望目标。在实践过程中，相关知识还会随着企业的具体情况进行完善，从而又继续产生新的知识。

2. 知识管理的五大关键成功因素

关键成功因素（critical success factors，CSFs）是确保管理者或组织获得成功而必须重视的行动或因素[337]。知识管理的五大关键成功因素包括企业文化、动机与技能、高层管理层推动、组织结构与流程、信息技术，如图 6-45 所示。

(1) 企业文化。企业文化可以主动或被动地阻碍知识管理战略的计划与实施[338]。知识管理流程实施成功至少需要项目团队成员、管理者、其他项目管理成员之间互相信任并保持协作，企业具有合理的报酬政策和员工激励措施等，而这些都是属于企业文化范畴。

(2) 动机与技能。动机与技能对知识管理的顺利实施起着不可忽视的作用。如企业实施知识管理的目的是储存知识，那么企业员工就必须具备较好的

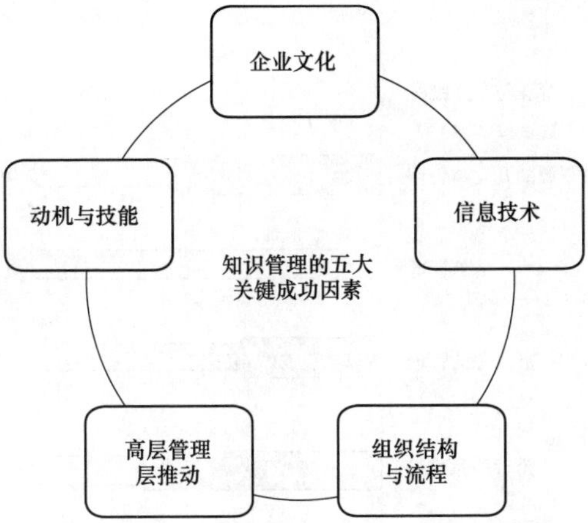


图 6-45 知识管理的五大关键成功因素

信息技术技能来建立企业知识数据库，或企业员工必须具备良好的宣传技能，向企业内部或外部传递企业文化知识。

（3）高层管理层推动。高层管理层的支持和参与是企业成功实施知识管理的重要保证[339]。如高层可以向员工传达知识管理的重要性，显示出与员工知识共享、持续学习的意愿、维持员工参与知识管理的热情等。

（4）组织结构与流程。好的组织结构与流程是企业对工作任务进行合理的分工、分组和协调合作的前提，有利于提高知识管理的实施效率。

（5）信息技术。现代信息技术能够加快信息交流速度，扩大信息获取范围，可视化交流信息，有利于激发员工的知识创新[340]。同时，信息技术能够建立数据库、搜索工具、文件管理系统等，有利于更好的储存知识，建立工作流、群件等。

3. 知识管理在业务流程中的重要性

知识管理在业务流程中有着不可忽视的重要性[350]。知识管理的一系列流程，如产生知识，储存知识等都必须依托于具体的业务流程。没有具体的业务流程，知识管理流程就不可能凭空产生[342]，如图 6-46 所示。

（1）有利于企业改进与变革管理。由于受内、外部环境影响，企业在实施业务流程重组（business process reengineering，BPR）或业务流程再造（bus-

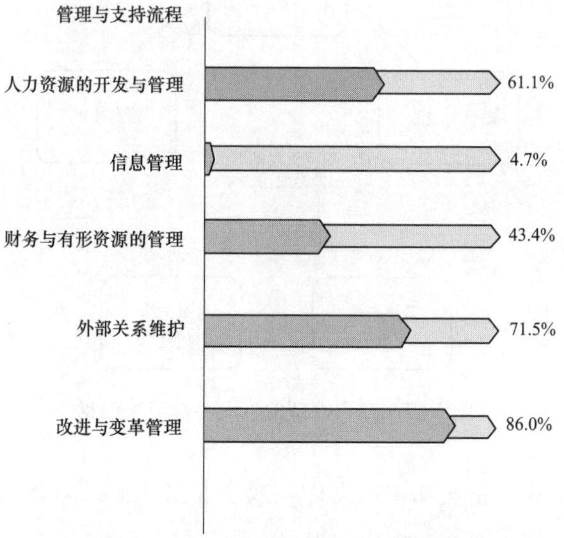


图 6-46 知识管理在业务流程中的重要性

iness process improvement，BPI）项目时会呈现出较大的不稳定性。知识管理能够帮助企业在变革中按照一定的逻辑，促进企业朝正确的方向顺利、有效地进行。

（2）有利于企业外部关系的维护。有效的知识管理能够提升客户满意度，帮助企业树立良好的品牌形象，建设优秀的企业文化，推动企业与外部建立良好的关系。

（3）有利于人力资源的开发与管理。知识管理与人力资源管理联系紧密。有效的知识管理能够帮助企业人力资源进行有效整合与调配。

（4）有利于财务与有形资源的管理。有效的知识管理能够使财务资源、库存和固定资产得到充分的开发利用，使同样的有形资产在不同能力的公司中表现出不同的战略价值。

（5）有助于企业的信息管理。有效的知识管理能够帮助企业有效的开发和利用信息资源，信息管理过程包括信息收集、信息传输、信息加工和信息储存[343]。

## （二）知识管理咨询概述

### 1. 知识管理内涵及意义

知识管理是利用适当的技术和文化环境，对能推进整体核心流程的所有方法和工具进行开发、利用、共享，以增加组织的知识创造能力，提高企业的核心竞争力，实现企业的可持续发展[332]。

知识管理能够将人们所“知道的”以及他们知道的“怎么做”转化为能够为组织创造经济附加值的产出。企业成功实施知识管理，对企业核心竞争力的增强和企业的长久发展具有重大意义[333]。

### 2. 知识管理步骤

知识管理共包括五个实施步骤：认知、规划、试点、推广和支持、制度化，如图 6-47 所示。

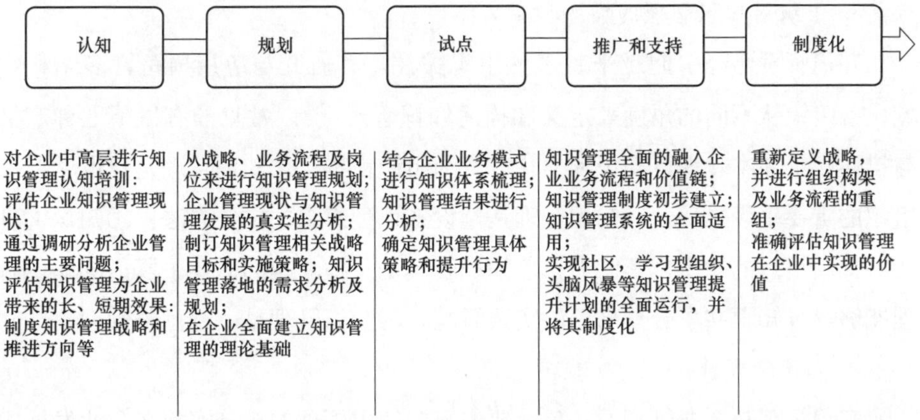


图 6-47 知识管理步骤

（1）认知。认知是企业实施知识管理的第一步，主要任务是统一企业对知识管理的认知，梳理知识管理对企业管理的意义，评估企业的知识管理现状，帮助企业确认是否需要知识管理，并确定知识管理实施的正确方向[334]。

（2）规划。详细规划是确保知识管理实施效果的重要环节，主要是通过对知识管理现状、知识类型的详细分析，并结合业务流程等多角度进行知识管理规划。本阶段建议由咨询公司和企业中高层统一研究并共同规划知识管理实施的解决方案。

(3) 试点。依照规划对适当的部门和流程进行知识管理实践，并从短期效果来评估知识管理规划，同时结合试点中出现的问题进行修正[335]。本阶段在知识管理系统实施中难度最大，需要建立强有力的项目保障团队，做好业务部门、咨询公司、系统开发商等多方面协调工作。

(4) 推广和支持。在不断修正知识管理规划的基础上，在企业大规模推广知识管理方案，以全面实现其价值。

(5) 制度化。制度化阶段既是知识管理项目实施的结束，又是企业知识管理的一个新开端，同时也是一个自我完善的过程。

知识管理从知到行，绝不是简单的、盲目的，而是需要涉及多个层面的综合解决方案[336]。企业在推进知识管理过程中，只有透查现状、明确问题，才能合理设计实施路径，发挥出知识管理的真正价值。

3. 组织对知识管理的描述和定义

知识管理已经引起越来越多的组织关注，其研究与应用横跨许多学科领域，各组织从不同的角度来定义和描述知识管理[355]。常见的有以下七种定义与描述：①知本，即以知识和文化教育为组织根本；②知识管理是建设学习型组织的重要手段之一；③知识管理是建设知识型组织的重要方法；④知识管理能够提高组织的知识创新能力；⑤知识管理是一种卓越的商业手段；⑥知识管理能够通过知识共享分享出色的实践经验；⑦知识管理是一种竞争管理。

4. 知识管理价值

知识管理是企业管理的一项重要内容，知识管理的充分实施在企业发展中具有巨大的价值，如图 6-48 所示。

(1) 改善工作实践和流程。知识管理可以帮助组织选择适当的信息来监控外部事件，以此选择和执行最适当的流程，从而提高工作实践效率。

(2) 提高员工能力和满意度。知识管理可以通过知识共享，如在职培训、会议等培养提高员工专业技能，让员工提高工作效率，同时建立员工奖励制度，提升了员工的满意度。

(3) 增强组织对潜在员工的吸引力。知识管理可以帮助企业提高可持续发展力和核心竞争力，有着无限前途的企业自然会吸引更多的人才。

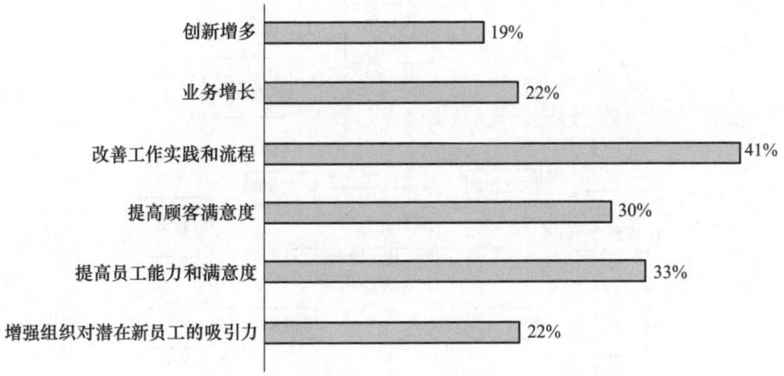


图 6-48　知识管理价值

(4) 提高顾客满意度。合理有效的知识管理能够通过提高业务流程的效率和做好客户关系管理，来提升客户满意度和忠诚度。

(5) 业务增长。知识管理促进企业提高工作效率的同时，能帮助企业创造更多带有附加值的新产品或改进产品，促进企业业务增长。

(6) 创新增多。知识管理可以使企业转变为学习型组织。在工作流程中通过知识共享来形成创新的问题解决方案、流程管理改进等新知识，同时在此基础上创新性的开发出新产品。

## 二、知识管理咨询的内容及方法

### (一) 业务流程导向的知识管理

#### 1. 企业整体建模

企业整体建模（integrated enterprise modeling，IEM）方法是一种基于面向对象技术的建模方法，是通过同一模型的不同视图来描述企业的不同方面，采用了类似及结构化分析及设计技术（system analysis and design technology，SADT）和（integrated computer aided manufacturing DEFinition method，IDEF0）图形建模技术的结构化描述形式，通过活动来描述具体的业务功能[344]。IEM 在以流程为导向的知识管理（knowledge management，KM）中有着广泛的应用领域，如图 6-49 所示。

IEM 对“产品”“命令”“资源”三类对象进行区分。这些对象都纳入在一般活动模型中建立的“行动”条目下。IEM 一般活动模型及 IEM 知识管理的活

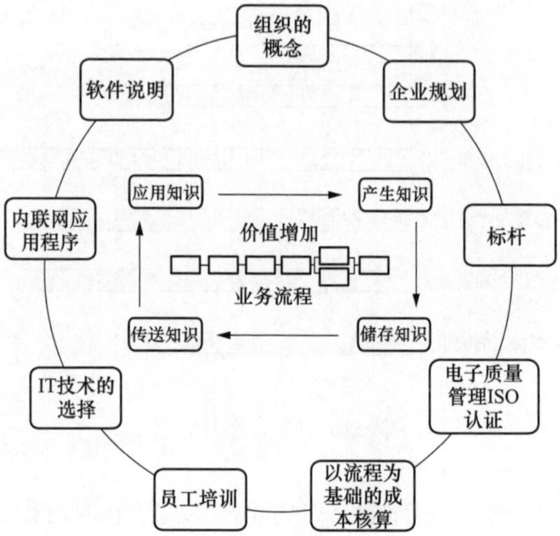


图 6-49　IEM 业务流程模型的应用领域

动模型定义了将对象与行动连接在一起的五种方式：串联、并联、条件选择、汇合、循环，最终到达使加工后的对象产品更加优化的目的，如图 6-50 所示。

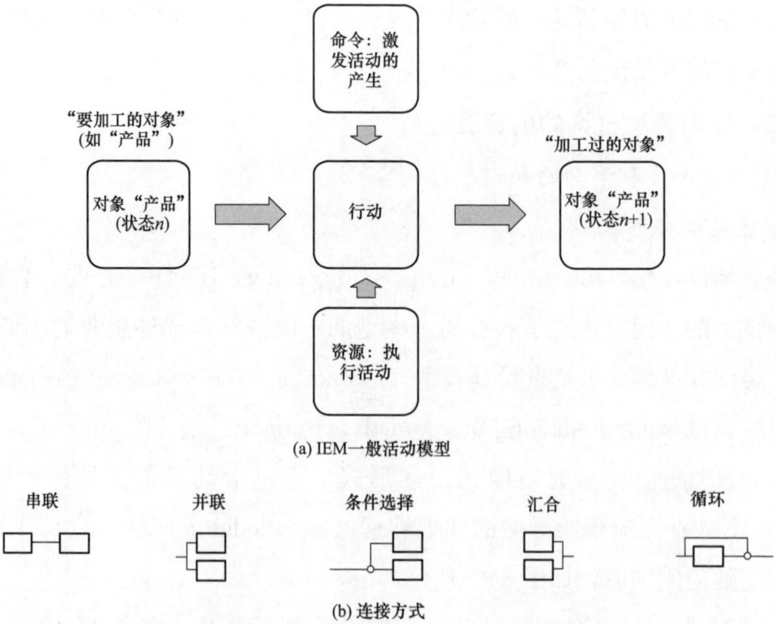


图 6-50　IEM 一般活动模型及 IEM 知识管理的活动模型

2. GPO-WM 实施模型

以业务流程为导向的知识管理方法（GPO-WM），是指将知识管理的理念、方法和技术融入企业的具体业务流程当中。GPO-WM 实施模型能够帮助企业根据各流程中知识流动的特点，有针对性地采用最适合的知识管理策略[345]，如图 6-51 所示。

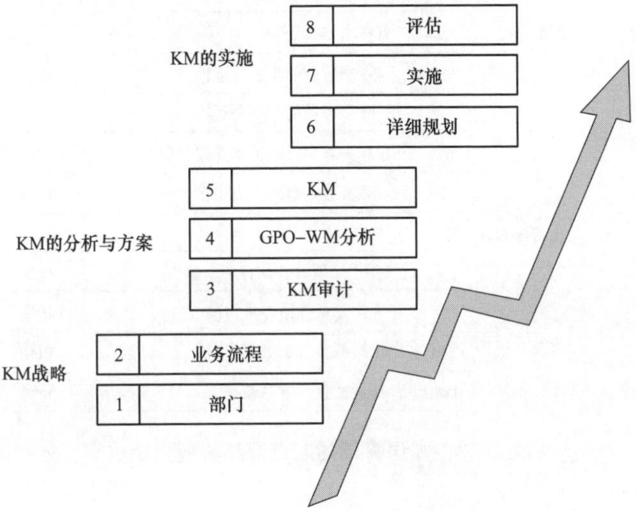


图 6-51　GPO-WM 实施模型

GPO-WM 建立在下列假设基础上：①我常在工作中使用来自同事、供应商、客户、竞争对手及其他来源的知识和专门技术解决问题；②“我没有时间”或“我的团队没有时间”是在组织中进行知识管理时最常见的障碍之一。因此，知识管理必须与日常工作结合在一起并融入日常业务流程；③产生、储存、传递知识的方法因特定业务流程而异，这些具体要求必须融入知识管理方法之中；④业务流程为知识提供应用环境，这导致在工作中使用和产生的知识形成一种集中式的、以用户为中心的结构；⑤企业文化是最常提及的知识管理的成功因素；⑥以业务流程为导向的知识管理方法可以使员工更多地参与其中，有助于促进内部动机的产生[346]。

3. 知识管理的起点及核心能力定位

确定知识管理的起点及核心能力的定位是知识管理顺利有效实施的保

证[347]，有利于帮助企业确立知识管理的特定目标，如培养和提高企业的创新能力、增强企业的洞察和反应能力、提高员工技能、提高企业的长期竞争力等，推动管理实施的有效开展，如图 6-52 所示。

| | | | |
|---|---|---|---|
| 运作流程 | 40% | (1) 了解市场与客户 | 62% |
| | 23% | (2) 制定愿景与战略 | 38% |
| | 51% | (3) 设计产品与服务 | 62% |
| | 22% | (4) 市场与销售 | 42% |
| | 36% | (5) 制造业的生产与运输 | 58% |
| | 36% | (6) 服务业的生产与运输 | 58% |
| | 6% | (7) 为客户开具发票并提供服务 | 4% |
| 管理与支持流程 | 16% | (8) 开发、管理人力资源 | 18% |
| | 30% | (9) 管理信息 | 23% |
| | 10% | (10) 管理财务及有形资源 | 15% |
| | 7% | (11) 实施环境管理项目 | 10% |
| | 9% | (12) 维护外部关系 | 14% |
| | 18% | (13) 改进与变革管理 | 24% |

图 6-52 知识管理的起点及核心能力定位

4. 以知识为导向的业务流程分析

以知识为导向的业务流程分析是分别从“应用知识”的需求角度和“产生知识”的供给角度对公司业务流程进行分析，从而有针对性地采用合适的知识管理策略。

首先，从“应用知识”的需求角度进行 GPO-WM 分析，如图 6-53 所示。

从知识需求角度，企业对现有知识资源进行分类并加工，便于员工在遇到相同问题时，可直接使用现有知识和专门技术解决问题，高效率完成工作任务，形成应用知识—传递知识—产生知识—储存知识的循环模式。

其次，从“产生知识”中的供给角度进行 GPO-WM 分析，如图 6-54 所示。

从知识供给角度，企业对知识进行加工并运用到企业业务流程中，增加对象产品的显性知识和隐性知识，使对象产品呈现出 $n+1$ 的状态，形成产生知识—储存知识—传递知识—应用知识的循环模式[348]。

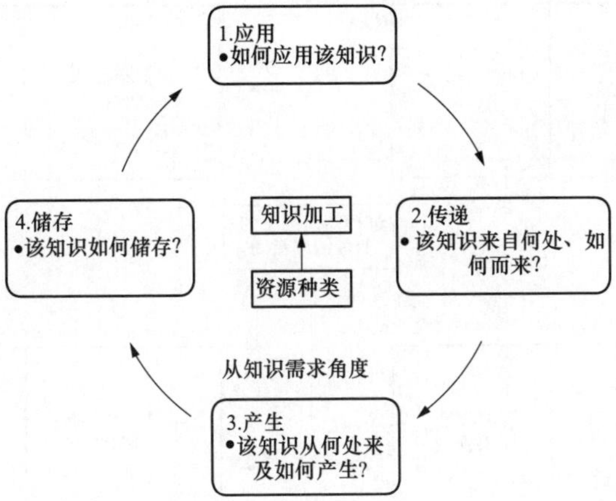


图 6-53 从“应用知识”的需求角度进行 GPO-WM 分析

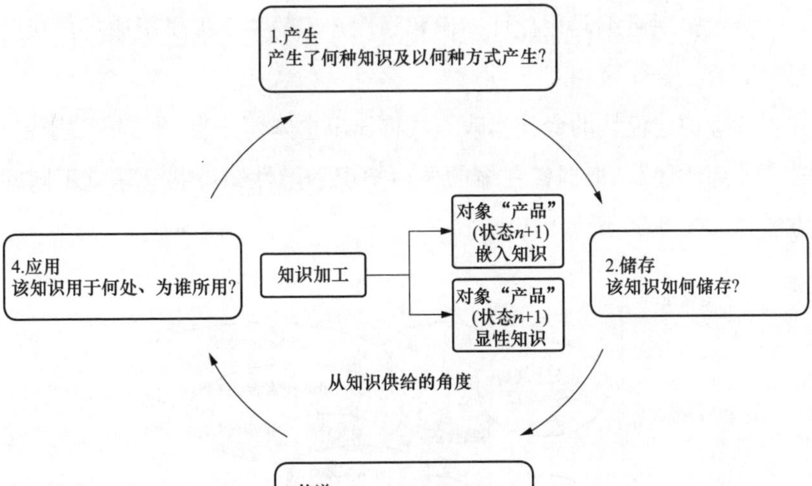


图 6-54 从“产生知识”中的供给角度进行 GPO-WM 分析

最后，运用“知识领域”结合在一起的知识管理（KM）核心活动“储存”的评估标准进行评估，如图 6-55 所示。

5. 知识管理最佳实践方法构建

知识管理最佳实践方法是利用前人的经验教训，以最佳实践为基础的实施

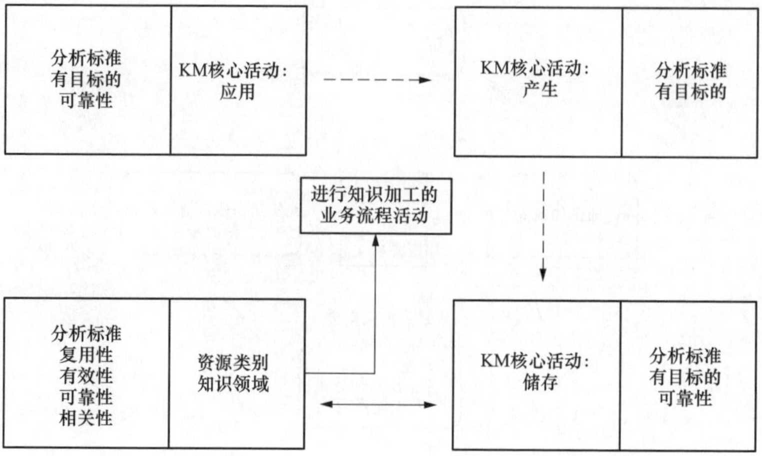


图 6-55 与“知识领域”结合在一起的知识管理核心活动“储存”的评估标准

指南，为企业实现可编码化显性知识和隐性知识的共享提供新途径，帮助员工进行思想交流、合作及相互学习[349]。

知识管理构建模块的最佳实践方法将知识主体划分为“个人”“既定小组”“组织”“外部伙伴”，根据各主体的显性知识和隐性知识共享建立不同的最佳实践方法，如图 6-56 所示。

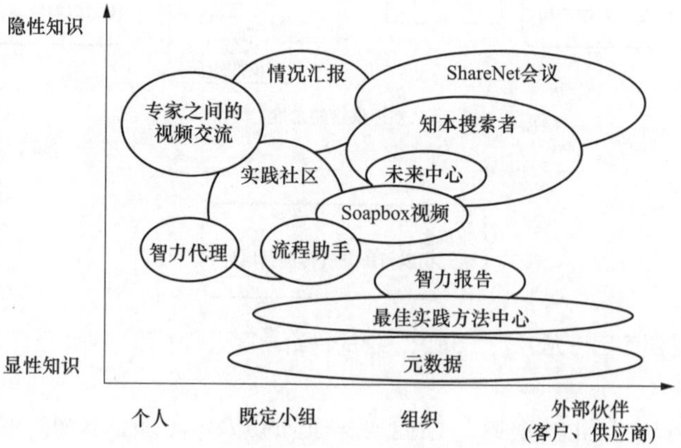


图 6-56 知识管理构建模块的最佳实践方法

与业务流程相联系的知识管理将企业业务流程划分为不同的阶段，并根据各阶段的流程建立最佳知识管理实践方法，如图 6-57 所示。

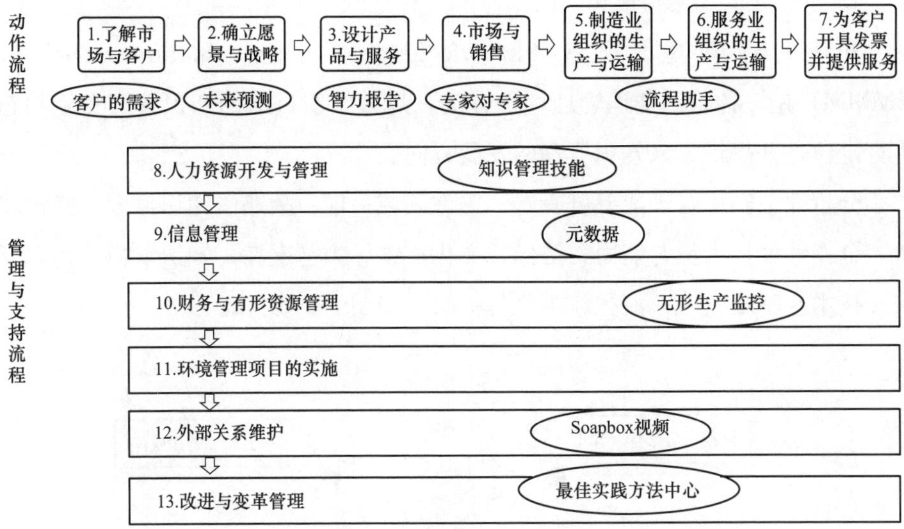


图 6-57　与业务流程相联系的最佳知识管理实践方法

知识管理最佳实践方法的构建需要企业人员、业务流程与 IT 技术三者和谐同步，如图 6-58 所示。

图 6-58　人员、流程与 IT 和谐同步

（二）知识管理评估

知识管理评估是企业对投资在知识管理过程、目标实现以及投资回报率上所做的一种效果评估，并以此将管理过程中出现的问题查找出来，进行改善。知识管理评估是知识管理实施的一个重要环节，既是知识管理的第一步，也应当是贯穿整个项目始终，从而测量并不断改进的知识管理活动。企业必须结合自己的实际问题，对企业的知识管理现状进行评估诊断[350]。

1. 知识管理成熟度模型

知识管理成熟度模型（knowledge management mature modeling, KMMM）是一种组织知识管理评价方法，是为组织目前的知识管理实施状态进行定位，并提供未来知识管理的发展方向。

分析评估知识管理成熟度有八个关键领域。即：战略、知识目标；经营环境、合作伙伴；人员与能力；协作、文化；领导力与支持；知识结构、知识形式；技术与基础设施；流程、角色与组织，如图 6-59 所示。

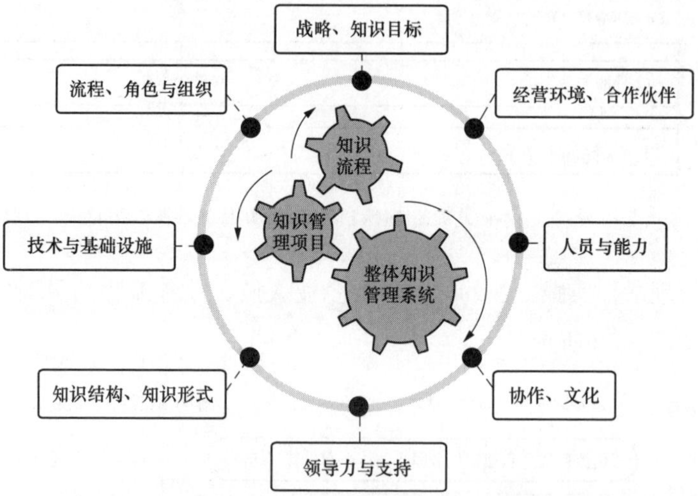


图 6-59　知识管理成熟度的八个关键领域

2. KMMM 的五个成熟度级别

KMMM 的成熟度级别是评估企业知识管理进度的有效方法[351]。组织知识管理五个成熟度级别分别为初始级、可重复级、确定级、管理级、最优级。这五个级别的发展是层层递进的，不可跳跃，如图 6-60 所示。

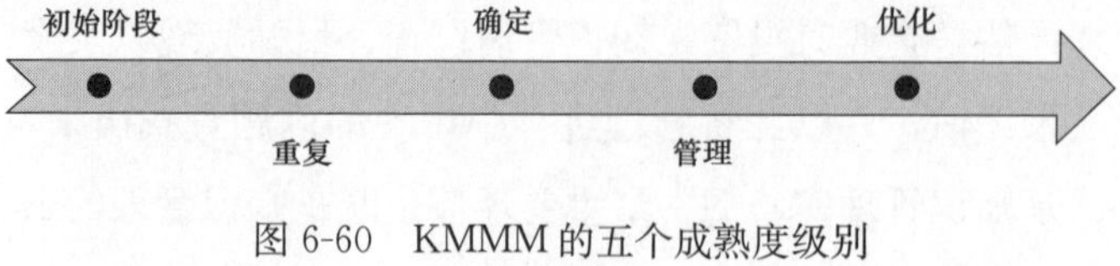


图 6-60　KMMM 的五个成熟度级别

### （三）知识共享

知识共享是知识管理的重要内容。知识共享是指组织内员工、团队和组织之间通过各种共享手段（如知识网络、会议、团队学习）共享各类知识（包括显性知识和隐性知识，也可能是信息、观点、建议、专长或经验等），经过消化、吸收，实现知识的转化，甚至通过再创造使原有知识得到进一步的扩大和创新，最终形成组织的知识财富的过程[352]。其目的在于通过知识共享，运用集体智慧提高组织的应变能力和创新能力。知识共享是发挥知识效益的关键，其作用主要体现在组织绩效和创新能力[353]。

#### 1. 知识管理方法和战略定位的关系

企业知识管理的战略定位是知识管理方法确立的前提。明确的战略定位能够使企业充分利用资源，制定合理的知识管理方法。如企业战略定位在利用资源，促进企业在市场中的发展，那么知识管理方法就要为企业提出合理的分析与建议，见表 6-1。

**表 6-1　　知识管理方法和战略定位的关系**

| 项目 | 个性化 | 编　码① |
|---|---|---|
| 定位 | 资源：市场的发展 | 市场：适应市场状况 |
| 核心能力 | 解决方案的确定，产品的开发 | 解决方案的实施，产品的销售 |
| 竞争优势 | 灵活、持久的市场地位，隐性知识的使用 | 例行程序和经验，取决于市场状况的定位 |
| KM 活动 | 特定的分析和建议 | 众多快速可靠的基于 IT 的调查 |

① 代表迅速、可靠、复用型且基于 IT 的方法。

#### 2. 知识管理方法与核心流程

确定知识管理方法后，要对知识管理活动的各个核心流程进行具体的安排部署，通过知识共享，达到发挥知识效益的目的，见表 6-2。

#### 3. 知识管理活动相关角色的参与

知识管理活动过程中所涉及的相关角色主要有：知识型贡献者、知识项目经理、知识管理工作者。不同的角色参与在知识管理的各个核心流程中，见表 6-3。

**表 6-2　　知识管理方法与核心流程**

| 项目 | 个性化 | 编　码 |
| --- | --- | --- |
| 活动 | 提供考虑具体技术和战略情况的定制建议 | 通过编码知识的复用提供快速、可靠和高质量的信息 |
| 产生知识 | 使用个人专长的灵活、创造性的流程 | 为范例建档 |
| 储存知识 | 以笔记、会议纪要、项目报告为基础进行相关描述 | 文档的准备和修改 |
| 传递知识 | 建立并维持个人接触和人际关系网络；打电话、非正式会议 | 根据分类法进行评价和归类，以便相互参考 |
| 应用知识 | 修改特定经验以应对最新挑战 | 对范例分析结果、演示、检查表、调查问卷的复用/借鉴 |

**表 6-3　　知识管理活动相关角色的参与**

| 项目 | 个性化 | 编　码 |
| --- | --- | --- |
| 活动 | 提供考虑具体技术和战略情况的定制建议 | 通过编码知识的复用提供快速、可靠和高质量的信息 |
| 产生知识 | 知识型贡献者 | 知识型贡献者 |
| 储存知识 | 知识型贡献者 | 知识项目经理、知识管理工作者 |
| 传递知识 | 知识型贡献者，第一次接触：知识管理工作者 | 知识项目经理、知识管理工作者 |
| 应用知识 | 知识型贡献者 | 知识型贡献者 |

4. 媒介多样化与沟通的复杂性

知识共享需要通过一定的共享手段得以实现，如面对面对话、电视电话会议、传真等[354]。媒介的多样化固然能够促进企业知识共享，但若媒介过于复杂，则会产生很多不必要的重复信息，若媒介过于简单则会因不涉及个人情感等原因，难以得到信息接收方的反馈。因此如何选择合适的媒介达到有效的沟通，是企业应该思考的问题，如图 6-61 所示。

5. GPO-WM 实施模型和角色定义步骤

GPO-WM 实施的各项活动决定了执行者的角色，因此角色的定义应紧紧与实施模型相互联系，如图 6-62 所示。

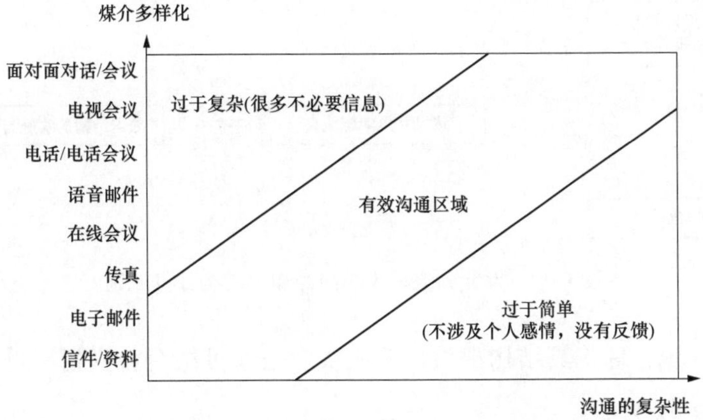


图 6-61　媒介多样化与沟通的复杂性

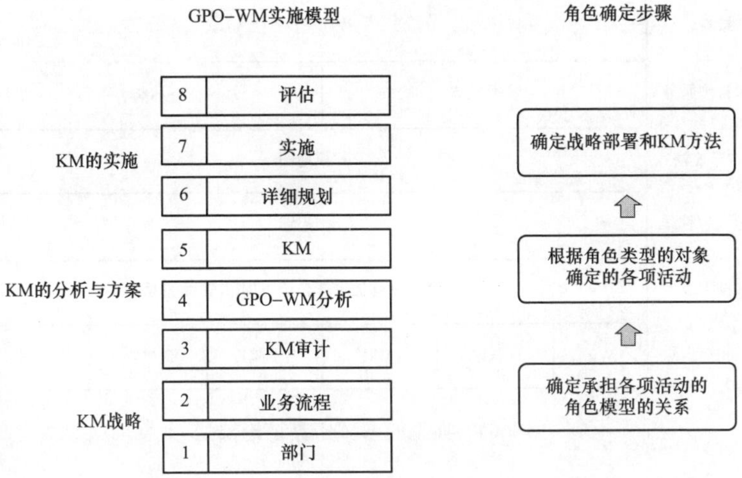


图 6-62　GPO-WM 实施模型和角色定义步骤

6. 以业务流程为导向的知识结构开发原则

以业务流程为导向的知识结构是将知识管理渗透于业务流程中，以业务流程为导向，按照一定的逻辑顺序进行合理的知识开发利用，其开发原则是要通过分析讨论，使流程的各个角色达成共识，如图 6-63 所示。

7. 典型的知识管理工具结构模型

图 6-64 是一个典型的知识管理工具结构模型，企业在知识管理活动中，

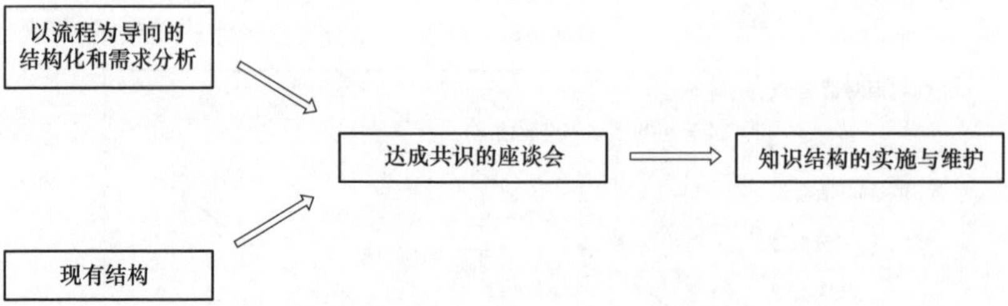


图 6-63　以业务流程为导向的知识结构开发原则

可为构建知识管理工具结构提供借鉴模板。企业可结合自身情况进行合理借鉴，如图 6-64 所示。

| | | | | | | |
|---|---|---|---|---|---|---|
| 应用水平 | 项目管理、竞争情报、客户关系管理 | | | | | |
| 接口 | 知识门户 | | | | | |
| 知识管理服务 | 发现服务 | | | 合作服务 | | |
| 整体分类法 | 知识地图 | | | | | |
| 信息流程管理 | 知识库 | | | | | |
| 基础设施 | 电子邮件、文件服务器，因特网/内联网/服务 | | | | | |
| 信息和知识源 | WP | DBMS | EDM | 电子邮件 | 因特网 | 人员 |

图 6-64　典型的 KM 工具结构模型

8. 知识管理核心任务的相关分类工具

针对知识管理的四个核心流程，即“产生知识”“传递知识”“储存知识”“应用知识”，每个流程有着不同的知识管理工具，如图 6-65 所示。

9. 知识管理效益树

知识管理效益树是对企业知识管理中所取得效益的直观体现。将知识管理效益划分为知识效益、中间效益、组织的效益三个部分，如图 6-66 所示。

10. 波音公司知识共享案例实践

波音公司知识共享的方法包括人与人之间的实践交流，如员工的工作岗位

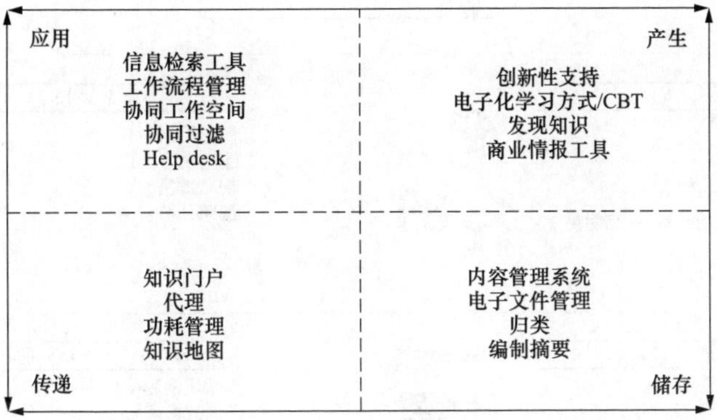


图 6-65　KM 核心任务的相关分类工具

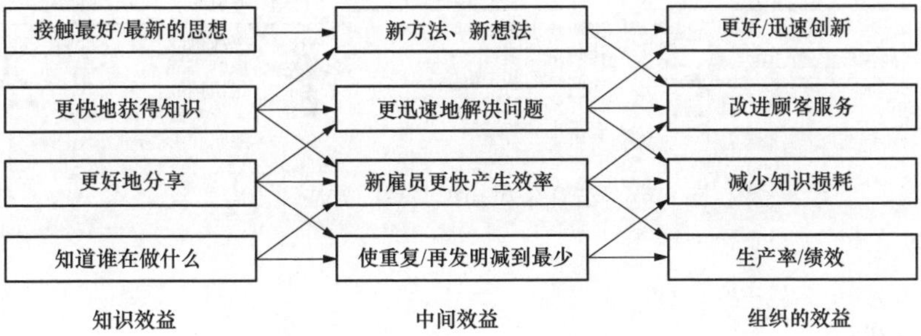


图 6-66　KM 效益树

轮换、培训、学徒制以及视频互动、专家网络和实践协作等，还包括通过信息化技术手段来进行知识共享。如基于事实推理系统（CBR）、复杂推理系统（KBS）、神经网络系统以及虚拟现实系统。另外，在知识共享文化建设方面，通过制定挑战计划和激励政策增强组织间或员工间的共享活跃度[357]，如图 6-67 所示。

波音公司的知识共享能够随时随处提供给员工所需要的知识信息，在全公司员工中共享、传播最佳作业方式和经验教训，避免因重复发明而造成资源浪费，确保核心知识在各项业务中的长久性地位。

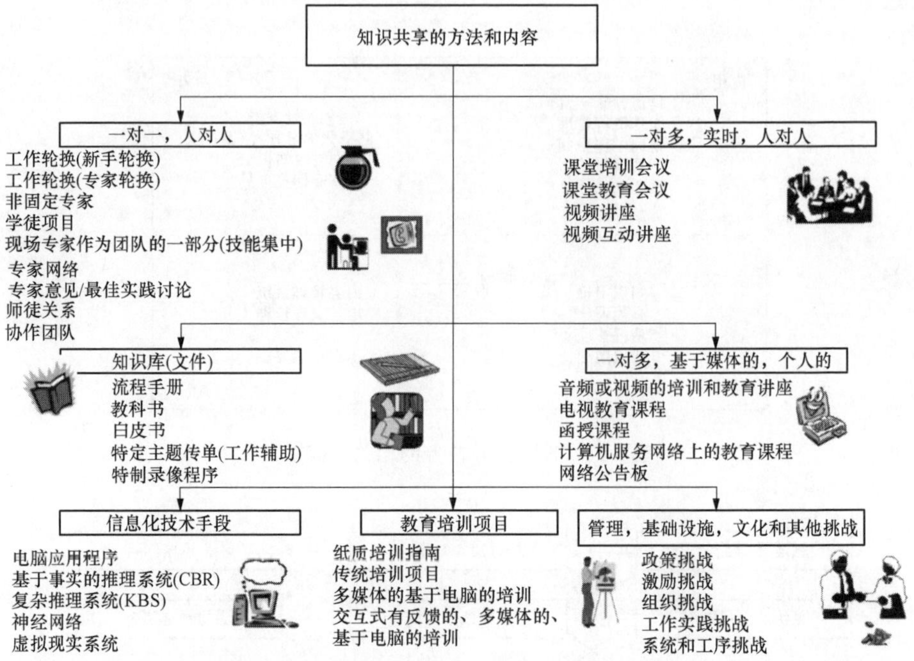


图 6-67　波音公司知识共享的方法和内容

# 第七章

# 企业文化及客户关系咨询

## 第一节　企业文化咨询

### 一、企业文化及其特征

企业文化是企业在生产经营实践中逐步形成，为全体员工认同并遵守的价值观、经营理念和企业精神，以及在此基础上形成的行为规范的总和[358]。企业文化是一种理念，但又不仅仅是一种理念，要释放企业文化的力量，必须让理念转化为行动。企业文化建设，就是根据企业发展需要和企业文化的内在规律，在对企业现实文化进行分析评价的基础上，设计制定目标企业文化，并有计划、有组织、有步骤地加以实施，进行企业文化要素的维护、强化、变革和更新。

（一）企业文化价值及构成要素

1. 企业文化价值

企业的文化力也称文化资本，是以文化资本为主构成的企业的品牌、资信、美誉、心理契约等无形资产。优秀的企业文化对企业而言是不断增值的无形资本，具有巨大价值。企业文化建设已经成为现代企业管理的一项核心内容，进行企业文化建设具有八大价值，见表 7-1。

**表 7-1　　企业文化建设的价值**

| 序号 | 价值内涵阐释 |
| --- | --- |
| 1 | 当前和今后企业管理与企业竞争的关键 |
| 2 | 有利于建立企业内部的动力机制，使员工自觉把个人目标融入企业的宏大目标 |
| 3 | 有助于对企业每名成员的思想和行为进行约束和规范 |
| 4 | 能够加强企业团队向心力和凝聚力 |

续表

| 序号 | 价值内涵阐释 |
|---|---|
| 5 | 使企业成员从内心产生一种情绪高昂、奋发进取的效应，形成共同的价值观，在企业中形成人人受重视、受尊重的文化氛围 |
| 6 | 企业文化不只在企业内起作用，也会对社会产生影响，形成亚文化 |
| 7 | 陶冶了员工的情操，培养了优秀的品质，发扬了中华民族的优良传统 |
| 8 | 优秀的企业文化可以激发员工的创新精神，鼓舞员工开拓进取 |

2. 企业文化构成要素

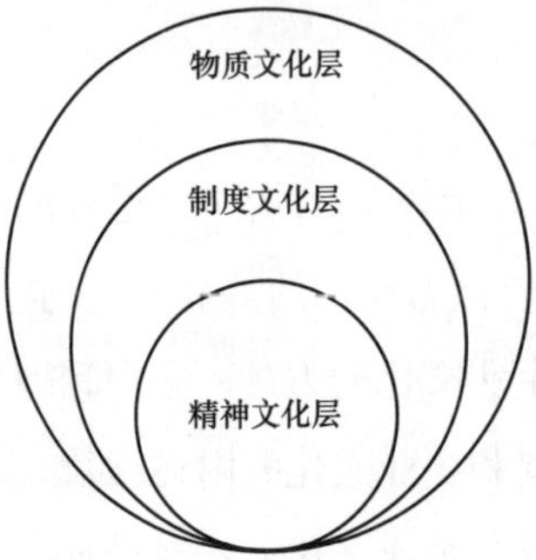


图 7-1 企业文化的组成

企业文化主要由三部分组成：精神文化层、制度文化层和物质文化层，如图 7-1 所示。

(1) 精神文化层。精神文化层是企业文化的核心和主体，是企业物质文化层和制度文化层的思想基础，包括企业宗旨、企业精神、企业最高目标、企业经营哲学、企业风气和企业道德等。

(2) 制度文化层。制度文化层是企业文化的中间层次，主要是指以企业职工和企业组织行为产生规范性、约束性影响的部分，包括企业的各项规章制度以及这些规章制度所遵循的理念，如人力资源配置及管理理念、营销理念和生产理念等。

(3) 物质文化层。企业的物质文化层是企业文化的表层部分，是精神层的载体，往往能折射出企业的经营思想、经营管理哲学、工作作风和审美意识，包括企业产品、服务、工作环境、生活环境等。

3. 企业文化与传统的企业思想政治工作

传统的企业思想政治工作是指企业管理人员针对员工在思想上的各种矛盾、疑惑，通过宣传科学、正确的道理，解决员工的思想问题，帮助员工树立正确的世界观、人生观、价值观，使员工以积极的姿态投入到工作和生活，促进企业全面发展的一种教育疏导工作[362]，这与企业文化管理既有相同之处又有不同之处。

企业文化与思想政治工作在作用对象及内容、着眼点、工作方式、关键人物四个方面具有相同之处，如图 7-2 所示。

| | |
|---|---|
| 对象及内容 | 都是以人为对象，有思想工作内容，做思想观念方面的工作 |
| 着眼点 | 都是为了提高工作对象的思想水平，培养“四有”职工，增强企业的凝聚力而开展工作 |
| 工作方式 | 都通过有形的方式(如开展职工教育)或无形的方式(如确定正确价值观)，借助树立榜样来做工作 |
| 关键人物 | 都要有领导人的率先垂范、身体力行才能做好工作 |

图 7-2 企业文化与思想政治工作的相同之处

企业文化与思想政治工作在内容、共性与个性、功能三个方面具有不同之处，如图 7-3 所示。

| 项目 | 思想政治工作 | 企业文化 |
|---|---|---|
| 内容 | 思想政治工作重点解决员工的价值观、人生观、道德观、理念和信念等问题；另外还有保证党的路线、方针和政策在企业落实的内容 | 企业文化涵盖的文化面比思想政治工作宽，不仅包括思想道德方面的价值观，还包括生产经营方面的价值观；除此之外，还包括企业的制度文化、物质文化等内容 |
| 共性与个性 | 思想政治工作中许多政策性、政治性的内容和任务具有社会的共性 | 企业文化更多地注重企业的特色和个性 |
| 功能 | 思想政治工作的功能主要侧重于政治方面 | 企业文化主要测重于管理方面 |

图 7-3 企业文化与思想政治工作的不同之处

（二）企业文化特征分析

正确的认识企业文化特征，是开展企业文化建设活动，提升企业竞争力的前提，这有助于企业在正确的方法论指导下，做出正确的管理行为[361]。企业文化的四个特征分别为：外部适应性、灵活性、稳定性和内部可整合性，如图

7-4 所示。

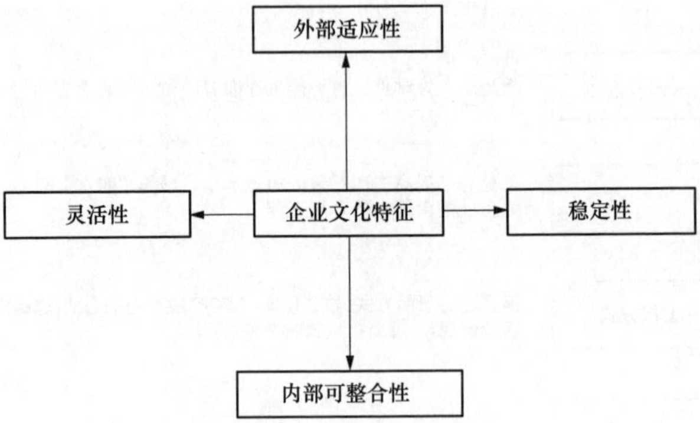


图 7-4　企业文化特征

1. 外部适应性

企业要与外部社会环境（包括政治、经济、文化等）、行业环境、客户以及各方利益相关者相适应。适应具有相对性，是一种暂时的现象，需要随着外界的发展而不断更新。

2. 灵活性

对企业外部而言，指企业要随着外部社会环境的变化，灵活的更新、丰富企业文化内涵；对内部而言，要对企业员工实施“软性”、灵活的管理模式，充分发挥员工的积极主动性，形成一个具有凝聚力和竞争力的组织。同时，企业文化没有一个固定的模板，企业可以在遵循企业文化管理建设规律的基础上，结合企业自身发展，灵活建设自己独有的企业文化。

3. 稳定性

企业文化具有特定历史时期的时代文化共性，而这种共性具有相对稳定性。具有稳定性的企业文化的企业，往往是经得起历史的考验，具有长期竞争力的优秀企业。

4. 内部可整合性

企业文化建设可以对内部人员、资源进行有效整合。如企业文化可以激发员工的积极主动性，增加企业认同感，加强团队凝聚力，达到团队内部人员的整合与调配。

(三) 企业文化建设

1. 企业文化建设的步骤

企业文化建设的实施共有三个主要步骤：企业文化盘点、企业文化设计、企业文化实施，如图 7-5 所示。

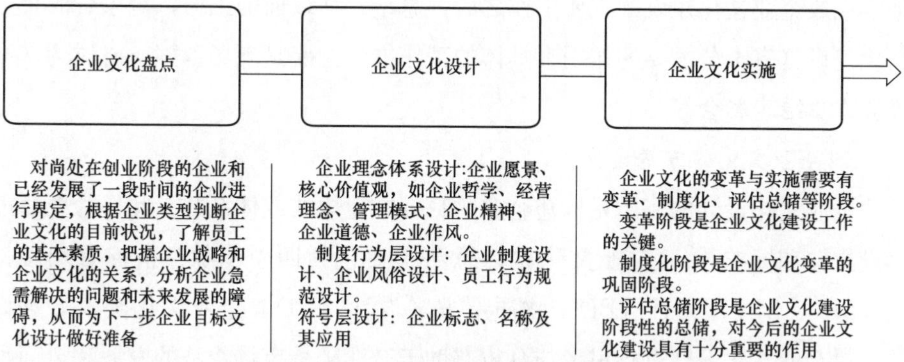


图 7-5　企业文化建设的步骤

(1) 企业文化盘点。当一个企业尚处在创业阶段时，需要了解创业者的企业目标定位，如果是已经发展了一段时间的企业，需要了解企业发展的现状、问题和员工广泛认同的理念[359]。对企业文化盘点有助于为下一步企业目标文化设计做好准备。

(2) 企业文化设计。企业文化是一个包括理念层，制度行为层和符号层的有机整体[360]。企业文化设计中最重要的任务是企业理念体系设计，它决定了企业文化的整体效果，是设计的难点所在。制度行为层对形成企业文化的独特优势具有不可替代的作用。符号层设计主要是指企业标志、名称及其应用，企业名称、标志如同人的姓名一样，是企业的代码。

(3) 企业文化实施。企业文化的变革与实施需要有变革、制度化、评估总结等阶段。

1) 变革阶段是企业文化建设工作的关键。主要任务是进行由上而下的观念更新，建立健全企业的一般制度和特殊制度，形成企业风俗，做好企业符号层的设计与应用。这一阶段是一个完整的企业形象塑造工程，通常至少要一年的时间。

2）制度化阶段是企业文化变革的巩固阶段。此阶段的主要任务是建立完善的企业文化制度，其中应包括企业文化考核制度、企业文化先进单位和个人表彰制度、企业文化传播制度、企业文化建设预算制度等。

3）评估总结阶段要对企业文化建设进行阶段性总结，主要任务是在企业基本完成企业文化建设的主要工作之后，总结评估以前的工作，对今后的企业文化建设具有十分重要的作用。具体的工作方法主要是现场考察、研讨会、座谈会、总结表彰会等。

2. 企业文化的方案设计

企业文化设计的实质是构建企业的目标文化模式或体系并以此作为今后的建设方向和标准[363]。企业文化设计思路主要包括四个步骤：精神层理念提炼（MI）、制度层设计（BI）、物质层方案设计（VI）、企业文化实施方案设计。对企业文化设计进行思考与分析有助于企业随着市场经济的发展和全面深化改革的进程，不断变革、发展、完善自己的企业文化，如图 7-6 所示。

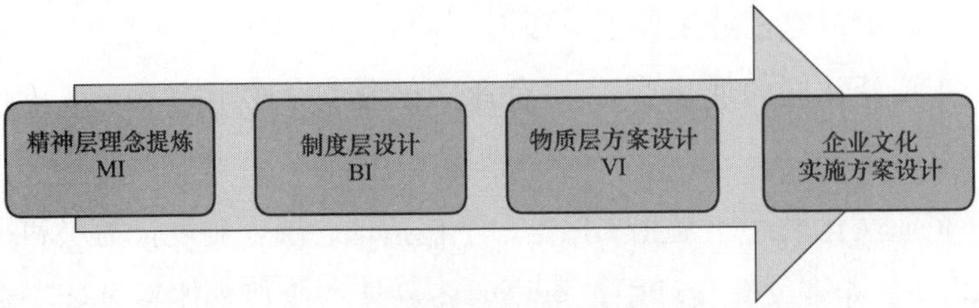


图 7-6 企业文化设计思路

MI：理念识别（mind identity），指形成良好的企业文化和管理理念，是企业形象识别系统（corporate identity system，CIS）的首要部分。理念识别包括经营观念、企业文化、精神标语和方针策略等。

BI：行为识别（behaviour identity），是 CIS 的动态识别系统。其核心在于 CI 理念的推行，将企业内部组织机构与员工的行为视为一种理念传播的符号，通过这些符号传达企业的理念、塑造企业的形象，包括对外回馈、参与活动、对内组织、管理和教育等，通常以手册为表现形式。

VI：视觉识别（view identity），是通过视觉符号的设计统一化来传达企业精神与经营理念，有效地推广企业，展示产品知名度和企业形象。如将企业名称、铭牌标志等进行视觉符号设计，并把它们应用于产品、包装、办公用品、交通工具等方面。

3. 企业价值观塑造

企业价值观是在企业创办和成长过程中形成的，为经营管理者和员工群体所持有的，对经营管理具有规范性作用的价值观体系，是引导企业一切行为的无形的地图，也是构成企业文化理念层的一个最重要元素。

价值观类型主要分为四种：防御型、探索型、分析型、反应型。不同类型的企业价值观有着不同的表现状态。对某企业价值观类型进行分析，得出该企业价值观属于反应型略带分析型，如图 7-7 所示。

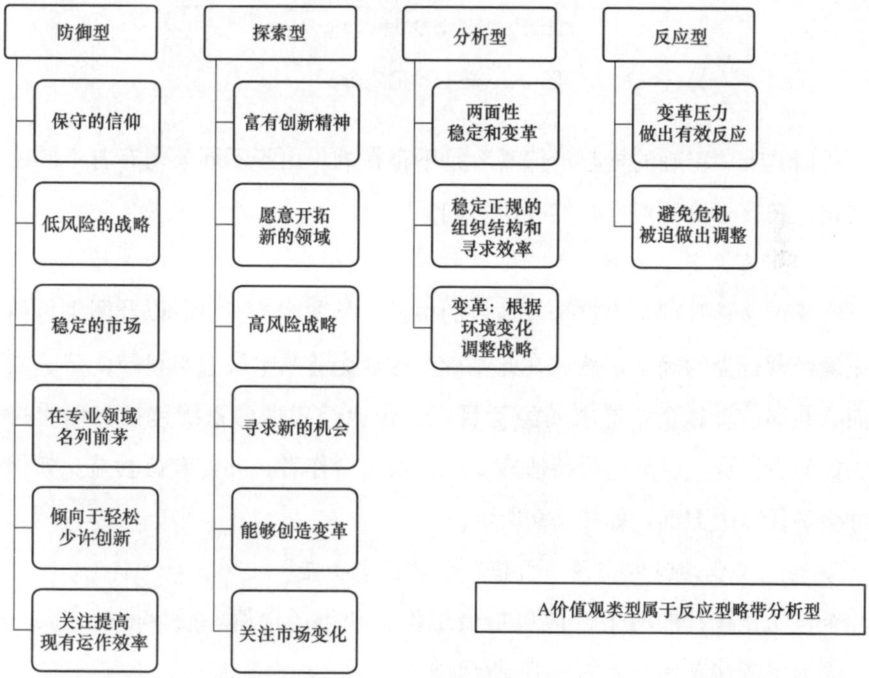


图 7-7　某企业价值观类型

企业价值观是企业文化的核心，主要体现在人力资源的效率和经营理念上，从而形成企业的内外特征[366]。企业的价值观主要有四种类型：把用户摆在经营思想的中心地位、把关心员工摆在经营思想的中心地位、把产品或服务摆在经营思想的中心地位、把创新摆在经营思想的中心地位，如图 7-8 所示。

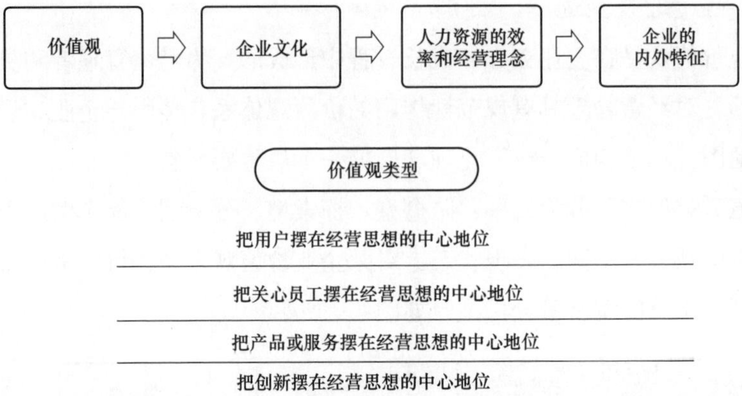


图 7-8　核心价值观分析

所谓“唯一正确的核心价值观”是不存在的，由于不同公司有着不同的企业文化，其核心价值观也必然有所不同。

4. 经营理念系统构建

经营理念是管理者追求企业绩效的根据，是顾客、竞争者以及职工价值观与正确经营行为的确认，然后在此基础上形成企业基本设想与科技优势、发展方向、共同信念和企业追求的经营目标。企业经营理念系统包括如何看待用户、如何看待员工、如何看待股东、如何看待合作者、如何看待利益、如何看待社会责任六个方面，如图 7-9 所示。

5. 企业文化建设的“两个价值”和“三个衔接”

企业文化建设的两个价值包括员工价值和市场价值，三个衔接主要指战略、人力资源和营销，如图 7-10 所示。

企业文化建设要与公司战略、人力资源和市场营销进行横向衔接，既要实现企业内部员工的观念和行为的统一，又要将企业文化转化成市场价值，不断提升公司的品牌力和创造市场价值，服务国家和社会。

| | |
|---|---|
| 如何看待用户 | 通过对用户的深入了解，不断开发技术领先的产品，满足客户需要 |
| 如何看待员工 | 满足员工薪金待遇及自我成长的需求 |
| 如何看待股东 | 满足股东利益要求，保证股东利益不受侵犯 |
| 如何看待合作者 | 满足合作者合理利润的要求，平等合作，共同发展 |
| 如何看待利益 | 在用户、员工、股东与合作者之间结成利益共同体，使劳动、知识、企业家的积累贡献资本化 |
| 如何看待社会责任 | 与我们所处的社会共同成长、共同繁荣 |

图 7-9　企业经营理念系统构建

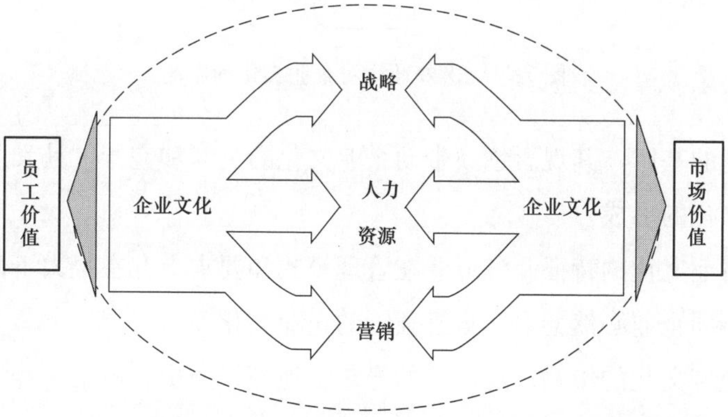


图 7-10　企业文化建设实践"两个价值"和"三个衔接"

## 二、企业文化诊断咨询

### （一）企业文化的影响因素分析

#### 1. 内外环境对企业文化的影响

企业文化是在内外环境的共同影响和作用下形成的，因此在进行企业核心文化建设时，必须考虑到这些影响因素（见图 7-11）。

（1）企业历史的沿革。中国优良传统和经验不仅对企业文化建设产生了潜移默化的影响，而且对于在新的历史起点上建设和发展中国特色的企业文化具有重要价值。

（2）企业家的特质。企业家是企业文化最主要的缔造者，他的价值观决定

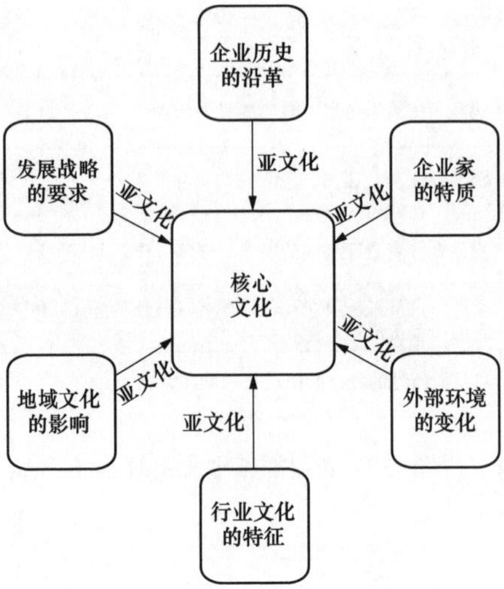


图 7-11　内外环境对企业文化的影响

了企业文化的基调，其观念创新带动企业文化的更新和完善，其素质不断促进优秀企业文化的形成。

（3）行业文化的特征。各行业在管理模式和要求上存在很大不同，因此不同行业、不同企业必然会形成自己独特的企业文化。

（4）地域文化的影响。地域性差异包括地理、历史、政治、经济和人文环境等差异。不同地域的不同文化深刻影响着企业文化的价值观、目标愿景等。

（5）发展战略的要求。企业从导入期、成长期，发展到成熟期，再到衰退期，会根据企业发展战略，积累一些优良文化传统，摒弃一些不良风气，促进着企业文化的发展。

（6）外部环境的变化。外部环境主要包括政治、经济、社会、技术等方面的宏观环境以及行业与市场环境。企业在适应外部环境的过程中必然会影响到企业文化的形成。

2. 社会文化对企业文化的影响

当代社会文化特征在一定程度上影响着企业文化。优良的社会文化对企业文化有着积极的影响，而不良的社会文化对企业文化呈负面影响，如图 7-12 所示。

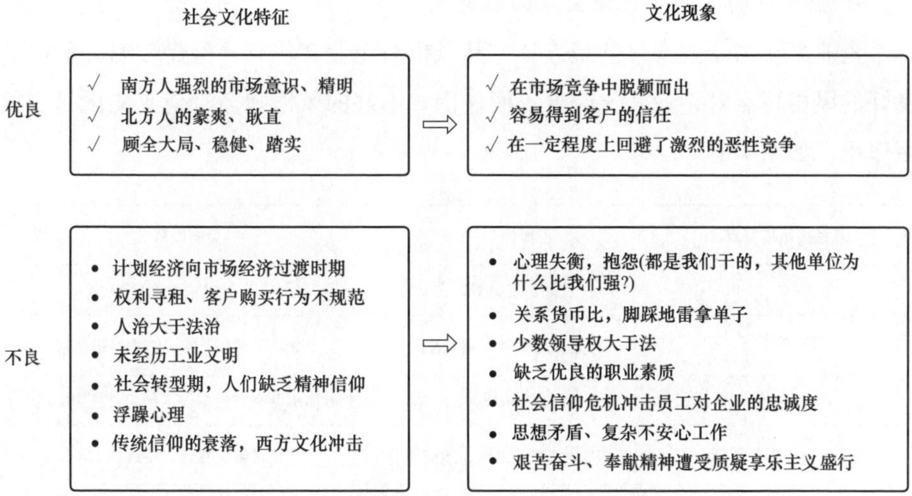


图 7-12　当代社会文化对某企业文化的影响

3. 传统民族文化对企业文化的影响

中国的传统文化经历了几千年的积累和沉淀，具有深厚的底蕴和广博的内涵，成为中国企业文化的个性来源[365]。优秀的民族文化对企业文化有着积极的影响，消极的民族文化对企业文化起着负面的影响，如图 7-13 所示。

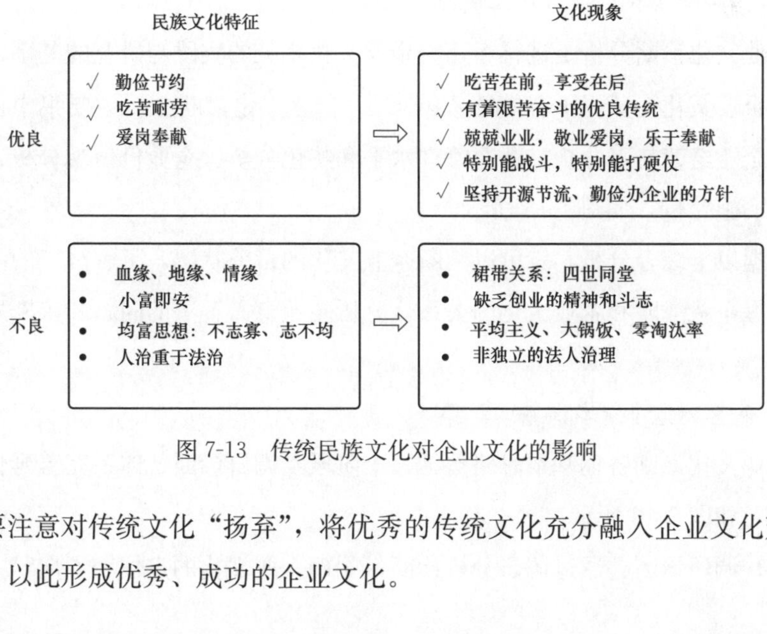


图 7-13　传统民族文化对企业文化的影响

要注意对传统文化“扬弃”，将优秀的传统文化充分融入企业文化建设过程中，以此形成优秀、成功的企业文化。

4. 企业家的风格对企业文化的影响

企业家作为企业文化的塑造者，其风格对企业文化有着重要影响。企业家良好的风格特点对企业文化起着正面作用，不好的风格则会对企业文化起着负面作用，如图 7-14 所示。

| 总经理风格特点 | 正面因素 | 负面因素 |
|---|---|---|
| 务实 | 重视效果，不搞形式主义 | 过程重视不足 |
| 甘于奉献 | 目光长远不重短期利益 | 奉献要求与不稳定的环境相冲突 |
| 亲力亲为 | 身先表率作用 | 对具体事务参与过多，下级主动性受影响 |
| 善于学习、不断创新 | 抓住机会，开拓市场，适应变化 | 管理变化快，随意性大 |
| 谨慎经营、管理严格 | 控制严格，经营风险控制有力 | 授权不足，中层管理人员习惯执行 |

图 7-14 企业家的风格对企业文化的影响

因此，在企业文化建设中，企业家必须具备良好的道德品质和深厚的文化底蕴，以身作则，真正信任、尊重职工，而不是凌驾于职工之上，职工也才会敬重和支持企业家，双方齐心协力共同建设企业文化。

（二）企业文化诊断分析工具

企业文化诊断分析是进行一切与企业文化相关的实践与研究的基础，目的在于为企业文化变革提供有效的依据[364]。企业文化诊断分析主要集中在四个方面：企业经营特点分析、企业管理水平和特色分析、企业价值观分析、企业文化的实施分析，如图 7-15 所示。

根据以上综合分析，就可以判断企业文化的目前状况，了解员工的基本素质，把握企业战略和企业文化的关系，分析企业急需解决的问题和未来发展的障碍。

1. 企业文化诊断咨询基本思路

企业文化诊断咨询基本思路包括三个阶段：调研诊断、体系完善延伸、文化推进，如图 7-16 所示。

（1）调研诊断：通过调研分析诊断，明确企业文化的定位和方向，并对企

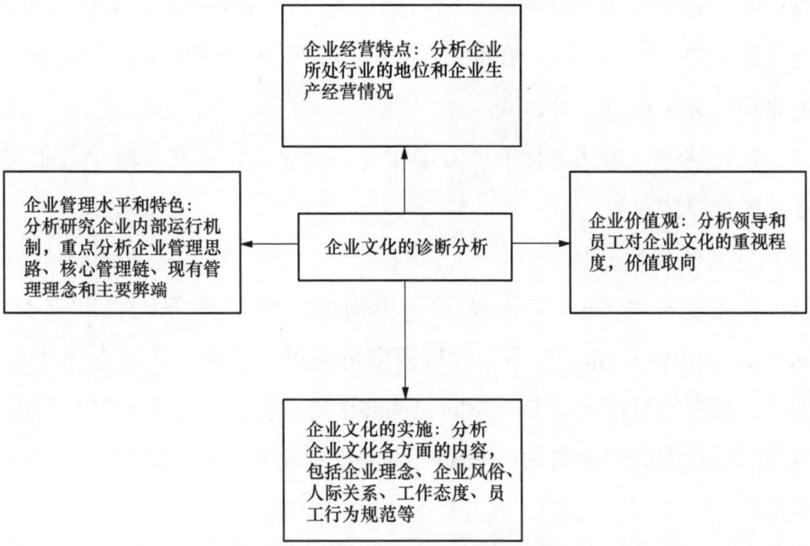


图 7-15　企业文化诊断分析

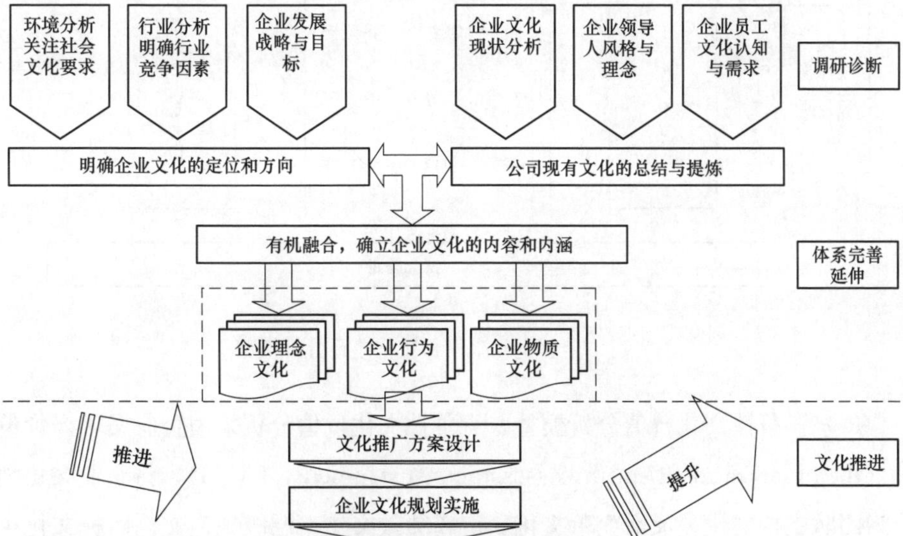


图 7-16　企业文化诊断咨询基本思路

业现有文化进行总结与提炼。

（2）体系完善延伸：将企业文化的定位与方向和企业现有文化有机融合，确立企业文化的内容与内涵。在此基础上，分别对企业理念文化、企业行为文化、企业物质文化进行设计。

（3）文化推进：包括文化推广方案设计、企业文化规划实施、企业文化建设实施的跟踪评估。

2. 企业文化诊断分析模型

（1）企业业务流程和文化差距分析模型。企业业务流程和文化差距（process and culture gap，PCG）分析模型是通过对企业文化理念体系与企业业务流程、制度的对接状况分析诊断，从多个方面分析了解企业文化实际情况与咨询顾问所提倡的企业文化的差距，为进行企业文化建设提供了依据，如图7-17所示。

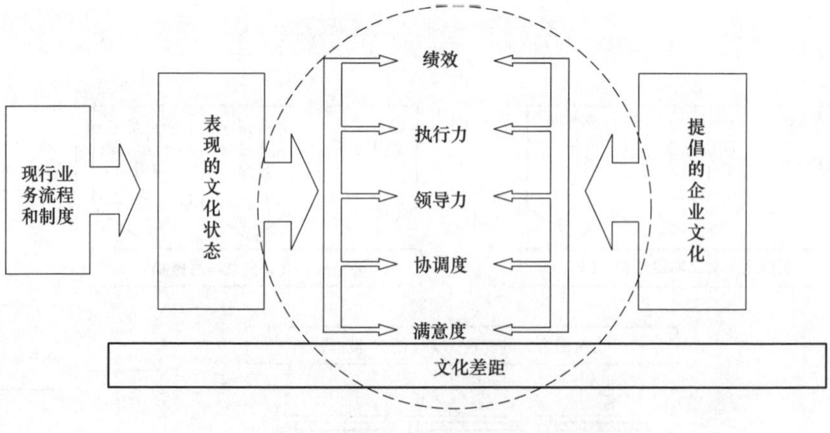


图 7-17　企业业务流程和文化差距分析模型

（2）竞争性文化价值分析模型。竞争性文化价值分析采用企业文化评价量表（the organizational culture assessment instrument，OCAI），将企业文化划分为团队支持文化、灵活变革文化、市场绩效文化、层级规范文化四种文化类型。该模型可以帮助企业了解自身的竞争性价值的缺失部分并有针对性地予以加强，如图 7-18 所示。

（3）文化与领导协同性分析模型。文化与领导协同性分析模型可以帮助企业确定与文化相匹配的领导者角色、管理风格、胜任力和关键行为，从而促使

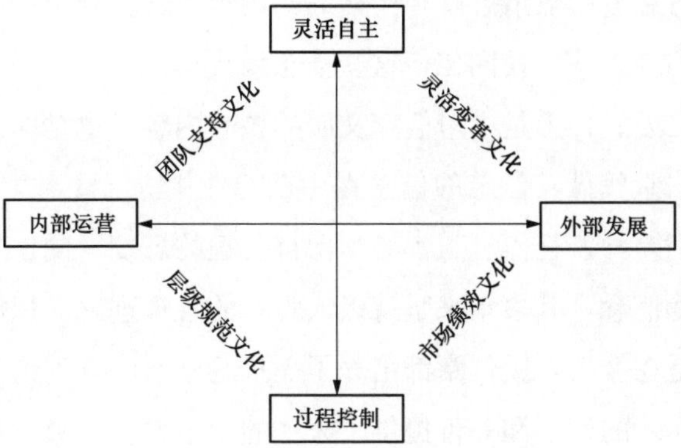


图 7-18　竞争性文化价值分析模型

企业顺利有效开展企业文化建设，如图 7-19 所示。

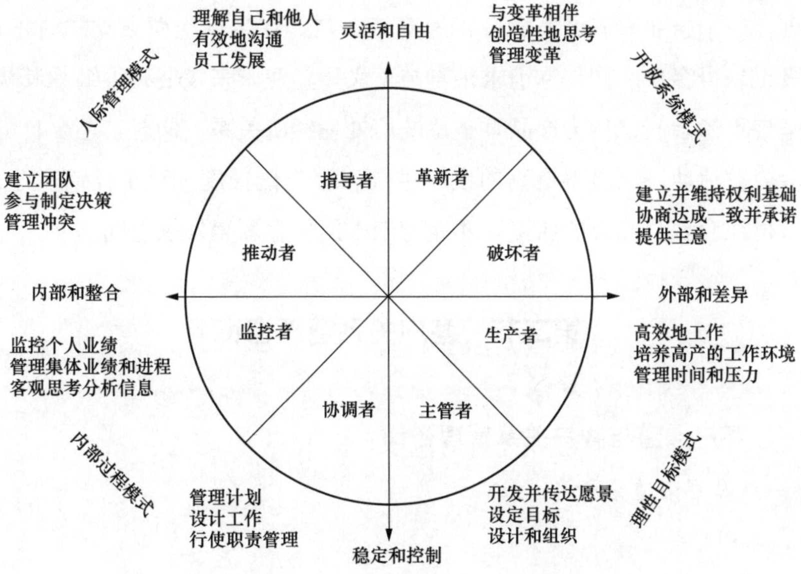


图 7-19　文化与领导协同性分析模型

3. 同仁堂企业文化诊断示例

同仁堂具有悠久的文化传统和德行传统，已融合到企业的生产和经营中，甚至融汇于员工的言行之中。作为优秀的传统企业，同仁堂逐渐继承了自己的企业文化。如对患者的热情态度，严格的药用材料选择规定，专业的材料保存条件，对孩子和老人均一视同仁，这些信念世代相传[367]。

（1）追求仁爱。仁爱是中华儒家文明的核心内容，也是同仁堂企业文化的核心内容。同仁堂凭借其仁慈的信念在中药行业中立于不败之地，无论年龄，知识差距或性别差异，任何员工都必须保持公正的态度。同仁堂的人才管理理念也要体现仁爱信念，其多年来坚持以人为本的管理理念，积极培养人才。无论在历史上还是在今天，同仁堂都培养了一批既精通医学理论又精通管理的人才。同仁堂为人才的发展和完善提供了公平的竞争舞台，吸引和留住了大量人才。“全体员工恪守仁爱，道德和正直”的管理理念也已成为一种传承，汇合了全体员工的力量，推动同仁堂不断做强做大。

（2）追求诚实与正义。诚实守信是中国传统企业的道德核心，是中国古代社会商业活动中的重要商业原则。同仁堂的诚信经营理念在医药界赢得了良好的口碑。一个企业只有诚实、公正地对待客户，在生产经营活动中讲求诚信，才能真正赢得客户。同仁堂追求正直与正义，企业未来发展必须继承其优良传统，坚持不掺杂假冒伪劣产品，坚持诚信处理经济关系。同时，还要自觉地参与社会公益活动，以赢得更高的市场声誉和客户信任度。对于任何企业而言，只有获得社会和消费者的认可，才能为未来的生存赢得发展空间。

## 第二节　客户关系管理咨询

### 一、客户渠道与客户关系管理咨询

#### （一）客户渠道分析

1. 客户类别管理

客户是企业发展、生存的动力源泉，客户质量决定着企业发展的质量。从理论上，客户类别管理的典型模式是将一家公司的供给、需求与渠道选择视为独立的功能。这些核心功能是由彼此共享的服务支持的，例如：IT、财务、金融和营销服务等，其中还可能包括客户分析或评估功能，见图 7-20、表 7-2[370]。

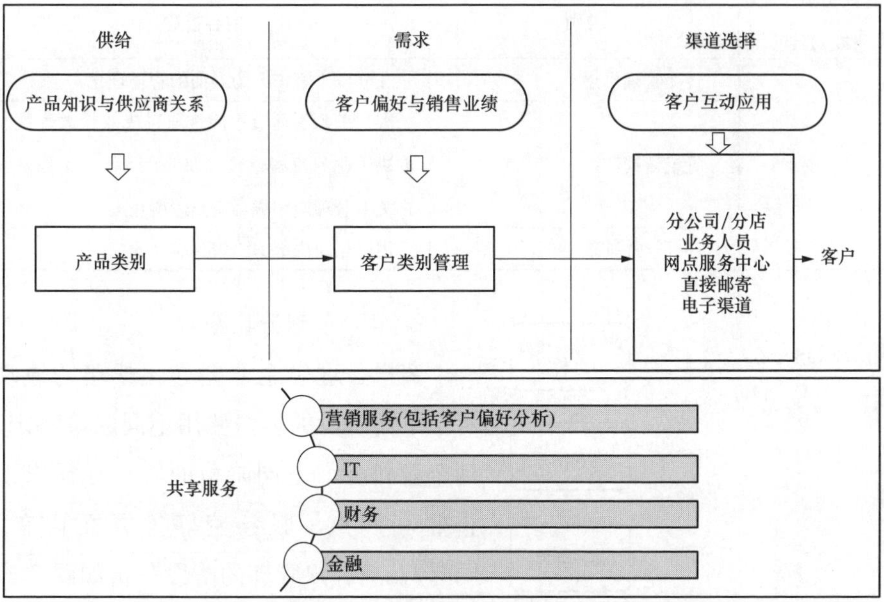


图 7-20　客户类别管理典型模式

**表 7-2　　类别管理的原则和要点**

| 客户类别管理核心要素 | 类别 | 内容描述 |
|---|---|---|
| 三个有效原则 | 按层级分类客户 | 典型方法是 ABC 客户分类法，对于不同类别的客户，应采取不同的管理方法，并建立科学动态的分类管理机制 |
| | 差异化管理 | 采取科学的技术手段，处理好企业与客户之间的关系来提高和维持较高的客户占有率，正确识别客户盈利价值的差异性，进而采取有效的管理对策 |
| | 建立科学动态的分类管理机制 | 要充分利用企业的大数据，定期对客户资料进行科学的统计分析，并制定一套综合性的客户资信评价标准 |

续表

| 客户类别管理核心要素 | 类别 | 内容描述 |
| --- | --- | --- |
| 三大要点 | 转变管理思想 | 建立以“客户”为导向的管理理念 |
| | 重组营销体系 | 客户关系管理应用能否取得成效很大程度上取决于业务流程重构（BPR）工作，这也是客户关系管理应用成功难点之所在 |
| | 打好软件基础 | 用好企业内部 ERP 系统 |

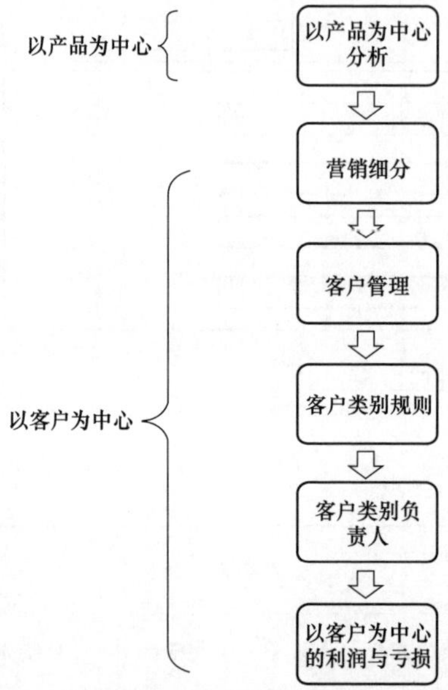


图 7-21　以客户为中心的阶段

2. 客户管理阶段分析

客户管理是企业差异化战略的体现，对于不同阶段的客户要用不同的策略来达到企业目标。不同阶段的客户在需求上、企业利润点、服务偏好等方面均有不同[371]。对客户管理的阶段分析如图 7-21、表 7-3 所示。

3. 重要业绩指标设计

客户关系管理（CRM）最重要的工具就是要有对应的客户关系管理软件，从而由理论变成实践。因此，在实践中往往应用各种指标来衡量客户关系管理的实施效果。

典型的客户关系管理角色、职责与重要业绩指标见表 7-4[372]。

**表 7-3　　客户管理的 6 个阶段**

| 管理阶段 | 概况 | 内　容 |
| --- | --- | --- |
| 第 0 阶段 | 以产品为中心分析 | 客户分析的重点放在产品线上，此时最重要的因素是这项产品和产品线，而客户分析偏向以购买行为作为基准 |
| 第 1 阶段 | 营销细分 | 在营销细分阶段，企业开始整合所用产品线信息，作为高层营销分析、策略发展与客户沟通规划的依据 |

续表

| 管理阶段 | 概况 | 内　容 |
| --- | --- | --- |
| 第 2 阶段 | 客户管理 | 当企业进入客户管理阶段，便发生了质的改变，客户类别不再是一种规划工具，还被视为管理领域的重要组成部分。一般而言，到了这个阶段的客户管理才开始成型 |
| 第 3 阶段 | 客户类别顾问 | 在客户类别顾问阶段，客户管理功能因为“类别经理”这个职位的出现，而得到进一步的强化。类别经理因为将重点放在特定的客户类别上，因而角色更加清楚，他们成为产品或渠道管理的重要顾问 |
| 第 4 阶段 | 客户类别负责人 | 在客户类别负责人阶段，要明确具体职权，类别经理要明确运营商角色定位，负责制定所管理的类别中一切形式的客户接触准则，包括各种产品、渠道或互动方式 |
| 第 5 阶段 | 以客户为中心的盈亏管理 | 根据“客户类别”来评估盈利与亏损，同时兼顾根据“产品与渠道”来评估盈利与亏损。产品盈利与亏损是业绩表现的重要评估依据，并被列入公开财务报告中 |

**表 7-4　　典型的客户关系管理角色、职责与重要业绩指标**

| 角　色 | 职　责 | 重要业绩指标 |
| --- | --- | --- |
| 客户类别管理 | 将类别获利能力与客户终生价值极大化：创造客户价值议题，确保各渠道一致性，整合产品与渠道管理，开发策略与业务档案，监督竞争同行对每一类别客户的行动。可由咨询专家团队来支持客户类别管理团队 | 利润/终生价值；<br>市场占有率/长期利润；<br>客户获取及保留比率 |
| 渠道管理 | 针对客户类别提供最佳渠道组合：根据各类别需求来平衡渠道物流的能力，并且探索新渠道机会，关注进入市场渠道的成本效率，要求客户能在需要时得到服务 | 策略研究计划的品质与及时性；<br>回复询问的速度；<br>分析结果的及时性与可用性；<br>预测模型的精确度；<br>传递分析结果的速度与效率 |

续表

| 角 色 | 职 责 | 重要业绩指标 |
| --- | --- | --- |
| 营销服务管理 | 让营销活动效率最佳化；与第三方互动，以支持营销活动，并提供战略性营销策略，进行类别管理，让业务范围最大化 | 回应速度；<br>活动的成本效率 |
| 产品管理 | 提供高品质产品并及时改进：进入产品开发与现有产品提供阶段时，要扮演好内容专家的角色，开发并管理产品品牌，为强化产品竞争力及增加产品寻找契机 | 产品利润率；<br>进入市场所需时间；<br>产品研发成本 |
| 品牌管理 | 定义品牌价值，进行持续且有效率的沟通：了解客户对品牌的看法，塑造重要品牌的特性，创造新特性。制订开发计划来促销品牌特性，让现有客户与潜在客户认识相关品牌 | 品牌认知度；<br>品牌一致性 |

4. 渠道冲突策略矩阵

渠道成员对于目标、角色、回报的不同意见会导致渠道冲突[373]。渠道冲突策略矩阵是解决渠道冲突的一种有效方法，主要考虑市场力量和渠道附加值对冲突应对策略进行二维权衡，该理论认为：①市场力量是供应商或渠道影响客户的一种功能；②渠道附加价值显示某一渠道在制造商提供的层面外，能为客户创造多少价值。不同程度的市场力量与渠道附加价值对应不同的冲突管理策略，应体现客户关系管理的差异性[374]。

这里采用矩阵方式显示市场力量与渠道附加价值的相互影响，如图 7-22 所示。

5. 渠道策略地图分析

渠道策略地图针对渠道中每个人的角色，以及所承担的职能提供概括性的咨询意见，其本质是一种基于既定目标的战略实施和控制工具。渠道战略地图有助于渠道战略目标的落地，具体分为两种类型。①现状地图：显示既有渠道

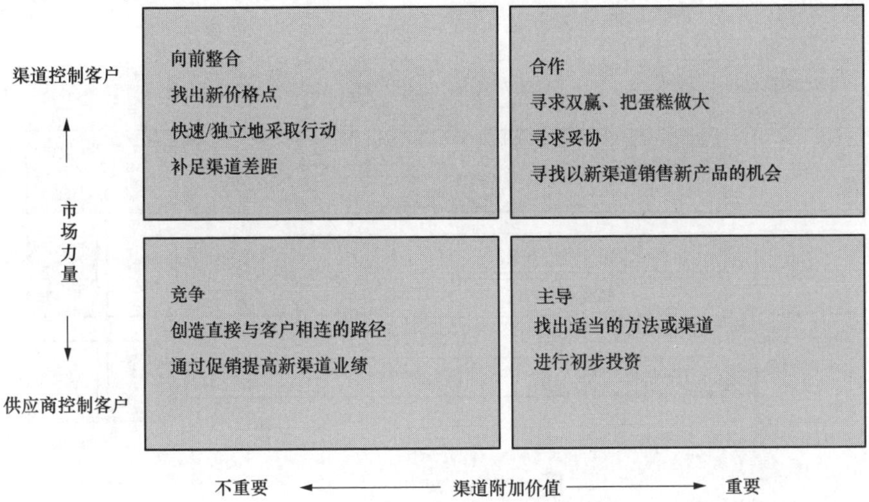


图 7-22 渠道冲突策略矩阵

厂商与现有状况的关系，指出企业在既有渠道与参与者关系中的位置，应是每家企业在评估新的商业机会之前，都应该绘制的图表；②未来地图：将任何可能的变化态势与渠道中的新的商业客户关系、角色与互动加以整合，反映公司对渠道未来发展的愿景。

企业只要比较这两份地图，就能找出“应该在何处划下渠道改革战线”，以及“渠道冲突在哪一方面最为激烈”。两份地图的坐标都相同，包括：①服务的客户类别；②基本渠道功能。

由传统渠道参与者单独或合作，提供客户告知、互动、交易、送货与服务的功能。这些传统渠道参与者包括供应商、批发商、配货商和零售商，还有一些新类型的渠道，如经纪人与供货方等。

地图的绘制，首先要标注既有渠道，即所服务的客户类别与负责传送渠道价值的合作伙伴。然而，这个过程实行起来并非易事。当企业尝试归纳出目前服务的客户类别，并找出渠道中所有的参与者时，常会发生不确定或每个人的看法不同的情况。找出既有渠道之后，用具体指标来表示地图中方格的大小，以显示每个渠道相对的重要性。指标包括客户人数或每个渠道的获利能力等。这里以汽车产业某原始设备制造商（OEM）为例，演示两份假设地图的应用，见图 7-23、图 7-24。

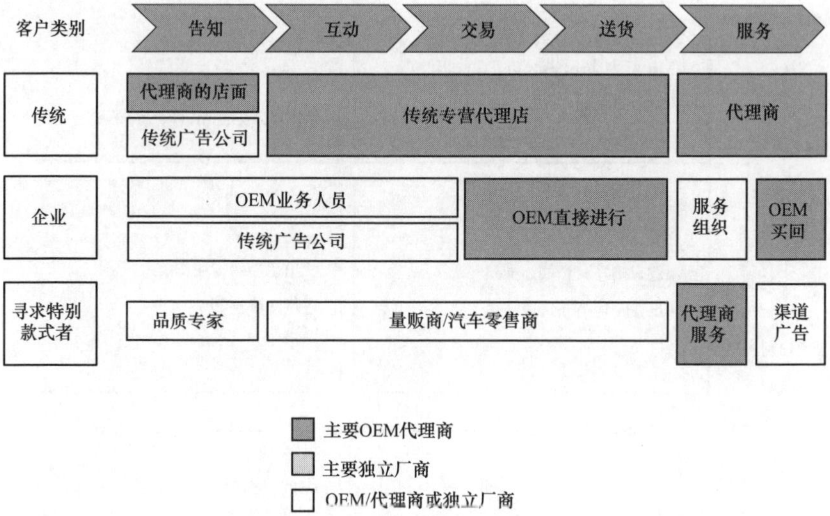


图 7-23 旧汽车业渠道地图

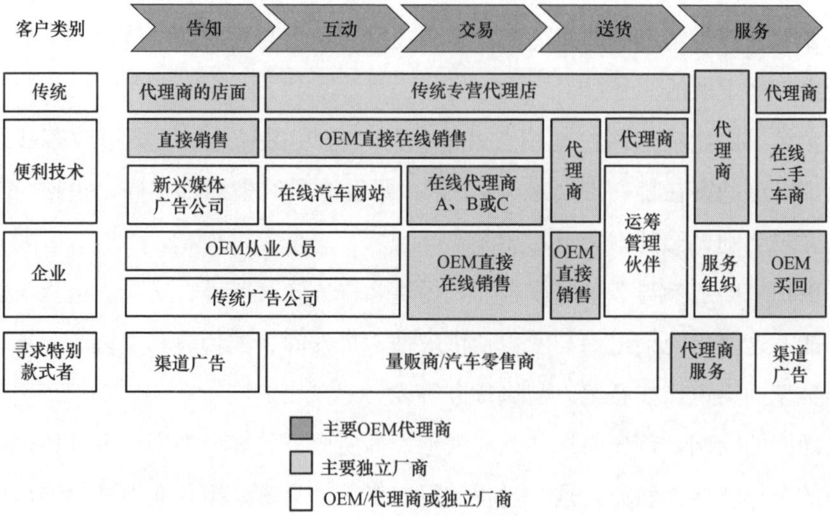


图 7-24 新汽车业渠道地图

6. 以策略为基础的营销

以策略为基础的营销主要包括竞争、向前整合、主导、合作，在该背景下，营销策略可以从不同角度进行展开，而决策者将能够结合实际选择其中一种或多种营销策略[375]。以竞争、向前整合、主导、合作四大策略为基础的营销策略见表 7-5。

**表 7-5　以竞争、向前整合、主导、合作四大策略为基础的营销策略**

| 方法 | 定价 | 产品 | 布局 | 促销 |
|---|---|---|---|---|
| 竞争 | 低于渠道定价 | 不一定需要新产品，但有新产品也可以 | 创造新渠道，并全力推广 | 积极通过促销新渠道以对抗恶意报复 |
| 向前整合 | 适合新价值的部分 | 增加产品或服务种类以提高价值 | 控制更多渠道活动，使其表现更佳 | 将重心放在促销新价值上，这和避免冲突不同 |
| 主导 | 与渠道成员共同决定 | 利用目前的渠道选择 | 推出各种新组合，并且让旧渠道成员展现最佳的一面 | 与目前渠道共同在新渠道建立合作品牌 |
| 合作 | 高于渠道定价或与其相同 | 在每一渠道提供独占产品 | 与新、旧渠道伙伴共同设计新渠道 | 在保护旧品牌的前提下创造新品牌；将广告目标锁定在客户类别 |

7. 服务管理构成要素

服务管理要求以先进的管理思想为指导，采用科学的技术手段，来处理客户与企业之间的关系，维持较高的客户占有率[376]，其要素构成见表 7-6。

**表 7-6　服务管理构成要素**

| 服务管理构成要素 | 关键点 | 内　容 |
|---|---|---|
| 客户深度洞察力 | 客户知识管理、维修预测、维修提案拟定、维修保证与监督以及竞争情报的取得 | 竞争厂商因为意识到长期维修协定具有相当可观的商业价值，所以积极争取产品售后服务的机会。由于竞争激烈，对于贴牌生产商来说，能否开发、吸引和维持客户关系，就变得极为关键 |

续表

| 服务管理构成要素 | 关键点 | 内容 |
| --- | --- | --- |
| 技术人员能力提高 | 内容管理、资产管理、存货管理、日程安排，以及移动联络 | 贴牌生产商与经销商必须具备“提供给客户所承诺的服务”，以及“创造利润”的能力 |
| 预知保养 | 设备监控装置、设备诊断与维修计划 | 预防保养计划中使用的数据资料可以用来研究更为有效的预防保养方案。一般而言，预防保养中一半以上的工作量会因此而减少 |

“以客户为中心的服务管理”的构成要素，见图 7-25。

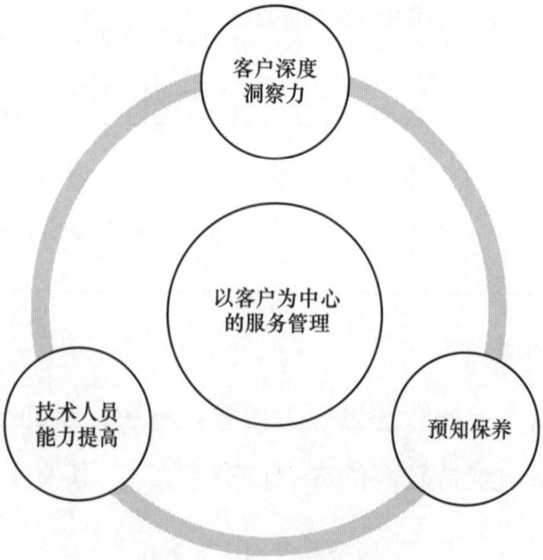


图 7-25 “以客户为中心的服务管理”构成要素

（二）客户关系管理咨询概述

1. 客户关系管理咨询的主要任务

客户关系管理（customer relationship management，CRM）是一种通过建立长期而系统的客户关系来提高单个客户价值的战略。在处理客户关系时，“知识圈”是成功客户关系管理的关键。

客户关系管理咨询项目的主要任务包括：①构建客户关系管理远景并关注业务发展潜力最高的领域；②将客户关系管理远景转变为符合企业实际需要的客户关系管理战略；③通过可靠的客户关系管理过程和系统，确保可维持管理系统的实施[368]。

2. 客户关系管理咨询实施步骤

客户关系管理咨询的实施一般包括三个主要步骤。

（1）目标设定。一般包括：客户需求分析、标杆分析和最佳实践分析、现有客户关系管理的评估、客户关系管理远景、目标系统的开发和潜能的预测，这些措施都属于前期咨询准备工作。

（2）客户关系管理战略和技术方案。一般咨询内容有：包含在整体销售和营销战略内的详细的客户关系管理战略的开发（针对个人的客户对话、个性化服务和客户维持），与客户关系管理系统供应商一起调研技术方案和专业性的客户关系管理业务问题[369]。

（3）客户关系管理咨询。客户关系管理战略和技术方案的实施，如图 7-26 所示。

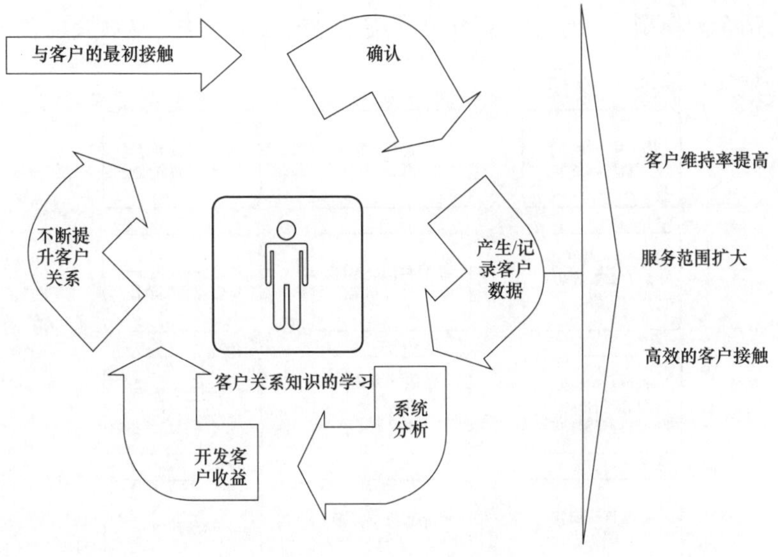


图 7-26　客户关系管理内容

3. 客户关系管理战略开发步骤

客户关系管理战略开发包括针对个人的客户对话、个性化解决方案的提供、客户维持及方案组织实施应用等步骤，如图 7-27 所示。

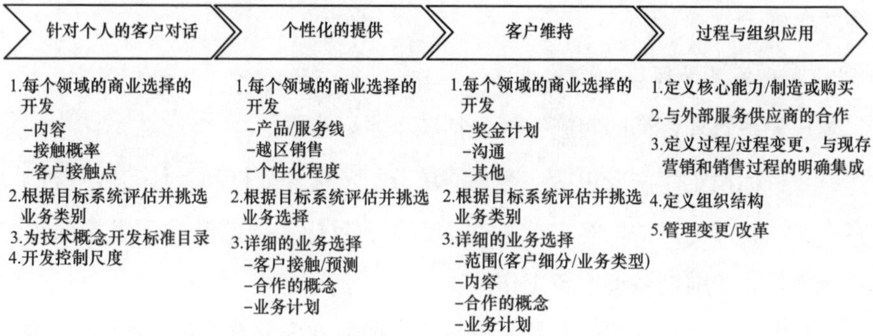


图 7-27 客户关系管理战略开发步骤

## 二、客户关系管理咨询模型方法

### （一）客户关系管理企划模型

1. 26 周营销企划模型

公司从开始有营销构想到营销计划的执行是一连串漫长而艰辛的过程，但通过营销企划模型，从业者可以建立有迹可循的营销方法，从而降低营销构建与执行难度，如图 7-28 所示[377]。

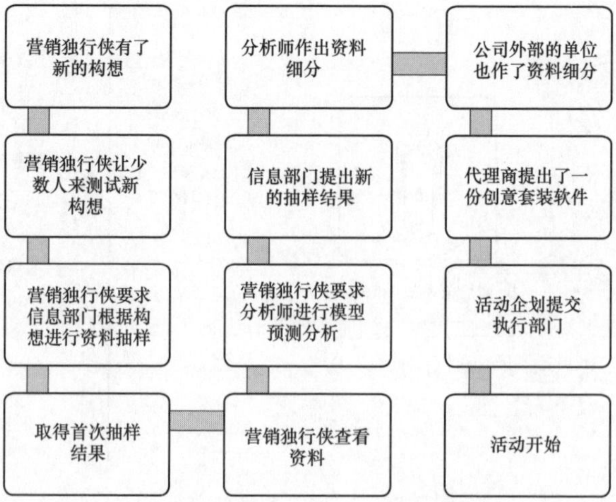


图 7-28 26 周营销企划模型

2. 26 分钟营销企划模型

由品质圈精英组成的跨部门营销团队，审视即时数据资料、产生头脑风暴得出构想、分派工作。他们通过现有经整合的工具与资料得以迅速行动、利用相关技术方法整合电脑资料与执行方式，并开始进行营销活动，同时实现“让活动一炮打响”的愿望，如图 7-29 所示。

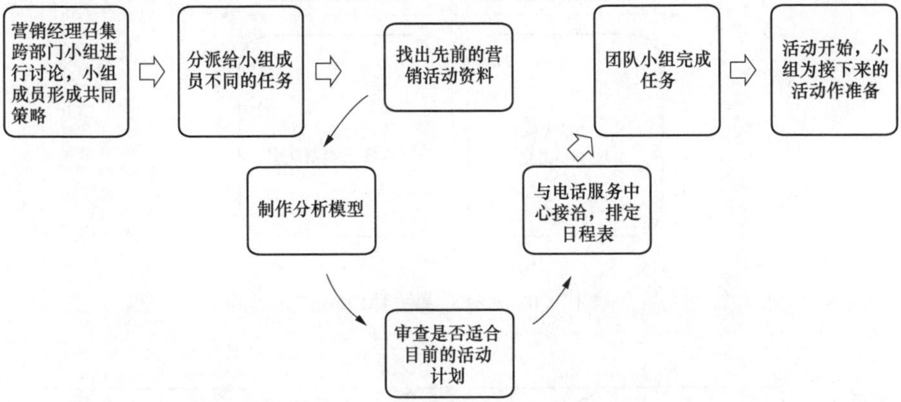


图 7-29　26 分钟营销企划模型

3. FAST 营销管理模型

FAST 是 fertility、advancing、superiority 和 thriving 四个英文单词首个字母的缩写。FAST 指标以人群维度的渗透来衡量生意的长期健康情况，能够更加准确地衡量品牌营销运营效率，同时 FAST 也将品牌运营的视角从短期的追求总成交额（gross merchandise volume，GMV）转化为对品牌价值健康持久的维护，如图 7-30 所示。

4. 品类赋能品牌定位

适用场景为内容营销。该体系以“现代营销之父”菲利普·科特勒的“5A 客户行为路径”为理论基础，梳理出内容能见度、内容吸引度、内容引流力、内容获客力、内容转粉力共 5 个维度的数据指标[378]，具体包括了解（aware）、吸引（appeal）、问询（ask）、行动（act）、拥护（advocate），对品牌全链条、分场景追踪内容营销效果，进行针对性的提升与优化[379]。如图 7-31 所示。

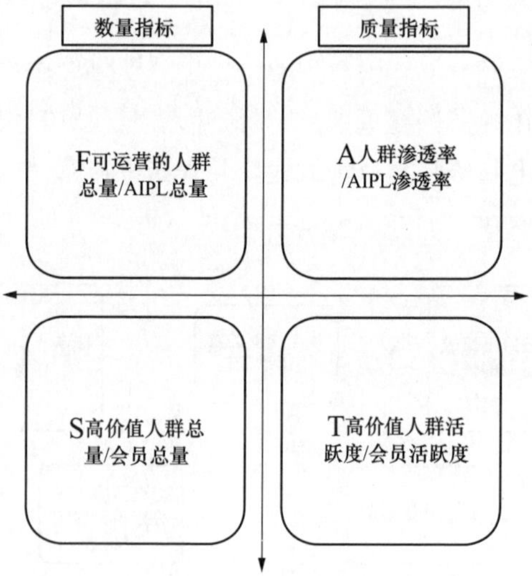


图 7-30　FAST 营销管理模型

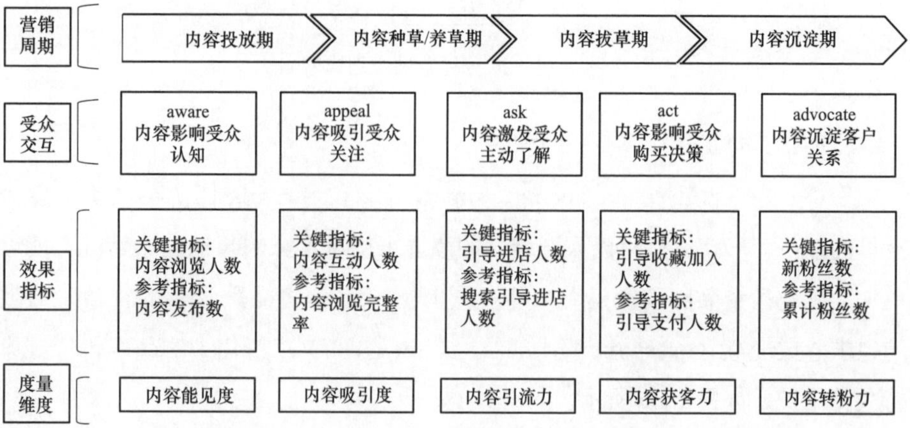


图 7-31　基于 5A 理论衍生的内容营销度评价

（二）消费者行为分析方法

1. 消费行为类型

消费行为类型的划分，如图 7-32 所示。

根据消费者购买行为的复杂程度和所购产品的差异程度，可将购买行为划分为以下种类。

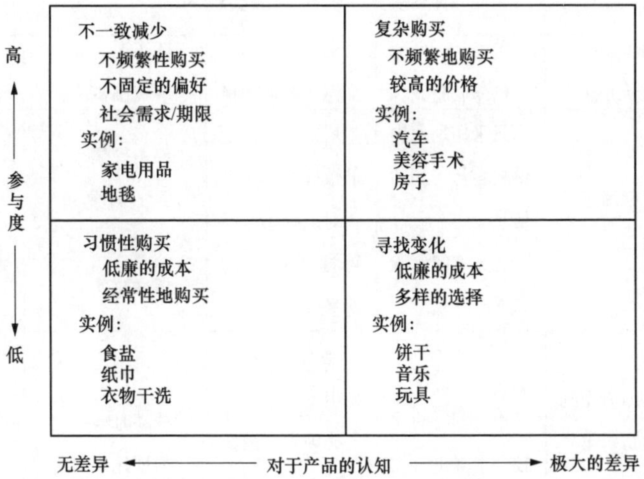


图 7-32　消费行为类型

（1）复杂的购买行为。如果消费者属于高度参与，并且了解现有各品牌、品种和规格之间具有的显著差异，则会产生复杂的购买行为。

（2）不一致减少的购买行为。消费者并不广泛收集产品信息，并不精心挑选品牌，购买决策过程迅速而简单，但是在购买以后会认为自己所买产品具有某些缺陷或其他同类产品有更多的优点，进而产生失落感，怀疑原先购买决策的正确性。

（3）寻求多样化的购买行为。消费者购买产品有很大的随意性，并不深入收集信息和评估比较就决定购买某一品牌，在消费时才加以评估，但是在下次购买时又转换其他品牌。

（4）习惯性的购买行为。消费者并未深入收集信息和评估品牌，只是习惯于购买自己熟悉的品牌，在购买后可能评价也可能不评价产品[380]。

2. 购买行为分析

购买决策过程中的购买行为及其主要特征，见表 7-7。

对产品的需要是消费者产生购买行为的基础，并影响消费者购买行为的全过程。消费者的整个购买过程分为六个阶段，在每一阶段中都存在一个引导消费者向下一个阶段发展的方式，见表 7-8。

表 7-7　　购买决策过程中的购买行为

| 购买过程 | 认知<br>需求认知 | 考虑<br>信息收集 | 偏好<br>评估各种选择 | 购买<br>购买决策 | 忠诚<br>购后评估 |
|---|---|---|---|---|---|
| 习惯性购买 | 通常起因于没有存货 | 只采用别人提供或容易得到的信息<br>在无意间发现新产品 | 通常采用长期的偏好<br>对品牌忠诚但可接受更好的选择 | 经由提醒<br>经过计划或未经计划<br>惯性驱使 | 作少许的评估，除非改用别的产品 |
| 寻找变化 | 通常因为受到满足购物乐趣的驱使 | 作出即时的比较寻求降价 | 通常自然地发生<br>必须符合最低要求<br>愿意尝试 | 冲动时购买<br>依据建议购买 | 进行许多评估<br>在惊讶或失望时会询问 |
| 不一致减少 | 因生活事件或外在影响认知需求（如加薪） | 信任零售商提供的评估<br>依赖销售助理 | 寻求朋友的建议<br>利用直觉、品牌作评估 | 等待好时机（如限量降价）<br>通常为必要性购买 | 进行持续的购买后评估<br>购买者容易后悔 |
| 复杂购买 | 经常由生活目标与长期兴趣驱使<br>有时基于事件与影响力 | 进行大量的搜索与需求评估考虑多项因素 | 寻求专家的建议 | 仔细衡量时间与地点 | 极少进行即时的重新评估 |

表 7-8　　产品购买决策的六个阶段

| 阶段 | 内　容 |
|---|---|
| 知晓（know）阶段 | 消费者个人发现自己真实需要的产品的存在，在这个阶段，一个真实的、能够满足消费者需要的产品是关键 |
| 了解（realize）阶段 | 消费者个人了解产品的效用，消费者购买商品的目的是使用，以满足自己的需要 |
| 喜欢（like）阶段 | 消费者个人对产品产生良好印象 |
| 偏好（partial）阶段 | 消费者个人对产品的良好印象已扩大到其他方面 |

续表

| 阶段 | 内容 |
|---|---|
| 确信（certitude）阶段 | 消费者对产品或销售人员有了“偏好”这个基础进而产生购买愿望，他认为购买是明智的选择，并且不断地强化这个观念 |
| 购买（action）阶段 | 消费者把自己的购买态度转变为实际的购买行动，而且始终坚持他自己所选择的产品 |

上述产品购买决策的六个阶段，消费者从最初接触厂商的某个产品直至转变为购买行为的过程是一个完整的思维活动过程。每个阶段的实际效果取决于消费者的三种基本心理状态：认识（cognition），即消费者个人对产品的认识思维；感情（heart），即消费者个人对产品或销售产品的人员的情绪偏向；意愿（desire），即消费者个人在了解产品的效用后所产生的购买动机。

3. 消费者行为的调整分析

崭新的整合式营销既能带来运用数种策略的契机，使公司得以在整个购买周期内影响消费者行为。许多运用电子营销的传统策略，可以通过影响消费者行为替公司获利，见表 7-9。如果一家公司的产品有独特的优势特质，例如性能较好或有较多的功能，就应该尽力争取具有复杂购买行为的客户。如果产品声誉良好但技术过时，公司就应力求减少不协调的行为。

**表 7-9　　如何调整消费者行为**

| 序号 | 调整行为 |
|---|---|
| | 降低参与度 |
| (1) | 让退货流程更简便（如 Lands，End 公司的保证期限）； |
| (2) | 利用新的二手市场促销流通率高的二手商品（如 eBay）； |
| (3) | 减少购买保证（如“应用服务供应商”，出租业） |
| | 增加参与度 |
| (1) | 提供逐一的比较报告（如 Pricescan. com）； |
| (2) | 增加特有属性（如网站速度、隐私权保护政策）； |
| (3) | 增加价格变动性（如较便宜的在线机票） |
| | 减少认知差异 |
| (1) | 减少提供的版本（如汽车配套选择）； |
| (2) | 增加关于客户体验的报告（如 ePinions）； |
| (3) | 提供免费的样本（如 Amazon. com 的 CD 音乐下载） |
| | 增加认知差异 |
| (1) | 整套销售（如产品配产品，服务配服务）； |
| (2) | 增加可提供的服务项目（非常依赖经验，所以有较大的差异） |

（三）营销流程调整优化

1. 营销价值观创造架构

营销价值观，简单说来就是人们对市场营销的意义、作用、效果和重要性的总体评价。营销价值观及其体系的层次结构由低到高依次为营销产品与服务，营销顾客问题解决方案，营销顾客最大价值的实现[381]，如图 7-33 所示。

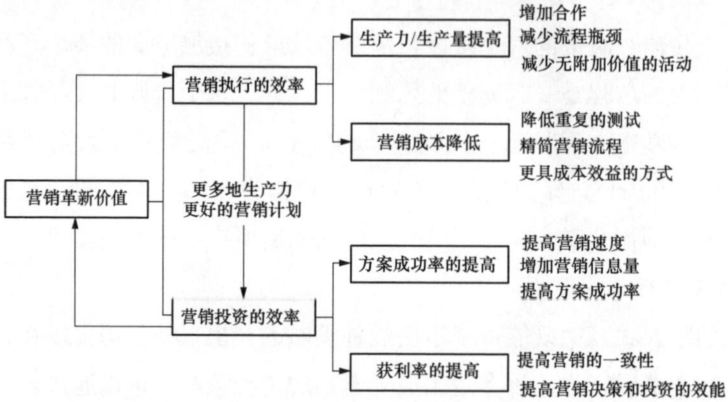


图 7-33　营销价值观创造架构

2. 营销革新的利润

营销革新就是根据营销环境的变化情况，结合企业自身的资源条件和经营实力，寻求营销要素在某一方面或某一系列实现突破或变革的过程。在这个过程中，并非要求一定要有创造发明，只要能够适应环境，赢得消费者的心理且不触犯法律、法规和通行惯例，同时能被企业所接受，那么这种营销革新就是成功的。不同的革新价值驱动者会带来不同的利润增加或者相关成本的降低。营销创新是提高企业市场竞争力最根本、最有效的途径。通过营销创新，企业能科学合理的整合各种资源，并能提高产品的市场占有率，见表 7-10。

**表 7-10　　营销革新的利润**

| 革新价值驱动因素 | 利润范围 |
|---|---|
| 提高生产力/生产量 | 增加营销能力 10%～13% |
| 降低营销成本 | 降低营销相关支出 2%～6% |
| 提高方案的成功率 | 提高毛利（如销售百分比）0.02%～0.03% |
| 有效的资源分配 | 提高毛利（如销售百分比）1%～25% |

3. 营销作业平台建设

营销作业平台用于整合相关资源，用以实施营销方案的平台，具体包括三个组件，见表 7-11。

表 7-11　　营销作业平台组件

| 营销流程 | 辅助工具 | 企业整合 |
|---|---|---|
| 规划 | 辅助工具 | 数据仓库 |
| 营销沟通执行 | 合作 | 企业入口 |
| 活动执行 | 工作流程 | ERP 系统整合 |
| 评估报告 | 项目管理 | 客户关系管理系统整合 |
| | 电子化学习 | |

营销作业平台的建设目标包括：①提升精准营销与个性化服务能力；②关注企业重点业务领域，合理分配资源；③提升信息资产的获取和综合利用能力；④基于大数据建模，实现生产数据自助分析；⑤定制化分析工具，提升团队管理效率和协同能力[382]。

4. 营销流程结构优化

营销流程是把一个或多个输入转化为对顾客有价值的输出活动，以为顾客提供产品或服务为最终目标的组织活动的集合。一个典型的业务流程应该包括六大要素：①输入；②按一定秩序执行的活动；③活动之间的结构（相互关系和作用）；④输出；⑤资源；⑥信息结构。见表 7-12。

表 7-12　　营销流程

| 客户策略/策略方向 | 计划/执行管理 | 客户深度分析/客户管理 | 追踪/报告/评估和报告 |
|---|---|---|---|
| 品牌管理 | 营销沟通管理 | （1）价值化 | 营销计分卡 |
| 产品管理 | （1）活动管理 | （2）细分 | |
| 投资组合管理 | （2）内部管理 | （3）预测模型 | |
| 计划/预算编制 | （3）渠道管理 | | |
| 采购 | | | |

高度策略性的营销流程还应包括：营销沟通和商机管理，通常通过流程重

新设计和技术辅助，迅速提升营销效果。更具策略性的流程，如研发品牌策略，可能会有较长的成效回收期。在任何情况下，都要诊断实际障碍会出现在何处，通过流程优化以进行流程改善[383]。

5. 实践案例研究

佛罗里达州政府的“商业与专业管制部”（department of business and professional regulation，DBPR）是专门从事客户关系管理的政府部门。DBPR认为达成公司目标的最佳方式，是将自身划分为五个负有不同职责的主要部门，见表 7-13。

**表 7-13　　DBPR 五个主要部门**

| 部门名称 | 职　责 | 具体要求 |
| --- | --- | --- |
| 客户服务中心 | 负责所有的客服功能，包括语音与在线资料搜集、执照鉴定查询，以及整个政府部门间的文件往返 | 应能有效减少转接或漏接电话、提供给民众清楚简便的联络方式，并提高政府部门对客户满意度的追踪能力 |
| 资料搜集中心 | DBPR 将在此处理所有的文件申请与资料保存的作业，所有客户服务的文书作业将在此处进行 | 负责处理申请事宜，并替所有的单位保存记录。这些作业是为了减少公共往返的次数，加速证照的核发，并缩短审核复杂申请文件所需的时间 |
| 教育与测试中心 | 负责处理 DBPR 与所有“认证考试中心”的关系 | 安排考试时间，公布考试成绩，与顾问专家合作，对专业预备人员的训练需求进行调研 |
| 认证与稽核中心 | 负责民众投诉、证照持有人的报告书、合同与财务的纠纷、药品的管理、证据追查、账目的审查与点检、无照营业的取缔、公司调查 | 改善客户服务，减少训练人员在处理一般员工工作、审查证书与专业领域中的工作量 |
| 项目处理中心 | 提供与其他四部门不同的专业建议 | 为各部门提高专业运作效率提供协助支持 |

同时，要达成更高效率的运作与更好的客户服务，需要在两个关键部分进行大幅度的改善：“作业流程”（business processes）与“IT”（information technology）能力。DBPR 长年累月的繁杂作业流程，必须简化为规范统一的作业活动。机构内部必须更新技术设备与相关的作业系统，以整合所有资料，

并支持新的作业流程。

（1）完善作业流程。DBPR 首先对 30 个独立作业单位的运作进行了仔细分析，以了解各个单位的专业术语、组织结构与原本采用的技术。在采用这个步骤之后，该机构将各类工作删减整合为九项必要的作业流程。机构职员将可通过这九项作业流程，为任何领域的企业及专业人员提供服务。

（2）提升信息技术能力。在技术层面，该机构将工作重点放在三套主要的“IT”系统的建设方面。

证照核发系统：负责处理整个机构管理的 200 多种执照与许可证，并储存相关资料，以取代现行 60 套不连贯的系统。

客户关系管理与自助服务软件系统：这套系统在与“证照核发系统”整合后，可支持电话服务中心的所有运作。

应用软件服务供应系统：负责维护与协助其他的作业系统，并保管所有的技术零件。

# 附录　中咨公司企业管理咨询业务导则[1]

## 1. 总则

1.1　为适应公司“建设世界一流咨询机构”发展战略要求，推动公司管理咨询业务创新发展，促进本土管理咨询高端业务做强做大，提高公司管理咨询专业服务的质量和效率，根据公司业务管理相关规定，制定本导则。

1.2　本导则所称管理咨询业务，是指集团公司总部各业务部门及所属企业接受委托所开展的各类战略管理咨询、组织设计管理咨询、市场营销咨询、业务流程再造管理咨询、投资及财务管理咨询、风险管理咨询、供应链管理咨询、知识管理咨询、企业文化管理咨询、客户关系管理咨询、对标一流管理提升咨询、信息技术咨询、电子商务咨询、生产运营管理咨询、人力资源管理咨询、企业绩效管理咨询、全面质量管理咨询、公司改制管理咨询、社会责任管理咨询、中小企业管理咨询、非正规部门管理咨询和公共部门管理咨询等各专业领域的管理咨询业务。

1.3　公司开展管理咨询业务，应充分发挥跨行业、多学科的综合优势，发挥公司开展工程咨询评估及产业智库研究优势，根据公司多元化咨询业务创新发展战略目标的要求，积极利用业内优秀资源，组织管理咨询专业人员高端培训，宣传前沿服务成果，分享成功咨询经验，采用先进技术工具，在咨询业务的人员组成、业务流程、分析方法等方面进行研究和创新，逐步形成具有公司特色、内容完善的管理咨询业务流程和方法体系，以适应公司高质量发展的需要。

1.4　公司秉承“敢言、多谋、慎断”的执业准则，“公正、科学、可靠”的行为规范，强化“品牌意识、前瞻意识、进取意识、廉洁意识、合作意识”，

[1] 本导则供中咨公司内部使用，并根据情况变化适时进行修改完善。相关内容仅供参考。

践行“求实、严谨、高效”的专业精神，按照 ISO9001：2018 质量管理体系的要求，为委托单位提供优质的管理咨询专业服务。

## 2. 重点领域

2.1 公司开展管理咨询新型业务，构建传统工程咨询、新型高端智库及世界一流管理咨询协同发展的业务布局，应坚持以下基本原则。

2.1.1 坚持目标导向。紧跟国家战略布局，坚持以实现公司发展战略为目标导向，根据中央企业高质量发展、履行国家战略及满足市场现实需求，不断开拓业务新领域，促进公司咨询业务多元化发展，增加公司高质量发展的“新引擎”，为促进我国经济社会转型及高质量发展服务。

2.1.2 深化品牌运营。发挥公司在高端智库建设、工程咨询评估、工程管理咨询等专业领域积累的传统优势，充分挖掘“中咨”品牌的市场价值，提升公司品牌在管理咨询领域的影响力，为实现公司价值最大化服务。

2.1.3 打造核心优势。发挥公司作为公益类中央企业在相关专业领域的独特优势，实行差别化发展战略，构造在管理咨询领域独特的核心竞争力，为履行中央企业使命及促进公司可持续健康发展服务。

2.2 公司构建管理咨询业务体系，应坚持以下原则。

2.2.1 服务全局

作为以打造高端智库为核心目标的综合性咨询机构，公司管理咨询业务的发展必须符合公司整体战略定位，促进公司整体形象提升及业务布局优化。管理咨询业务不应作为一个孤立的业务单元，而应有机地融入公司业务体系，形成围绕公司全局，相互促进、共同发展的态势。

2.2.2 系统谋划

管理咨询业务领域广阔，服务方式多样，公司应系统研究管理咨询业务培育计划，按照中央企业对标世界一流管理提升的总体部署，稳步推进相关专业领域管理咨询业务拓展。用好公司现有企业管理领域高学历专业人才，在管理咨询技术和咨询方法方面加强业务骨干的培养，完善管理咨询专家队伍，促进跨部门业务协作，完善公司矩阵管理制度，加强管理咨询业务规范和制度建设，做好顶层设计和系统谋划。

2.2.3 重点突破

按照公司目前条件和管理咨询市场特点，公司必须发挥优势，寻找有利的突破口，避免低水平竞争，特别是应首先考虑在与目前的工程咨询、投融资策划、规划咨询联系比较紧密、协同作用比较强的管理咨询领域，以及与公司业务联系比较紧密的客户中取得突破，逐步形成有影响力的咨询品种，为进一步拓展业务奠定基础。

2.2.4 注重信誉

管理咨询产品是在公司工程咨询产品基础上的延伸，同时又是一种完全市场化的咨询服务业务类型，必须讲求信用，注重公司管理咨询品牌形象维护。公司开展管理咨询业务过程中，各部门及所属企业不得各自为战，要遵循公司开展管理咨询业务的总体部署，共同维护管理咨询业务的稳定、健康发展。

2.3 公司开展管理咨询业务的重点范围，包括但不限于以下方面。

2.3.1 企业战略与规划咨询

企业战略与规划咨询又称“全面咨询”，是管理咨询行业重要的传统业务领域，主要涉及企业整体情况，基本目标或使命，经营战略和策略，以及总体规划，组织设计和控制。战略咨询是咨询人员运用各种战略管理理论和战略管理咨询工具，在客观地分析企业外部环境和内部条件的基础上，提供完整系统的战略解决方案以供高层管理者决策的一种专业咨询服务，属于咨询产业中的最高层，主要内容涉及为企业提供战略设计、竞争策略、业务领域分析与规划设计等服务。不同于在某一个职能领域（如财务管理），或涉及某一特定技术（如信息化生产控制或员工激励计划）的咨询业务，要求咨询人员不但要了解委托单位所在行业的具体细节，而且必须具有较强的宏观性、综合性经验，能够全面把握行业走势，以及未来的竞争格局，且具有延展性等特点。企业与管理咨询机构的合作一般都是从战略或全面咨询开始，然后延伸到企业管理的各个领域。战略与规划咨询具有示范性的特点，由于在某一行业内的成功经验往往能够显著提高企业声誉，从而对行业内其他企业产生强大的吸引力。战略咨询应成为公司拓展管理咨询业务的主要切入点。

公司在战略与规划咨询领域具有较大潜在优势。一是公司本身具有宏观、综合性优势和行业发展趋势分析经验，是从事战略与规划咨询所必不可少的基础；二是公司人才队伍的多元性使公司能够较好地把握客户所在行业的具体技术细节，成为公司开展管理咨询业务所具备的重要专业特色；三是公司与众多大型企业建立的长期稳固业务联系，是公司开展战略与规划咨询的基本客户群体。公司各部门及所属企业开展企业战略及发展规划咨询，应拓展咨询视野，突出企业战略、竞争条件分析，规范分析角度与方法，以显著提高咨询成果的附加值，增强专业咨询服务的科学性和可操作性，并带动公司其他咨询业务的发展。

2.3.2 企事业单位改制咨询

传统国有企业、事业单位、社会组织和地方政府投融资平台转制步伐加快，催生了巨大的企业化改制和运营效率提升需求，是具有中国特色的管理咨询业务重要领域，主要包括公用事业企业化、民营化改造咨询，事业单位企业化转制咨询，非企业组织内部运营管理咨询，部分国有企业现代企业制度改造咨询等。接受改制咨询的客户对咨询方案的政策性要求高，需要综合考虑企业经济效益和社会效益，兼顾企业职工和社会公众利益，需要充分考虑被咨询单位的历史及未来发展方向定位，是公司承担这类管理咨询业务的优势所在。

2.3.3 企业重点业务发展战略与规划咨询

越来越多的大型企业对多元化业务采取板块、业务单元管理，每个业务板块在战略和规划方面具有相对的独立性。这些板块和单元的战略和规划既不同于集团战略，又不同于具体产品策略，需要将企业战略管理知识与对具体行业的深入理解紧密结合，而且行业发展规划往往与投资计划紧密联系，成为公司在管理咨询领域能够有效发挥行业优势的重要业务领域。

2.3.4 重点产品选择及市场调研咨询

随着企业市场竞争主体地位的加强，以及各类投资主体投资自主权的落实，企业面临的市场风险进一步加大，对产品市场调研、重点产品选型咨询的需求量进一步增大。由于企业重点产品的发展往往伴随着新建和技术改造项目的实施，成为管理咨询业务中与工程咨询联系最为紧密的领域，同时也是促进公司发展战略规划咨询、投融资策划咨询及管理咨询联动发展的重要领域。开展重点产品选择及市场调研理应成为公司工程咨询业务向前延伸承担管理咨询业务的重要业务发展方向。

2.3.5 专业职能管理咨询

企业管理咨询涉及企业的财务管理、企业文化、风险管理等各个职能管理领域，包括公司财务咨询、市场营销咨询、组织设计咨询、业务流程咨询、风险管理咨询、供应链管理咨询、知识管理咨询、企业文化咨询以及客户关系咨询等职能领域。特定职能领域的管理咨询，其主要特点：一是专业性强，对咨询人员要求高；二是与企业短期经济效益联系紧密，容易取得短期效果；三是业务连续性强，“回头客”多。公司应通过利用在项目优化、企业诊断、投融资策划、规划咨询等方面的专业经验，与其他机构加强合作，重点向与企业投资管理较为紧密的职能领域延伸，将其纳入公司管理咨询产业链条，并逐步拓展形成具有公司特色的管理咨询业务网络体系。

公司拟开展的职能管理咨询业务主要包括：

（1）组织设计咨询。组织结构涉及企业的部门设置以及部门之间的业务关系。企业组织架构是一个企业的管理枢纽，是企业资源整合和执行力提升的必备条件。在组织结构设计中，要坚持组织结构设计与公司的战略规划相一致的原则，强调组织结构的设置应为完成组织目标而服务，秉持组织结构服务战略目标的首要原则，要在明确企业发展方向和经营战略的基础上，对企业业务活动、经营现状和现有组织结构进行分析研究，诊断现有组织结构存在的问题，提出改进措施方案，以便充分利用企业资源，提高管理效率，实现企业经营目标。

（2）市场营销咨询。咨询顾问运用市场营销的理论与方法，深入调查和分析企业的市场营销环境与市场营销活动的现状，从而发现企业面临的风险、威胁、衰退危机和企业发展的市场机会，帮助企业解决现存问题，改善和创新企业的市场营销活动，使企业能够更好地躲避风险，迎接挑战，战胜衰退危机，抓住并创造市场机会，促进企业获得快速、持续繁荣发展。

（3）业务流程咨询。业务流程是企业运行的神经系统，是指导企业运作活动遵循的路线，与制度和结构共同构成企业管控体系的三大要素，是进行企业战略管理的重要工具。咨询顾问运用相关专业知识对企业的业务流程进行根本性地再思考和再设计，从而获得在成本、质量、服务和速度等方面业绩改善的咨询过程。包括帮助企业以先进的制造技术、信息技术以及现代化管理手段，最大限度地实现技术上的功能集成和管理上的职能集成，以打破传统的职能型组织结构壁垒，建立全新的过程型组织结构模式，从而实现企业经营在成本、质量、服务和速度等方面的突破性改善。

（4）财务管理咨询。财务管理咨询专家运用各种财务管理方法，对企业的财务经营状况进行全面的深入调查分析，从综合反映公司财务管理的财务指标分析切入，寻找薄弱环节，深入分析影响各项指标的财务因素和管理因素，并找出关键影响因素，根据公司战略对财务管理的要求和公司实际情况，提出具体改进措施并指导其实施，从而提高企业财务管理水平和企业财务效益。

（5）风险管理咨询。咨询人员在对企业经营环境与业务流程进行全面深入调研的基础上，根据企业总体战略规划、组织机构与资源配置计划，分析企业各业务单元、各项重要经营活动及其重要业务流程中存在的各种风险，再对识别出来的相关风险因素进行分类，采用特定的专业方法进行全面的风险评估，根据企业发展战略、行业规定与相关法律法规，对企业运作流程、内部控制与风险管理提出行之有效的改善建议，以提高企业运营的效率和效益，并在企业现有的风险管理组织体系的基础上，帮助企业建立全面风险管理组织体系。

（6）供应链管理咨询。供应链管理咨询是对贯穿其中的产品流、信息流、资金流的集成管理咨询，目的在于提升客户价值，降低供应链成本。主要包括生产运营管理、采购供应管理和物流管理等专业领域的管理咨询。需要咨询人员协助企业整合并优化供应商、制造商、零售商的业务效率，使商品以正确的数量、正确的品质、在正确的地点、以正确的时间、最佳的成本进行生产和销售，从而达到有效性管理，提升企业供应链竞争优势。

（7）知识管理咨询。咨询人员为客户提供梳理知识资源，规划知识活动，搭建知识保障体系，规划知识管理系统等服务，协助客户实现知识成果的组织积累，整理公司内部知识，宣传知识管理的必要性，推动知识的传递和使用，建立知识管理流程和制度，推动知识管理健康运作。知识管理咨询需要进行企业信息化现状分析评估，以及知识管理信息系统战略和建设规划，以增加组织的知识创造能力，提高企业的核心竞争力，实现企业知识管理的可持续性。

（8）企业文化咨询。企业文化建设是一项系统工程，包括对企业文化体系持续的宣贯、实践、传播、创新和提升。咨询人员需要在对企业文化建设、企业文化管理现状深入分析的基础上；协助企业进行理念提炼、制度和行为规范、形象文化设计，并辅导客户进行企业文化宣贯与导入，以及为企业文化落地建立系统性的管理机制，推动完善企业文化体系建设。通过建立企业文化运行管理制度，定期审查企业员工行为，保证企业文化持续适应企业战略管理要求并不断进行调整优化。

（9）客户关系管理咨询。客户关系管理是一种通过建立长期而系统的客户关系来提高单个客户价值的战略活动，咨询师需要基于客户导向对企业进行业务流程的梳理、优化与再造，按照客户细分情况有效地组织企业资源，培养以客户为中心的经营行为，实施以客户为中心的业务流程，并以此为手段来提高企业的获利能力、收入及客户满意度。

### 2.4 公司管理咨询重点目标客户群

公司作为我国管理咨询领域具有独特背景及特殊优势的公益性中央企业，应根据自身的特殊优势，锁定特定目标客户群，进行重点突破，尽快形成自身独特优势，以便在我国管理咨询领域的市场细分中占据稳定地位。

#### 2.4.1 重点国有企业

重点国有企业在我国的经济社会发展中居于核心地位，是我国经济社会发展的命脉。面对日益激烈的市场竞争和国资监管体制改革需要，国有企业对提高经营管理水平需求日益迫切。特别是我国推动实施国有企业对标世界一流管理提升活动，对推动国有企业和国有资本治理体系及治理能力现代化提出更加迫切的要求。公司是国资委管理的大型骨干咨询机构，在重点国有企业的战略规划研究、国有经济战略结构调整、对标世界一流管理提升等管理咨询领域，不仅可以为国有企业提供服务，而且还可以为国有资产管理部门提供高端咨询服务，是公司承揽管理咨询业务的最重要目标客户。

2.4.2　公共部门

公共部门包括各类社会公益性机构、提供社会公共产品服务的各类机构部门。公共部门的管理咨询一直是非常活跃的管理咨询领域。我国过去市政基础设施、公用事业等领域由政府部门直接经营，或者由政府部门的代理机构经营。随着政府职能转变，推动公共部门治理体系改革及管理能力提升，积极推动事业单位的企业化改制，公共事业部门引入民间资本进行企业化、市场化运作的要求日益迫切，政府部门自身的专业化运作需求日益提高，使得政府机构及事业单位的管理咨询呈现出快速增长态势。不同于企业单位，公共部门的目标更具有政策性、多元化特点，咨询难度相对更大，不同客户所面临的问题更为特殊。公司自身所具有的特殊的国有企业背景，具有多年为政府及各级公共事业单位提供专业化咨询服务的经验和能力，在为公共部门提供专业化管理咨询服务方面具有特殊优势。

2.4.3　军工企业

国防工业及其配套服务部门在国民经济中占有重要地位，是管理咨询机构极力争夺的服务对象。我国国防科技工业领域的投资体制改革经过多年酝酿，逐步开始迈出实质性步伐。随着国资监管体制改革的推进，军工企业正面临着巨大的绩效考核压力，迫切需要提高适应市场竞争的能力。由于军工企业的特殊性质，决定了外资及民营管理咨询机构难以全面进入这一市场，而且军工行业内部尚未形成较有影响力的管理咨询机构，使得军工企业的管理咨询成为尚待进一步开发的重要领域。公司通过承担国防军工重点建设项目咨询评估工作，建立了较为广泛的市场联系渠道和较高的市场信誉，可以通过加强军工企业管理咨询工作，进一步巩固公司在国防军工咨询领域的优势地位。

2.4.4　民营企业

民营经济在我国一直呈现快速健康发展的态势，但是由于受到历史和现实条件的制约，相当一些迅速发展起来的民营企业的管理能力与其发展需要出现脱节，但是因为文化理念不同、对行业把握不准等原因，国外管理咨询机构在为这些机构服务时往往水土不服。公司应发挥本土专业咨询机构的独特优势，积极开展民营企业战略规划等管理咨询业务。

2.5　发挥公司独特综合优势

2.5.1　全产业优势

公司咨询业务涉及行业齐全、门类完整、链条完善、领域全面，有能力开展跨行业、跨部门、跨学科、跨领域的研究，在事关国家经济建设和社会发展的重大领域和热点问题方面，为国家提供全方位的高质量专业咨询服务，为开展管理咨询提供了多维度专业经验。

2.5.2　全领域优势

经过多年发展，公司已经建立了覆盖国家重大战略、重大规划、重大布局研究、重大工程项目咨询评估，以及项目周期全过程各环节专业咨询等全链条的咨询服务体系，通过宏观战略、中观规划、微观项目咨询的有机结合，可以为企业管理咨询提供观察经济社会发展的全新视角、全局视野。

2.5.3　全过程优势

我国关于推行全过程工程咨询服务的相关政策提出，鼓励咨询单位根据市场需求，从投资决策、工程建设、运营服务等项目全生命周期角度，发展多种形式的全过程工程咨询服务模式。公司依托传统的工程咨询评估业务，不断扩展专业咨询链条，形成了覆盖投资策划、工程设计、工程管理、工程监理等项目决策至运营各个环节的咨询服务能力，成为开展管理咨询的重要优势。

2.5.4　服务中央企业优势

公司在国资国企发展改革咨询服务领域，围绕国资投资监管、三级规划体系、科技创新、改革攻坚等重大问题开展研究，承担起智库型中央企业在服务国企改革中的作用担当，并积极延伸开拓国有企业专业咨询服务市场，陆续为中央企业提供战略规划、布局策划、资源配置研究、投资策划、项目评估及后评价、风险管理等一系列管理咨询服务，形成独特优势。

2.5.5　人才队伍优势

公司拥有一支既有扎实理论功底，又有丰富实践经验，专业结构日趋合理，年龄结构形成梯次的人才队伍，一批业务骨干逐渐成长为行业领军人才，并建立了专业门类齐全的常用专家队伍，为开展管理咨询业务积累了突出的人才优势。

## 3. 业务组织

3.1　组建项目咨询小组

3.1.1　咨询业务的组织是指咨询公司按系统职能设置的业务部门。咨询服务的组织形式和隶属关系不同，特点不同，专业各异，规模大小也不同，其业务组织机构没有固定模式，但应适应公司规模、业务范围和管理跨度等的具体要求。公司应在现有业务部门的基础上，针对管理咨询业务开展的具体需要，构建多样化、多层次的管理咨询业务组织模式，并要做到组织合理、机构健全和机制完善，有利于高质量地完成相关管理咨询任务。

3.1.2　在管理咨询业务接洽与执行中，公司应选派一名具有一定层次和较强管理咨询理论、经验的负责人（首席咨询顾问、技术负责人、部门经理等）代表公司与客户企业高层开展业务联系，并对咨询工作进行全面把握。对于重要项目，还要由公司高层组建项目推进小组，全面负责项目的实施。

3.1.3　公司管理咨询业务代表的具体职责包括：①按照对等原则与客户企业开展业务接洽；②负责项目工作各类计划的审批，并监督、控制计划的实施；③负责客户需求的确认；④负责项目运作过程中组织项目组进行方法论的选择。

3.2　选择咨询顾问

3.2.1　公司承担管理咨询任务的项目小组中，应配备若干名管理咨询顾问，在项目经理的指导下负责实施某一方面的咨询工作。咨询顾问由项目经理按照拟承担的管理咨询内容选定，一般要考虑其专业背景、工作经验，并且要注意多名咨询顾问之间的团队合作。

3.2.2　咨询顾问应履行的职责包括：①负责项目各类相关资料的搜集；②负责访谈提纲、市场调查提纲的编制；③负责访谈实施，并编制访谈总结；④负责调查访谈计划的编制及实施，并出具调查报告；⑤负责项目报告的撰写；⑥完成项目经理交办的其他工作。

3.3 选择咨询助理

3.3.1 为了提高专业人员的工作效率，项目小组一般配备一名项目助理。项目助理由专业能力较低或实习人员担任，主要负责项目小组内的事务性工作，具体职责是：①负责项目组各类资料的收集、汇总、保管及整理归档，确保资料完整、查找快捷；②负责项目期间各类会议的会议记录，整理会议纪要；③协助项目经理与客户接待方协调工作日程安排、生活安排等有关事宜；④负责管理项目组内部资产和财务管理，并办理项目组费用的借支及报销手续；⑤负责项目组的考勤等其他后勤事务性工作；⑥完成项目经理交办的其他工作。

3.3.2 为了有效推动实施管理咨询业务，根据任务需要，公司还应邀请相关领域的咨询专家及高端学者加入到咨询工作中，并应按照公司有关专家管理的要求执行。

3.4 矩阵管理模式的应用

管理咨询业务的专业性和综合性双重特点决定了该项业务必须以矩阵方式进行项目组织，发挥公司各专业部门的综合优势，组建高质量的管理咨询项目团队，对外开展业务合作，对内加强理论、方法研究和人才培养，并对各部门的管理咨询业务提供技术、人才支持；各业务部门要发挥专业优势，大力开拓管理咨询市场，形成公司各部门分工明确、相互配合的咨询业务组织体系。

3.5 客户全过程参与

3.5.1 在管理咨询工作的整个过程中，客户领导层和全体员工的积极参与至关重要。公司承担管理咨询任务的项目组应引导客户企业建立顺畅的信息交流渠道，加强沟通协调，及时总结经验，加强引导确保管理咨询目标的实现。

3.5.2 为保证整个咨询过程的顺利进行和咨询方案的有效实施，客户企业一般要成立项目领导小组和项目小组，项目领导小组由高层管理人员负责，其主要职能是对咨询工作和项目小组的工作起指导和促进作用。项目小组由直接负责本次咨询活动的中层和基层人员组成，负责与咨询项目团队的联系与配合工作。

3.6　管理咨询业务

管理咨询业务应根据时间性强、涉及面广、内容复杂等特点要求，在开展咨询工作时，按下列流程进行。

3.6.1　业务接洽

该阶段应通过洽谈和协商，明确咨询双方是否有合作的意向。具体应按下列步骤进行。

（1）初步接洽。咨询双方的初次接触，可能是客户慕名而来，可能是第三方介绍而来，或公司主动联系。管理咨询领域“首次印象”非常重要，因此对初步接洽应予以高度重视，并通过妥善安排初期接洽，展示公司形象，提升委托方信心。公司派出的接洽团队中，应有与对方人员对等的管理人员代表；至少配备一名具有较为丰富的行业经验及咨询工作经验的项目经理，并吸收管理、行业等咨询人员参加，以便在有限的接触中准确理解客户的要求和意图、介绍咨询工作、树立自身形象、衡量接受委托的条件。在初步接洽阶段，应当与委托方进行正式会晤，会晤对象应是客户方对拟咨询内容具有管理权限的高层管理人员，以便准确了解和把握客户需要。了解客户欲在其组织中达到什么目标、进行什么变革，以及咨询顾问能够给予什么帮助，明确双方各自的角色，根据对问题的初步分析准备项目计划。为准确把握客户需求，可要求对方介绍企业发展过程，提供企业相关资料，参观企业等。

（2）研究回复。为作出正确判断，公司代表除与客户进行直接接触之外，还需组织开展必要的间接调查，确定是否有实质性合作意向。有合作意向时要与客户提出双方合作的初步方案，供客户考虑。没有合作意向时，也应以适当方式做出答复。

（3）深入商谈。经过初步接洽，如果客户有合作的意愿，双方需要就公司提出的初步方案或项目建议书草案进行商讨。如果双方能达成一致意见，咨询工作就进入下一阶段；否则，双方的接触到此结束。

3.6.2　预调研和接受委托

该阶段应通过快速、全面的调查，明确客户的关键问题，共同确定咨询课题，并签署咨询协议。具体工作步骤如下。

（1）预备调查。预备调研是为了确定咨询课题而进行的一次短期的综合性调研。双方要做好相应准备并在调研中积极配合。根据需要，预备调研可包括文档调研和现场调研。公司要组建项目组，由项目经理组织拟定调研计划，必要时准备调研提纲或表格。调研过程中，调研组首先要根据咨询的具体领域，听取企业相关领导和管理人员介绍工作现状及存在的问题，通过参观企业等活动形成对企业的直观印象。调研结束后，项目组应研究企业提供的材料，对企业环境中的机遇、威胁，竞争中的成功关键因素，企业内部的优势和劣势以及客户的关键问题，形成基本观点。

（2）确定课题。确定咨询课题一般分两步。首先，项目组根据紧迫性、可行性、实效性和收益性的原则，对客户存在的各项关键问题进行分类排队，内部形成对咨询课题的统一认识；与客户企业领导交换意见，了解企业领导对企业存在问题的看法和对咨询服务的要求，统一双方对关键问题及咨询课题的意见、服务方式等认识。其次，项目组在此基础上，要对咨询任务进行细分，制定各分课题的咨询计划，包括工作方法、日程安排、咨询人员、工作时间、预期目标、大致的费用等，并以书面形式（通常称之为项目建议书）提交客户，作为双方咨询合同商讨的基础。

项目建议书一般包括如下内容：封面、目录表、建议的依据、表达对此项目的兴趣、对任务的阐述，对项目目标的理解、对咨询项目采取的方法和途径、项目流程图、咨询服务范围、咨询服务的进度安排、交付或提供的服务及其最终产品、项目组成人员名单和组织图、公司经验或具体项目的业绩、项目组人员的简历及业绩等。

（3）签订合同。咨询双方以咨询建议书为基础进行商谈，在达成一致意见后，形成咨询合同书，并正式签订合同。合同的签署程序应纳入公司质量管理体系，履行公司合同评审的相关程序。

### 3.6.3 咨询诊断

通过深入调查分析，对企业的经营现状进行调查研究和综合评价，判断各课题领域内的问题及原因，提出具体、系统、可行的改善方案，并对改善方案的实施进行细致安排。具体工作步骤应包括深入调查研究、分析问题原因、拟定咨询方案和提交咨询报告等环节。

（1）深入调研

在预备调研的基础上，围绕咨询课题展开深入调研以弄清问题的细节和各因素之间的关系。各分课题的咨询人员要分步确定调研目的、调研对象、调研步骤、调研项目和调研方法等，制定调研方案、界定调研范围，经项目经理审核并协调各课题工作关系后执行。项目经理负责指导各课题组的调研工作，控制调研进度等。深入调研一般包括下面三个方面的工作。

1）综合调研，弄清问题的细节及原因。在这个阶段，企业要落实配合协助部门和人员，落实任务和责任；召开企业情况介绍会，由企业高层领导和有关部门负责人介绍各自职能管理情况；咨询人员与企业重点部门的负责人和有关人员面谈，并索取有关资料。根据完成管理咨询任务的需要，咨询人员可征得企业同意进行问卷调查。运用多种专业分析工具，分析研究所掌握的资料；把分头调查到的情况汇总，将问题进行归类。

2）专题调研，咨询人员要深入企业生产和管理现场，收集第一手资料；与现场管理人员和操作人员面谈，听取他们对问题、原因及解决方案的意见和设想。

3）向企业提交中间报告。中间报告可不拘形式，采取口头报告或书面报告等形式；中间报告的重点是说明问题的原因和解决问题的思路。

（2）分析问题

分析企业现状和理想状态之间的差距，研究存在的问题。要把问题缩小到简单易懂的、能够处理的范围里，找出重要性高或紧急性高的事情之后，再进入查明原因的阶段。项目组要分析问题的实质，分析发生问题的根本原因；同时分析解决问题的可能性与条件，为制定咨询方案奠定基础。要重点分析企业管理存在的实质性问题，并深入分析导致这些问题的管理或运行机制原因，由表及里地寻找产生问题的真正原因和解决问题的障碍，探索解决问题的出路。

（3）拟订方案

制定咨询方案是管理咨询的关键性步骤。要在弄清问题实质及其根本原因的基础上，为解决问题制定各种咨询方案，并对其可行性和实效性进行评价，对方案进行修改完善，形成咨询报告，提交给客户。为解决问题而制定的各种咨询方案，应对其可行性和实效性进行分析评价，对拟提交的方案建议进行修改完善。由于调查分析任务繁重，咨询工作往往不能严格如期完成，造成拟订方案时间紧迫。项目组遇到这种情况，要从客户的利益出发，与客户磋商，争取更多的时间，以提供若干更完善的可行方案，供企业选择决策。

拟订咨询方案的工作应包括以下步骤。

1）形成总体思路。该思路应在项目组内外集思广益的基础上产生，并由项目经理正式提出；

2）根据总体思路，各分课题组分别制定具体咨询方案。在项目经理的主持下，集体讨论研究，协调各课题方案，形成若干项系统性的总体咨询方案；

3）改进方案，对各方案（包括总体方案及其包含的课题分方案）进行评价，选择最满意的方案。要尽量征求企业有关领导和管理人员的意见，每个改进方案都应有预计的实施效果和实施的具体条件，都应是具体可行的；

4）方案选定，在征求委托方意见的基础上，选定作为咨询建议的解决方案予以正式提交。

（4）提交报告

把正式咨询调查分析的成果及咨询方案撰写成文字简练、图示清晰的咨询报告，提交给客户。咨询报告分总报告和各专题报告。

1）总报告的主要内容包括：客户概况及咨询课题；咨询目标、方针、计划和组织实施过程；咨询报告的总体思路、各专题方案之间的关系；各总体方案预期的效果及实施中应注意的问题。

2）分专题报告主要包括：专题的问题及原因分析；该专题的咨询方案及其预期效果；该专题的咨询方案在落实过程中与相关部门的关系及应注意的问题，以及列入报告附录的调查结果。

咨询报告的撰写，要在小范围内审查，听取客户有关部门的意见，检验咨询报告发表的效果，以便做最后的修改与补充完善。如果咨询方案被企业决策者采纳，咨询报告得到最终承认，则本阶段的工作结束。如果客户企业还希望咨询人员继续帮助实施相关咨询方案，咨询工作则延续到实施阶段。

### 3.6.4 组织实施

该阶段的目的和任务是帮助客户企业实施咨询方案，使整个咨询工作产生实效，通过指导方案的实施、总结经验教训。

指导实施是指咨询人员继续留在客户企业中，帮助实施咨询方案，推行管理变革。咨询人员应提供以下帮助：对客户负责实施咨询方案的人员提供培训和指导，明确咨询方案的实施范围、责任、进度安排和实施方式，并在实施初期负责对实施计划进行调整和修改，具体商讨对方案实施效果的评价标准。一旦客户具备独立实施方案的能力，咨询人员应适时退出。

3.6.5　跟踪评价

为保证方案实施的效果，在方案正式实施一段时间之后，应定期与客户保持联系，对实施过程中遇到的各种问题给予及时解答。跟踪评价同时应成为巩固客户关系及加强客户关系管理的重要举措。

3.7　咨询收费

3.7.1　公司承担的管理咨询任务取费，一般采取总价计算、分项详细计算和按照结果收费三种方法。总价收费，应根据以往经验和客户委托任务的内容确定咨询项目收费总价，包干使用。

3.7.2　分项详细计算收费，应按照公司提供管理咨询服务所发生的各类成本逐项计算确定咨询收费，其构成如下。

（1）人员费用：根据项目组每名工作人员的单位时间取费标准和参加项目的时间相乘计算得出。咨询公司收取的人员费用主要包括人员工资、福利、培训、办公条件等费用。

（2）差旅费用：包括咨询人员交通费、在外工作期间的餐饮、住宿等费用。此项费用的计算标准可以采用总价估算，也可以按实际发生的费用向客户收取。此外，在一些咨询合同中，可以规定由客户单位提供食宿等。

（3）知识产权费用：如果在向客户提供的咨询服务中包括了某些具有知识产权的内容（如外购的计算机软件），则可以将知识产权费用单独列出。

（4）其他费用：包括文印等直接用于该项目的费用。

（5）税金：公司负担的所得税、增值税等税金及附加。

（6）公司利润：指公司在此项咨询业务中获得的毛利（其中还要包括公司的各项期间费用、税费等）。利润比率应综合考虑不同项目的差异而确定。

3.7.3　根据结果收费，也称“有条件的酬金”，应体现如下特征：（1）费用只在取得了具体、确切的成果后才支付；（2）费用的多少取决于取得成果的大小（如资源节约、利润提升）。咨询人员不是为在客户办公室花费的时间，或撰写报告所付出的时间进行收费，而是为取得的最终结果收费。只有当效果既真实又可以衡量时，客户才会付费，而且支付的费用与获得的成果直接挂钩。这种收费模式有利于鼓励积极进取和创新精神，但在实践中易于导致过于注重短期效果而忽视客户的长期利益，因此应恰当采用。

# 4. 能力建设

4.1　公司管理咨询专业人员能力提升

4.1.1　公司应重视自身管理咨询专业人才的培育工作，包括对新入职员工的培训和现有职工的在职培训。入门培训要求强调培训的个性化和实践性。培训方式包括课程学习、现场（在岗）培训和个人自学。在实际工作中，应在资深咨询专家的带动下，不断提高公司管理咨询从业人员的专业熟练程度，带动新人不断适应新的管理咨询领域。现职人员的培训提高应采用多种行之有效的方式，包括由资深咨询人员进行专业指导、参加专题研讨会、通过公司的知识管理不断积累和获得相关技能，引导在职人员阅读相关专业资料，开展专题研究等。

4.1.2　公司管理咨询专业人员能力提升应包括以下方面。

（1）知识能力，包括：①迅速而轻松的学习能力；②观察、收集、选择和评价事实的能力；③良好的判断能力；④演绎和归纳推理能力；⑤综合和概括的能力；⑥创造性思维的能力。

（2）工作合作能力，包括：①尊重并宽容别人；②预期并评价别人反应的能力；③善于同人接触；④获得信任和尊敬的能力；⑤礼貌和良好风度。

（3）交往、说服和动员的能力，包括：①倾听的能力；②熟练的口头表达和书面交流能力；③知识共享，领导和训练别人的能力；④说服和动员的能力。

（4）智力和情绪的成熟程度，包括：①举止行为的稳定性；②独立做出不带偏见结论的能力；③承受压力并在受挫折和不稳定条件下生活的能力；④做事保持沉着、冷静和客观的能力；⑤在任何情况下都能保持自我克制的能力；⑥灵活适应环境变化的能力。

（5）自信和首创精神，包括：①恰当的自信；②健康的志向；③企业家精神；④行动上有勇气、积极性和毅力。

（6）品德和正直，包括：①真诚助人的愿望；②最大的诚信；③有自知之明；④承认错误和在失败中吸取教训的能力。

（7）身心健康。

4.2　外部专家网络建立

4.2.1　公司应根据管理咨询业务发展需要，及时更新公司专家库人员构成，吸收一批管理咨询领域的知名专家，充实到公司的专家队伍中。在公司专家学术委员会内部成立管理咨询行业专家组，由管理咨询领域的资深专家组成，形成公司开展管理咨询业务的专家基础。

4.2.2　公司管理咨询专家队伍的建设，应严把质量关。进入公司专家学术委员会的管理咨询专家，应是管理咨询某一专业领域有较深造诣的专家，包括行业分析专家、企业诊断专家、企业战略规划专家、企业理财分析专家、企业信息化咨询专家等。

4.3　知识管理体系建设

4.3.1　个人专长及公司员工的知识和技能，以及管理咨询方法和咨询报告编写模式等构成公司管理咨询知识资源。这些资源的维护和开发是确保公司管理咨询业务稳定发展的基本要素。公司管理咨询的知识管理必须保证即使员工离开公司，所有的信息和知识都仍然留在公司。

4.3.2　纳入公司知识管理体系的管理咨询相关知识主要包括：①为特定客户完成管理咨询项目的知识；②类似项目的知识和经验（对其他客户）；③有关客户的知识和信息；④部门的知识和信息（分支机构、部门、行业等）；⑤咨询市场环境的知识和信息（业务、竞争、法律、社会等）；⑥有关咨询服务的知识和技术诀窍：方法、模板、专家意见等；⑦各类专题知识；⑧项目管理和咨询方法的知识；⑨各类专业咨询服务部门的知识（竞争者、合作者、网络、协会、专家意见的来源等）；⑩个人技能等隐性知识。

4.3.3 信息技术是进行知识管理的重要手段。公司应重视建立管理咨询知识管理的信息平台，加强知识管理基础设施建设，通过快捷、高效的网络系统和标准化的软件支撑，确保公司管理咨询知识共享，建立咨询专家之间交流和协作的专业知识信息网络平台。

# 5. 质量保证

5.1 管理咨询业务的开展

管理咨询业务的开展应纳入公司发展战略规划的总体框架，与咨询评估、工程管理、规划咨询、投融资策划及全过程咨询业务协同推进，严格按照公司咨询产品质量保证体系阐明的公司质量方针和质量目标，开展质量策划、质量控制、质量保证、质量改进和实施质量管理，以保证公司有能力稳定提供满足客户要求的管理咨询专业服务。

5.2 完善质量控制制度

5.2.1 公司管理咨询业务的开展，应纳入公司 ISO 质量保证体系，加强质量管理，严格按照公司质量方针和质量目标管理，以保证提供满足委托单位要求的咨询服务。质量控制应坚持以下原则。

(1) 遵守国家有关法律、法规和政策、执行行业自律性规定，承担公司的社会责任，始终坚持执业尊严和荣誉，以高度负责的精神，维护国家和社会公共利益；

(2) 坚持“敢言、多谋、慎断”的执业准则，实事求是，不隐瞒真情，不讲假话，既要客观分析一切有利因素，也要把一切潜在的不利因素告诉客户，竭诚为客户服务，以高质量的服务赢得社会和客户的尊敬；

(3) 系统性、综合性分析的原则。方案论证应根据委托单位的要求，进行系统科学地分析评价。

5.2.2 公司严格按照 ISO9001 质量保证体系的要求开展客户委托的管理咨询业务，并在咨询产品形成全过程中设置 4 个质量控制和检验点：①咨询报告及专家评审意见，由项目经理进行检验，形成专家咨询意见；②承担管理咨询服务任务的业务部门进行评审检验，形成业务部门评审纪要；③公司评审委员会进行检验，形成公司评审会纪要；④业务发展部质量管理部门进行检验。

5.3 明确项目经理责任

5.3.1 公司开展管理咨询业务，实行项目经理责任制。承担管理咨询任务的项目经理，应具备下列业务素质条件：①具备综合性管理咨询专业知识和技能，经公司考核认定，获得公司项目经理任职资格；②在管理咨询业务组织中应具备善于调动专家的能动性，全面听取来自不同方面专家的意见，进行系统地归纳整理和独立判断，形成独立咨询意见的能力。

5.3.2 项目经理应具备下列职业道德：①遵纪守法，维护公司信誉；②严守“公正、科学、可靠”的行为规范，实事求是、忠实履行职责和义务；③有较强的事业心和社会责任感；④作风民主、善于合作，能广泛听取各方面意见；⑤廉洁自律；⑥为客户保守机密。

5.3.3 承担具体管理咨询任务的各业务部门项目经理，应履行以下职责：①负责项目总体工作计划、阶段工作计划、每周工作计划的制定，并组织计划的实施；②负责项目组成员各阶段的工作安排，并协调、控制各成员工作进度，审核工作成果；③负责对项目成员的工作绩效进行考评；④负责对项目期间发生的项目费用进行审核、控制；⑤负责协调项目成员之间的关系，营造和谐的工作氛围；⑥负责项目组的管理，对咨询顾问进行业务指导；⑦代表公司与客户进行联络，并负责客户沟通会议的组织、准备及协调工作；⑧负责建立良好的客户关系，确保项目款项及时回笼；⑨负责向业务部门及公司评审会进行汇报，并依据评审会的纪要修改报告；⑩负责校对咨询评估报告，并按规定提供归档资料。

5.4 明确项目组相关人员职责

5.4.1 参与管理咨询业务的专家组成员，应符合下列要求：①具有深厚的管理咨询相关学科理论基础和实际工作经验；②在本学科领域具有相当造诣，或是学科带头人；③参加过类似管理咨询专业工作，具有独立工作的能力；④熟悉本行业专业的基本情况和发展趋势；⑤具有高级以上专业技术职称；⑥在管理咨询工作中能够遵守公司保密协议，为客户保守机密，廉洁自律。

5.4.2 参加管理咨询业务的一般工作人员，应具备下列条件：①具备管理咨询某领域的专业知识技能；②能够遵守管理咨询行业的规定、执业操守及国家政策法律规定；③熟悉公司内部咨询业务的程序、质量要求等；④服从项目经理的领导，认真完成项目经理分配的任务，协助项目经理完成咨询研究工作。

5.5 发挥业务部门的质量管理作用

5.5.1 各业务部门应设专门负责管理咨询业务的领导，指导本部门开展管理咨询业务。具体应履行以下职责：①按照对等原则与客户企业开展业务接洽；②负责管理咨询项目工作各类计划的审批，并监督、控制计划的实施；③负责客户需求的确认；④负责管理咨询项目运作过程中组织咨询项目团队进行方法论的选择。

5.5.2 承担管理咨询业务的部门，应重视咨询报告的部门评审工作，紧紧围绕咨询报告的内容提出有针对性、具体化的意见和建议。业务部门评审应有相关领域的管理咨询专家参加。

5.6 加强公司层面质量管理体系建设

5.6.1 对于重大管理咨询项目，在向委托单位提交咨询报告之前，应进行公司评审，对咨询报告的质量进行严格把关。

（1）提交公司评审会评审的管理咨询报告应经主管领导认真审阅、严格把关，并签署同意提交公司评审会评审的意见。

（2）项目经理及业务部门负责人汇报项目咨询的有关情况，应着重介绍项目背景、项目存在的主要问题、专家的不同意见、咨询结论和建议，以及需要评审会解决、议定的问题。

（3）公司评委专家应对咨询报告进行全面审议，对主要观点、基本结论和重大建议做出评价。

（4）公司负责管理咨询业务质量管理的责任部门，应负责制定质量管理的有关制度，对公司印发的管理咨询报告等的文字质量进行把关、评定；提出需由公司评审会评审的项目顺序，组织公司评审会议，撰写评审会纪要，落实公司评审会布置的有关工作。

5.6.2 完善咨询产品质量控制体系。质量就是满足客户需求的程度，这是管理咨询质量控制的出发点。管理咨询业务质量体现为企业效益提升、竞争力改善、内部效率和职工满意度提高等，应通过加强事前、事中和事后控制来确保提供满意的咨询成果。

（1）事前控制。在接受委托前，应认真分析客户的需求，尽量准确地与客户就咨询工作的范围、深度等要求达成一致，并且以文字形式规定下来。业务部门还应评估自身专长，确保具有完成项目所需技能，否则就应考虑谢绝委托或征得客户同意后寻找协作单位共同执行。在项目正式开始前，项目小组还应制定质量规划，其作用在于使项目小组成员对项目质量要求和质量控制的重点达成共识，并且始终关注质量。

（2）执行阶段的质量控制，最基本原则就是确保各重要环节都要保证有客户的参与，并且及时发现问题，及时补救。公司要根据自身开展管理咨询业务的经验，对咨询工作的重要环节制定管理程序或“最佳执行模式”，要求项目经理必须执行，以保障咨询质量。公司应建立逐级督导制度，由具备较高级别和能力的咨询人员对下级咨询人员的工作过程进行指导，并审核其成果。

（3）咨询业务事后质量控制，应开展客户满意度调查，及时掌握客户对咨询服务质量的感受。采用的方式包括：问卷调查、个人访谈和独立的市场调查。通过对客户满意度的分析，应及时发现自身质量的不足，采取有针对性措施加以改进。公司还应逐步建立和完善咨询服务质量监督保障机制。

5.6.3 构建知识管理基础平台。公司应加快管理咨询业务操作规范及知识体系建设，并进行动态更新和有效利用。要加快数据库、方法库、模型库、成果库等知识库体系建设，建立以知识管理为核心的业务管理体系，积极构建知识资源目录、知识业务发展网络等知识资源网络，推动知识创新，实现协同发展。通过推进对标世界一流管理提升工作，按照打造世界一流专业咨询机构的要求，构建数字化、智能化管理咨询服务平台，将政府部门、科研机构、中央企业、行业协会、其他咨询机构等各类主体进行资源整合，形成跨区域、跨行业、跨领域的一体化咨询服务能力。

5.6.4 组建高水平管理咨询队伍。加快引进、培养一批拥有不同专业背景和专项技能的咨询顾问，如会计、统计、经济、管理、金融、信息技术、工程技术、运筹学、法律等，整合内外部专家资源，组建模块化的专业咨询团队。建立以专业技能为基础的人员管理体系，为员工设置清晰的职业发展道路，有效吸引人才、留住优秀人才。持续加强业务交流培训，不断提升员工的专业咨询服务能力。广泛吸引和组织国际管理咨询人才为我所用，填补管理咨询专业能力短板。

5.6.5 加强学习型组织建设。为实现知识体系的加快构建与有效利用，应将动态学习、知识发展与知识转移和共享作为加强管理咨询业务能力建设的重要任务。员工作为终生学习者，要不断地借鉴、吸收新的知识、经验和技能。要发展一批具有良好知识储备和经验的管理咨询专家，不断充实和更新公司的管理咨询知识和信息资源，为管理咨询工作提供基础积累，不断满足外部环境的变化和竞争需要。要健全以知识为导向的管理体制，以知识的形成、应用、共享及推广为基础，以知识贡献率为衡量标准和发展目的，建立一套涵盖知识管理全过程的知识评价体系，并将其纳入对部门和员工的日常考核体系中。

5.6.6 加强战略合作体系建设。在发展初期，可以根据资金、业务和发展需要，寻找行业内外的战略合作伙伴，补充业务能力短板。当条件具备时，可考虑将小型、专业类管理咨询机构纳入公司体系，通过兼并重组、资本运作，扩大咨询服务范围，丰富咨询业务内涵。同时，公司应积极发挥企业管理咨询公共平台功能，进一步整合高校科研机构和服务对象之间的关系，充分利用高校的理论研究、基础研究优势，扩展与企业的交流服务机会，实现管理咨询产业链上下游整合和共赢发展。

## 6. 品牌管理

6.1 品牌形象管理

6.1.1 公司开展管理咨询业务，应高度重视“中咨”品牌形象管理。通过品牌管理有效监管控制品牌与消费者之间的关系，最终形成品牌的竞争优势，使企业行为更忠于品牌核心价值与精神，从而使品牌保持持续竞争力。准确认识品牌，找准品牌定位，赋予品牌以正确的个性和特质。品牌的价值不仅存在于产品和公司之中，而且还存在于消费者的内心。品牌价值不仅要用咨询服务产品的可用性进行衡量，还要用产品的质量、稳定性和可靠性以及是否物有所值等标准进行衡量。作为无形产品的管理咨询服务，尤其要重视品牌价值的维护和管理。应充分认识到品牌价值的脆弱性，通过不断地投入和维护，确保中咨管理咨询品牌不断增值。

6.1.2　公司在开展管理咨询业务中，应以统一形象、统一口径、统一窗口一致对外。要求公司有统一的管理咨询业务管理部门，统一的对外交流渠道，统一的执业标准体系，统一的质量管理要求，尽量避免各部门之间各自为战、相互竞争，损害公司整体品牌形象。

6.2　对外宣传策略

作为一项新兴咨询业务，公司应重视对管理咨询业务的宣传推介工作。在对外宣传中应遵循以下原则。

（1）把客户需要视为营销活动的核心。营销活动必须以客户为中心，而不是以咨询顾问自身为中心。不要把潜在客户不需要或不想购买的咨询服务推销给他们。要使客户确信公司的管理咨询顾问真正地关心客户需求，了解客户情况，随时准备耐心倾听其意见，能够帮助其提出解决问题的办法并付诸实施。

（2）针对不同客户采取不同的宣传策略。要针对不同的客户提供与其特定要求相适应的独特的解决方案，而不是盲目模仿基于其他条件而设计的模型。

（3）聚焦业务重点。不得提供和销售自身不能完全胜任的管理咨询服务，要聚焦公司能够胜任的核心重点业务领域，确保客户利益不受损害。

（4）稳健开展营销。公司采用稳健的营销策略，不能承诺自己无法承诺的事情。不得盲目派遣没有经验的咨询顾问为客户提供服务，应对咨询顾问加以有效地培训和指导。

（5）加强业内合作。公司应在工程咨询领域积累经验优势的基础上，积极延伸提供相关管理咨询服务。要加强与相关管理咨询机构的合作，不向客户提供针对其他竞争对手歪曲的或带有偏见的信息，以及对竞争对手进行诋毁。

（6）维护专业形象。在选择适当的营销方法和技术时，应充分考虑所提供咨询服务的专业特性、客户感觉以及当地的文化价值准则等因素。

6.3 咨询服务营销

6.3.1 争取客户举荐。客户的口碑是最有效的宣传手段。寻找咨询顾问的管理者在求助于其他任何信息渠道之前，总是先征求他们商界朋友的意见。公司只有为客户提供完美无缺的服务，才有希望得到再次的有效举荐。要想获得良好的举荐，必须在为客户服务中有出色的表现。咨询顾问应重视与客户讨论促销的愿望和措施，并请求他们：①提供其他可能对类似服务感兴趣的客户；②允许使用客户的名字对潜在客户进行推销；③尽可能允许咨询顾问在专业出版物、促销材料或管理研讨会上对成功案例进行介绍；④向其他管理者和商界同事谈起咨询顾问，同时在其业务往来中，向有关各方介绍咨询顾问。

6.3.2 广告宣传。广告宣传的目的是通过向客户推销咨询服务产品而引起潜在客户的兴趣。广告必须出现在潜在客户可能看到的刊物等媒介上，进行针对性地投放。报刊的历史越长，杂志的发行越广泛，广告版面的价值就越高。广告的设计必须满足下列要求：①提供少量实质信息，而不是大量零碎的细节；②尽可能在标题或者其他特别醒目的位置强调客户可能期待的利益；③清楚地标明咨询顾问的联系方法和地址；④迎合潜在客户的品位和文化价值观。公司可考虑在专业媒体刊登广告的形式宣传公司的管理咨询业务。

6.3.3 公司主页及自媒体。在互联网时代，越来越多的客户在选择专家、准备候选名单、比较服务提供、了解最近完成的项目情况，以及类似问题时，通过网络或者咨询公司的网页来搜寻咨询顾问的信息。公司应重视通过公司主页及微信公众号等宣传公司的管理咨询业务。

6.3.4 专业出版物。公司应结合企业管理咨询业务指南的研究出版，宣传公司在管理咨询领域的成就。同时，应鼓励公司员工发表管理咨询专业论文、出版管理咨询系列专著。

6.3.5 专题研讨会。在管理咨询专业领域，有关的专题研讨会、圆桌会议、高端论坛、成果汇报会等已经成为流行的营销方式。咨询顾问通常邀请企业管理者参加会议，讨论其关心的话题，并发表对有关专题的看法，以表明公司能够承担管理咨询相关任务，并已取得令人满意的实际应用成果，以扩大公司在管理咨询领域的专业宣传。

# 参 考 文 献

[1] 刘培元．造价咨询企业全过程造价管理业务现状与发展建议［J］．住宅与房地产，2020（24）：41-42.

[2] 段朝峰，白绍芬，王昕．浅谈工程咨询企业知识管理框架［J］．中国工程咨询，2020（08）：45-49.

[3] 袁方翠．技术赋能 管理增效 激发企业发展新动力——专访山东新世纪工程项目管理咨询有限公司董事长付培锦［J］．建设监理，2020（08）：1-4.

[4] 沈晨昊．浅谈培训、咨询公司的营销管理——以常州长财企业管理咨询有限公司为例［J］．现代营销（下旬刊），2020（09）：71-73.

[5] 刘博．关于管理咨询中信息采集实证性偏差的探讨［J］．中小企业管理与科技（下旬刊），2020（10）：80-82.

[6] 黄雅如，胡淑晶，李卓希，李海．“技术＋管理”设计企业全过程工程咨询服务新路径［J］．中国勘察设计，2020（10）：58-61.

[7] 陈志，黄胜兰．管理咨询企业中隐性知识共享与员工创新［J］．现代企业，2020（10）：38-39.

[8] 郑雪丽．中小型管理咨询机构知识管理应用研究［D］．郑州：郑州大学，2013.

[9] 杨卫东．以人才强企推动工程咨询企业的高质量发展［J］．招标采购管理，2019（11）：21.

[10] 高巍．基于行业特点对工程咨询企业高质量发展的若干思考［J］．建筑设计管理，2020，37（01）：59-61.

[11] 缪玉国．新形势下加强工程咨询企业内部管理的重要性与创新策略［J］．建设监理，2018（10）：31-33＋43.

[12] 冯万贵．IT服务管理咨询项目的七步实施法［J］．企业管理，2015（11）：100-102.

[13] 魏永幸．工程咨询企业技术创新评价指标体系探讨［J］．中国勘察设计，2017（02）：70-72.

[14] 张艳艳，满毅．中国管理咨询机构发展现状［J］．企业管理，2020（03）：22-26.

[15] 郝鹏．设计咨询公司的人才管理实践与探索［J］．上海建设科技，2020（05）：35-37＋49.

[16] 马升军．全过程工程咨询的实施策略分析 [J]．中国工程咨询，2017 (09)：17-19.
[17] 周倍立．全过程工程咨询发展的分析和建议 [J]．建筑经济，2019 (1)：5-8.
[18] 韦敏．用生态理念做数字化管理咨询——访用友网络科技股份有限公司高级副总裁杜宇 [J]．企业管理，2020 (10)：70-73.
[19] 石学强．知识经济条件下企业管理咨询的策略思考 [J]．城市建设理论研究（电子版），2020 (05)：53.
[20] 李曼．战略细节对企业管理影响的思考 [J]．今日财富（中国知识产权），2018 (10)：69-70.
[21] 尹贻林，尚应应，刘悦，王翔．经济新常态中的工程造价咨询企业战略选择研究 [J]．项目管理技术，2016，14 (09)：64-69.
[22] 沈萍．工程咨询企业内部管理问题探析 [J]．中国市场，2020 (02)：106-107.
[23] 冯万贵．IT 服务管理咨询项目实施方法初探 [J]．项目管理技术，2015 (12)：89-92.
[24] 于文明．河北 QS 工程咨询有限公司发展战略研究 [D]．秦皇岛：燕山大学，2019.
[25] 赵敬华，宁德保．新常态下工程造价咨询业务发展的思考 [J]．工程经济，2015 (02)：5-9.
[26] 谷章平．上市家族企业二代特征对组合创业与企业绩效的影响研究 [D]．广州：华南理工大学，2019.
[27] 李晓武．新形势下工程造价咨询企业的发展探讨 [J]．工程经济，2019，29 (02)：5-9.
[28] 伏虎，李雪梦．基于结构方程模型的管理咨询企业知识管理优化研究 [J]．情报科学，2019，37 (11)：154-162＋177.
[29] 曹晓梅．震天会计师事务所风险评估问题研究 [D]．镇江：江苏大学，2018.
[30] 王新颖．基于平衡计分法的物流系统绩效评价体系研究 [D]．北京：对外经济贸易大学，2008.
[31] 张钰晨，詹斯捷，宋东京．现代管理咨询公司现状及发展路径选择——基于 H 公司 [J]．区域治理，2019 (43)：67-69.
[32] 廖鑫．某管理咨询机构 P 公司的营销策略设计 [D]．成都：西南交通大学，2018.
[33] 谢培培．C 公司客户满意度测评研究 [D]．成都：电子科技大学，2017.
[34] 冉晓荣．我国管理咨询业的前景分析 [J]．现代商贸工业，2019，40 (26)：140.

[35] 李雅娟. 中国咨询企业品牌建设策略研究 [D]. 上海：上海大学，2007.

[36] 金怡伶. 中国管理咨询行业现状研究 [J]. 中小企业管理与科技（上旬刊），2016 (05)：95-96.

[37] 申静，毕煜，云梦妍. 管理咨询公司的开放式创新组织模式 [J]. 技术经济，2019 (01)：56-62.

[38] 申静，黄巧芳，宋小双. 管理咨询公司全球化与专业化发展的关系 [J]. 技术经济，2017，36 (07)：36-42.

[39] 韩金平. 管理咨询业的特性与营销策略 [J]. 中小企业管理与科技（下旬刊），2019 (06)：195-196.

[40] 袁淑清. 员工绩效评估方法研究 [J]. 中小企业管理与科技，2015 (4)：11-12.

[41] 蒲菁. 基于知识链方法的H工程咨询公司知识管理流程优化研究 [D]. 绵阳：西南科技大学，2019.

[42] 陈果. 必须改变管理咨询服务的价值主张 [J]. IT经理世界，2014 (23)：92.

[43] 李琰. 浅析工程造价咨询企业知识管理体系现状及改进措施 [J]. 居业，2019 ( 05)：161-162.

[44] 李国霖. 中国管理咨询公司的现状与变革走向 [J]. 创新科技，2013 (04)：29-30.

[45] 陈智文. 管理咨询公司的竞争优势浅析——基于价值链视角 [J]. 中国总会计师，2013 (04)：84-85.

[46] 朱永. 学校管理咨询研究 [D]. 上海：华东师范大学，2007.

[47] 黄娇龙. H管理咨询公司服务营销策略研究 [D]. 苏州：苏州大学，2017.

[48] 何燕芳. 基于SCP范式的我国管理咨询业发展研究 [D]. 武汉：武汉理工大学，2012.

[49] 刘仲康. 企业管理咨询 [M]. 北京：中国财政经济出版社，2001.

[50] 王建亚，张秀梅，王新. 我国咨询业发展的影响因素分析及对策研究 [J]. 图书馆学研究，2013 (23)：69-77+63.

[51] 冯彦乔. 基于供应链视角的集成咨询组织研究 [D]. 成都：西南交通大学，2014.

[52] 岳增蕾. 咨询公司战略咨询服务中的竞争情报过程研究 [J]. 图书馆学研究，2012 (01)：63-68.

[53] 周芬许，纪校. 管理咨询公司隐性知识管理研究 [J]. 华东经济管理，2008 (5)：84-86.

[54] 陈华睿．我国管理咨询业的发展现状及对策研究［D］．重庆：重庆大学，2009.

[55] 游文礼．A管理咨询公司业务流程改进研究［D］．北京：首都经济贸易大学，2019.

[56] 郑兴良．管理咨询［M］．北京：经济管理出版社，1997.

[57] 胡迪．发达国家咨询业的发展状况［J］．中外企业文化，2012（11）：32-33.

[58] 闫树权．中小企业管理咨询合作模式初探［J］．中小企业管理与科技（中旬刊），2014（07）：13-14.

[59] 张阳、周芬．管理咨询公司知识价值创造过程机理研究——基于知识价值链模型的分析［J］．情报杂志，2009（7）：114-117.

[60] 徐智君．陕西省咨询业产业化支撑条件研究［D］．南昌：江西财经大学，2018.

[61] 刘新茹，于春洋．企业管理咨询效果评价的探讨［J］．黑龙江科技信息，2014（16）：276.

[62] 谭燕．中国管理咨询业SWOT分析［J］．全国商情，2005（12）：23-25.

[63] 刘文超，李杰侠．影响管理咨询服务成功的因素分析与验证［J］．沈阳师范大学学报，2013（4）：28-31.

[64] 吴茜．企业利用管理咨询服务的初始动机及其实现思路构架实践［J］．四川水泥，2019（8）：171+151.

[65] 李朝曙．管理咨询业的“冬季”狂想［J］．人力资源，2009（1）：34-36.

[66] 黄郴，陈芳．国外管理咨询服务研究述评［J］．商场现代化，2006（35）：92-93.

[67] 张冬梅，金莲英．试论我国管理咨询业的发展前景［J］．商场现代化，2008（7）：327.

[68] 肖艳霞．我国管理咨询业发展趋势及对策［J］．决策探索，2009（7）：40-41.

[69] 中国企业联合会咨询与培训中心．中国管理咨询优秀案例（2019）［J］．企业管理，2020（07）：4.

[70] 来玉申．衡量管理咨询质量的十个标准［J］．企业管理，2012（08）：91-92.

[71] 全国管理咨询师考试教材编写委员会．企业管理咨询实务与案例分析［M］．北京：企业管理出版社，2011.

[72] 李烨．强化系统思维 统筹打好打赢两场硬仗［N］．贵州日报，2020-03-25（006）．

[73] 陈若愚．关于企业怎样发展才是良性发展的探讨［J］．会计师，2009（08）：51-52.

[74] 黄宏斌，翟淑萍，陈静楠．企业生命周期、融资方式与融资约束——基于投资者情绪调节效应的研究［J］．金融研究，2016（07）：96-112.

[75] 蒋慧．基于 PAEI 模型构建高校突发事件应急管理团队［J］．唯实（现代管理），2015（01）：38-41.

[76] 郭晓溶．把握角色认知和转变的管理理论指导企业实践活动——谈职业经理人的角色认知与转变［J］．科技资讯，2007（34）：153-154.

[77] 王致用．管理咨询业务流程概述［J］．财会月刊，2006（24）：62-63.

[78] 禹骁金．IT 咨询项目的风险管理和信息监理机制研究［D］．上海：上海交通大学，2011.

[79] 武杰．管理咨询程序及评价［D］．沈阳：沈阳工业大学，2006.

[80] 戈焌杰．全过程工程咨询企业服务能力成熟度研究［D］．扬州：扬州大学，2019.

[81] 朱富强．效率原则是否为指导制度改革的合理原则——社会总效率和帕累托效率的实践后果解析［J］．制度经济学研究，2010（02）：185-207.

[82] 王栋．以强制分布法为基础的呼叫中心客服综合绩效考核评价研究［D］．杭州：浙江工业大学，2015.

[83] 庞新华．我国政府决策过程中专家咨询制度的研究［D］．甘肃：兰州大学，2011.

[84] 陆帅，吴洪樾，宁延．全过程工程咨询政策分析及推行建议［J］．建筑经济，2017，38（11）：19-22.

[85] 王宏海，邓晓梅，申长均．全过程工程咨询须以设计为主导、建筑策划先行［J］．建筑设计管理，2017，34（10）：20-25.

[86] 徐建中，陆军，荆玲玲．企业核心竞争力构成要素作用关系的系统分析［J］．现代管理科学，2009（03）：70-72.

[87] 上海同济工程咨询有限公司，全过程工程咨询实践指南［M］．北京：中国建筑工业出版社，2018.

[88] 田玉亭．全过程工程咨询各阶段的控制要点分析［J］．价值工程，2018，37（20）：50-52.

[89] 曹慧芳．略论企业战略成本管理业绩评价体系的有效构建［J］．财经界（学术版），2012（12）：80＋82.

[90] 刘博．目标管理法在企业绩效管理中的应用［J］．中国市场．2019（13）：77＋81.

[91] 于洋．企业内部价值链成本核算研究——以 SY 公司为例［J］．绿色财会，2015（12）：17-20.

[92] 杨婷婷．咨询企业绩效评价模型研究［D］．成都：成都理工大学，2006.

[93] 布洛克．完美咨询［M］．北京：机械工业出版社，2013.

[94] 潘常虹．北极航线在我国“一带一路”建设中的价值评价研究［J］．物流科技，2016.

[95] 朱延琴．在华跨国管理咨询公司战略行为特征研究［D］．南京：河海大学，2007.

[96] 周湘智．智库运营应向咨询公司学什么［N］．光明日报，2017.

[97] 赵伟．财务信息披露过程的公平性分析［J］．学术探索，2014，(8)：37-41.

[98] 吴瑕．浅析培根归纳与演绎之看法［J］．中小企业管理与科技，2015.

[99] 尹贻林，杨红雄．中国工程咨询业及专业人士制度研究［M］．天津：天津大学出版社，2006.

[100] 张庆龙．管理咨询理论与方法［M］．南京：中国时代经济出版社，2010.

[101] 王珊珊．实例分析市级供电企业面向客户的电力营销改革［C］．中国电机工程学会第十届青年学术会议，2008.

[102] 陈金平．加强学法指导培养学习能力——浅谈财经专业课的学法指导［J］．中国教育技术装备，2011.

[103] 殷文婷．论影响企业组织结构设计的因素［J］．现代经济信息，2014（06）：100＋112.

[104] 杨继全．滨城市科技咨询总公司的改革［D］．哈尔滨：哈尔滨工程大学，2004.

[105] 郭建军．B公司噪声检测实验室质量问题的改进研究［D］．北京：中国科学院大学，2018.

[106] 刘斌．如何提高中层管理者的执行力增强企业管理水平［C］．第二届中国城市水业发展（苏州）论坛暨城镇供水企业管理模式研讨会，2006.

[107] 张瑶．A咨询公司业务扩张战略研究［D］．北京：对外经济贸易大学，2012.

[108] 王璞．在中国做管理咨询［M］．北京：机械工业出版社，2003.

[109] 黄慧玲，朱丽君．中小企业利用管理咨询业务浅析［J］．企业科技与发展，2019（01）：170-171.

[110] 李东菊．提升财务咨询工作人员业务能力的对策［J］．时代金融，2016（35）：191-192.

[111] 席志德．咨询企业的自我调节机制研究［D］．太原：山西大学，2008.

[112] 李清刚．新型教育智库的评估机制探析［J］．教育理论与实践，2016.

[113] 林红焱．提高我国信息咨询业服务水平的对策研究［J］．长春理工大学学报（社会科学版），2010.

[114] 邹伟进．基于耦合理论的产业结构与生态环境协调性研究［J］．中国地质大学学报（社会科学版），2016.
[115] 蔡雅萍．一卷风云琅琊榜　囊尽天下大数据［J］．中国统计，2016（03）：76-77.
[116] 徐风．中国专家将在 ISO 管理咨询领域发挥重要作用［N］．中国质量报，2016.
[117] 孙闻天．基于知识管理的高质量团队建设与发展模式［A］．廊坊市应用经济学会．对接京津——低碳环保　持续发展论文集［C］．廊坊市应用经济学会：廊坊市应用经济学会，2019：9.
[118] 李光民．广州青联公司经营发展诊断报告［D］．广州：华南理工大学，2006.
[119] 丁栋虹．管理咨询（第三版）［M］．北京：清华大学出版社，2000.
[120] 闫长坡．中国管理咨询业发展趋势分析［J］．企业管理，2020（1）：115-118.
[121] 张云华，宋剑．浅论我国管理咨询业的发展及与西方管理咨询业的差距［J］．中国高新技术企业，2009（19）：65-66.
[122] 中国企业联合会管理咨询委员会．我国管理咨询业发展中存在的问题与差距［J］．企业管理，2012，（12）：34-37.
[123] 成雅芬．M 管理咨询公司在华员工流失对策研究［D］．云南：云南师范大学，2018.
[124] 付妍妍．国内企业管理咨询顾问角色压力、组织支持感和工作倦怠的关系研究［D］．南昌：江西师范大学，2014.
[125] 赵梅阳．论管理咨询服务对于企业发展的价值［J］．科技资讯，2018，16（25）：103-104.
[126] 唐翠仙．管理咨询的机会和作用研究［J］．中国高新科技，2018（14）：107-111.
[127] 叶文晖．ERP 管理咨询人才培养模式的探索［J］．价值工程，2018，37（18）：280-282.
[128] 葛明磊，郭云贵，张丽华．管理咨询中的扎根理论思想逻辑与行动学习研究［J］．经济管理，2017，39（4）：84-96.
[129] 徐淑英．管理理论构建的哲学与方法论文集［M］．北京：北京大学出版社，2016.
[130] 贝格尔．绝佳提问［M］．杭州：浙江人民出版社，2015.
[131] 平克．全新思维［M］．杭州：浙江人民出版社，2013.
[132] 黄惠强．基于胜任特征模型的 A 公司中层管理者培训体系构建［D］．西安：西北大学，2018.
[133] 芭芭拉·明托．金字塔原理［M］．汪洱，译．北京：南海出版公司，2010.

[134] 大岛祥．麦肯锡图表思考法 [M]．朱悦玮，译．北京：北京时代华文书局，2019.

[135] 王兆玲，崔凯峰．基于知识市场的管理咨询公司内部知识共享机制研究 [J]．科技管理研究，2009，29 (8)：343-336.

[136] 贺海毅，吴祖光．中国管理咨询业发展研究观点综述 [J]．经济研究导刊，2009 (18)：180-182.

[137] 赵立营，刘进．论管理咨询顾问的素质要求 [J]．商场现代化，2007 (17)：57-58.

[138] 杜岩．咨询观下的财务会计部门责任中心升级的绩效评价机制研究 [D]．青岛：中国海洋大学，2015.

[139] 杨廷钫，杨从杰．管理咨询顾问胜任力结构分析 [J]．科学学与科学技术管理，2005 (4)：129-133.

[140] 赵日磊．发起"管理话题讨论" [J]．企业管理，2016 (12)：88-89.

[141] 李明斐，卢小君．胜任力与胜任力模型构建方法研究 [J]．大连理工大学学报（社会科学版），2004 (1)：28-32.

[142] 秦中艮，孙蕊．管理会计：新理论　新实践　新未来 [J]．财务与会计，2014 (01)：10-14.

[143] 方少华．战略咨询 [M]．北京：电子工业出版社，2006.

[144] 弗雷德·R. 戴维．战略管理 [M]．李晓阳，译．北京：清华大学出版社，2019.

[145] 弗雷德·R. 戴维．战略管理概念部分 [M]．李晓阳，译．北京：清华大学出版社，2019.

[146] 弗雷德·R. 戴维．战略管理案例部分 [M]．李晓阳，译．北京：清华大学出版社，2019.

[147] 沈波，巴佳慧，杨肖宁．GE 矩阵：高职院校专业（群）发展战略选择与评价的一种有效分析方法 [J]．南京广播电视大学学报，2017 (02)：14-18.

[148] 昝新明．基于关键因素分析法的财务战略绩效评价体系设计 [J]．财会通信（综合版），2008 (10)：38-39.

[149] 张爱民．关键成功因素法在决策者信息需求识别中的应用 [J]．晋图学刊，2009 (6)：57-60.

[150] 赵亚楠，姜华珺，张贺．知识管理视角下高新技术企业价值增值的机制研究 [J]．商业经济，2016 (12)：82-84.

[151] 王晨光．专业化企业战略执行体系：三层面理论与案例研究 [D]．济南：山东大

学，2009.

[152] 名和高司．麦肯锡 & 波士顿解决问题方法和创造价值技巧 [M]. 杭州：浙江人民出版社，2020.

[153] 秦勇，李东进．管理学理论、方法与实践 [M]. 北京：北京交通大学出版社，2013.

[154] 江明光，陈良云．企业实施逆向物流的 PEST 模型分析 [J]. 物流科技，2010，33 (3)：49-51.

[155] 张琼方．基于 7S 模型的邮政储蓄银行竞争力提升研究 [J]. 企业家天地下半月刊（理论版），2008 (4)：253-254.

[156] 方少华．管理咨询工具箱 [M]. 北京：机械工业出版社，2011.

[157] 穆廷松．东北再担保吉林分公司发展问题研究 [D]. 葫芦岛：辽宁工程技术大学，2016.

[158] 黄瑾．对湖北天峡鲟业项目的投资价值研究 [D]. 广州：中山大学，2011.

[159] 李萌．外资银行的本地化发展策略研究——以汇丰银行为例 [D]. 北京：中央财经大学，2011.

[160] 李欢欢．基于利益相关者理论的海岛旅游可持续发展研究 [D]. 辽宁：辽宁师范大学，2010.

[161] 闫瑛，徐永建，吴英，等．中国造纸企业并购模式研究 [J]. 纸和造纸，2013，32 (8)：83-87.

[162] 翟惠建．经济新常态下神华铁路货车公司转型发展浅析 [J]. 中文信息，2015，(9)：61-63，97.

[163] 余小明．SW 集团发展战略研究 [D]. 上海：上海交通大学，2015.

[164] 聂恬静．珠宝零售企业的电子商务战略研究——以天王珠宝为例 [D]. 广州：中山大学，2011.

[165] 吕晗韬．秦皇岛 EA 公司智能家居市场营销策略优化研究 [D]. 秦皇岛：燕山大学，2019.

[166] 王小蕊．基于 SCP 方程的 Z 公司无船承运人能力提升研究 [D]. 北京：北京交通大学，2019.

[167] 邓东伟．YD 集团风电业务战略研究 [D]. 广州：中山大学，2011.

[168] 陈昌彧，孙丛阳．我国商业银行发行优先股利好与风险分析 [J]. 财务与会计（理财版），2014，(9)：31-34.

[169] 唐传鑫．AAD公司印度建筑设计市场发展战略研究［D]．重庆：重庆大学，2018.

[170] 冷勤勤．山东国子股份有限公司发展战略研究［D]．济南：山东建筑大学，2016.

[171] 王晓菲．ZBKH 旅行社竞争战略选择研究［D]．淄博：山东理工大学，2018.

[172] 吴嘉铭．北重汽轮电机公司发展战略研究［D]．北京：北京交通大学，2015.

[173] 张珩．威时沛运从货代向全球供应链转型的战略研究［D]．广州：中山大学，2012.

[174] 苗欣，马捷，傅强，等．物资计划执行管控下的指标约束应用研究［J]．城市建设理论研究（电子版)，2014，(36)：5622-5624.

[175] 王润民．山西省交通建设开发投资总公司发展战略研究［D]．太原：山西大学，2011.

[176] 王婷，王昕．闽台高新技术产业深度对接模式选择——基于 QSPM 矩阵分析［J]．亚太经济，2013，(1)：135-142.

[177] 王晋．基于 SWOT 分析的高校继续教育发展策略研究［C］//上海交通大学．第十七届海峡两岸继续教育论坛　论文集．2016：41-46.

[178] 白洁．河南中牟县大蒜产业发展战略研究［D]．石河子：石河子大学，2011.

[179] 仲义．X 物流公司发展战略研究［D]．南京：南京航空航天大学，2018.

[180] 尹露．X 铝业集团发展战略研究［D]．上海：华东理工大学，2018.

[181] 刘军，徐振超，韩琛珺，等．美国电力市场监测对我国的启示［J]．中国电力企业管理，2018，(34)：65-69.

[182] 徐长江．H 公司品牌融合管理对运营效益的影响研究［D]．北京：北京交通大学，2019.

[183] 荣卯．HP 船舶有限公司发展战略研究［D]．广州：广东工业大学，2017.

[184] 王璞．组织结构设计咨询实务［M]．北京：中信出版社，2003.

[185] 希尔博曼．组织发展咨询工具精选［M]．张毅斌，译．北京：电子工业出版社，2015.

[186] 赵艳芳．设计咨询一体化管理模式研究［J]．城市建设理论研究（电子版)，2018（20)：40-41.

[187] 吴红岩，石磊．科技咨询的组织与管理分析［J]．现代商业，2017（3)：133-134.

[188] 陆建熙，石教立．组织变革的设计方法［J]．销售与管理，2019（12)：24-25.

[189] 孙耀君．西方管理思想史［M]．太原：山西经济出版社，1986.

[190] 李剑峰．组织行为学［M]．北京：中国人民大学出版社，2000.

[191] 关培兰．组织行为学［M］．北京：中国人民大学出版社，2004.
[192] 周三多，陈传明，鲁明鸿，等．管理学——原理与方法［M］．上海：复旦大学出版社，2006.
[193] 苏东水．管理心理学［M］．上海：复旦大学出版社，2002.
[194] 许芳．组织行为学原理与实务［M］．北京：清华大学出版社，2007.
[195] 韩庆祥．企业行为管理［M］．北京：中国经济出版社，2003.
[196] 李剑峰．组织行为管理［M］．北京：中国人民大学出版社，2000.
[197] 徐红涛，吴秋明．企业学习型组织的创建与研究［J］．管理世界，2018，34（01）：188-189.
[198] 胡致婕．××保险公司组织架构优化研究［D］．南昌：江西财经大学，2020.
[199] 沈威．基于组织理论的燕山石化团青机构改革研究［D］．北京：中国人民大学，2008.
[200] 莫炳荣．浅论以先进的理念实现企业管理创新［J］．浙江工商，2013：44-46.
[201] 谢丹．A润滑油工厂会计制度设计研究［D］．北京：对外经济贸易大学，2015.
[202] 顾志斌．HS集团外派财务总监改革探索［J］．当代会计，2019，（7）：14-15.
[203] 王兵．文化产业价值创造模式初探［D］．天津：南开大学，2010.
[204] 刘永红．政府投资代建项目知识转移界面管理系统机理研究［J］．科技管理研究，2014，34（7）：208-212.
[205] 温强，陶秋燕．结构与流程建设：人才不足下的中小企业成长路径［J］．企业经济，2009，（7）：49-52.
[206] 王阿娜．基于SWOT—PEST模型分析的众筹融资模式研究［J］．齐齐哈尔大学学报（哲学社会科学版），2014，（6）：38-40.
[207] 汪照．基于企业流变特性的危机成因研究［D］．重庆：重庆大学，2006.
[208] 樊偲利．转型升级背景下CFI公司的组织结构优化［D］．济南：山东大学，2019.
[209] 刘慧．基于企业战略管理层面的人力资源规划研究［J］．今日财富，2020（20）：135-136.
[210] 方少华．市场营销咨询［M］．北京：电子工业出版社，2006.
[211] 陈宝玉．市场营销导论［M］．北京：北京交通大学出版社，2010.
[212] 郑晓云，高美义．大庆市住宅市场供求关系分析［J］．山西建筑，2019，45（18）：173-174.

[213] 祖巧红，陈定方，胡吉全．客户分析中的数据挖掘算法比较研究 [J]. 湖北工业大学学报，2006 (3)：7-8+11.
[214] 乔治·贝尔奇，迈克尔·贝尔奇，等．广告与促销整合营销传播视角 [M]. 郑苏晖，等，译．北京：中国人民大学出版社，2019.
[215] 张勇．非传统营销 [M]. 广州：广东经济出版社，2004.
[216] 李俊鹏．SWOT 分析法在企业战略管理中的应用探讨 [J]. 商讯，2020 (25)：93-95.
[217] 曹文彬，何建敏．企业合作性竞争策略分析 [J]. 管理工程学报，2002 (02)：57-59.
[218] 孙希有．竞争战略分析方法 [M]. 北京：中国金融出版社，2003.
[219] 鞠晴江．市场策划·品牌建设·销售模式实用工具大全 [M]. 北京：化学工业出版社，2016.
[220] 谭俊华．市场营销学 [M]．北京：清华大学出版社，2016.
[221] 郭国庆．市场营销学通论 [M]. 北京：中国人民大学出版社，2013.
[222] 陈刚．市场营销学 [M]．南京：南京大学出版社，2017.
[223] 菲利普·科特勒．营销管理 [M]．王永贵，译．北京：中国人民大学出版社，2012.
[224] Bernd H. Schmitt. 体验营销——如何增强公司及品牌的亲和力 [M]．刘银娜，高靖，梁丽娟，译．北京：清华大学出版社，2004.
[225] 于海婧．电影新媒体营销模式探析 [J]. 大众科技，2014 (12)：194-196.
[226] 瞿楠峰．D 公司新项目报价阶段成本管理研究 [D]. 南京：南京航空航天大学，2019.
[227] 殷宇．基于大数据的主题乐园运营管理方案研究 [D]. 北京：华北电力大学，2019.
[228] 北漠．县级市场营销组合策略 [J]. 现代家电，2005，(19)：54-56.
[229] 宋显锋、冯锐．探寻优化高校图书馆图书采访工作的方法研究——基于 4RS 营销理论 [J]. 辽宁科技学院学报，2014 (3)：93-95.
[230] 明平芳．湖北大别山区红色休闲体育旅游的营销策略 [J]. 长江大学学报，2013 (22)：117-120.
[231] 陈小辉．南宁局集团公司铁路货运营销大数据应用研究 [J]. 铁道货运，2019 (4)：14-19.

[232] 侯怿珺．大唐西市丝绸之路风情街客户关系管理调整优化研究 [D]. 西安：长安大学，2015.

[233] 王效铠．淄博市张店区商业健身俱乐部的营销策略研究 [D]. 曲阜：曲阜师范大学，2019.

[234] 王德刚．知识管理视角下如何提升工程咨询企业核心竞争力 [J]. 中国工程咨询，2014 (4)：19-22.

[235] 刘君．知识管理视角下如何提升工程咨询企业核心竞争力 [J]. 中国包装工业，2015 (20)：89.

[236] 林积奖．浅探企业国际化竞争策略 [J]. 南方论刊，2012 (7)：34-35+33.

[237] 晏鄂龙．金融危机背景下装备制造业企业战略研究 [D]. 沈阳：沈阳航空工业学院，2010.

[238] 许帅．CCTI研究方法在租赁型写字楼项目定位中的应用研究 [D]. 天津：南开大学，2010.

[239] 裴振华．WY公司美容“专业线产品”分销渠道建设的研究 [D]. 甘肃：兰州大学，2011.

[240] 余鹏翼，余言，任晓雪．战略性并购对中小企业技术创新能力的影响研究 [J]. 产业与科技论坛，2018，17 (03)：72-74.

[241] 唐金湘．A保健产品湖南市场营销策略研究 [D]. 南宁：广西大学，2010.

[242] 郭泽德．中国网络广告发展历程研究 [D]. 甘肃：兰州大学，2009.

[243] 古洁．商业银行个人客户营销探析 [J]. 北方经济，2010 (4)：51-53.

[244] 贾冬婷．跨媒体整合的研究 [D]. 北京：北京师范大学，2004.

[245] 邓倩．新媒体营销研究综述与展望 [J]. 科学决策，2020 (08)：67-88.

[246] 成中杰．A公司融资业务流程优化研究 [D]. 南京：东南大学，2018.

[247] 周易人．A水务公司信息化战略的规划与实施研究 [D]. 南京：南京航空航天大学，2018.

[248] 蒋兴华．以流程再造为抓手持续释放发展活力 [J]. 中国机构改革与管理，2020 (04)：42-43.

[249] 刘海涛．基于URP和BPR的高校校园数字化研究 [D]. 河北：河北科技大学，2012.

[250] 钟鸣．C公司新产品开发流程优化管理研究 [D]. 苏州：苏州大学，2014.

[251] 齐艳宏．S公司 ERP 项目实施案例的研究 [D]. 云南：云南财经大学，2016.
[252] 王康．长客业务流程再造中项目预算业务流程设计 [D]. 吉林：吉林大学，2011.
[253] 刘鹏．NFSN 公司 ERP 项目人力资源模块实施研究 [D]. 上海：东华大学，2012.
[254] 郝晓海，张硕鹏．供应链环境下的采购管理 [J]. 市场周刊，2020 (8)：11-12.
[255] 刘秋月．战略成本会计在企业管理中的运用研究 [J]. 今日财富（中国知识产权），2018 (08)：140-141.
[256] 何琳．基于成本控制视角下优化中小民营企业流程的有效路径探索 [J]. 市场周刊，2020 (9)：146-147.
[257] 王信．企业再造中的流程分析与诊断 [J]. 企业改革与管理，2005，(2)：64-65.
[258] 张丽萍．M 盐业公司 BPR 项目进度管理研究 [D]. 厦门：厦门大学，2009.
[259] 史言春．W 汽车公司保修业务控制流程优化研究 [D]. 上海：华东理工大学，2017.
[260] 王建国．精益 6σ 在铁路企业流程管理中的运用研究 [J]. 管理观察，2015 (29)：95-98.
[261] 刘晓宇．中小企业 ERP 实施的案例分析 [J]. 财会月刊，2015 (23)：38-40.
[262] 李海燕．基于 SOA 技术的企业级信息化架构设计与 IT 规划方法研究 [D]. 成都：电子科技大学，2009.
[263] 戚坚．业务流程优化在企业的应用研究 [J]. 价值工程，2013，(5)：136-137.
[264] 何甜甜．ERP 环境下企业会计业务流程重组研究 [D]. 甘肃：兰州财经大学，2010.
[265] 孙筱奇．通过业务流程重组提高通信企业竞争力 [J]. 通信管理与技术，2005 (6)：16-19.
[266] 魏东．DT 医院改造项目采购过程改进研究 [D]. 北京：北京工业大学，2015.
[267] 方少华．业务流程咨询 [M]. 北京：电子工业出版社，2006.
[268] 董红晔．我国咨询行业发展现状与对策建议 [J]. 现代管理科学，2017，(2)：109-111.
[269] 胡茂林．基于 IEM 的企业建模方法研究 [J]. 商业研究，2005，(332)：25.
[270] 贾亦晨．ERP 环境下业务流程重组的探讨——以 ZJ 公司为例 [J]. 企业科技与发展，2019 (03)：193-194.
[271] 梁丽佳．对企业全面预算流程再造的思考 [J]. 大众投资指南，2020 (15)：175-176.
[272] 刘治宏，崔亮，张士林．基于卓越绩效的企业知识管理 [J]. 中国质量，2020，(5)：106-110.

[273] 徐委．大连 SY 公司产品研发流程优化研究 [D]．大连：大连理工大学，2009.

[274] 黄启战．DL 公司标杆管理的实践与思考 [J]．企业改革与管理，2020，(2)：63-64.

[275] 朱和平，等．财务会计 [M]．北京：北京大学出版社，2019.

[276] 孔焱，李爱香，等．财务管理 [M]．北京：中国人民大学出版社，2017.

[277] 保罗·劳尔．7 个财务模型：写给分析师、投资者和金融专业人士 [M]．刘振山，张鲁明，译．北京：机械工业出版社，2020.

[278] 高森．试论企业财务管理中财务报表分析的应用 [J]．现代营销（下旬刊），2019 (08)：200-201.

[279] 财政部会计司编写组，企业会计准则第 28 号——会计政策、会计估计变更和差错更正应用指南 [M]．北京：中国财政经济出版社，2014.

[280] 吴晓求．证券投资学 [M]．北京：中国人民大学出版社，2013.

[281] 王秀华．利益相关者企业价值管理研究 [D]．青岛：中国海洋大学，2012.

[282] 王晓巍．基于价值管理的高新技术企业价值评估研究 [D]．哈尔滨：哈尔滨工业大学，2007.

[283] 劳伦斯·J. 吉特曼，查得·J. 祖特．财务管理基础 [M]．路蒙佳，译．北京：中国人民大学出版社，2018.

[284] 刘晓琳．基于哈佛财务分析框架的企业估值体系的构建与实施 [D]．太原：太原理工大学，2014.

[285] 蒋尧明．上市公司财务预测信息的真实性与虚假陈述研究 [J]．当代财经，2011 (11)：119-129.

[286] 蔡佩萤．财务管理与会计内部控制实用工具大全 [M]．北京：化学工业出版社，2016.

[287] 胡春生，李强，田丽艳．浅谈中小企业财务风险管理存在的问题及对策 [J]．当代会计，2016 (06)：24-25.

[288] 胡元木，姜洪丽．财务管理学 [M]．北京：中国经济出版社，2010.

[289] 张俊杰，俞有光，赵怀信．预算绩效管理咨询服务规程 [M]．北京：经济科学出版社，2020.

[290] 张守文．供给侧改革背景下企业风险管理方法与实践研究 [J]．管理现代化，2018，38 (03)：109-111.

[291] 卫霞．基于改进模糊管理的人力资源风险综合评价 [J]．统计与决策，2018，

34 (03)：179-181.

[292] 廖继宏．建筑公司风险管理识别与防范 [J]. 财会学习，2019 (27)：53-54.

[293] 孟凌妍．国资背景下房地产企业风险防控体系的构建策略探讨 [J]. 商讯，2020 (27)：121-126.

[294] 王金涛，曲世友，冯严超．基于演化博弈的高新技术企业创新风险防控研究 [J]. 科技管理研究，2019，39 (23)：19-24.

[295] 吴小华．论国有企业内部风险防控 [J]. 科技经济导刊，2020，28 (19)：231.

[296] 陈云松，陈步伟，句国栋，张柏杨，许子妍，徐荣婧．突发重大疫情下城市系统风险量化评估方法 [J]. 西安交通大学学报（社会科学版），2020，40 (04)：33-41.

[297] 贺书婕．风险量化工具的决策价值 [J]. 中国金融，2016 (05)：90-91.

[298] 金峰．海外炼化项目全生命周期风险量化评估 [J]. 国际经济合作，2019 (05)：119-128.

[299] 肖斌卿，李心丹，徐雨茜，陈垣桥．流程、合规与操作风险管理 [J]. 管理科学学报，2017，20 (12)：117-123.

[300] 卫德佳，陈旭．企业法律风险的量化评价模型构建及应用 [J]. 统计与决策，2017 (16)：82-85.

[301] 郭羽．风险量化分析的模型优化和方法创新 [J]. 当代经济，2016 (18)：63-65.

[302] 张露．全面风险管理中风险量化方法实践——以武钢为例 [J]. 当代经济，2017 (33)：114-116.

[303] 芦笛，张晓明．我国企业资产风险管理的评估及量化研究 [J]. 科研管理，2014，35 (12)：120-128.

[304] 刘琛．浅谈内部审计与企业风险管理的协调和整合 [J]. 商场现代化，2018 (1)：108-109.

[305] 杨纪红．COSO 风险管理框架演进及其新进展 [J]. 新会计，2017 (5)：62-64.

[306] 项目管理协会．项目管理知识体系指南 [M]. 宾夕法尼亚：项目管理协会，2017，69-535.

[307] 朱焱．浅析风险管理“三道防线”模式分析和运用建议 [J]. 现代经济信息，2018 (08)：117.

[308] 杨春宝．全面风险管理机制创新与应用 [J]. 中小企业管理与科技（中旬刊），2016 (10)：46-47.

[309] 邢春玉．持续经营审计意见的风险传导与监督机制研究［D］．北京：北京交通大学，2019.
[310] 万权震．HJ 建筑企业内部控制研究［D］．吉林：吉林财经大学，2019.
[311] 苏尼尔·乔普拉，彼得·迈因德尔．供应链管理战略、计划和运作［M］．刘曙光，吴秀云，等，译．北京：清华大学出版社，2003.
[312] 姚建明．运营与供应链管理（第二版）［M］．北京：中国人民大学出版社，2020.
[313] 王道平，张博卿．供应链管理（第二版）［M］．北京：清华大学出版社，2015.
[314] 李涛．我国连锁企业在品类管理中的问题和对策［J］．商场现代化，2019（09）：15-16.
[315] 陈子琦．第三方物流对全渠道战略的影响机制与优化建议——以中小零售企业为视角［J］．财富时代，2020（01）：191.
[316] 雷文娜．基于 SCOR 模型的重汽国际供应链优化研究［D］．济南：山东大学，2019.
[317] 黄新宇．融合 MRO 建设一站式采购平台的探索［J］．施工企业管理，2019，（11）：38-40.
[318] 许培培．基于 SCOR 模型的怡亚通公司供应链风险识别与防范［D］．南昌：江西财经大学，2018.
[319] 张锦林．税改环境下的跨境电商企业零售进口影响因素研究［D］．南昌：江西财经大学，2019.
[320] 关丽．物资需求计划的管理工作［J］．城市建设理论研究（电子版），2012，（33）．
[321] 彭峰．安吉汽车物流有限公司发展战略研究［D］．上海：上海交通大学，2014.
[322] 高明霞．浅谈供应链管理之小采购与大采购［J］．中国金属通报，2020，（1）：109-110.
[323] 魏际刚．中国物流业发展的现状、问题与趋势［J］．北京交通大学学报（社会科学版），2019，18（1）：1-9.
[324] 马瑞，杨春艳．以战略采购为抓手，提升企业供应链竞争优势［J］．石油石化物资采购，2015，（9）：33-37.
[325] 刘友庚．企业供应链设计原则及相关影响因素分析［J］．湖北成人教育学院学报，2012，18（5）：67-68.
[326] 张春雨．索尼移动供应链管理模式研究［D］．北京：对外经济贸易大学，2015.
[327] 汪友华．W 电机公司的供应商管理及其对策研究［D］．安徽：安徽大学，2019.
[328] 马粟粟．“一带一路”背景下我国内陆十省市低碳物流效率评价研究［D］．郑州：华

北水利水电大学，2019.
[329] 马瑞，杨春艳．强化供应链管控中的战略采购 [J]．企业研究（策划与财富），2014，(6)：75-77.
[330] 赵福贵．PCB 行业中企业转型发展供应链模式研究 [D]．天津：河北工业大学，2014.
[331] 李雪，薛晓芳，李晓智．基于 SCOR 和 CPFR 的跨境电子商务物流协同发展研究 [J]．价格月刊，2016，466（03）：59-63.
[332] 陈发祥．知识管理绩效与组织文化相关性研究 [D]．安徽：合肥工业大学，2010.
[333] 杨剑云，徐浩．浅析企业档案的知识化管理 [J]．中国校外教育，2017（33）：66-67.
[334] 魏洁．信息技术条件下旅行社业务流程的再造 [J]．旅游纵览，2016（8）：39-40.
[335] 李海刚，卢燕．面向新产品开发知识联盟的知识管理系统及其应用研究 [J]．计算机应用研究，2011（4）：1348-1351+1355.
[336] 唐怀坤．知识管理的三层进阶 [J]．企业管理，2018（11）：61-62.
[337] 张团囡，赵慧娥，张雪艳．知识管理对中小企业创新影响的实证分析 [J]．山东社会科学，2016（10）：188-192.
[338] 赵宏艺．企业产品设计知识管理绩效提升对策研究 [D]．哈尔滨：哈尔滨工程大学，2012.
[339] 闫凤娇．某单位软件过程改进中的知识管理模式研究 [D]．北京：北京交通大学，2014.
[340] 廖伟曾，卫平，潘有仁．中华苏维埃国家银行国库会计文化的传承与创新 [J]．金融会计，2013（5）：66-69.
[341] 贾浩杰．知识型企业 E-Learning 培训模式研究 [D]．保定：河北大学，2010.
[342] 杨晓林，武忠．业务流程导向的知识管理研究 [J]．图书情报工作网刊，2010，(8)：50-53.
[343] 刘婷婷．国有企业知识管理绩效评价研究 [D]．安徽：合肥工业大学，2010.
[344] 韩珂．知识管理的核心理论体系及方法探究 [M]．北京：中国水利水电出版社，2015.
[345] 马丁，海森格，沃贝克．知识管理原理及最佳实践（第二版）[M]．赵清涛，彭瑞梅，译．北京：清华大学出版社，2004.

[346] 何成艳，潘波，王秀境．企业知识管理系统建设有效路径探讨［J］．通讯世界，2020，(1)：163-164.

[347] 赵海超．企业创新生态系统中知识资本核心要素识别与价值增值策略研究［D］．南京：南京邮电大学，2019.

[348] 贾夏帕拉．知识管理：一种集成方法［M］．安小米，等，译．北京：中国人民大学出版社，2013.

[349] 盛小平．知识管理：原理与实践［M］．北京：北京大学出版社，2009.

[350] 冯乐．企业知识管理（KM）的导入及评估诊断［J］．科技视界，2015 (34)：252.

[351] 戚啸艳．企业整合型知识管理系统的构建研究：基于业务流程的分析与例证［M］．南京：东南大学出版社，2008.

[352] 曹兴，刘芳，邬陈锋．知识共享理论的研究述评［J］．软科学，2010 (9)：133-137.

[353] 杨士慧．青岛国家大学科技园科技型中小企业知识共享机制研究［D］．青岛：中国海洋大学，2014.

[354] 林子芬，鲁小静．知识共享方式对商业模式创新的影响研究［J］．市场周刊，2013 (7)：13-14，154.

[355] 蔡灿银．核电厂知识管理初探［J］．中国战略新兴产业，2020 (6)：228.

[356] 徐拥军，王露露．华为公司知识管理的特点及启示［J］．广西财经学院学报，2019 (2)：25-33.

[357] 才华，乔淑欣，卢笙，曹志杰．波音公司知识管理创新实践研究［J］．航天工业管理，2019 (4)：71-76.

[358] 王璞．企业文化咨询实务［M］．北京：中信出版社，2003.

[359] 张德．企业文化建设［M］．北京：清华大学出版社，2015.

[360] 何建湘．企业文化建设实务（第二版）［M］．北京：中国人民大学出版社，2019.

[361] 周芝红．浅谈企业经营与管理的现代理念［J］．全国流通经济，2017，(4)：44-45.

[362] 宋巍巍．论思想政治工作与企业文化建设［J］．河北企业，2020 (10)：140-141.

[363] 陆琦．汉语推广视角下的企业 CIS 建设思考［J］．经济师，2020，(8)：275-276.

[364] 李佳滢．企业文化建设中存在的问题及解决方案［J］．现代商业，2020，(22)：131-132.

[365] 井稚惠．中国传统文化对企业文化构建的影响［J］．北方经贸，2020，(10)：133-135.

[366] 张玉岭．新时代民营企业价值观管理体系优化研究 [J]. 市场周刊，2020，(7)：14-16.

[367] 程余苹．民族文化对企业文化培育的影响——以同仁堂为例 [J]. 经济研究导刊，2020 (12)：14-15.

[368] 乌尔瓦希·毛卡尔，等．客户关系管理 [M]. 马宝龙，姚卿，译．北京：中国人民大学出版社，2014.

[369] 乌金涛，严鸣．客户关系管理 [M]. 北京：中国人民大学出版社，2014.

[370] 安树宝．浅谈客户关系管理 (CRM) [J]. 现代情报，2005 (9)：179-180，203.

[371] 齐姗姗．企业管理中客户关系管理的运用 [J]. 环渤海经济瞭望，2020 (08)：101-102.

[372] 袁航，魏蕾．等．客户关系管理实务 [M]. 上海：上海交通大学出版社，2015.

[373] 徐伟．客户关系管理理论与实务 [M]. 北京：北京大学出版社，2014.

[374] 吴宏晖．客户忠诚的秘密 [M]. 北京：北京大学出版社，2012.

[375] 苏朝辉．客户关系管理——客户关系的建立与维护 [M]. 北京：清华大学出版社，2014.

[376] 邵兵家．客户关系管理 [M]. 北京：清华大学出版社，2010.

[377] 陆娴．时尚品牌的线上内容营销效果评估体系 [J]. 中国科技投资，2019，(26)：145.

[378] 李振勇．BS公司南阳营销渠道冲突研究 [D]. 河南：郑州大学，2017.

[379] 张璇．基于动机理论的正面传统口碑和网络口碑的传播意愿影响研究 [D]. 重庆：重庆大学，2018.

[380] 洪长青．消费者购买行为与营销策略制定 [J]. 青春岁月，2015，(10)：514-515.

[381] 苏兰君．试论营销价值观的五个层次 [J]. 北京财贸职业学院学报，2015，(5)：31-34.

[382] 王珊．基于一体化网上平台的高效便民服务管理体系建设 [J]. 区域供热，2019，(4)：86-89.

[383] 孙津．数据挖掘技术在企业客户关系管理中的应用 [J]. 统计与管理，2017，(12)：155-156.